Professionelle Ausbildung in Gesundheitsberufen

Andreas Frodl

Professionelle Ausbildung in Gesundheitsberufen

Gewinnung, Schulung und Betreuung von Auszubildenden

 Springer Gabler

Andreas Frodl
Erding, Deutschland

ISBN 978-3-658-28764-1   ISBN 978-3-658-28765-8 (eBook)
https://doi.org/10.1007/978-3-658-28765-8

Die Deutsche Nationalbibliothek verzeichnet diese Publikation in der Deutschen Nationalbibliografie; detaillierte
bibliografische Daten sind im Internet über http://dnb.d-nb.de abrufbar.

Springer Gabler

Springer Gabler ist ein Imprint der eingetragenen Gesellschaft Springer Fachmedien Wiesbaden GmbH und ist
ein Teil von Springer Nature.
Die Anschrift der Gesellschaft ist: Abraham-Lincoln-Str. 46, 65189 Wiesbaden, Germany

Vorwort

Fehlendes Personal wird in Gesundheitseinrichtungen zum immer größer werdenden Problem. Es wird dadurch verschärft, dass die Gesundheitsbranche bereits jetzt der größte volkswirtschaftliche Sektor ist, der zudem weiter wächst. Entsprechend groß ist der Personalbedarf in den nächsten Jahren, zumal die Generation der auch im Gesundheitswesen tätigen „Babyboomer" vor der Verrentung steht. Dieses zusätzliche strukturelle Problem trifft auf einen Ausbildungsmarkt, der sich demografisch bedingt grundsätzlich gewandelt hat: Das Bild des Lehrherrn, der großzügig in seinem Betrieb eine Ausbildung gewährt, hat ausgedient. Die Auszubildenden können sich heutzutage die Ausbildungsstätte und das für sie passende Angebot weitgehend aussuchen.

In dieser Situation wird eine gute Ausbildung im Gesundheitsbetrieb und damit die Gewinnung, Schulung und Betreuung junger Menschen in Gesundheitsfachberufen wichtiger denn je. Es gilt nicht nur ihr Interesse zu wecken, sondern sie auch durch eine qualitativ hochwertige und moderne Ausbildung für steigende Anforderungen beruflich zu befähigen und durch attraktive Perspektiven möglichst langfristig an die Gesundheitseinrichtung zu binden.

Dazu bedarf es einer prozessualen Sichtweise, die von der Auszubildendenwerbung über die Anwendung spezifischer pädagogischer und didaktischer Ausbildungskonzepte bis hin zum Personaleinsatz mit den geeigneten Qualifikationen auf der richtigen Stelle reicht. Das geplante Buch umfasst daher neben den notwendigen rechtlichen, inhaltlichen und organisatorischen Ausbildungsgrundlagen

- das Ausbildungsmarketing mit Zielgruppendefinition, Konzeption und Instrumenteneinsatz,
- den Themenbereich Ausbildungsmethodik und –didaktik unter anderen mit Lernzieledefinition, Ausbildungsbeurteilung bzw. Lernfortschrittskontrolle und dem Einsatz digitaler Ausbildungsmedien im Gesundheitswesen,
- die Führung von Auszubildenden mit geeigneten Führungstechniken und -instrumenten, richtiger Konflikthandhabung in der Ausbildung und den Besonderheiten im Verhältnis zu den Patienten sowie

- den Personaleinsatz von Auszubildenden mit den speziellen Einsatzanforderungen im Gesundheitswesen und den wichtigen Umgang mit Ausbildungsfluktuation und -kündigung.

Für den „Schnellzugriff" enthält ein Glossar am Ende des Buches Kurzbeschreibungen wichtiger Ausbildungsfachbegriffe.

Anstelle der Begriffe „Ausbilder" und „Ausbilderin" wird aus Gründen der besseren Lesbarkeit gelegentlich auch die neutrale Bezeichnung „Ausbildende" verwendet, wodurch somit nicht die berufsbildungsrechtliche Unterscheidung zwischen dem/der Ausbildenden (nach dem BBiG „derjenige, der andere Personen zur Berufsausbildung einstellt") und von ihm beauftragte Ausbilder/Ausbilderinnen wiedergegeben werden soll.

Erding, Deutschland   Andreas Frodl
September 2019

Inhaltsverzeichnis

Abkürzungsverzeichnis

AdA	Ausbildung der Ausbilder
ÄApprO	Approbationsordnung für Ärzte
AktG	Aktiengesetz
AltPflAPrV	Altenpflege-Ausbildungs- und Prüfungsverordnung
AltPflG	Altenpflegegesetz
ArbMedVV	Verordnung zur arbeitsmedizinischen Vorsorge
ArbSchG	Arbeitsschutzgesetz
ArbStättV	Arbeitsstättenverordnung
ASiG	Arbeitssicherheitsgesetz
ASR	Technische Regeln für Arbeitsstätten
ASTA	Ausschuss für Arbeitsstätten
AU	Arbeitsunfähigkeitsbescheinigung
AugenoptAusbV	Augenoptiker-Ausbildungsverordnung
AusbEignV	Ausbilder-Eignungsverordnung
BäderFAngAusbV	Verordnung über die Berufsausbildung zum/zur Fachangestellten für Bäderbetriebe
BÄO	Bundesärzteordnung
BAnz	Bundesanzeiger
BAuA	Bundesanstalt für Arbeitsschutz und Arbeitsmedizin
BBiG	Berufsbildungsgesetz
BBW	Berufsbildungswerk
BetrSichV	Betriebssicherheitsverordnung
BetrVG	Betriebsverfassungsgesetz
BIBB	Bundesinstitut für Berufsbildung
BioStoffV	Biostoffverordnung
BMBF	Bundesministerium für Bildung und Forschung
BOD	Berufsverband Orthoptik Deutschland e. V.
BPersVG	Bundespersonalvertretungsgesetz
dbl	Deutscher Bundesverband für Logopädie e. V.
DGUV	Deutsche Gesetzliche Unfallversicherung

DHV   Deutscher Hebammenverband e. V.
DiätAss-APrV   Ausbildungs- und Prüfungsverordnung für Diätassistentinnen
                                 und Diätassistenten
DiätAssG   Diätassistentengesetz
DIHK   Deutscher Industrie- und Handelskammertag
DKG   Deutsche Krankenhausgesellschaft
DVMD   Deutscher Verband für Dokumentation und
                                 Informationsmanagement in der Medizin e. V.
DVTA   Dachverband für Technologen/-innen und Analytiker/-innen in
                                 der Medizin Deutschland e. V.
EEG   Elektroencephalografie
EKG   Elektrokardiografie
ErgThAPrV   Ergotherapeuten-Ausbildungs- und Prüfungsverordnung
ErgThG   Ergotherapeutengesetz
EuGH   Europäischer Gerichtshof
FAMI   Fachangestellte für Medien- und Informationsdienste
GefStoffV   Gefahrstoffverordnung
GG   Grundgesetz
HebG   Hebammengesetz
HebRefG   Hebammenreformgesetz
HebStPrV   Studien- und Prüfungsverordnung für Hebammen
HeimG   Heimgesetz
HörAkAusbV   Verordnung über die Berufsausbildung zum Hörakustiker und
                                 zur Hörakustikerin
IHK   Industrie- und Handelskammer
JArbSchG   Jugendarbeitsschutzgesetz
JArbSchUV   Jugendarbeitsschutzuntersuchungsverordnung
JAV   Jugend- und Auszubildendenvertretung
KEK   Krankenhaus-Ethikkomitee
KflDiAusbV   Verordnung über die Berufsausbildung für Kaufleute in den
                                 Dienstleistungsbereichen Gesundheitswesen sowie
                                 Veranstaltungswirtschaft
KHEntgG   Krankenhausentgeltgesetz
KHG   Krankenhausfinanzierungsgesetz
KiGw   Kaufmann/Kauffrau im Gesundheitswesen
KJPsychTh-APrV   Ausbildungs- und Prüfungsverordnung für Kinder- und
                                 Jugendlichenpsychotherapeuten
KMK   Ständige Konferenz der Kultusminister und -senatoren der
                                 Länder
KrPflAPrV   Ausbildungs- und Prüfungsverordnung für die Berufe in der
                                 Krankenpflege
KrPflG   Krankenpflegegesetz

LasthandhabV	Lastenhandhabungsverordnung
LogAPrO	Ausbildungs- und Prüfungsordnung für Logopäden
LogopG	Logopädengesetz
MB-APrV	Ausbildungs- und Prüfungsverordnung für Masseure und medizinische Bademeister
MedFAngAusbV	Verordnung über die Berufsausbildung zum Medizinischen Fachangestellten/zur Medizinischen Fachangestellten
MedInfoFAngAusbV	Verordnung über die Berufsausbildung zum Fachangestellten für Medien- und Informationsdienste/zur Fachangestellten für Medien und Informationsdienste
MFA	Medizinische Fachangestellte/Medizinischer Fachangestellter
MPhG	Masseur- und Physiotherapeutengesetz
MTA-APrV	Ausbildungs- und Prüfungsverordnung für technische Assistenten in der Medizin
MTA-F	Medizinisch-technischer Assistent/Medizinisch-technische Assistentin Funktionsdiagnostik
MTLA	Medizinisch-technischer Laboratoriumsassistent/Medizinisch-technische Laboratoriumsassistentin
MTRA	Medizinisch-technischer Radiologieassistent/Medizinisch-technische Radiologieassistentin
OrthoptAPrV	Ausbildungs- und Prüfungsverordnung für Orthoptistinnen und Orthoptisten
OrthoptG	Orthoptistengesetz
OStrV	Verordnung zum Schutz der Beschäftigten vor Gefährdungen durch künstliche optische Strahlung
PflAPrV	Pflegeberufe-Ausbildungs- und -Prüfungsverordnung
PflBG	Pflegeberufegesetz
PharmKfmAusbV	Verordnung über die Berufsausbildung zum Pharmazeutisch-kaufmännischen Angestellten und zur Pharmazeutisch-kaufmännischen Angestellten
PhysTh-APrV	Ausbildungs- und Prüfungsverordnung für Physiotherapeuten
PKV	Verband der privaten Krankenversicherung
PodAPrV	Ausbildungs- und Prüfungsverordnung für Podologinnen und Podologen
PodG	Podologengesetz
PSA-BV	PSA-Benutzungsverordnung
PsychTh-APrV	Ausbildungs- und Prüfungsverordnung für Psychologische Psychotherapeuten
PTA-APrV	Ausbildungs- und Prüfungsverordnung für pharmazeutisch-technische Assistentinnen und pharmazeutisch-technische Assistenten
SächsGfbWBG	Sächsisches Weiterbildungsgesetz Gesundheitsfachberufe

SächsGfbWBVO	Sächsische Weiterbildungsverordnung Gesundheitsfachberufe
SGB	Sozialgesetzbuch
StrlSchG	Strahlenschutzgesetz
StrlSchV	Strahlenschutzverordnung
VDD	Verband der Diätassistenten e. V.
VDP	Verband Deutscher Podologen e. V.
VMF	Verband medizinischer Fachberufe e. V.
VPT	Verband Physikalische Therapie – Vereinigung für die physiotherapeutischen Berufe e. V.
ZÄPrO	Approbationsordnung für Zahnärzte
ZahnmedAusbV	Verordnung über die Berufsausbildung zum Zahnmedizinischen Fachangestellten/zur Zahnmedizinischen Fachangestellten
ZFA	Zahnmedizinische Fachangestellte
ZTechAusbV	Verordnung über die Berufsausbildung zum Zahntechniker/zur Zahntechnikerin

1.1 Gesundheitsbetriebe als Ausbildungseinrichtungen

Medizinische Versorgungszentren, Arztpraxen, Zahnarztpraxen, Pflegeeinrichtungen, heilpraktische Einrichtungen, Krankenhäuser etc. sind Gesundheitseinrichtungen mit nahezu allen betrieblichen Merkmalen. Ihnen ist gemeinsam, dass sie in sich geschlossene Leistungseinheiten zur Erstellung von Behandlungs- oder Pflegeleistungen an Patienten oder Pflegebedürftigen darstellen, die dazu eine Kombination von Behandlungseinrichtungen, medizinischen Produkten und Arbeitskräften einsetzt. Zum Einsatz können auch Betriebsmittel, Stoffe und sonstige Ressourcen gelangen, die nur mittelbar zur Erstellung der Behandlungs- oder Pflegeleistungen beitragen. Typische betriebliche Funktionen von Gesundheitsbetrieben sind somit Personalwesen, Marketing, Finanzwesen, Materialwirtschaft, Rechnungswesen und vieles andere mehr (vgl. Tab. 1.1).

Die einzelnen Betriebsarten oder –typologien sind nicht immer eindeutig voneinander abgrenzbar: Häufig bieten beispielsweise Spezialkliniken ambulante und stationäre Behandlungsleistungen gleichzeitig an und ein städtisches Klinikum der Vollversorgung wird in der Regel sowohl arbeits- als auch anlagenintensiv betrieben.

Die Leistungserstellung von Gesundheitsbetrieben lässt sich beispielsweise folgendermaßen konkretisieren: Nach der Rechtsprechung des Europäischen Gerichtshofs (EuGH) sind unter ärztlichen Heilbehandlungen oder Heilbehandlungen im Bereich der Humanmedizin Tätigkeiten zu verstehen, die dem Zweck der Vorbeugung, Diagnose, Behandlung und möglichen Heilung von Krankheiten oder Gesundheitsstörungen bei Menschen dienen (vgl. Europäischer Gerichtshof 2013). Dies gilt unabhängig von

© Springer Fachmedien Wiesbaden GmbH, ein Teil von Springer Nature 2020
A. Frodl, *Professionelle Ausbildung in Gesundheitsberufen*,
https://doi.org/10.1007/978-3-658-28765-8_1

Tab. 1.1 Typologie von Gesundheitsbetrieben (vgl. Frodl 2017, S. 6)

Einteilungskriterium	Betriebsarten	Beispiele
Größe	Kleinbetriebe, Großbetriebe	Arztpraxis, Polyklinik
Rechtsform	Betriebe in öffentlicher Rechtsform, als Personen- oder Kapitalgesellschaft	Landkreisklinik als Eigenbetrieb, Gemeinschaftspraxis, Klinikum AG
Leistungsumfang	Betriebe mit ambulanter Versorgung, Betriebe mit stationärer Versorgung	Tagesklinik, Tagespflege, Krankenhaus mit verschiedenen Abteilungen bzw. Stationen
Leistungsart	Betriebe für medizinische Grundversorgung, Vollversorgung	Hausarztpraxis, Pflegedienst, stationäre Pflegeeinrichtung
Spezialisierungsgrad	Betriebe für allgemeine Behandlungsleistungen, Betriebe für spezielle Behandlungsleistungen	Allgemeinarztpraxis, HNO-Praxis, Kieferorthopädische Praxis, Augenklinik
Einsatzfaktoren	Arbeitsintensive Betriebe, anlagenintensive Betriebe	Pflegeeinrichtung, Diagnosezentrum, Röntgenpraxis

Tab. 1.2 Gesundheitspersonal ausgewählter Gesundheitsbetriebe in Deutschland im Jahr 2016 (vgl. Statistisches Bundesamt 2018a)

Betriebe	Beschäftigte
Krankenhäuser	1.134.000
Vorsorge- oder Rehabilitationseinrichtungen	121.000
Arztpraxen	687.000
Zahnarztpraxen	351.000
Pflegedienste ambulant	365.000
Pflegeeinrichtungen teilstationär/stationär	697.000
Einrichtungen nichtärztlicher Therapie und Heilkunde*	400.000
Gesamt	3.755.000

*Physiotherapie, Ergotherapie, Sprachtherapie, Heilkunde- und Homöopathie, Diät- und Ernährungstherapie, Musik- und Kunsttherapie etc

- der Art der Leistung (Behandlung, Attest, Untersuchung etc.),
- dem Behandelten/Adressaten (Patient, Sozialversicherung, Gericht etc.),
- dem Leistungsersteller (Heilpraktiker, Krankenhäuser, Physiotherapeut, freiberuflicher/angestellter Arzt oder Zahnarzt etc.).

Die Mitarbeiterzahlen der Gesundheitsbetriebe in Deutschland machen deutlich, wie groß der Personalbestand und damit die im Laufe der Zeit zu rekrutierende Mitarbeitermenge sowie der dazugehörige **Ausbildungsbedarf** sind (vgl. Tab. 1.2).

Hinsichtlich der demografischen Entwicklung wird prognostiziert, dass bis 2030 die Anzahl der 17- bis 25-Jährigen, die die Ausbildungsplatznachfrage im Wesentlichen bestimmen, von 7,7 Millionen auf 6,2 Millionen und damit um 19,7 % sinken wird. Gleichzeitig wird die Nachfrage an Fachkräften im Gesundheits-, Veterinär- und Sozialwesen bis zum Jahr 2030 zusätzlich um ca. 700.000 Arbeitskräfte ansteigen. Für den Berufszweig Medizin, Medizinische Dienste bzw. Sonstige im Gesundheitswesen wird bis dahin ein spezifischer Personalmangel und ein Defizit an Arbeitskräften von bis zu 22 % angenommen (vgl. Bundesärztekammer 2010, S. 8 f.).

Im Schuljahr 2016/2017 befanden sich insgesamt 216.484 Schülerinnen und Schüler in einer Ausbildung in Berufen des Gesundheitswesens (vgl. Bundesministerium für Bildung und Forschung 2018, S. 86).

Beispielsweise betrug im Jahre 2017 die Zahl der Auszubildenden und Abgänger mit bestandener Abschlussprüfung bei den Medizinischen Fachangestellten 39.948 und bei den Zahnmedizinischen Fachangestellten 31.686 (vgl. Statistisches Bundesamt 2018b).

In den Gesundheitsbetrieben befinden sich überwiegend junge Frauen in vollzeitschulischen Berufsausbildungen, insbesondere in den Berufen des Gesundheits-, Erziehungs- und Sozialwesens. Der Frauenanteil beträgt dort 77,0 % für die schulische Berufsausbildung. So befanden sich beispielsweise im Jahr 2016 18.919 Schülerinnen im ersten Jahr einer Ausbildung zur Gesundheits-und Krankenpflegerin und 18.110 im ersten Jahr einer Ausbildung zur Altenpflegerin. Für Frauen ebenfalls sehr bedeutsam sind auch die Berufe Altenpflegehelferin (6043), Physiotherapeutin (5039), oder Ergotherapeutin (3233). Für Männer spielen diese Berufe eine geringere Rolle, dennoch befanden sich immerhin 6020 Schüler im ersten Jahr einer Ausbildung zum Altenpfleger und 4729 im ersten Jahr einer Ausbildung zum Gesundheits-und Krankenpfleger (vgl. Bundesministerium für Bildung und Forschung 2018, S. 47 f.).

Noch sind in den Berufen des Gesundheits-, Erziehungs-und Sozialwesens die Anfängerzahlen nahezu konstant (im Vergleich von 2016 zu 2017: −695 bzw. −0,4 %). Verglichen mit 2005 verzeichneten sie sogar einen Anstieg (+33.227 bzw. +23,3 %). Diese positive Entwicklung ist vor dem Hintergrund des demografischen Wandels und des zunehmenden Bedarfs an Fachkräften im Gesundheitswesen einschließlich Altenpflege zu sehen (vgl. Bundesministerium für Bildung und Forschung 2018, S. 50). Doch es darf bezweifelt werden, dass sie anhalten oder gar den prognostizierten Bedarf in den nächsten Jahrzehnten decken können wird.

Die **Gesamtzahlen** der Schülerinnen und Schüler in den einzelnen Ausbildungsberufen entwickeln sich zudem unterschiedlich (vgl. Tab. 1.3).

Die Ausbildungen in Berufen des Gesundheitswesens, einschließlich des Bereichs der Altenpflege, werden an Schulen des Gesundheitswesens sowie – aufgrund der unterschiedlichen Strukturen im föderalen Schulsystem – an Berufsfachschulen und Fachschulen durchgeführt. Die Gesundheitsbetriebe übernehmen dabei in der Regel die Funktion der praktischen Ausbildungsstätten.

Tab. 1.3 Entwicklung von Schülerzahlen in ausgewählten Ausbildungsberufen im Schuljahr 2016/2017 (vgl. Bundesministerium für Bildung und Forschung 2018, S. 86 f.)

Berufe	Gesamtzahl	Veränderung im Vergleich zum Vorjahr
Gesundheits-und Krankenpfleger/in	64.258	+ 1,0 %
Altenpfleger/in	68.260	+ 0,3 %
Gesundheits-und Kinderkrankenpfleger/in	7155	+ 1,2 %
Altenpflegehelfer/in	8392	+ 5,3 %
Krankenpflegehelfer/in	4658	+ 4,9 %
Pflegeassistenz	2813	− 4,3 %
Hebammen und Entbindungspfleger	2131	+ 4,8 %
Physiotherapeut/in	21.812	+ 1,4 %
Diätassistent/in	1729	+ 3,1 %

Die Zahl der Krankenhäuser mit **Ausbildungsstätten** belief sich 2016 auf 970 mit insgesamt 100.356 Ausbildungsplätzen (vgl. Statistisches Bundesamt 2018c).

Nach dem Krankenhausfinanzierungsgesetz (KHG) gelten als mit Krankenhäusern notwendigerweise verbundene Ausbildungsstätten bzw. staatlich anerkannte Einrichtungen an Krankenhäusern zur Ausbildung für die Berufe

- Ergotherapeut, Ergotherapeutin,
- Diätassistent, Diätassistentin,
- Hebamme, Entbindungspfleger,
- Krankengymnast, Krankengymnastin, Physiotherapeut, Physiotherapeutin
- Gesundheits- und Krankenpflegerin, Gesundheits- und Krankenpfleger,
- Gesundheits- und Kinderkrankenpflegerin, Gesundheits- und Kinderkrankenpfleger,
- Krankenpflegehelferin, Krankenpflegehelfer,
- medizinisch-technischer Laboratoriumsassistent, medizinisch-technische Laboratoriumsassistentin,
- medizinisch-technischer Radiologieassistent, medizinisch-technische Radiologieassistentin,
- Logopäde, Logopädin,
- Orthoptist, Orthoptistin,
- medizinisch-technischer Assistent für Funktionsdiagnostik, medizinisch-technische Assistentin für Funktionsdiagnostik,

wenn die Krankenhäuser Träger oder Mitträger der Ausbildungsstätte sind (vgl. § 2 KHG).

Für die Kalkulation der Ausbildungskosten nach § 17a KHG wird beispielsweise zwischen mehreren Ausbildungsstättentypen unterschieden (vgl. Tab. 1.4). Sie konkretisieren die für die Ausbildungskostenkalkulation relevanten Strukturparameter der Einrichtungen und geben damit auch zu großen Teilen den in die Kalkulation einzubeziehenden Kostenumfang vor. Für die Zwecke der Kalkulation wird daher jede Einrichtung einem

Tab. 1.4 Ausbildungsstättentypen zur Kalkulation der Ausbildungskosten für Zwecke nach § 17a KHG (vgl. Institut für das Entgeltsystem im Krankenhaus 2009, S. 8 f.)

Typ	Definition	Erläuterung
A	Die mit einem Krankenhaus verbundene Einrichtung führt den theoretisch-praktischen Unterricht nur für die Schüler dieses Krankenhauses durch.	Die Auszubildenden stehen in einem Vertragsverhältnis mit der Ausbildungsstätte oder dem verbundenen Krankenhaus. Die praktische Ausbildung findet in dem verbundenen Krankenhaus statt. Zwischen der Ausbildungsstätte und dem verbundenen Krankenhaus bestehen betriebliche Verflechtungen.
B	Die mit einem Krankenhaus verbundene Einrichtung führt den theoretisch-praktischen Unterricht für die Schüler mehrerer kooperierender Krankenhäuser durch.	Die Auszubildenden stehen in einem Vertragsverhältnis mit der Ausbildungsstätte oder den beteiligten Krankenhäusern. Die praktische Ausbildung findet in den beteiligten Krankenhäusern statt. Zwischen der Ausbildungsstätte und dem verbundenen Krankenhaus bestehen betriebliche Verflechtungen.
C	Die Einrichtung ist nicht mit einem Krankenhaus verbunden und führt den theoretisch-praktischen Unterricht für die Schüler aus mehreren Krankenhäusern durch.	Die Auszubildenden stehen in einem Vertragsverhältnis mit der Ausbildungsstätte oder den beteiligten Krankenhäusern. Die praktische Ausbildung findet in den beteiligten Krankenhäusern statt.

Ausbildungsstättentyp zugeordnet (vgl. Institut für das Entgeltsystem im Krankenhaus 2009, S. 8).

Als Ausbildungseinrichtungen in der **Altenpflege**, in denen die praktische Ausbildung vermittelt wird, gelten Heime im Sinne des § 1 des Heimgesetzes (HeimG) oder stationäre Pflegeeinrichtungen im Sinne des § 71 Abs. 2 des Elften Buches Sozialgesetzbuch (SGB XI), wenn es sich dabei um Einrichtungen für alte Menschen handelt, und ambulante Pflegeeinrichtungen im Sinne des § 71 Abs. 1 SGB XI, wenn deren Tätigkeitsbereich die Pflege alter Menschen einschließt. Abschnitte der praktischen Ausbildung können in weiteren Einrichtungen, in denen alte Menschen betreut werden, stattfinden. Dazu gehören insbesondere:

- psychiatrische Kliniken mit gerontopsychiatrischer Abteilung oder andere Einrichtungen der gemeindenahen Psychiatrie,
- Allgemeinkrankenhäuser, insbesondere mit geriatrischer Fachabteilung oder geriatrischem Schwerpunkt, oder geriatrische Fachkliniken,
- geriatrische Rehabilitationseinrichtungen oder
- Einrichtungen der offenen Altenhilfe (vgl. § 4 AltPflG).

Danach werden nicht nur die Betriebe gekennzeichnet, die ausbilden können, sondern auch gleichzeitig bestimmt, dass die Ausbildung in einer ambulanten und in einer stationären Einrichtung durchgeführt werden muss.

Ausbildungseinrichtung ist somit jeder Betrieb, in dem ein Abschnitt der Ausbildung absolviert wird. Davon zu unterscheiden ist der Träger der praktischen Ausbildung, der zusätzlich das Ausbildungsverhältnis mit der auszubildenden Person begründet (vgl. Bundesministerium für Familien, Senioren, Frauen und Jugend 2014, S. 20).

1.2   Rechtliche Grundlagen gesundheitsbetrieblicher Ausbildung

1.2.1   Berufsbildungsrecht

Eine wesentliche rechtliche Grundlage der Ausbildung in Gesundheitsbetrieben ist das Berufsbildungsgesetz (BBiG), soweit die Ausbildung nicht in berufsbildenden Schulen durchgeführt wird, die den Schulgesetzen der Länder unterstehen, sie in berufsqualifizierenden oder vergleichbaren Studiengängen an Hochschulen auf der Grundlage des Hochschulrahmengesetzes und der Hochschulgesetze der Länder oder in einem öffentlich-rechtlichen Dienstverhältnis durchgeführt wird (vgl. § 3 BBiG). Auch wenn das BBiG in seiner allgemeingültigen Anwendung somit eingeschränkt ist, kann es eine wichtige Orientierungshilfe für die notwendigen Grundlagen und Voraussetzungen der Ausbildung im Gesundheitswesen bieten, die letztendlich der Ausbildungsqualität zugute kommen kann.

Nach dem BBiG hat die **Berufsausbildung** die für die Ausübung einer qualifizierten beruflichen Tätigkeit in einer sich wandelnden Arbeitswelt notwendigen beruflichen Fertigkeiten, Kenntnisse und Fähigkeiten (berufliche Handlungsfähigkeit) in einem geordneten Ausbildungsgang zu vermitteln. Sie hat ferner den Erwerb der erforderlichen Berufserfahrungen zu ermöglichen. Die **Berufsausbildungsvorbereitung** dient dabei dem Ziel, durch die Vermittlung von Grundlagen für den Erwerb beruflicher Handlungsfähigkeit an eine Berufsausbildung in einem anerkannten Ausbildungsberuf im Gesundheitswesen heranzuführen (vgl. § 1 BBiG). Sie richtet sich an lernbeeinträchtigte oder sozial benachteiligte Personen, deren Entwicklungsstand eine erfolgreiche Ausbildung in einem anerkannten Ausbildungsberuf noch nicht erwarten lässt. Sie muss nach Inhalt, Art, Ziel und Dauer den besonderen Erfordernissen dieses Personenkreises entsprechen und durch umfassende sozialpädagogische Betreuung und Unterstützung begleitet werden (vgl. § 68 BBiG).

Als **Lernorte** dienen die Gesundheitsbetriebe der Angehörigen freier Berufe (Ärzte, Zahnärzte etc.) bzw. öffentliche Gesundheitseinrichtungen (Öffentlicher Dienst), die berufsbildenden Schulen (schulische Berufsbildung), aber auch sonstige Berufsbildungseinrichtungen außerhalb der schulischen und betrieblichen Berufsbildung, wobei vollständig außerbetriebliche und außerschulische Ausbildungsgänge aufgrund ihrer geringen Häufigkeit im Gesundheitswesen eine untergeordnete Rolle spielen. Die Lernorte wirken bei der Durchführung der Ausbildung zusammen (Lernortkooperation). Grundsätzlich können auch Teile der Berufsausbildung im Ausland durchgeführt werden, wenn dies dem Ausbildungsziel dient. Jedoch soll ihre Gesamtdauer ein Viertel der in der jeweiligen Ausbildungsordnung festgelegten Ausbildungsdauer nicht überschreiten (vgl. § 2 BBiG).

Für einen anerkannten Ausbildungsberuf im Gesundheitswesen darf nur nach der jeweiligen **Ausbildungsordnung** ausgebildet werden. In anderen als anerkannten Ausbildungsberufen dürfen Jugendliche unter 18 Jahren nicht ausgebildet werden, soweit die Berufsausbildung nicht auf den Besuch weiterführender Bildungsgänge vorbereitet. (vgl. § 4 BBiG).

Für die Ausbildung der Fachangestellten im Bereich der Gesundheitsdienstberufe sind jeweils für ihren Bereich die Ärzte- und Zahnärztekammern **Zuständige Stellen** im Sinne des BBiG (vgl. § 71 BBiG). Sie überwachen beispielsweise die Durchführung der Berufsausbildung, fördern diese durch Beratung der an der Berufsbildung beteiligten Personen oder teilen der Aufsichtsbehörde nach dem Jugendarbeitsschutzgesetz (JArbSchG) Wahrnehmungen mit, die für seine Durchführung von Bedeutung sein können (vgl. § 76 BBiG). Zu ihren weiteren Aufgaben gehören unter anderem

- die Überwachung, dass die Eignung der Ausbildungsstätte sowie die persönliche und fachliche Eignung vorliegen (vgl. § 32 BBiG);
- die Einrichtung und Führung eines Verzeichnis der Berufsausbildungsverhältnisse für anerkannte Ausbildungsberufe, in das die Berufsausbildungsverträge einzutragen sind (vgl. § 34 BBiG);
- das Errichten von Prüfungsausschüssen für die Abnahme der Abschlussprüfung, wobei mehrere zuständige Stellen bei einer von ihnen gemeinsame Prüfungsausschüsse errichten können (vgl. § 39 BBiG);
- das Erlassen einer Prüfungsordnung für die Abschlussprüfung und deren Genehmigung durch die jeweils zuständige oberste Landesbehörde (vgl. § 47 BBiG);
- das Errichten eines Berufsbildungsausschusses (vgl. § 77 BBiG), der in allen wichtigen Angelegenheiten der beruflichen Bildung zu unterrichten und zu hören ist und der im Rahmen seiner Aufgaben auf eine stetige Entwicklung der Qualität der beruflichen Bildung hinzuwirken hat (vgl. § 79 BBiG);

Darüber hinaus enthält das BBiG zum Beispiel auch Ausführungen zu den Themen **Berufsausbildungsverhältnis** (Begründung des Ausbildungsverhältnisses, Vertrag, Vertragsniederschrift, nichtige Vereinbarungen, Pflichten der Auszubildenden, Verhalten während der Berufsausbildung, Pflichten der Ausbildenden, Freistellung, Zeugnis, Vergütung, Vergütungsanspruch, Bemessung und Fälligkeit der Vergütung, Fortzahlung der Vergütung, Beginn und Beendigung des Ausbildungsverhältnisses, Probezeit, Beendigung, Kündigung, Schadensersatz bei vorzeitiger Beendigung, Weiterarbeit) und **Eignung von Ausbildungsstätte und Ausbildungspersonal** (Eignung der Ausbildungsstätte, Eignung von Ausbildenden, Persönliche Eignung, Fachliche Eignung, Überwachung der Eignung, Untersagung des Einstellens und Ausbildens).

Bei einzelnen Gesundheitsfachberufen ist die Ausbildung durch spezielle Gesetze geregelt: Die Berufsausbildung beispielsweise zum/zur **Gesundheits- und Krankenpfleger/in**, Gesundheits- und Krankenpflegehelfer/in oder auch zum/zur **Altenpfleger/in** fand bislang auf der Grundlage des Krankenpflegegesetzes (KrPflG) bzw. des Altenpflegegesetzes (AltPflG) statt. Das Pflegeberufegesetz (PflBG) löst ab dem 1. Januar 2020 das Altenpflegegesetz und das Krankenpflegegesetz ab (vgl. Bundesministerium für Familien,

Senioren, Frauen und Jugend 2018, S. 1). Für die Ausbildung nach dem PflBG findet das
BBiG keine Anwendung (vgl. § 63 PflBG).

Als Ausbildungsziel soll die Ausbildung zur **Pflegefachfrau** oder zum **Pflegefachmann** die für die selbstständige, umfassende und prozessorientierte Pflege von Menschen
aller Altersstufen in akut und dauerhaft stationären sowie ambulanten Pflegesituationen
erforderlichen fachlichen und personalen Kompetenzen einschließlich der zugrunde liegenden methodischen, sozialen, interkulturellen und kommunikativen Kompetenzen und
der zugrunde liegenden Lernkompetenzen sowie der Fähigkeit zum Wissenstransfer und
zur Selbstreflexion vermitteln. Insbesondere soll sie zur selbstständigen Ausführung folgender Aufgaben befähigen:

- Erhebung und Feststellung des individuellen Pflegebedarfs und Planung der Pflege;
- Organisation, Gestaltung und Steuerung des Pflegeprozesses;
- Durchführung der Pflege und Dokumentation der angewendeten Maßnahmen;
- Analyse, Evaluation, Sicherung und Entwicklung der Qualität der Pflege;
- Bedarfserhebung und Durchführung präventiver und gesundheitsfördernder Maßnah-
  men;
- Beratung, Anleitung und Unterstützung von zu pflegenden Menschen bei der individu-
  ellen Auseinandersetzung mit Gesundheit und Krankheit sowie bei der Erhaltung und
  Stärkung der eigenständigen Lebensführung und Alltagskompetenz unter Einbezie-
  hung ihrer sozialen Bezugspersonen;
- Erhaltung, Wiederherstellung, Förderung, Aktivierung und Stabilisierung individueller
  Fähigkeiten der zu pflegenden Menschen insbesondere im Rahmen von Rehabilitati-
  onskonzepten sowie die Pflege und Betreuung bei Einschränkungen der kognitiven Fähigkeiten;
- Einleitung lebenserhaltender Sofortmaßnahmen bis zum Eintreffen der Ärztin oder des
  Arztes und Durchführung von Maßnahmen in Krisen- und Katastrophensituationen;
- Anleitung, Beratung und Unterstützung von anderen Berufsgruppen und Ehrenamtli-
  chen in den jeweiligen Pflegekontexten sowie Mitwirkung an der praktischen Ausbildung von Angehörigen von Gesundheitsberufen;
- eigenständige Durchführung ärztlich angeordnete Maßnahmen, insbesondere Maßnahmen der medizinischen Diagnostik, Therapie oder Rehabilitation;
- interdisziplinär fachliche Kommunikation und effektive Zusammenarbeit mit anderen
  Berufsgruppen und dabei Entwicklung individueller, multidisziplinärer und berufs-
  übergreifender Lösungen bei Krankheitsbefunden und Pflegebedürftigkeit sowie deren
  teamorientierte Umsetzung (vgl. § 5 PflBG).

Die Ausbildung dauert unabhängig vom Zeitpunkt der staatlichen Abschlussprüfung in
Vollzeitform drei Jahre, in Teilzeitform höchstens fünf Jahre und besteht aus theoretischem und praktischem Unterricht sowie einer praktischen Ausbildung. Der theoretische
und praktische Unterricht wird an staatlichen, staatlich genehmigten oder staatlich anerkannten Pflegeschulen erteilt. Die praktische Ausbildung wird in nach § 7 PflBG benann-

ten Einrichtungen auf der Grundlage eines vom Träger der praktischen Ausbildung zu erstellenden Ausbildungsplans durchgeführt, gliedert sich in Pflichteinsätze, einen Vertiefungseinsatz sowie weitere Einsätze, wobei wesentlicher Bestandteil der praktischen Ausbildung die von den Einrichtungen zu gewährleistende Praxisanleitung ist (vgl. § 6 PflBG).

Die Pflichteinsätze in der allgemeinen Akutpflege in stationären Einrichtungen, der allgemeinen Langzeitpflege in stationären Einrichtungen und der allgemeinen ambulanten Akut- und Langzeitpflege werden in zur Versorgung nach SGB zugelassenen Krankenhäusern, stationären Pflegeeinrichtungen und ambulanten Pflegeeinrichtungen durchgeführt. Die Pflichteinsätze in den speziellen Bereichen der pädiatrischen Versorgung und der allgemein-, geronto-, kinder- oder jugendpsychiatrischen Versorgung sowie weitere Einsätze können auch in anderen, zur Vermittlung der Ausbildungsinhalte geeigneten Einrichtungen durchgeführt werden (vgl. § 7 PflBG).

Voraussetzung für den Zugang zu der Ausbildung zur Pflegefachfrau oder zum Pflegefachmann ist

- der mittlere Schulabschluss oder ein anderer als gleichwertig anerkannter Abschluss oder
- der Hauptschulabschluss oder ein anderer als gleichwertig anerkannter Abschluss, zusammen mit dem Nachweis einer erfolgreich abgeschlossenen Berufsausbildung von mindestens zweijähriger Dauer, einer erfolgreich abgeschlossenen landesrechtlich geregelten Assistenz- oder Helferausbildung in der Pflege von mindestens einjähriger Dauer, die die von der Arbeits- und Sozialministerkonferenz und von der Gesundheitsministerkonferenz als Mindestanforderungen beschlossenen „Eckpunkte für die in Länderzuständigkeit liegenden Ausbildungen zu Assistenz- und Helferberufen in der Pflege" erfüllt, einer bis zum 31.12.2019 begonnenen, erfolgreich abgeschlossenen landesrechtlich geregelten Ausbildung in der Krankenpflegehilfe oder Altenpflegehilfe von mindestens einjähriger Dauer oder einer auf der Grundlage des KrPflG erteilten Erlaubnis als Krankenpflegehelferin oder Krankenpflegehelfer oder
- der erfolgreiche Abschluss einer sonstigen zehnjährigen allgemeinen Schulbildung (vgl. § 11 PflBG).

Auf Antrag kann eine andere erfolgreich abgeschlossene Ausbildung oder erfolgreich abgeschlossene Teile einer Ausbildung im Umfang ihrer Gleichwertigkeit bis zu zwei Dritteln der Dauer einer Ausbildung angerechnet werden, wobei das Erreichen des Ausbildungsziels durch die Anrechnung nicht gefährdet werden darf (vgl. § 12 PflBG).

Zwischen dem Träger der praktischen Ausbildung und der oder dem Auszubildenden ist ein schriftlicher Ausbildungsvertrag zu schließen (vgl. § 16 PflBG) und der Träger der praktischen Ausbildung hat der oder dem Auszubildenden für die gesamte Dauer der Ausbildung eine angemessene Ausbildungsvergütung zu zahlen (vgl. § 19 PflBG). Für beide Seiten ergeben sich darüber hinaus weitere Verpflichtungen nach dem PflBG (vgl. § 17 und § 18 PflBG).

Das Ausbildungsverhältnis beginnt mit der Probezeit, die sechs Monate beträgt, sofern sich aus tarifvertraglichen Regelungen keine andere Dauer ergibt (vgl. § 20 PflBG).

Es endet unabhängig vom Zeitpunkt der staatlichen Abschlussprüfung mit Ablauf der Ausbildungszeit (vgl. § 21 PflBG).

Ist im Ausbildungsvertrag ein Vertiefungseinsatz im

- speziellen Bereich der pädiatrischen Versorgung vereinbart, kann sich die oder der Auszubildende für das letzte Ausbildungsdrittel entscheiden, statt die bisherige Ausbildung fortzusetzen, eine Ausbildung zur Gesundheits- und Kinderkrankenpflegerin oder zum Gesundheits- und Kinderkrankenpfleger durchzuführen,
- im Bereich der allgemeinen Langzeitpflege in stationären Einrichtungen oder der allgemeinen ambulanten Akut- und Langzeitpflege mit der Ausrichtung auf den Bereich der ambulanten Langzeitpflege vereinbart, kann sich die oder der Auszubildende für das letzte Ausbildungsdrittel entscheiden, statt die bisherige Ausbildung fortzusetzen, eine Ausbildung zur Altenpflegerin oder zum Altenpfleger durchzuführen (vgl. § 59 PflBG).

Wählt die oder der Auszubildende, eine Ausbildung zur Gesundheits- und Kinderkrankenpflegerin oder zum Gesundheits- und Kinderkrankenpfleger durchzuführen, gilt für die weitere Ausbildung, dass die Kompetenzvermittlung speziell zur Pflege von Kindern und Jugendlichen erfolgt. Die praktische Ausbildung des letzten Ausbildungsdrittels ist in Bereichen der Versorgung von Kindern und Jugendlichen durchzuführen und der theoretische und praktische Unterricht des letzten Ausbildungsdrittels ist an diesem Ausbildungsziel auszurichten (vgl. § 60 PflBG).

Wählt die oder der Auszubildende, eine Ausbildung zur Altenpflegerin oder zum Altenpfleger durchzuführen, gilt für die weitere Ausbildung die Maßgabe, dass die Kompetenzvermittlung speziell zur Pflege alter Menschen erfolgt. Die praktische Ausbildung des letzten Ausbildungsdrittels ist in Bereichen der Versorgung von alten Menschen durchzuführen und der theoretische und praktische Unterricht des letzten Ausbildungsdrittels ist an diesem Ausbildungsziel auszurichten (vgl. § 61 PflBG).

Die primärqualifizierende Pflegeausbildung an Hochschulen befähigt zur unmittelbaren Tätigkeit an zu pflegenden Menschen aller Altersstufen und verfolgt gegenüber der beruflichen Pflegeausbildung ein erweitertes Ausbildungsziel. Sie vermittelt die für die selbstständige umfassende und prozessorientierte Pflege von Menschen aller Altersstufen in akut und dauerhaft stationären sowie ambulanten Pflegesituationen erforderlichen fachlichen und personalen Kompetenzen auf wissenschaftlicher Grundlage und Methodik. Sie umfasst die Kompetenzen der beruflichen Pflegeausbildung und befähigt darüber hinaus insbesondere

- zur Steuerung und Gestaltung hochkomplexer Pflegeprozesse auf der Grundlage wissenschaftsbasierter oder wissenschaftsorientierter Entscheidungen;
- vertieftes Wissen über Grundlagen der Pflegewissenschaft, des gesellschaftlich-institutionellen Rahmens des pflegerischen Handelns sowie des normativ-institutionellen

Systems der Versorgung anzuwenden und die Weiterentwicklung der gesundheitlichen
und pflegerischen Versorgung dadurch maßgeblich mitzugestalten;

- sich Forschungsgebiete der professionellen Pflege auf dem neuesten Stand der gesicherten Erkenntnisse erschließen und forschungsgestützte Problemlösungen wie auch neue Technologien in das berufliche Handeln übertragen zu können sowie berufsbezogene Fort- und Weiterbildungsbedarfe zu erkennen;
- sich kritisch-reflexiv und analytisch sowohl mit theoretischem als auch praktischem Wissen auseinandersetzen und wissenschaftsbasiert innovative Lösungsansätze zur Verbesserung im eigenen beruflichen Handlungsfeld entwickeln und implementieren zu können und
- an der Entwicklung von Qualitätsmanagementkonzepten, Leitlinien und Expertenstandards mitzuwirken (vgl. § 37 PflBG).

Das Studium dauert mindestens drei Jahre und umfasst theoretische und praktische Lehrveranstaltungen an staatlichen oder staatlich anerkannten Hochschulen anhand eines modularen Curriculums sowie Praxiseinsätze in Einrichtungen nach dem PflBG. Die Praxiseinsätze gliedern sich in Pflichteinsätze, einen Vertiefungseinsatz sowie weitere Einsätze, wobei wesentlicher Bestandteil der Praxiseinsätze die von den Einrichtungen zu gewährleistende Praxisanleitung ist. Die Hochschule unterstützt die Praxiseinsätze durch die von ihr zu gewährleistende Praxisbegleitung, trägt die Gesamtverantwortung für die Koordination der theoretischen und praktischen Lehrveranstaltungen mit den Praxiseinsätzen, ist auch für die Durchführung der Praxiseinsätze verantwortlich und schließt hierfür Kooperationsvereinbarungen mit den Einrichtungen der Praxiseinsätze ab (vgl. § 38 PflBG).

Das Studium schließt mit der Verleihung des akademischen Grades durch die Hochschule ab (vgl. § 39 PflBG).

Auch für die Ausbildung als **Masseur/in und medizinische(r) Bademeister/in** ist ein eigenes Gesetz, das Masseur- und Physiotherapeutengesetz (MPhG) maßgeblich. Danach soll die Ausbildung als Ausbildungsziel entsprechend der Aufgabenstellung des Berufs insbesondere dazu befähigen, durch Anwenden geeigneter Verfahren der physikalischen Therapie in Prävention, kurativer Medizin, Rehabilitation und im Kurwesen Hilfen zur Heilung und Linderung, zur Wiederherstellung oder Verbesserung der Arbeits- und Erwerbsfähigkeit, zu gesundheitsförderndem Verhalten und zum Kurerfolg zu geben (vgl. § 3 MPhG).

Die Ausbildung besteht aus einem Lehrgang, der theoretischen und praktischen Unterricht und eine praktische Ausbildung umfasst, sowie aus einer praktischen Tätigkeit. Der Lehrgang wird in staatlich anerkannten Schulen durchgeführt. Er dauert zwei Jahre und schließt mit der staatlichen Prüfung ab. Die praktische Tätigkeit dauert sechs Monate (vgl. § 4 MPhG).

Voraussetzungen für den Zugang zur Ausbildung sind die gesundheitliche Eignung zur Ausübung des Berufs und der Hauptschulabschluss oder eine gleichwertige Schulbildung oder eine abgeschlossene Berufsausbildung von mindestens einjähriger Dauer (vgl. § 5 MPhG).

Die praktische Tätigkeit ist nach bestandener staatlicher Prüfung in zur Annahme von Praktikanten ermächtigten Krankenhäusern oder anderen geeigneten medizinischen Einrichtungen unter Aufsicht eines Masseurs und medizinischen Bademeisters und, soweit ein solcher nicht zur Verfügung steht, eines Krankengymnasten oder Physiotherapeuten abzuleisten. Die Ermächtigung zur Annahme von Praktikanten setzt voraus, dass die Krankenhäuser oder vergleichbaren Einrichtungen über Patienten in der zur Erreichung des Ausbildungsziels erforderlichen Zahl und Art, eine ausreichende Anzahl Masseure und medizinische Bademeister und, soweit ein solcher nicht zur Verfügung steht, eines Krankengymnasten oder Physiotherapeuten sowie die notwendigen Räumlichkeiten und Einrichtungen und eine der medizinischen Entwicklung entsprechende apparative Ausstattung verfügen. Auf Antrag kann eine außerhalb des Geltungsbereichs des MPhG abgeleistete praktische Tätigkeit in der Massage im Umfang ihrer Gleichwertigkeit ganz oder teilweise auf die praktische Tätigkeit angerechnet werden (vgl. § 7 MPhG).

Ebenfalls maßgeblich ist das MPhG für die Ausbildung als **Physiotherapeut/in**. Die Ausbildung soll als Ausbildungsziel entsprechend der Aufgabenstellung des Berufs insbesondere dazu befähigen, durch Anwenden geeigneter Verfahren der Physiotherapie in Prävention, kurativer Medizin, Rehabilitation und im Kurwesen Hilfen zur Entwicklung, zum Erhalt oder zur Wiederherstellung aller Funktionen im somatischen und psychischen Bereich zu geben und bei nicht rückbildungsfähigen Körperbehinderungen Ersatzfunktionen zu schulen (vgl. § 8 MPhG).

Die Ausbildung dauert drei Jahre und besteht aus theoretischem und praktischem Unterricht und einer praktischen Ausbildung. Sie wird durch staatlich anerkannte Schulen vermittelt und schließt mit der staatlichen Prüfung ab. Schulen, die nicht an einem Krankenhaus eingerichtet sind, haben die praktische Ausbildung im Rahmen einer Regelung mit Krankenhäusern oder anderen geeigneten medizinischen Einrichtungen sicherzustellen (vgl. § 9 MPhG).

Voraussetzungen für den Zugang zur Ausbildung sind die gesundheitliche Eignung zur Ausübung des Berufs und der Realschulabschluss oder eine gleichwertige Ausbildung oder eine andere abgeschlossene zehnjährige Schulbildung, die den Hauptschulabschluss erweitert, oder eine nach Hauptschulabschluss oder einem gleichwertigen Abschluss abgeschlossene Berufsausbildung von mindestens zweijähriger Dauer (vgl. § 10 MPhG).

Auf die Ausbildung sind auf Antrag mit sechs Monaten anzurechnen eine an einer staatlich anerkannten Lehranstalt abgeschlossene, mindestens zweijährige Ausbildung als Turn- und Sportlehrer, eine an einer staatlich anerkannten Lehranstalt abgeschlossene, mindestens zweijährige Ausbildung als Gymnastiklehrer. Auf Antrag kann eine andere Ausbildung im Umfang ihrer Gleichwertigkeit auf die Dauer einer Ausbildung angerechnet werden, wenn die Durchführung der Ausbildung und die Erreichung des Ausbildungsziels dadurch nicht gefährdet werden (vgl. § 12 MPhG).

Durch das Hebammenreformgesetz (HebRefG) soll die Ausbildung zur **Hebamme/ zum Entbindungspfleger** attraktiver und moderner werden. Die Reform setzt zugleich die Berufsanerkennungsrichtlinie der Europäischen Union um. Die Ausbildung erfolgt in einem dualen Studium, wodurch ein wissenschaftliches Studium mit einer beruflichen Ausbildung verbunden werden kann. Dabei hat das Studium einen hohen Praxisanteil, denn die vorgesehenen Praxiseinsätze finden im Krankenhaus und im ambulanten Bereich, z. B. bei einer freiberuflichen Hebamme oder in einem „Geburtshaus" statt. Es umfasst mindestens sechs und höchstens acht Semester, wird mit einem Bachelor und einer staatlichen Prüfung abgeschlossen, was Voraussetzung ist, um die Berufsbezeichnung „Hebamme" führen zu dürfen. Das Studium kann grundsätzlich jeder beginnen, der eine zwölfjährige allgemeine Schulausbildung bzw. eine abgeschlossene Ausbildung in einem Pflegeberuf hat (vgl. Bundesministerium für Gesundheit 2019, S. 1).

Die Studien- und Prüfungsverordnung für Hebammen (HebStPrV) enthält entsprechende Detailregelungen, insbesondere zur Struktur und zum Inhalt des Studiums sowie zur staatlichen Prüfung.

1.2.2 Jugendarbeitsschutz

Für die Beschäftigung von Jugendlichen während ihrer Ausbildung in Gesundheitsbetrieben ist insbesondere das **Jugendarbeitsschutzgesetz** (JArbSchG) maßgeblich. Es gilt unter anderem in der Berufsausbildung für die Beschäftigung von Personen, die noch nicht 18 Jahre alt sind (vgl. § 1 JArbSchG).

Bezüglich der zulässigen **Arbeitszeitdauer** dürfen Jugendliche nicht mehr als acht Stunden täglich und nicht mehr als 40 Stunden wöchentlich beschäftigt werden. Wenn in Verbindung mit Feiertagen an Werktagen nicht gearbeitet wird, damit die Beschäftigten eine längere zusammenhängende Freizeit haben, so darf die ausfallende Arbeitszeit auf die Werktage von fünf zusammenhängenden, die Ausfalltage einschließenden Wochen nur dergestalt verteilt werden, dass die Wochenarbeitszeit im Durchschnitt dieser fünf Wochen 40 Stunden nicht überschreitet. Die tägliche Arbeitszeit darf hierbei achteinhalb Stunden nicht überschreiten. Wenn an einzelnen Werktagen die Arbeitszeit auf weniger als acht Stunden verkürzt ist, können Jugendliche an den übrigen Werktagen derselben Woche achteinhalb Stunden beschäftigt werden (vgl. § 8 JArbSchG).

Für den **Berufsschulbesuch** sind die Jugendlichen für die Teilnahme am Berufsschulunterricht freizustellen. Die Jugendlichen dürfen nicht beschäftigt werden vor einem vor 9 Uhr beginnenden Unterricht; dies gilt auch für Personen, die über 18 Jahre alt und noch berufsschulpflichtig sind, an einem Berufsschultag mit mehr als fünf Unterrichtsstunden von mindestens je 45 Minuten, einmal in der Woche, in Berufsschulwochen mit einem planmäßigen Blockunterricht von mindestens 25 Stunden an mindestens fünf Tagen; zusätzliche betriebliche Ausbildungsveranstaltungen bis zu zwei Stunden wöchentlich sind zulässig. Auf die Arbeitszeit werden angerechnet Berufsschultage mit acht Stunden, Berufsschulwochen mit 40 Stunden, im Übrigen die Unterrichtszeit einschließlich der Pausen. Ein Entgeltausfall darf durch den Besuch der Berufsschule nicht eintreten (vgl. § 9 JArbSchG).

Die Jugendlichen sind für **Prüfungsteilnahmen** und Ausbildungsmaßnahmen, die auf Grund öffentlich-rechtlicher oder vertraglicher Bestimmungen außerhalb der Ausbildungsstätte durchzuführen sind, an dem Arbeitstag, der der schriftlichen Abschlussprüfung unmittelbar vorangeht, freizustellen. Auf die Arbeitszeit werden angerechnet die Zeit der Teilnahme einschließlich der Pausen bzw. acht Stunden. Ein Entgeltausfall darf dadurch nicht eintreten (vgl. § 10 JArbSchG).

Jugendlichen müssen im Voraus feststehende **Ruhepausen** von angemessener Dauer gewährt werden. Die Ruhepausen müssen mindestens 30 Minuten bei einer Arbeitszeit von mehr als viereinhalb bis zu sechs Stunden, 60 Minuten bei einer Arbeitszeit von mehr als sechs Stunden, betragen. Als Ruhepause gilt nur eine Arbeitsunterbrechung von mindestens 15 Minuten. Die Ruhepausen müssen in angemessener zeitlicher Lage gewährt werden, frühestens eine Stunde nach Beginn und spätestens eine Stunde vor Ende der Arbeitszeit. Länger als viereinhalb Stunden hintereinander dürfen Jugendliche nicht ohne Ruhepause beschäftigt werden. Der Aufenthalt während der Ruhepausen in Arbeitsräumen darf den Jugendlichen nur gestattet werden, wenn die Arbeit in diesen Räumen während dieser Zeit eingestellt ist und auch sonst die notwendige Erholung nicht beeinträchtigt wird (vgl. § 11 JArbSchG).

Bei der Beschäftigung Jugendlicher darf die **Schichtzeit** 10 Stunden nicht überschreiten (vgl. § 12 JArbSchG).

Nach Beendigung der täglichen Arbeitszeit dürfen Jugendliche nicht vor Ablauf einer ununterbrochenen **Freizeit** von mindestens 12 Stunden beschäftigt werden (vgl. § 13 JArbSchG).

Zur Einhaltung der **Nachtruhe** dürfen Jugendliche nur in der Zeit von 6 bis 20 Uhr beschäftigt werden. Nach vorheriger Anzeige an die Aufsichtsbehörde dürfen in Betrieben, in denen die übliche Arbeitszeit aus verkehrstechnischen Gründen nach 20 Uhr endet, Jugendliche bis 21 Uhr beschäftigt werden, soweit sie hierdurch unnötige Wartezeiten vermeiden können. Nach vorheriger Anzeige an die Aufsichtsbehörde dürfen ferner in mehrschichtigen Betrieben Jugendliche über 16 Jahre ab 5:30 Uhr oder bis 23:30 Uhr beschäftigt werden, soweit sie hierdurch unnötige Wartezeiten vermeiden können (vgl. § 14 JArbSchG).

Jugendliche dürfen nur an fünf Tagen in der Woche beschäftigt werden. Die beiden wöchentlichen **Ruhetage** sollen nach Möglichkeit aufeinander folgen (vgl. § 15 JArbSchG).

Die Beschäftigung Jugendlicher an Samstagen ist in Krankenanstalten sowie in Alten-, Pflege- und Kinderheimen, im ärztlichen Notdienst oder bei außerbetrieblichen Ausbildungsmaßnahmen zulässig. Zur übrigen **Samstagsruhe** sollen mindestens zwei Samstage im Monat beschäftigungsfrei bleiben. Werden Jugendliche am Samstag beschäftigt, ist ihnen die Fünf-Tage-Woche durch Freistellung an einem anderen berufsschulfreien Arbeitstag derselben Woche sicherzustellen. In Betrieben mit einem Betriebsruhetag in der Woche kann die Freistellung auch an diesem Tag erfolgen, wenn die Jugendlichen an diesem Tag keinen Berufsschulunterricht haben (vgl. § 16 JArbSchG).

Die Beschäftigung Jugendlicher an Sonntagen ist in Krankenanstalten sowie in Alten-, Pflege- und Kinderheimen und im ärztlichen Notdienst zulässig. Zur Einhaltung der **Sonntagsruhe** soll jeder zweite Sonntag und müssen mindestens zwei Sonntage im Monat beschäftigungsfrei bleiben. Werden Jugendliche am Sonntag beschäftigt, ist ihnen die Fünf-Tage-Woche durch Freistellung an einem anderen berufsschulfreien Arbeitstag derselben Woche sicherzustellen. In Betrieben mit einem Betriebsruhetag in der Woche kann die Freistellung auch an diesem Tag erfolgen, wenn die Jugendlichen an diesem Tag keinen Berufsschulunterricht haben (vgl. § 17 JArbSchG).

Zur Einhaltung der **Feiertagsruhe** dürfen Jugendliche am 24. und 31. Dezember nach 14 Uhr und am 25. Dezember, am 1. Januar, am ersten Osterfeiertag und am 1. Mai nicht beschäftigt werden. An den übrigen Feiertagen ist eine Beschäftigung Jugendlicher in Krankenanstalten sowie in Alten-, Pflege- und Kinderheimen und im ärztlichen Notdienst zulässig. Für die Beschäftigung an einem gesetzlichen Feiertag, der auf einem Werktag fällt, ist der Jugendliche an einem anderen berufsschulfreien Arbeitstag derselben oder der folgenden Woche freizustellen. In Betrieben mit einem Betriebsruhetag in der Woche kann die Freistellung auch an diesem Tag erfolgen, wenn die Jugendlichen an diesem Tag keinen Berufsschulunterricht haben (vgl. § 18 JArbSchG).

Den Jugendlichen ist für jedes Kalenderjahr ein bezahlter **Erholungsurlaub** zu gewähren. Der Urlaub beträgt jährlich mindestens 30 Werktage, wenn der Jugendliche zu Beginn des Kalenderjahrs noch nicht 16 Jahre alt ist, mindestens 27 Werktage, wenn der Jugendliche zu Beginn des Kalenderjahrs noch nicht 17 Jahre alt ist, mindestens 25 Werktage, wenn der Jugendliche zu Beginn des Kalenderjahrs noch nicht 18 Jahre alt ist. Der Urlaub soll Berufsschülern in der Zeit der Berufsschulferien gegeben werden. Soweit er nicht in den Berufsschulferien gegeben wird, ist für jeden Berufsschultag, an dem die Berufsschule während des Urlaubs besucht wird, ein weiterer Urlaubstag zu gewähren (vgl. § 19 JArbSchG).

Bei der Beschäftigung Jugendlicher mit vorübergehenden und unaufschiebbaren Arbeiten in Notfällen, soweit erwachsene Beschäftigte nicht zur Verfügung stehen, sind **Ausnahmen** von bestimmten Regelungen des JArbSchG zulässig (vgl. § 21 JArbSchG), ebenso wie abweichende Regelungen in einem Tarifvertrag oder auf Grund eines Tarifvertrages in einer Betriebsvereinbarung (vgl. § 21a JArbSchG).

Jugendliche dürfen nicht beschäftigt werden mit **gefährlichen Arbeiten**, die ihre physische oder psychische Leistungsfähigkeit übersteigen, und mit Arbeiten, bei denen sie sittlichen Gefahren ausgesetzt sind. Mit Arbeiten, die mit Unfallgefahren verbunden sind, von denen anzunehmen ist, dass Jugendliche sie wegen mangelnden Sicherheitsbewusstseins oder mangelnder Erfahrung nicht erkennen oder nicht abwenden können, mit Arbeiten, bei denen ihre Gesundheit durch außergewöhnliche Hitze oder Kälte oder starke Nässe gefährdet wird, mit Arbeiten, bei denen sie schädlichen Einwirkungen von Lärm, Erschütterungen oder Strahlen ausgesetzt sind, mit Arbeiten, bei denen sie schädlichen Einwirkungen von Gefahrstoffen im Sinne der Gefahrstoffverordnung ausgesetzt sind, und mit Arbeiten, bei denen sie schädlichen Einwirkungen von biologischen Arbeitsstoffen im

Sinne der Biostoffverordnung ausgesetzt sind, dürfen sie unter anderem nur beschäftigt werden, sowie dies zur Erreichung ihres Ausbildungszieles erforderlich ist und ihr Schutz durch die Aufsicht eines Fachkundigen gewährleistet ist. Werden Jugendliche in einem Gesundheitsbetrieb beschäftigt, für den ein Betriebsarzt oder eine Fachkraft für Arbeitssicherheit verpflichtet ist, muss ihre betriebsärztliche oder sicherheitstechnische Betreuung sichergestellt sein (vgl. § 22 JArbSchG).

Wer Jugendliche beschäftigt oder im Rahmen der Ausbildung beaufsichtigt und anweist, darf sie nicht körperlich züchtigen. Wer Jugendliche beschäftigt, muss das **Züchtigungsverbot** einhalten und sie vor körperlicher Züchtigung und Misshandlung und vor sittlicher Gefährdung durch andere bei ihm Beschäftigte und durch Mitglieder seines Haushalts an der Arbeitsstätte und in seinem Haus schützen (vgl. § 31 JArbSchG).

Ein Jugendlicher, der in das Berufsleben eintritt, darf nur beschäftigt werden, wenn er innerhalb der letzten vierzehn Monate von einem Arzt untersucht worden ist und dem Arbeitgeber eine von diesem Arzt ausgestellte Bescheinigung über diese **Erstuntersuchung** vorliegt (vgl. § 32 JArbSchG).

Ein Jahr nach Aufnahme der ersten Beschäftigung hat sich der Arbeitgeber die Bescheinigung eines Arztes darüber vorlegen zu lassen, dass der Jugendliche nachuntersucht worden ist. Diese **Erste Nachuntersuchung** darf nicht länger als drei Monate zurückliegen. Der Arbeitgeber soll den Jugendlichen neun Monate nach Aufnahme der ersten Beschäftigung nachdrücklich auf den Zeitpunkt, bis zu dem der Jugendliche ihm die ärztliche Bescheinigung vorzulegen hat, hinweisen und ihn auffordern, die Nachuntersuchung bis dahin durchführen zu lassen. Legt der Jugendliche die Bescheinigung nicht nach Ablauf eines Jahres vor, hat ihn der Arbeitgeber innerhalb eines Monats unter Hinweis auf das Beschäftigungsverbot schriftlich aufzufordern, ihm die Bescheinigung vorzulegen. Je eine Durchschrift des Aufforderungsschreibens hat der Arbeitgeber dem Personensorgeberechtigten und dem Betriebs- oder Personalrat zuzusenden. Der Jugendliche darf nach Ablauf von 14 Monaten nach Aufnahme der ersten Beschäftigung nicht weiterbeschäftigt werden, solange er die Bescheinigung nicht vorgelegt hat (vgl. § 33 JArbSchG). Nach Ablauf jedes weiteren Jahres nach der ersten Nachuntersuchung kann sich der Jugendliche erneut nachuntersuchen lassen. Der Arbeitgeber soll ihn auf diese Möglichkeit weiterer Nachuntersuchungen rechtzeitig hinweisen und darauf hinwirken, dass der Jugendliche ihm die Bescheinigung über die weitere Nachuntersuchung vorlegt (vgl. § 34 JArbSchG).

Bei einem **Arbeitgeberwechsel** darf der neue Arbeitgeber den Jugendlichen erst beschäftigen, wenn ihm die Bescheinigung über die Erstuntersuchung und, falls seit der Aufnahme der Beschäftigung ein Jahr vergangen ist, die Bescheinigung über die erste Nachuntersuchung vorliegen (vgl. § 36 JArbSchG).

Der Arbeitgeber hat die ärztlichen **Bescheinigungen** bis zur Beendigung der Beschäftigung, längstens jedoch bis zur Vollendung des 18. Lebensjahrs des Jugendlichen aufzubewahren und der Aufsichtsbehörde sowie der Berufsgenossenschaft auf Verlangen zur Einsicht vorzulegen oder einzusenden. Scheidet der Jugendliche aus dem Beschäftigungsverhältnis aus, so hat ihm der Arbeitgeber die Bescheinigungen auszuhändigen (vgl. § 41 JArbSchG).

Der Arbeitgeber hat den Jugendlichen für die Durchführung der ärztlichen Untersuchungen freizustellen. Ein Entgeltausfall darf hierdurch nicht eintreten (vgl. § 43 JArbSchG).

Arbeitgeber, die regelmäßig mindestens einen Jugendlichen beschäftigen, haben zur **Bekanntmachung** einen Abdruck des JArbSchG und die Anschrift der zuständigen Aufsichtsbehörde an geeigneter Stelle im Gesundheitsbetrieb zur Einsicht auszulegen oder auszuhängen (vgl. § 47 JArbSchG). Arbeitgeber, die regelmäßig mindestens drei Jugendliche beschäftigen, haben einen Aushang über Beginn und Ende der regelmäßigen täglichen Arbeitszeit und der Pausen der Jugendlichen an geeigneter Stelle im Gesundheitsbetrieb anzubringen (vgl. § 48 JArbSchG).

Arbeitgeber haben **Verzeichnisse** der bei ihnen beschäftigten Jugendlichen unter Angabe des Vor- und Familiennamens, des Geburtsdatums und der Wohnanschrift zu führen, in denen das Datum des Beginns der Beschäftigung bei ihnen enthalten ist (vgl. § 49 JArbSchG). Der Arbeitgeber ist verpflichtet, der Aufsichtsbehörde auf Verlangen die zur Erfüllung ihrer Aufgaben erforderlichen Angaben wahrheitsgemäß und vollständig zu machen, die Verzeichnisse, die Unterlagen, aus denen Name, Beschäftigungsart und -zeiten der Jugendlichen sowie Lohn- und Gehaltszahlungen ersichtlich sind, und alle sonstigen Unterlagen, die sich auf die zu machenden Angaben beziehen, zur Einsicht vorzulegen oder einzusenden. Die Verzeichnisse und Unterlagen sind mindestens bis zum Ablauf von zwei Jahren nach der letzten Eintragung aufzubewahren (vgl. § 50 JArbSchG).

Die Regelungen der **Jugendarbeitsschutzuntersuchungsverordnung** (JArbSchUV) sind maßgeblich für die Durchführung der ärztlichen Untersuchungen nach dem JArbSchG. Danach ist beispielsweise geregelt, dass für die ärztliche Bescheinigung für den Arbeitgeber der Arzt bei einer Erstuntersuchung einen Vordruck nach dem Muster der Anlage 4 in weißer Farbe, bei einer Nachuntersuchung einen Vordruck nach dem Muster der Anlage 4a in roter Farbe zu verwenden hat (vgl. § 6 JArbSchUV), die vom Arbeitgeber einzufordern, bis zur Beendigung der Beschäftigung, längstens jedoch bis zur Vollendung des 18. Lebensjahrs des Jugendlichen aufzubewahren und der Aufsichtsbehörde sowie der Berufsgenossenschaft auf Verlangen zur Einsicht vorzulegen oder einzusenden sind.

1.2.3 Ausbildungsordnungen

Als Grundlage für eine geordnete und einheitliche Berufsausbildung erkennt das Bundesministerium für Wirtschaft und Energie oder das sonst zuständige Fachministerium im Einvernehmen mit dem Bundesministerium für Bildung und Forschung durch Rechtsverordnung, die nicht der Zustimmung des Bundesrates bedarf, Ausbildungsberufe im Gesundheitswesen staatlich an und erlässt hierfür **Ausbildungsordnungen**. Für einen anerkannten Ausbildungsberuf im Gesundheitswesen darf nur nach der Ausbildungsordnung ausgebildet werden. Wird die Ausbildungsordnung eines Ausbildungsberufes aufgehoben, so gelten für bestehende Berufsausbildungsverhältnisse die bisherigen Vorschriften (vgl. § 4 BBiG).

Für das Gesundheitswesen legen die Ausbildungsordnungen unter anderem fest:

- Ausbildungsberuf: Die Bezeichnung des Ausbildungsberufes, der anerkannt wird.
- Ausbildungsdauer: Sie soll nicht mehr als drei und nicht weniger als zwei Jahre betragen.
- Ausbildungsberufsbild: Die beruflichen Fertigkeiten, Kenntnisse und Fähigkeiten, die mindestens Gegenstand der Berufsausbildung sind.
- Ausbildungsrahmenplan: Die Anleitung zur sachlichen und zeitlichen Gliederung der Vermittlung der beruflichen Fertigkeiten, Kenntnisse und Fähigkeiten.
- Prüfungsanforderungen: Zu absolvierende Zwischen- und Abschlussprüfungen.

Ferner können Ausbildungsordnungen vorsehen, dass

- die Berufsausbildung in sachlich und zeitlich besonders gegliederten, aufeinander aufbauenden Stufen erfolgt; nach den einzelnen Stufen soll ein Ausbildungsabschluss vorgesehen werden, der sowohl zu einer qualifizierten beruflichen Tätigkeit befähigt als auch die Fortsetzung der Berufsausbildung in weiteren Stufen ermöglicht;
- die Abschlussprüfung in zwei zeitlich auseinander fallenden Teilen durchgeführt wird;
- die Berufsausbildung in diesem Ausbildungsberuf unter Anrechnung der bereits zurückgelegten Ausbildungszeit fortgesetzt werden kann, wenn die Vertragsparteien dies vereinbaren;
- auf die durch die Ausbildungsordnung geregelte Berufsausbildung eine andere, einschlägige Berufsausbildung unter Berücksichtigung der hierbei erworbenen beruflichen Fertigkeiten, Kenntnisse und Fähigkeiten angerechnet werden kann;
- über das beschriebene Ausbildungsberufsbild hinaus zusätzliche berufliche Fertigkeiten, Kenntnisse und Fähigkeiten vermittelt werden können, die die berufliche Handlungsfähigkeit ergänzen oder erweitern;
- Teile der Berufsausbildung in geeigneten Einrichtungen außerhalb der Ausbildungsstätte durchgeführt werden, wenn und soweit es die Berufsausbildung erfordert (vgl. § 5 BBiG).

Die Ausbildungsordnungen für das Gesundheitswesen stellen somit bundesweit einheitliche Ausbildungsstandards und Prüfungsanforderungen sicher. Sie bilden die rechtsverbindlichen Grundlagen für Didaktik, Planung und Kontrolle der Ausbildung in den Gesundheitsbetrieben. Entsprechend gibt es eine große Anzahl von Ausbildungs- und Prüfungsverordnungen für die zahlreichen Gesundheitsfachberufe (vgl. Tab. 1.5).

Tab. 1.5 Beispiele für Ausbildungs- und Prüfungsordnungen im Gesundheitswesen

Bezeichnung	Abkürzung	Rechtsquelle
Augenoptiker-Ausbildungsverordnung	AugenoptAusbV	Vom 26. April 2011 (BGBl. I S. 698).
Ausbildungs- und Prüfungsverordnung für Diätassistentinnen und Diätassistenten	DiätAss-APrV	Vom 1. August 1994 (BGBl. I S. 2088), zuletzt durch Artikel 24 des Gesetzes vom 18. April 2016 (BGBl. I S. 886) geändert.
Ausbildungs- und Prüfungsverordnung für Kinder- und Jugendlichenpsychotherapeuten	KJPsychTh-APrV	Vom 18. Dezember 1998 (BGBl. I S. 3761), zuletzt durch Artikel 8 des Gesetzes vom 18. April 2016 (BGBl. I S. 886) geändert.
Ausbildungs- und Prüfungsordnung für Logopäden	LogAPrO	Vom 1. Oktober 1980 (BGBl. I S. 1892), zuletzt durch Artikel 17 des Gesetzes vom 18. April 2016 (BGBl. I S. 886) geändert.
Ausbildungs- und Prüfungsverordnung für Masseure und medizinische Bademeister	MB-APrV	Vom 6. Dezember 1994 (BGBl. I S. 3770), zuletzt durch Artikel 26 des Gesetzes vom 18. April 2016 (BGBl. I S. 886) geändert.
Ausbildungs- und Prüfungsverordnung für Orthoptistinnen und Orthoptisten	OrthoptAPrV	Vom 21. März 1990 (BGBl. I S. 563), zuletzt durch Artikel 20 des Gesetzes vom 18. April 2016 (BGBl. I S. 886) geändert.
Ausbildungs- und Prüfungsverordnung für pharmazeutisch-technische Assistentinnen und pharmazeutisch-technische Assistenten	PTA-APrV	Vom 23. September 1997 (BGBl. I S. 2352), zuletzt durch Artikel 13 des Gesetzes vom 18. April 2016 (BGBl. I S. 886) geändert.

(Fortsetzung)

Tab. 1.5 (Fortsetzung)

Bezeichnung	Abkürzung	Rechtsquelle
Ausbildungs- und Prüfungsverordnung für Physiotherapeuten	PhysTh-APrV	Vom 6. Dezember 1994 (BGBl. I S. 3786), zuletzt durch Artikel 27 des Gesetzes vom 18. April 2016 (BGBl. I S. 886) geändert.
Ausbildungs- und Prüfungsverordnung für Podologinnen und Podologen	PodAPrV	Vom 18. Dezember 2001 (BGBl. 2002 I S. 12), zuletzt durch Artikel 29 des Gesetzes vom 18. April 2016 (BGBl. I S. 886) geändert.
Ausbildungs- und Prüfungsverordnung für Psychologische Psychotherapeuten	PsychTh-APrV	Vom 18. Dezember 1998 (BGBl. I S. 3749), zuletzt durch Artikel 7 des Gesetzes vom 18. April 2016 (BGBl. I S. 886) geändert.
Ausbildungs- und Prüfungsverordnung für technische Assistenten in der Medizin	MTA-APrV	Vom 25. April 1994 (BGBl. I S. 922), zuletzt durch Artikel 22 des Gesetzes vom 18. April 2016 (BGBl. I S. 886) geändert.
Pflegeberufe-Ausbildungs- und -Prüfungsverordnung	PflAPrV	Vom 2. Oktober 2018 (BGBl. I S. 1572).
Verordnung über die Berufsausbildung für Kaufleute in den Dienstleistungsbereichen Gesundheitswesen sowie Veranstaltungswirtschaft	KflDiAusbV	Vom 25. Juni 2001 (BGBl. I S. 1262, 1878), zuletzt durch Artikel 6 des Gesetzes vom 24. Mai 2016 (BGBl. I S. 1190) geändert.
Verordnung über die Berufsausbildung zum Fachangestellten für Medien- und Informationsdienste/zur Fachangestellten für Medien und Informationsdienste	MedInfoFAngAusbV	Vom 3. Juni 1998 (BGBl. I S. 1257, 2426), zuletzt durch Artikel 1 der Verordnung vom 15. März 2000 (BGBl. I S. 222) geändert.

(Fortsetzung)

Tab. 1.5 (Fortsetzung)

Bezeichnung	Abkürzung	Rechtsquelle
Verordnung über die Berufsausbildung zum Hörakustiker und zur Hörakustikerin (Hörakustikerausbildungsverordnung)	HörAkAusbV	Vom 28. April 2016 (BGBl. I S. 1012), durch Artikel 1 der Verordnung vom 5. September 2016 (BGBl. I S. 2139) geändert.
Verordnung über die Berufsausbildung zum Medizinischen Fachangestellten/zur Medizinischen Fachangestellten	MedFAngAusbV	Vom 26. April 2006 (BGBl. I S. 1097).
Verordnung über die Berufsausbildung zum Pharmazeutisch-kaufmännischen Angestellten und zur Pharmazeutisch-kaufmännischen Angestellten	PharmKfmAusbV 2012	Vom 3. Juli 2012 (BGBl. I S. 1456).
Verordnung über die Berufsausbildung zum Zahnmedizinischen Fachangestellten/zur Zahnmedizinischen Fachangestellten	ZahnmedAusbV	Vom 4. Juli 2001 (BGBl. I S. 1492).
Verordnung über die Berufsausbildung zum Zahntechniker/zur Zahntechnikerin	ZTechAusbV	Vom 11. Dezember 1997 (BGBl. I S. 3182).

1.2.4 Jugend- und Auszubildendenvertretung

Die **Jugend- und Auszubildendenvertretung** (JAV) in Gesundheitsbetrieben ist im Wesentlichen im Betriebsverfassungsgesetz (BetrVG) geregelt.

Die **Errichtung** der JAV orientiert sich an der Betriebsgröße: Danach sind in Gesundheitsbetrieben mit in der Regel mindestens fünf Arbeitnehmern, die das 18. Lebensjahr noch nicht vollendet haben (jugendliche Arbeitnehmer) oder die zu ihrer Berufsausbildung beschäftigt sind und das 25. Lebensjahr noch nicht vollendet haben, Jugend- und Auszubildendenvertretungen zu wählen. Sie nehmen die besonderen Belange dieser Arbeitnehmer wahr (vgl. § 60 BetrVG).

Die JAV hat folgende allgemeine **Aufgaben**:

- Maßnahmen, die den durch sie vertretenen Arbeitnehmern dienen, insbesondere in Fragen der Berufsbildung und der Übernahme der zu ihrer Berufsausbildung Beschäftigten in ein Arbeitsverhältnis, beim Betriebsrat zu beantragen;
- Maßnahmen zur Durchsetzung der tatsächlichen Gleichstellung der durch sie vertretenen Arbeitnehmer beim Betriebsrat zu beantragen;
- darüber zu wachen, dass die zugunsten der durch sie vertretenen Arbeitnehmer geltenden Gesetze, Verordnungen, Unfallverhütungsvorschriften, Tarifverträge und Betriebsvereinbarungen durchgeführt werden;

- Anregungen von durch sie vertretenen Arbeitnehmern, insbesondere in Fragen der Berufsbildung, entgegenzunehmen und, falls sie berechtigt erscheinen, beim Betriebsrat auf eine Erledigung hinzuwirken. Die JAV hat die betroffenen durch sie vertretenen Arbeitnehmer über den Stand und das Ergebnis der Verhandlungen zu informieren;
- die Integration ausländischer, durch sie vertretenen Arbeitnehmer im Betrieb zu fördern und entsprechende Maßnahmen beim Betriebsrat zu beantragen (vgl. § 70 BetrVG).

Die **Wahlberechtigung** für die JAV besteht für alle Arbeitnehmer des Gesundheitsbetriebs, die das 18. Lebensjahr noch nicht vollendet haben oder die zu ihrer Berufsausbildung beschäftigt sind und das 25. Lebensjahr noch nicht vollendet haben. Wählbar sind alle Arbeitnehmer des Gesundheitsbetriebs, die das 25. Lebensjahr noch nicht vollendet haben. Mitglieder des Betriebsrats können nicht zu Jugend- und Auszubildendenvertretern gewählt werden (vgl. § 61 BetrVG).

Die **Zusammensetzung** der JAV ist folgendermaßen geregelt: Sie soll sich möglichst aus Vertretern der verschiedenen Beschäftigungsarten und Ausbildungsberufe der im Betrieb tätigen Arbeitnehmer des Gesundheitsbetriebs, die das 18. Lebensjahr noch nicht vollendet haben oder die zu ihrer Berufsausbildung beschäftigt sind und das 25. Lebensjahr noch nicht vollendet haben, zusammensetzen (vgl. Tab. 1.6). Das Geschlecht, das unter den genannten Arbeitnehmern in der Minderheit ist, muss mindestens entsprechend seinem zahlenmäßigen Verhältnis in der JAV vertreten sein, wenn diese aus mindestens drei Mitgliedern besteht (vgl. § 62 BetrVG).

Für die Wahl der JAV gelten detaillierte **Wahlvorschriften**. So sind beispielsweise die JAV in geheimer und unmittelbarer Wahl zu wählen und spätestens acht Wochen vor Ablauf der Amtszeit der JAV der Wahlvorstand und sein Vorsitzender durch den Betriebsrat zu bestellen (vgl. § 63 BetrVG).

Die regelmäßigen Wahlen der Jugend- und Auszubildendenvertretung finden alle zwei Jahre in der Zeit vom 1. Oktober bis 30. November statt. Die regelmäßige **Amtszeit** der Jugend- und Auszubildendenvertretung beträgt zwei Jahre. Die Amtszeit beginnt mit der

Tab. 1.6 Zusammensetzung der Jugend- und Auszubildendenvertretung (vgl. § 62 BetrVG)

Arbeitnehmer des Gesundheitsbetriebs, die das 18. Lebensjahr noch nicht vollendet haben oder die zu ihrer Berufsausbildung beschäftigt sind und das 25. Lebensjahr noch nicht vollendet haben	Mitglieder in der Jugend- und Auszubildendenvertretung
5 bis 20	1
21 bis 50	3
51 bis 150	5
151 bis 300	6
301 bis 500	7
501 bis 700	11
701 bis 1000	13
mehr als 1000	15

Bekanntgabe des Wahlergebnisses oder, wenn zu diesem Zeitpunkt noch eine Jugend- und Auszubildendenvertretung besteht, mit Ablauf von deren Amtszeit. Die Amtszeit endet spätestens am 30. November des Jahres, in dem die regelmäßigen Wahlen stattfinden. Ein Mitglied der Jugend- und Auszubildendenvertretung, das im Laufe der Amtszeit das 25. Lebensjahr vollendet, bleibt bis zum Ende der Amtszeit Mitglied der Jugend- und Auszubildendenvertretung (vgl. § 64 BetrVG).

Die Zusammenarbeit mit dem **Betriebsrat** des Gesundheitsbetriebs ist ebenfalls geregelt: Danach kann die JAV beispielsweise nach Verständigung des Betriebsrats Sitzungen abhalten, und an diesen Sitzungen kann der Betriebsratsvorsitzende oder ein beauftragtes Betriebsratsmitglied teilnehmen (vgl. § 65 BetrVG). Erachtet die Mehrheit der Jugend- und Auszubildendenvertreter einen Beschluss des Betriebsrats als eine erhebliche Beeinträchtigung wichtiger Interessen der Arbeitnehmer des Gesundheitsbetriebs, die das 18. Lebensjahr noch nicht vollendet haben oder die zu ihrer Berufsausbildung beschäftigt sind und das 25. Lebensjahr noch nicht vollendet haben, so ist auf ihren Antrag der Beschluss auf die Dauer von einer Woche auszusetzen, damit in dieser Frist eine Verständigung, gegebenenfalls mit Hilfe der im Betrieb vertretenen Gewerkschaften, versucht werden kann. Wird der erste Beschluss bestätigt, so kann der Antrag auf Aussetzung nicht wiederholt werden; dies gilt auch, wenn der erste Beschluss nur unerheblich geändert wird (vgl. § 66 BetrVG). Die JAV kann zu allen Betriebsratssitzungen einen Vertreter entsenden. Werden Angelegenheiten behandelt, die besonders die durch sie vertretenen Arbeitnehmer betreffen, so hat zu diesen Tagesordnungspunkten die gesamte JAV ein Teilnahmerecht. Die Jugend- und Auszubildendenvertreter haben Stimmrecht, soweit die zu fassenden Beschlüsse des Betriebsrats überwiegend die durch sie vertretenen Arbeitnehmer betreffen. Die Jugend- und Auszubildendenvertretung kann beim Betriebsrat beantragen, Angelegenheiten, die besonders die durch sie vertretenen Arbeitnehmer betreffen und über die sie beraten hat, auf die nächste Tagesordnung zu setzen. Der Betriebsrat soll Angelegenheiten, die besonders die durch die JAV vertretenen Arbeitnehmer betreffen, der JAV zur Beratung zuleiten (vgl. § 67 BetrVG). Der Betriebsrat hat die JAV zu Besprechungen zwischen Arbeitgeber und Betriebsrat beizuziehen, wenn Angelegenheiten behandelt werden, die besonders die durch sie vertretenen Arbeitnehmer betreffen (vgl. § 68 BetrVG). Zur Durchführung ihrer Aufgaben ist die Jugend- und Auszubildendenvertretung durch den Betriebsrat rechtzeitig und umfassend zu unterrichten. Die Jugend- und Auszubildendenvertretung kann verlangen, dass ihr der Betriebsrat die zur Durchführung ihrer Aufgaben erforderlichen Unterlagen zur Verfügung stellt (vgl. § 70 BetrVG).

Die JAV kann vor oder nach jeder Betriebsversammlung im Einvernehmen mit dem Betriebsrat eine betriebliche **Jugend- und Auszubildendenversammlung** einberufen. Im Einvernehmen mit Betriebsrat und Arbeitgeber kann die betriebliche Jugend- und Auszubildendenversammlung auch zu einem anderen Zeitpunkt einberufen werden.

Bestehen in einem Gesundheitsbetrieb mehrere Jugend- und Auszubildendenvertretungen (z. B. in einem Krankenhauskonzern, Klinikverbund, Pflegekonzern), so ist eine **Gesamt-Jugend- und Auszubildendenvertretung** zu errichten. In diese entsendet jede Jugend- und Auszubildendenvertretung ein Mitglied. Die Jugend- und Auszubildenden-

vertretung hat für das Mitglied der Gesamt-Jugend- und Auszubildendenvertretung mindestens ein Ersatzmitglied zu bestellen und die Reihenfolge des Nachrückens festzulegen
(vgl. § 71 BetrVG). Für Gesundheitsbetriebe als Konzerne nach § 8 AktG, in denen mehrere Gesamt-Jugend- und Auszubildendenvertretungen bestehen, kann durch Beschlüsse
der einzelnen Gesamt-Jugend- und Auszubildendenvertretungen eine Konzern-Jugend-
und Auszubildendenvertretung errichtet werden (vgl. § 73a BetrVG).

Auszubildende, deren praktische Berufsbildung in einer sonstigen Berufsbildungseinrichtung außerhalb der schulischen und betrieblichen Berufsbildung mit in der Regel mindestens fünf Auszubildenden stattfindet und die nicht wahlberechtigt zum Betriebsrat oder
zur Jugend- und Auszubildendenvertretung nach dem BetrVG sind, wählen nach dem
BBiG eine besondere Interessenvertretung (vgl. § 51 BBiG).

Für die gesundheitsbetriebliche Ausbildung des Bundes (z. B. in Bundeswehrkranken-
häusern, Sanitätseinrichtungen des Bundes) gelten die entsprechenden Regelungen des
Bundespersonalvertretungsgesetzes (BPersVG). Danach sind beispielsweise in Dienst-
stellen, bei denen **Personalvertretungen** gebildet sind und denen in der Regel mindestens
fünf Beschäftigte angehören, die das 18. Lebensjahr noch nicht vollendet haben (jugendliche Beschäftigte) oder die sich in einer beruflichen Ausbildung befinden und das 25.
Lebensjahr noch nicht vollendet haben, JAV zu bilden (vgl. § 57 BPersVG).

Für die gesundheitsbetriebliche Ausbildung der Länder (z. B. in Universitätskliniken)
gelten die entsprechenden Regelungen der Landespersonalvertretungsgesetze.

1.2.5   Ausbildungsfinanzierung der Krankenhäuser

Nach dem Krankenhausfinanzierungsgesetz (KHG) sind unter anderem zur Finanzierung
der **Ausbildungskosten** nach Maßgabe des KHG durch Zuschläge zu finanzieren, soweit
diese Kosten nach diesem Gesetz zu den pflegesatzfähigen Kosten gehören und nicht nach
anderen Vorschriften aufzubringen sind, die Kosten der mit den Krankenhäusern notwendigerweise verbundenen Ausbildungsstätten, die Mehrkosten des Krankenhauses infolge
der Ausbildung (vgl. Tab. 1.7) sowie die Ausbildungsvergütungen für die Berufe

- Ergotherapeut, Ergotherapeutin,
- Diätassistent, Diätassistentin,
- Hebamme, Entbindungspfleger,
- Krankengymnast, Krankengymnastin, Physiotherapeut, Physiotherapeutin
- Pflegefachfrau, Pflegefachmann,
- Krankenpflegehelferin, Krankenpflegehelfer,
- Gesundheits- und Kinderkrankenpflegerin, Gesundheits- und Kinderkrankenpfleger,
- medizinisch-technischer Laboratoriumsassistent, medizinisch-technische Laboratori-
  umsassistentin,
- medizinisch-technischer Radiologieassistent, medizinisch-technische Radiologieassis-
  tentin,

Tab. 1.7 Zu finanzierende Tatbestände bei Ausbildungsstätten für Zwecke des § 17a KHG (vgl. Deutsche Krankenhausgesellschaft/GKV-Spitzenverband/Verband der privaten Krankenversicherung 2009, S. 67)

Finanzierungstatbestand	Bezeichnung
Hauptberufliches Lehrpersonal	Schulleitung
	Hauptamtliche Lehrkräfte
Kosten des nebenberuflichen Lehrpersonals	
Kosten der Praxisanleitung	Praktische Anleitung durch Praxisanleiter/-innen
	Kosten der Qualifikation von Praxisanleiter/-innen
	Kosten der Auszubildenden während der Praxiseinsätze
Allgemeiner Sachaufwand	Lehr- und Arbeitsmaterialien, Lernmittel
	Reisekosten und Gebühren im Zusammenhang mit Dienstreisen, Studienfahrten, Seminaren, Arbeitstagungen, Fort- und Weiterbildungsmaßnahmen
	Büro- und Schulbedarf
	Kosten für Kommunikation und Zahlungsverkehr
	EDV- und Organisationsaufwand
	Prüfungen und Klausuren
	Raum- und Geschäftsausstattung
	Personalbeschaffungskosten
	Beratungs-, Abschluss- und Prüfungskosten; Qualitätssicherung, Evaluation, Zertifizierung
	Sonstiger Sachaufwand
Personalaufwand, nicht für Lehrpersonal	Aufwendungen für Personal mit administrativen Aufgaben
	Personalaufwendungen für technische und sonstige zentrale Dienste
Betriebskosten des Schulgebäudes und sonstige Gemeinkosten: Betriebskosten der von der Ausbildungsstätte genutzten Gebäudeteile und Räume sowie sonstige Gemeinkosten	

- Logopäde, Logopädin,
- Orthoptist, Orthoptistin,
- medizinisch-technischer Assistent für Funktionsdiagnostik, medizinisch-technische Assistentin für Funktionsdiagnostik,

wenn die Krankenhäuser Träger oder Mitträger der Ausbildungsstätte sind. In diesem Sinne sind Ausbildungsstätten staatlich anerkannte Einrichtungen an Krankenhäusern zur Ausbildung in den zuvor genannten Berufen (vgl. § 2 KHG).

Zur Finanzierung der Ausbildungskosten ist weiterhin beispielsweise geregelt, dass für ausbildende Krankenhäuser ein krankenhausindividuelles **Ausbildungsbudget** vereinbart wird, mit dem die Ausbildungskosten finanziert und dazu Art und Anzahl der voraussichtlich belegten Ausbildungsplätze festgestellt werden. Das Budget soll die Kosten der Ausbildungsstätten bei wirtschaftlicher Betriebsgröße und Betriebsführung decken. Der

Krankenhausträger hat Nachweise und Begründungen insbesondere über Art und Anzahl der voraussichtlich belegten Ausbildungsplätze, die Ausbildungskosten und für die Vereinbarung von Zuschlägen vorzulegen sowie im Rahmen der Budgetverhandlungen zusätzliche Auskünfte zu erteilen. Das Ausbildungsbudget ist zweckgebunden für die Ausbildung zu verwenden.

Um eine Benachteiligung ausbildender Krankenhäuser im Wettbewerb mit nicht ausbildenden Krankenhäusern zu vermeiden, wird ein Ausgleichsfond vereinbart, sowie die Höhe eines Ausbildungszuschlags je voll- und teilstationärem Fall, mit dem der Ausgleichsfonds finanziert wird. Der Fonds wird von der Landeskrankenhausgesellschaft errichtet und verwaltet. Der Ausbildungszuschlag wird von allen nicht ausbildenden Krankenhäusern den Patienten oder Patientinnen oder deren Sozialleistungsträger in Rechnung gestellt (vgl. § 17a KHG).

1.3   Duale Ausbildungssysteme im Gesundheitswesen

Erfolgt die berufliche Ausbildung im Gesundheitsbetrieb in einem **Dualen System**, so wird in der Regel die praktische Ausbildung im Betrieb durch einen ausbildungsbegleitenden Schulbesuch ergänzt. Die Ausbildungsinhalte richten sich nach den jeweiligen Verordnungen über die Berufsausbildung (Ausbildungsordnungen), die allerdings nur den betrieblichen Teil der Ausbildung regeln. Der schulische Teil fällt in die Zuständigkeit der einzelnen Bundesländer und richtet sich nach dem jeweiligen Lehrplan für die einzelnen Schularten. So wird beispielsweise der schulische Unterricht für die Ausbildung zum/zur Zahnmedizinischen Fachangestellten in Bayern an 35 Berufsschulen angeboten (vgl. Tab. 1.8). Lerninhalte der Ausbildung sind in der betrieblichen Praxis und in den Schulen im Hinblick auf den Zeitpunkt ihrer Vermittlung aufeinander abgestimmt.

Die während der Ausbildungszeit zu vermittelnden Fertigkeiten und Kenntnisse sind verbindlich für alle Ausbildungsstätten festgelegt. Es handelt sich dabei um Mindestqualifikationen, die zur Erlangung des Berufsausbildungsabschlusses notwendig sind, und zwar unabhängig davon, um welchen Gesundheitsbetrieb es sich handelt. Es ist Aufgabe des Betriebs, auf der Grundlage des Ausbildungsrahmenplanes einen sachlich und zeitlich gegliederten Ausbildungsplan zu erstellen; darin sind die betrieblichen Besonderheiten festzuhalten. Die Verkürzung der festgelegten Ausbildungsdauer ist in der Regel möglich, wenn zu erwarten ist, dass die/der Auszubildende das Ausbildungsziel in kürzerer Zeit erreicht. Auch ist die Zulassung zur Abschlussprüfung vor Ablauf der Ausbildungszeit möglich. Näheres regeln die jeweiligen Prüfungsordnungen für die Durchführung der Abschlussprüfung.

Als wesentliche Säule für die Deckung des Fachkräftebedarfs in Deutschland ist das Duale System der beruflichen Bildung für mehr als die Hälfte eines Altersjahrgangs der Einstieg in eine qualifizierte Berufs- bzw. Erwerbstätigkeit. Da die Ausbildung sowohl

Tab. 1.8 Berufsschulen für die Ausbildung zum/zur Zahnmedizinischen Fachangestellten in Bayern (vgl. Bayerisches Staatsministerium für Unterricht und Kultus 2018, S. 1)

Ort	Schulbezeichnung
Amberg	Staatliche Berufsschule
Ansbach	Staatliche Berufsschule I
Aschaffenburg	Staatliche Berufsschule II
Augsburg	Städtische Berufsschule V
Bad Tölz-Wolfratshausen	Staatliche Berufsschule
Bamberg	Staatliche Berufsschule III
Bayreuth	Staatliche Berufsschule II
Cham	Werner-von-Siemens-Schule Staatliche Berufsschule
Coburg	Staatliche Berufsschule II
Donauwörth	Ludwig-Bölkow-Schule Staatliche Berufsschule
Erding	Dr. Herb.-Weinberger-Schule Staatliche Berufsschule
Erlangen	Staatliche Berufsschule
Fürstenfeldbruck	Staatliche Berufsschule
Garmisch-Partenkirchen	Staatliche Berufsschule
Hof	Johann-Vießmann-Schule Staatliche Berufsschule – Stadt und Land
Ingolstadt	Leo-von-Klenze-Schule Staatliche Berufsschule II
Kempten	Staatliche Berufsschule II
Landshut	Staatliche Berufsschule II
Lindau	Staatliche Berufsschule
Marktoberdorf	Staatliche Berufsschule Ostallgäu
Memmingen	Staatliche Berufsschule II
Mühldorf a.Inn	Staatliche Berufsschule II
München	Städtische Berufsschule für Zahnmedizinische Fachangestellte
Neumarkt i.d.Opf.	Staatliche Berufsschule
Neu-Ulm	Staatliche Berufsschule
Nürnberg	Städtische Berufsschule 8 für Gesundheits- und naturwissenschaftliche Berufe
Passau	Staatliche Berufsschule II
Regensburg	Städtische Berufsschule III für kaufmännische- und Gesundheitsberufe
Rosenheim	Staatliche Berufsschule II
Schweinfurt	Ludwig-Erhard-Schule Staatliche Berufsschule II
Starnberg	Staatliche Berufsschule
Straubing	Mathias-von-Flurl-Schule Staatliche Berufsschule II
Traunstein	Staatliche Berufsschule II
Weiden i.d.Opf.	Staatliche Berufsschule
Würzburg	Klara-Oppenheimer-Schule Städtisches Berufsbildungszentrum für kaufmännische, hauswirtschaftliche und. soziale Berufe. Städtische kaufmännische Berufsschule

im Gesundheitsbetrieb als auch in der Berufsschule und damit an zwei Lernorten stattfindet, wird das System als dual bezeichnet. Die besondere Arbeitsmarktrelevanz dieses Bildungsangebots auch für das Gesundheitswesen wird mit einer im europäischen Vergleich niedrigen Jugendarbeitslosigkeit belegt. Die Ausbildungsdauer im Dualen System variiert je nach Gesundheitsfachberuf und Eingangsqualifikationen zwischen zwei- und dreieinhalb Jahren. In diesem Zeitraum sollen die notwendigen Kompetenzen und Qualifikationen für die Ausübung einer qualifizierten Tätigkeit in einer sich wandelnden Arbeitswelt vermittelt und die erforderliche Berufserfahrung im Gesundheitswesen ermöglicht werden. Der erfolgreiche Abschluss befähigt zur unmittelbaren Berufsausübung als qualifizierte Fachkraft in einem anerkannten gesundheitsfachlichen Ausbildungsberuf. Als wesentliche Erfolgsfaktoren der dualen Ausbildung gelten der reibungslose Übergang von der Schule in das Arbeitsleben, eine hohe gesellschaftliche Akzeptanz und die ausgezeichnete Beschäftigungsfähigkeit der Absolventen (vgl. Kultusministerkonferenz 2018, S. 1).

Neben der klassischen dualen Berufsausbildung im Gesundheitswesen gibt es auch das **Duale Studium**, das ein akademisches Hochschulstudium mit Praxiszeiten bzw. einer Ausbildung in einem Gesundheitsbetrieb verbindet. Dabei sind grundsätzlich folgende Modelle vorgesehen:

- Verbundstudium Bachelor: Ausbildungsintegrierendes Hochschulstudium mit betrieblicher Ausbildung und Praxis.
- Studium mit vertiefter Praxis Bachelor: Praxisintegrierendes Hochschulstudium mit intensiver betrieblicher Praxis (mindestens 50 % mehr Praxis als im regulären Studium).
- Studium mit vertiefter Praxis Master: Praxisintegrierendes bzw. berufsintegrierendes Masterstudium mit intensiver betrieblicher Praxis (vgl. Hochschule Bayern e.V. 2018, S. 6)

Beispiel

So ist beispielsweise der erste Studienabschnitt (1.–6. Semester) der Studiengangs Bachelor Pflege dual an der Technischen Hochschule Deggendorf ausbildungsintegriert und befähigt die Studierenden gemeinsam mit einer dreijährigen Ausbildung an einer der kooperierenden Berufsfachschulen zur Berufsausübung in einem Pflegeberuf. Er schließt mit einem staatlichen Examen in Gesundheits- und Krankenpflege, Gesundheits- und Kinderkrankenpflege oder Altenpflege ab. Der zweite Studienabschnitt (7.–9. Semester) wird im Vollzeitstudium an der Hochschule absolviert. Nach erfolgreicher Erstellung der Bachelorarbeit wird der akademische Abschluss Bachelor of Science (B.Sc.) verliehen (vgl. Technische Hochschule Deggendorf 2018, S. 2).

Nach Angaben des 15. **Kinder- und Jugendberichts** der Bundesregierung besteht allgemein in der beruflichen Qualifizierung ein Drang an die Hochschulen, wobei systematisch unterschieden werden kann zwischen dualer beruflicher Ausbildung, vollzeitschulischen Ausbildungsgängen, einem Studium sowie dem Übergangssystem, das nicht zu eigenen Ausbildungsabschlüssen führt. Immer mehr junge Menschen nehmen ein Studium auf: mittlerweile sind es weit über 500.000 Jugendliche und junge Erwachsene und damit mehr als doppelt so viele wie vor zwanzig Jahren. Die Bedeutung des Schulberufssystems steigt ebenfalls leicht, während die duale Ausbildung einen leichten Rückgang zu verzeichnen hat. Schulabschluss und soziale Herkunft bestimmen stark, in welchem der Systeme der oder die einzelne Jugendliche gelangt: je größer die schulische Vorbildung, desto geringer das Risiko, im Übergangssystem unterkommen zu müssen und desto höher die Chance, in eine Ausbildung im dualen System oder in eine vollzeitschulische Ausbildung zu gelangen. Auch sind je nach Region höchst unterschiedliche Bedingungen für Ausbildungswillige vorzufinden: wer insbesondere in Ostdeutschland, aber zum Teil auch in Bayern und Baden-Württemberg eine Ausbildung beginnen will, trifft auf zahlreiche unbesetzte Ausbildungsplätze, was die Position der Bewerberinnen und Bewerber deutlich verbessert. In Teilen von Nordrhein-Westfalen, Niedersachsen, Hessen und Rheinland-Pfalz stehen den Jugendlichen deutlich weniger Ausbildungsplätze gegenüber, womit deutlich wird, dass die Chance auf einen Ausbildungsplatz nicht nur von individuellen Qualifikationen, sondern auch stark von regionalen Bedingungen abhängt. Für die wachsende Zahl der Studienanfängerinnen und Studienanfänger eröffnen nicht nur die allgemeinbildenden Gymnasien den Weg an die Hochschule, sondern zunehmend auch die beruflichen Gymnasien und ihre Hochschulzugangsberechtigungen, die in Kombination mit einer beruflichen Ausbildung erworben werden. Die Zuwächse beim Abitur und beim Fachabitur führen dazu, dass inzwischen die Hälfte der jungen Menschen ein Studium an einer Hochschule aufnehmen kann, was einen historisch beispiellosen Höchstwert darstellt (vgl. Deutscher Bundestag 2017, S. 52).

1.4 Ärztliche und Zahnärztliche Ausbildung

Auch wichtige Teile der **Arztausbildung** finden in Gesundheitsbetrieben statt. Nach der Bundes-Ärzteordnung (BÄO) ist für die Ausübung des Ärzteberufs die Approbation als Arzt/Ärztin oder eine entsprechende Erlaubnis erforderlich (vgl. § 2 BÄO). Die ärztliche Ausbildung richtet sich im Wesentlichen nach der Approbationsordnung für Ärzte (ÄApprO) und umfasst

- ein Studium der Medizin von 5500 Stunden und einer Dauer von sechs Jahren an einer Universität oder gleichgestellten Hochschule (Universität);
- eine zusammenhängende praktische Ausbildung (Praktisches Jahr) von 48 Wochen im letzten Jahr des Studiums;
- eine Ausbildung in erster Hilfe;
- einen Krankenpflegedienst von drei Monaten;
- eine Famulatur von vier Monaten und
- die Ärztliche Prüfung, die in drei Abschnitten abzulegen ist (vgl. § 1 ÄApprO).

Die Ausbildung zum Arzt/zur Ärztin wird auf wissenschaftlicher Grundlage und praxis- und patientenbezogen durchgeführt und soll

- das Grundlagenwissen über die Körperfunktionen und die geistig-seelischen Eigenschaften des Menschen,
- das Grundlagenwissen über die Krankheiten und den kranken Menschen,
- die für das ärztliche Handeln erforderlichen allgemeinen Kenntnisse, Fähigkeiten und Fertigkeiten in Diagnostik, Therapie, Gesundheitsförderung, Prävention und Rehabilitation,
- praktische Erfahrungen im Umgang mit Patienten, einschließlich der fächerübergreifenden Betrachtungsweise von Krankheiten und der Fähigkeit, die Behandlung zu koordinieren,
- die Fähigkeit zur Beachtung der gesundheitsökonomischen Auswirkungen ärztlichen Handelns,
- Grundkenntnisse der Einflüsse von Familie, Gesellschaft und Umwelt auf die Gesundheit, die Organisation des Gesundheitswesens und die Bewältigung von Krankheitsfolgen,
- die geistigen, historischen und ethischen Grundlagen ärztlichen Verhaltens auf der Basis des aktuellen Forschungsstandes vermitteln (vgl. § 1 ÄApprO).

Für die Meldung zum Ersten Abschnitt der Ärztlichen Prüfung ist der Besuch bestimmter Praktischer Übungen, Kurse und Seminare nachzuweisen (vgl. Tab. 1.9).

Mit den **Praktischen Übungen** ist den Studierenden ausreichend Gelegenheit zu geben, unter Anleitung, Aufsicht und Verantwortung des ausbildenden Arztes am Patienten tätig zu werden, soweit dies zum Erwerb von Fähigkeiten und Fertigkeiten erforderlich ist. Die Übungen werden daher in der Regel in Gesundheitsbetrieben durchgeführt und umfassen die eigenständige Bearbeitung von praktischen Aufgaben durch die Studierenden unter Anleitung, Aufsicht und Verantwortung der ausbildenden Lehrkraft. Bei den praktischen Übungen ist die praktische Anschauung zu gewährleisten. Soweit der Lehrstoff dies erfordert, ist in kleinen Gruppen zu unterrichten. Der Lehrstoff der praktischen Übungen soll sich an den Anforderungen der ärztlichen Praxis ausrichten. Dabei steht zunächst die Unterweisung am Gesunden und entsprechend dem Stand der Fähigkeiten und Fertigkeiten insbesondere nach dem Ersten Abschnitt der Ärztlichen Prüfung die Unterweisung am Patienten im Vordergrund. Die Praktikumszeit ist nach dem Ersten Abschnitt der Ärztlichen Prüfung in einem Anteil von mindestens 20 Prozent durch theoretische Unterweisungen in Seminaren oder gegenstandsbezogenen Studiengruppen zu begleiten. Unzumutbare Belastungen des Patienten durch den Unterricht sind zu vermeiden. Beim Unterricht am Krankenbett darf jeweils nur eine kleine Gruppe von Studierenden gleichzeitig unmittelbar am Patienten unterwiesen werden, und zwar beim Unterricht in Form der Patientendemonstration eine Gruppe von höchstens sechs, bei der Untersuchung eines Patienten durch Studierende eine Gruppe von höchstens drei. Bei der praktischen Unterweisung am Patienten entfällt je die Hälfte der Unterrichtszeit

Tab. 1.9 Praktische Übungen, Kurse und Seminare, die für die Meldung zum Ersten Abschnitt der Ärztlichen Prüfung nachzuweisen sind (vgl. Anlage 1 ÄApprO)

Veranstaltungsart	Bezeichnung
Praktikum	Physik für Mediziner
	Chemie für Mediziner
	Biologie für Mediziner
	Physiologie
	Biochemie/Molekularbiologie
	Einführung in die Klinische Medizin (mit Patientenvorstellung)
	Berufsfelderkundung
	medizinische Terminologie
Kurs	makroskopische Anatomie
	mikroskopische Anatomie
	medizinische Psychologie und medizinische Soziologie
Seminar	Physiologie
	Biochemie/Molekularbiologie
	Anatomie
	medizinische Psychologie und medizinische Soziologie

auf den Unterricht in Form der Patientendemonstration und auf den Unterricht mit Patientenuntersuchung. Die Gesamtstundenzahl für den Unterricht am Krankenbett beträgt 476. Blockpraktika sind Veranstaltungen von ein- bis sechswöchiger Dauer zur Differenzialdiagnostik und -therapie der wichtigsten Krankheitsbilder unter Bedingungen des klinischen und ambulanten medizinischen Alltags. In der Allgemeinmedizin dauert das Blockpraktikum mindestens zwei Wochen. Mindestens 20 Prozent der Praktika nach dem Ersten Abschnitt der Ärztlichen Prüfung sind in Form von Blockpraktika zu unterrichten (vgl. § 2 ÄApprO).

Das **Praktische Jahr** findet nach Bestehen des Zweiten Abschnitts der Ärztlichen Prüfung statt und gliedert sich in Ausbildungsabschnitte von je 16 Wochen

- in Innerer Medizin,
- in Chirurgie und
- in der Allgemeinmedizin oder in einem der übrigen klinisch-praktischen Fachgebiete.

Das Praktische Jahr wird in den Universitätskrankenhäusern oder in anderen Krankenhäusern durchgeführt, mit denen die Universität eine Vereinbarung hierüber getroffen hat (Lehrkrankenhäuser). Die Auswahl der Krankenhäuser erfolgt durch die Universität im Einvernehmen mit der zuständigen Gesundheitsbehörde. Bei der Auswahl der Krankenhäuser ist die Universität verpflichtet, eine breite Ausbildung auch in den versorgungsrelevanten Bereichen zu ermöglichen und einer angemessenen regionalen Verteilung Rechnung zu tragen. Das Krankenhaus muss gewährleisten, das Logbuch der Universität einzuhalten. Die Studierenden haben die Wahl, die Ausbildungsabschnitte in der Allgemeinmedizin oder in einem der übrigen klinisch-praktischen Fachgebiete entweder in den Universitätskrankenhäusern der Universität, an der sie immatrikuliert sind (Heimatuniversität), in den Lehrkrankenhäusern der Heimatuniversität oder in anderen Universitätskrankenhäusern oder Lehrkrankenhäusern anderer Universitäten zu absolvieren, sofern dort genügend Plätze zur Verfügung stehen.

Die Universitäten können geeignete ärztliche Praxen (Lehrpraxen) und andere geeignete Einrichtungen der ambulanten ärztlichen Krankenversorgung im Einvernehmen mit der zuständigen Gesundheitsbehörde in die Ausbildung einbeziehen; sie treffen hierzu Vereinbarungen mit den Lehrpraxen und Einrichtungen. Die jeweilige Lehrpraxis oder Einrichtung muss gewährleisten, das Logbuch der Universität einzuhalten. Die Ausbildung in einer Lehrpraxis oder in einer anderen geeigneten Einrichtung der ambulanten ärztlichen Krankenversorgung dauert in der Regel höchstens acht Wochen je Ausbildungsabschnitt. Im Wahlfach Allgemeinmedizin wird die Ausbildung während des gesamten Ausbildungsabschnitts in einer allgemeinmedizinischen Lehrpraxis absolviert.

Während der Ausbildung, in deren Mittelpunkt die Ausbildung am Patienten steht, sollen die Studierenden die während des vorhergehenden Studiums erworbenen ärztlichen Kenntnisse, Fähigkeiten und Fertigkeiten vertiefen und erweitern. Sie sollen lernen, sie auf den einzelnen Krankheitsfall anzuwenden. Zu diesem Zweck sollen sie entsprechend ihrem Ausbildungsstand unter Anleitung, Aufsicht und Verantwortung des ausbildenden Arztes ihnen zugewiesene ärztliche Verrichtungen durchführen. Sie sollen in der Regel ganztägig an allen Wochenarbeitstagen im Krankenhaus anwesend sein. Zur Ausbildung gehört die Teilnahme der Studierenden an klinischen Konferenzen, einschließlich der pharmakotherapeutischen und klinisch-pathologischen Besprechungen. Um eine ordnungsgemäße Ausbildung zu sichern, soll die Zahl der Studierenden zu der Zahl der zur Verfügung stehenden Krankenbetten mit unterrichtsgeeigneten Patienten in einem angemessenen Verhältnis stehen. Die Studierenden dürfen nicht zu Tätigkeiten herangezogen werden, die ihre Ausbildung nicht fördern (vgl. § 3 ÄApprO).

Sofern das Praktische Jahr in Krankenhäusern, die nicht Krankenhäuser der Universität sind, durchgeführt wird, muss in der Abteilung, in der die Ausbildung erfolgen soll, eine ausreichende Anzahl von Ärzten sowohl für die ärztliche Versorgung als auch für die Ausbildungsaufgaben zur Verfügung stehen. Ferner müssen regelmäßige pathologisch-anatomische Demonstrationen durch einen Facharzt für Pathologie und klinische Konferenzen gewährleistet sein. Zur Ausbildung auf den Fachgebieten der Inneren Medizin und der Chirurgie sind nur Abteilungen oder Einheiten geeignet, die über mindestens 60 Behandlungsplätze mit unterrichtsgeeigneten Patienten verfügen. Auf diesen Abteilungen muss außerdem eine konsiliarische Betreuung durch nicht vertretene Fachärzte, insbesondere für Augenheilkunde, für Hals-, Nasen-, Ohrenheilkunde, für Neurologie und für diagnostische Radiologie oder Strahlentherapie sichergestellt sein.

Die Durchführung der praktischen Ausbildung setzt außerdem voraus, dass dem Krankenhaus den Ausbildungsanforderungen entsprechende Einrichtungen zur Verfügung stehen; insbesondere eine leistungsfähige Röntgenabteilung, ein leistungsfähiges medizinisches Laboratorium, eine medizinische Bibliothek, ein Sektionsraum und ausreichende Räumlichkeiten für Aufenthalt und Unterrichtung der Studierenden.

Die Krankenhäuser sind verpflichtet, die Ausbildung gemäß dem Logbuch der Universität durchzuführen, mit der sie die Vereinbarung abgeschlossen haben. Die Studierenden nehmen an den auf die Ausbildung vorbereitenden Lehrveranstaltungen und, soweit möglich, an den begleitenden Lehrveranstaltungen teil. Die Krankenhäuser benennen einen Beauftragten für das Praktische Jahr, der die Ausbildung mit der Universität abstimmt sowie die Evaluation nach den Vorgaben der Universität durchführt und dieser die Ergebnisse der Evaluation mitteilt (vgl. § 4 ÄApprO).

Ein Muster zur Bescheinigung über das Praktische Jahr ist als Anlage zur ÄApprO enthalten (vgl. Anlage 4 ÄApprO).

Die **Ausbildung in Erster Hilfe** soll durch theoretischen Unterricht und praktische Unterweisungen gründliches Wissen und praktisches Können in erster Hilfe vermitteln und ist bei der Meldung zum Ersten Abschnitt der Ärztlichen Prüfung nachzuweisen (vgl. § 5 ÄApprO).

Der dreimonatige **Krankenpflegedienst** ist vor Beginn des Studiums oder während der unterrichtsfreien Zeiten des Studiums vor der Meldung zum Ersten Abschnitt der Ärztlichen Prüfung in einem Krankenhaus oder einer Rehabilitationseinrichtung mit einem vergleichbaren Pflegeaufwand abzuleisten und hat den Zweck, in Betrieb und Organisation eines Krankenhauses einzuführen und mit den üblichen Verrichtungen der Krankenpflege vertraut zu machen (vgl. § 6 ÄApprO).

Ein Muster für das Zeugnis über den Krankenpflegedienst ist als Anlage zur ÄApprO enthalten (vgl. Anlage 5 ÄApprO).

Die **Famulatur** hat den Zweck, mit der ärztlichen Patientenversorgung in Einrichtungen der ambulanten und stationären Krankenversorgung vertraut zu machen. Sie wird abgeleistet

- für die Dauer eines Monats in einer Einrichtung der ambulanten Krankenversorgung, die ärztlich geleitet wird, oder einer geeigneten ärztlichen Praxis,
- für die Dauer von zwei Monaten in einem Krankenhaus oder in einer stationären Rehabilitationseinrichtung und
- für die Dauer eines Monats in einer Einrichtung der hausärztlichen Versorgung (vgl. § 7 ÄApprO).

Ein Muster für das Zeugnis über die Tätigkeit als Famulus ist als Anlage zur ÄApprO enthalten (vgl. Anlage 6 ÄApprO).

Der schriftliche Teil des Ersten Abschnitts der **Ärztlichen Prüfung** betrifft die Stoffgebiete

- Physik für Mediziner und Physiologie,
- Chemie für Mediziner und Biochemie/Molekularbiologie,
- Biologie für Mediziner und Anatomie,
- Grundlagen der medizinischen Psychologie und der medizinischen Soziologie.

Im mündlich-praktischen Teil wird in den Fächern Anatomie, Biochemie/Molekularbiologie und Physiologie geprüft (vgl. § 22 ÄApprO).

Für die Zulassung zum Zweiten Abschnitt der Ärztlichen Prüfung sind Leistungs- und Praktikumsnachweise in Verschiedenen Fächern und Querschnittsbereichen zu erbringen (vgl. Tab. 1.10).

Die schriftliche Prüfung erstreckt sich auf die Kenntnisse und Fähigkeiten der Studierenden, derer ein Arzt zur eigenverantwortlichen und selbstständigen Tätigkeit bedarf, und hat folgendes zum Gegenstand (vgl. § 28 ÄApprO):

- Die berufspraktischen Anforderungen an den Arzt,
- die wichtigsten Krankheitsbilder,
- fächerübergreifende und
- problemorientierte Fragestellungen.

Tab. 1.10 Leistungs- und Praktikumsnachweise für die Zulassung zum Zweiten Abschnitt der Ärztlichen Prüfung (vgl. § 27 ÄApprO)

Klassifikation	Themen
Fach	Allgemeinmedizin, Anästhesiologie, Arbeitsmedizin, Sozialmedizin, Augenheilkunde, Chirurgie, Dermatologie, Venerologie, Frauenheilkunde, Geburtshilfe, Hals-Nasen-Ohrenheilkunde, Humangenetik, Hygiene, Mikrobiologie, Virologie, Innere Medizin, Kinderheilkunde, Klinische Chemie, Laboratoriumsdiagnostik, Neurologie, Orthopädie, Pathologie, Pharmakologie, Toxikologie, Psychiatrie und Psychotherapie, Psychosomatische Medizin und Psychotherapie, Rechtsmedizin, Urologie, Wahlfach.
Querschnittsbereich	Epidemiologie, medizinische Biometrie und medizinische Informatik; Geschichte, Theorie, Ethik der Medizin; Gesundheitsökonomie, Gesundheitssystem, Öffentliches Gesundheitswesen; Infektiologie, Immunologie; Klinisch-pathologische Konferenz; Klinische Umweltmedizin; Medizin des Alterns und des alten Menschen; Notfallmedizin; Klinische Pharmakologie/Pharmakotherapie; Prävention, Gesundheitsförderung; bildgebende Verfahren, Strahlenbehandlung, Strahlenschutz; Rehabilitation, physikalische Medizin, Naturheilverfahren; Palliativmedizin; Schmerzmedizin.
Blockpraktika	Innere Medizin, Chirurgie, Kinderheilkunde, Frauenheilkunde, Allgemeinmedizin.

Bei der mündlich-praktischen Prüfung im dritten Abschnitt der Ärztlichen Prüfung erfolgt die praktische Prüfung mit Patientenvorstellung, praktischen Aufgaben aus den klinisch-praktischen Fächern, klinisch-theoretischen und fächerübergreifenden Fragestellungen sowie Fragestellungen aus Querschnittsbereichen aus der Inneren Medizin, der Chirurgie und dem Gebiet, auf dem der Prüfling seine praktische Ausbildung erfahren hat. Er hat insbesondere nachzuweisen, dass er

- die Technik der Anamneseerhebung, der klinischen Untersuchungsmethoden und die Technik der grundlegenden Laboratoriumsmethoden beherrscht und dass er ihre Resultate beurteilen kann,
- in der Lage ist, die Informationen, die zur Stellung der Diagnose erforderlich sind, zu gewinnen und anzufordern, die unterschiedliche Bedeutung und ihre Gewichtung für die Diagnosestellung zu erkennen und im Rahmen differenzialdiagnostischer Überlegungen kritisch zu verwerten,
- über hinreichende Kenntnisse in der Pathologie und Pathophysiologie verfügt, insbesondere in der Lage ist, pathogenetische Zusammenhänge zu erkennen,
- die Indikation zu konservativer und operativer Therapie sowie die wichtigsten therapeutischen Prinzipien beherrscht und gesundheitsökonomisch sinnvolle Entscheidungen treffen kann,
- grundlegende pharmakologische Kenntnisse besitzt, die Pharmakotherapie, insbesondere die Anwendung medizinisch bedeutsamer Pharmaka, ihre Indikation und Gegenindikation, auch unter Berücksichtigung gesundheitsökonomischer Aspekte, beherrscht und die Regeln des Rezeptierens sowie die für den Arzt wichtigen arzneimittelrechtlichen Vorschriften kennt,
- die Grundlagen und Grundkenntnisse der Gesundheitsförderung, der Prävention und Rehabilitation beherrscht sowie die Einflüsse von Umwelt, Gesellschaft, Familie und Beruf auf die Gesundheit zu bewerten weiß,
- die Notwendigkeit und die grundlegenden Prinzipien der Koordinierung von Behandlungsabläufen erkennt und
- die allgemeinen Regeln ärztlichen Verhaltens gegenüber dem Patienten unter Berücksichtigung insbesondere auch ethischer Fragestellungen kennt, sich der Situation entsprechend zu verhalten weiß und zu Hilfe und Betreuung auch bei chronisch und unheilbar Kranken sowie Sterbenden fähig ist.

Ein oder mehrere Patienten sind zur Anamneseerhebung und Untersuchung zuzuweisen, worüber der Prüfling einen Bericht zu fertigen hat, der Anamnese, Diagnose, Prognose, Behandlungsplan sowie eine Epikrise des Falles enthält und der in die Prüfung und in die Bewertung einbezogen wird (vgl. § 30 ÄApprO).

Die **Zahnärztliche Ausbildung** richtet sich im Wesentlichen nach der Approbationsordnung für Zahnärzte (ZÄPrO) und umfasst

- ein Studium der Zahnheilkunde von 5000 Stunden und einer Dauer von fünf Jahren an
  einer wissenschaftlichen Hochschule, das sich aus einem vorklinischen und einem klinischen Teil von je fünf Semestern zusammensetzt;
- folgende staatliche Prüfungen: die naturwissenschaftliche Vorprüfung, die zahnärztliche Vorprüfung und die zahnärztliche Prüfung.

Die Regelstudienzeit beträgt einschließlich der Prüfungszeit für die zahnärztliche Prüfung
zehn Semester und sechs Monate (vgl. § 2 ZÄPrO).

In Gesundheitsbetrieben sind im Rahmen der zahnärztlichen Ausbildung beispielsweise abzuleisten nach vollständig bestandener zahnärztlicher Vorprüfung mindestens je
ein Semester als Auskultant die Klinik und Poliklinik für Zahn-, Mund- und Kieferkrankheiten, die chirurgische Poliklinik und als Praktikant die Hautklinik, je zwei Semester als
Praktikant den Kursus und die Poliklinik der Zahnerhaltungskunde und den Kursus und
die Poliklinik der Zahnersatzkunde und drei Semester als Praktikant die Klinik und Poliklinik der Zahn-, Mund- und Kieferkrankheiten (vgl. § 36 ZÄPrO).

Literatur

Altenpflegegesetz (AltPflG). (2003). In der Fassung der Bekanntmachung vom 25. August 2003
    (BGBl. I S. 1690), zuletzt durch Artikel 1b des Gesetzes vom 17. Juli 2017 (BGBl. I S. 2581)
    geändert.
Approbationsordnung für Ärzte (ÄApprO). (2002). Vom 27. Juni 2002 (BGBl. I S. 2405), zuletzt
    durch Artikel 5 des Gesetzes vom 17. Juli 2017 (BGBl. I S. 2581) geändert.
Approbationsordnung für Zahnärzte (ZÄPrO). (2017). In der im Bundesgesetzblatt Teil III, Gliede-
    rungsnummer 2123-2, veröffentlichten bereinigten Fassung, zuletzt durch Artikel 8 des Gesetzes
    vom 27. Juni 2017 (BGBl. I S. 1966) geändert.
Bayerisches Staatsministerium für Unterricht und Kultus. (Hrsg.). (2018). Alle Schulen in Bayern
    suchen und finden. München. https://www.km.bayern.de/schulsuche?s=&t=30&r=9999&o=999
    9&u=0&p13=85621&m=3&seite=2. Zugegriffen am 21.10.2018.
Berufsbildungsgesetz (BBiG). (2005). Vom 23. März 2005 (BGBl. I S. 931), zuletzt durch Artikel 14
    des Gesetzes vom 17. Juli 2017 (BGBl. I S. 2581) geändert.
Betriebsverfassungsgesetz (BetrVG). (2001). In der Fassung der Bekanntmachung vom 25. Septem-
    ber 2001 (BGBl. I S. 2518), zuletzt durch Artikel 6 des Gesetzes vom 17. Juli 2017 (BGBl. I S.
    2509) geändert.
Bundesärztekammer. (Hrsg.). (2010). *Rekrutierung, Aus- und Fortbildung von Medizinischen Fach-
    angestellten für die ambulante medizinische Versorgung.* Berlin.
Bundesärzteordnung (BÄO). (1987). In der Fassung der Bekanntmachung vom 16. April 1987
    (BGBl. I S. 1218), zuletzt durch Artikel 5 des Gesetzes vom 23. Dezember 2016 (BGBl. I S.
    3191) geändert.
Bundesministerium für Bildung und Forschung. (Hrsg.). (2018). Berufsbildungsbericht 2018. Stand:
    März 2018. Bonn.

Bundesministerium für Familien, Senioren, Frauen und Jugend. (Hrsg.). (2014). *Die praktische Al-tenpflegeausbildung – Ein Handbuch für ambulante und stationäre Pflegeeinrichtungen* (2. Aufl.). Berlin.

Bundesministerium für Familien, Senioren, Frauen und Jugend. (Hrsg.). (2018). Weiterentwicklung der Pflegeberufe. Berlin. https://www.pflegeausbildung.net/pflegeberufegesetz.html. Zugegriffen am 07.10.2018.

Bundesministerium für Gesundheit. (Hrsg.). (2019). Gesetz zur Reform der Hebammenausbildung. Berlin. https://www.bundesgesundheitsministerium.de/hebammenreformgesetz.html. Zugegriffen am 31.08.2019.

Bundespersonalvertretungsgesetz (BPersVG). (1974). vom 15. März 1974 (BGBl. I S. 693), zuletzt durch Artikel 7 des Gesetzes vom 17. Juli 2017 (BGBl. I S. 2581) geändert.

Deutsche Krankenhausgesellschaft – DKG; GKV-Spitzenverband; Verband der privaten Kranken-versicherung – PKV. (Hrsg.). (2009). Kalkulation der Ausbildungskosten für Zwecke gem. § 17a KHG – Handbuch zur Anwendung in Ausbildungsstätten. Version 1.0 vom 31.08.2009. Institut für das Entgeltsystem im Krankenhaus (InEK) gGmbH. Siegburg.

Deutscher Bundestag. (Hrsg.). (2017). Bericht über die Lebenssituation junger Menschen und die Leistungen der Kinder- und Jugendhilfe in Deutschland – 15. Kinder- und Jugendbericht –. Un-terrichtung durch die Bundesregierung. 18. Wahlperiode. Drucksache 18/11050. 01.02.2017.

Europäischer Gerichtshof – EuGH. (2013). Urteil des Gerichtshofs (Dritte Kammer) vom 21. März 2013 in der Rechtssache C-91/12 betreffend ein Vorabentscheidungsersuchen nach Art. 267 AEUV, eingereicht vom Högsta förvaltningsdomstol (Schweden) mit Entscheidung vom 8. Fe-bruar 2012, beim Gerichtshof eingegangen am 17. Februar 2012, in dem Verfahren Skatteverket gegen PFC Clinic AB. ECLI:EU:C:2013:198.

Frodl, A. (2017). *Gesundheitsbetriebslehre – Betriebswirtschaftslehre des Gesundheitswesens* (2. Aufl.). Wiesbaden: Springer Gabler.

Heimgesetz (HeimG). (2001). In der Fassung der Bekanntmachung vom 5. November 2001 (BGBl. I S. 2970), zuletzt durch Artikel 3 Satz 2 des Gesetzes vom 29. Juli 2009 (BGBl. I S. 2319) ge-ändert.

Hochschule Bayern e. V. (Hrsg.). (2018). *Duale Studienangebote in Bayern 2018*. München: Infor-mationsbroschüre.

Institut für das Entgeltsystem im Krankenhaus – InEK GmbH. (Hrsg.). (2009). Kalkulation der Aus-bildungskosten für Zwecke nach § 17a KHG – Handbuch zur Anwendung in Ausbildungsstätten. Version 1.0. Stand: August 2009. Siegburg.

Jugendarbeitsschutzgesetz (JArbSchG). (1976). vom 12. April 1976 (BGBl. I S. 965), zuletzt durch Artikel 13 des Gesetzes vom 10. März 2017 (BGBl. I S. 420) geändert.

Jugendarbeitsschutzuntersuchungsverordnung (JArbSchUV). (1990). Vom 16. Oktober 1990 (BGBl. I S. 2221).

Krankenhausfinanzierungsgesetz (KHG). (1991). In der Fassung der Bekanntmachung vom 10. Ap-ril 1991 (BGBl. I S. 886), zuletzt durch Artikel 6 des Gesetzes vom 17. Juli 2017 (BGBl. I S. 2581) geändert.

Kultusministerkonferenz – Sekretariat der Ständigen Konferenz der Kultusminister der Länder in der Bundesrepublik Deutschland. (Hrsg.). (2018). Berufliche Ausbildung im Dualen System – ein international beachtetes Modell. Berlin. https://www.kmk.org/themen/berufliche-schulen/duale-berufsausbildung.html. Zugegriffen am 21.10.2018.

Masseur- und Physiotherapeutengesetz (MPhG). (1994). Vom 26. Mai 1994 (BGBl. I S. 1084), zu-letzt durch Artikel 17d des Gesetzes vom 23. Dezember 2016 (BGBl. I S. 3191) geändert.

Pflegeberufegesetz (PflBG). (2017). Vom 17. Juli 2017 (BGBl. I S. 2581).

Sozialgesetzbuch– Elftes Buch Soziale Pflegeversicherung – SGB XI. (1994). (Artikel 1 des Geset-zes vom 26. Mai 1994, BGBl. I S. 1014, 1015), zuletzt durch Artikel 9 des Gesetzes vom 18. Juli 2017 (BGBl. I S. 2757) geändert.

Statistisches Bundesamt. (Hrsg.). (2018a). Gesundheitsberichterstattung des Bundes. Gesundheits-
    versorgung. Beschäftigte und Einrichtungen der Gesundheitsversorgung. Wiesbaden. http://
    www.gbe-bund.de/gbe10/abrechnung.prc_abr_test_logon?p_uid=gast&p_aid=0&p_spra-
    che=D&p_knoten=TR14501. Zugegriffen am 29.09.2018.
Statistisches Bundesamt. (Hrsg.). (2018b). Gesundheitsberichterstattung des Bundes. Gesundheitsver-
    sorgung. Beschäftigte und Einrichtungen der Gesundheitsversorgung. Ausbildung im Gesundheits-
    wesen. Wiesbaden. http://www.gbe-bund.de/oowa921-install/servlet/oowa/aw92/dboowasys921.
    xwdevkit/xwd_init?gbe.isgbetol/xs_start_neu/&p_aid=3&p_aid=39859818&nummer=439&p_
    sprache=D&p_indsp=-&p_aid=90170017. Zugegriffen: 29.09.2018.
Statistisches Bundesamt. (Hrsg.). (2018c). Gesundheitsberichterstattung des Bundes. Gesundheitsver-
    sorgung. Beschäftigte und Einrichtungen der Gesundheitsversorgung. Ausbildung im Kranken-
    haus. Wiesbaden. http://www.gbe-bund.de/oowa921-install/servlet/oowa/aw92/dboowasys921.
    xwdevkit/xwd_init?gbe.isgbetol/xs_start_neu/&p_aid=i&p_aid=39859818&nummer=161&p_
    sprache=D&p_indsp=-&p_aid=18600945. Zugegriffen am 29.09.2018.
Technische Hochschule Deggendorf. (Hrsg.). (2018). Bachelor Pflege dual. Informationsflyer.
    Stand: Juli 2018. Deggendorf.

Ausbildungsmarketing

2

2.1 Ausbildungszielgruppen

Für Gesundheitsbetriebe wird es immer schwieriger, Ausbildungsplätze zu besetzen. Viele Einrichtungen erhalten keine geeigneten Bewerbungen oder sogar überhaupt keine Bewerbungen mehr. Während 2016 noch 25 % diesbezüglich befragter Gesundheitsbetriebe nicht alle Ausbildungsplätze besetzen konnten, waren es 2017 bereits 27 % der befragten Einrichtungen (vgl. Friedrich und Müller 2018, S. 5). Umso wichtiger wird es durch die Schaffung neuer Anreize, ein verstärktes Ausbildungsmarketing und die Erweiterung von Zielgruppen den zukünftigen Fachkräftenachwuchs sicherzustellen.

Die Gesundheitsbetriebe sehen in der Regel ihre Zielgruppe in jenen potenziellen Auszubildenden, die die vorhandenen und zukünftigen Anforderungen am besten erfüllen und zur betrieblichen Nutzensteigerung beitragen. Umgekehrt wählen die Auszubildenden den Ausbildungsbetrieb bzw. –beruf, von dem sie sich einen möglichst großen persönlichen Nutzen versprechen. Für sie ist es jedoch nahezu unmöglich, von außen die betriebliche Kultur der Gesundheitseinrichtung zu verstehen, die Mitarbeiterangebote richtig wahrzunehmen und sie mit den eigenen Erwartungen abgleichen zu können. Auf der anderen Seite kann der Gesundheitsbetrieb die Einstellungen und Fähigkeiten von Bewerberinnen und Bewerbern für einen Ausbildungsplatz nicht voll umfassend einschätzen. Aufgabe des Ausbildungsmarketings ist es daher, möglichst zielgruppengenaue, passende Informationen zu geben und bestehende Fragen und Unsicherheiten abzubauen (vgl. Buschmann und Mattmüller 2015, S. 11).

Die **Ausbildungszielgruppe** bilden jene Bevölkerungsteile im Umfeld eines Gesundheitsbetriebs, die durch die Aktivitäten des Ausbildungsmarketings bevorzugt angesprochen werden sollen. Es stützt sich dabei auf die Gestaltung des Ausbildungsangebots mit Rücksicht auf die Bedürfnisse der zu erreichenden Zielgruppen und basiert auf der

© Springer Fachmedien Wiesbaden GmbH, ein Teil von Springer Nature 2020
A. Frodl, *Professionelle Ausbildung in Gesundheitsberufen*,
https://doi.org/10.1007/978-3-658-28765-8_2

Überzeugung, dass kein Erfolg zu erwarten ist, wenn das Ausbildungsangebot nicht auch die Vorstellungen, Wünsche und Bedürfnisse der Zielgruppe berücksichtigt. Ein wirksames Ausbildungsmarketing des Gesundheitsbetriebs muss daher möglichst zielgruppenorientiert ausgerichtet sein.

Im Allgemeinen bilden die (möglichen) Auszubildenden eines Gesundheitsbetriebs nur vordergründig eine homogene Einheit, denn sie unterscheiden sich unter anderem hinsichtlich ihrer Herkunft, Präferenzen und der Ausgangsqualifikationen. So verfügen beispielsweise „Umschüler" bereits über erste Berufserfahrungen und unterscheiden sich in der Regel auch altersmäßig von Berufsanfängern. Der Auszubildendenmarkt ist daher nicht als Einheit zu betrachten, sondern als Gebilde, das aus einzelnen Gruppierungen besteht, die sich hinsichtlich bestimmter ausbildungsrelevanter Merkmale unterscheiden und auf die die Aktivitäten des gesundheitsbetrieblichen Ausbildungsmarketings auszurichten sind.

Die Frage ist nun, ob die Ausbildungsmarketing-Aktivitäten des Gesundheitsbetriebs lediglich auf eine Zielgruppe, einige wenige oder möglichst viele Zielgruppen ausgerichtet werden sollen? Welcher Alternative der Vorzug gegeben wird, hängt im Wesentlichen von den vorhandenen Marketingressourcen, der Bedeutung der einzelnen Zielgruppen und vom Verhalten konkurrierender Gesundheitsbetriebe ab.

Der Vorteil der Beschränkung auf eine Zielgruppe liegt vor allem in der Bündelung der Kräfte. Der Gesundheitsbetrieb kann sich hinsichtlich seiner Ausbildungsmarketing-Aktivitäten voll auf die ausgewählte Zielgruppe konzentrieren. Darüber hinaus ist die Ausrichtung auf nur eine Zielgruppe in der Regel mit geringeren finanziellen Aufwendungen verbunden als die gleichzeitige Ausrichtung auf mehrere Gruppierungen. Aus diesem Grund erscheint eine solche Vorgehensweise besonders attraktiv. Es ist allerdings hierbei darauf zu achten, dass die ausgewählte Zielgruppe ausreichende Rekrutierungschancen bietet. Die Ausrichtung auf eine einzelne Zielgruppe ist zudem aufgrund der hohen Abhängigkeit von der Entwicklung dieser Zielgruppe mit einem hohen Risiko verbunden.

Die Berücksichtigung mehrerer Zielgruppen eröffnet die Chance, größere Teile des Auszubildendenmarktes zu erreichen, indem der Gesundheitsbetrieb auf die unterschiedlichen Präferenzen der einzelnen Zielgruppen differenziert eingeht. Zudem trifft ein Rückgang der Ausbildungsplatznachfrage bei einer Zielgruppe den Gesundheitsbetrieb nur in vergleichsweise geringem Maße. Allerdings ist im Allgemeinen der mit einer Ausrichtung auf mehrere Zielgruppen verbundene Marketingaufwand (beispielsweise für Planung, Durchführung und Kontrolle der differenzierten Ausbildungsmarketing-Aktivitäten) vergleichsweise höher. Mitunter schließt sich die gleichzeitige Ausrichtung auf Zielgruppen mit völlig unterschiedlichen Präferenzen und Interessenlagen auch aus.

Zu den eigentlichen Ausbildungszielgruppen zählen nicht nur die „klassischen" Zielgruppen der Schulabgänger beispielsweise mit Absolventinnen und Absolventen der Mittleren Reife, Abiturientinnen und Abiturienten, Studienabbrecherinnen und Studienabbrechern oder allgemein Jugendlichen aus der Region des jeweiligen Gesundheitsbetriebs. Wichtige **Multiplikatoren** sind z. B. auch Lehrerinnen und Lehrer, Freundinnen und Freunde, Mitschülerinnen und Mitschüler und Familienmitglieder potenzieller Auszubildender. Auch sollten Daten von Ausbildungsabbrüchen und Studienabbrüchen berücksichtigt werden, um besonders kritische Zielgruppen zu identifizieren.

In einer **Jugendstudie**, die 2017 im Rahmen einer Repräsentativbefragung mit über 1000 jungen Menschen zwischen 14 und 22 Jahren sowie einer qualitativen Online-Community im Auftrag des damaligen Bundesministeriums für Umwelt, Naturschutz, Bau und Reaktorsicherheit (BMUB) durchgeführt wurde, lassen sich für die Hauptzielgruppe des gesundheitsbetrieblichen Ausbildungsmarketings folgende Erkenntnisse ableiten:

Die Gesundheitsbetriebe können davon ausgehen, dass die heute 14- bis 22-Jährigen mit digitalen Technologien und virtueller Realität groß geworden sind, und die Vernetzung über das Internet für sie genauso selbstverständlich ist wie eine globalisierte Welt, in der alle Entwicklungen „irgendwie" zusammenhängen und in der fast alle Weltregionen jederzeit leicht erreichbar sind. Sie sind in einer guten wirtschaftlichen Situation aufgewachsen, an der aber nicht alle gleichermaßen teilhaben. Daher blicken die jungen Menschen heute meist optimistisch in die Zukunft, haben aber auch ein ausgeprägtes Bewusstsein für soziale Ungleichheit. Für ihre berufliche Zukunft sehen sie, dass das weitere Leben für sie vielerlei Chancen bereithält, sie sich aber auch anstrengen müssen, um im Wettbewerb um Teilhabe- und Lebenschancen zu bestehen und sie Bereitschaft zeigen müssen, sich dafür an die Leistungsnormen der Erwachsenenwelt anzupassen. Die heutigen Jugendlichen und jungen Erwachsenen gehören gleichzeitig zu einer Generation, die mit einer permanenten Abfolge von Krisen und unvorhergesehenen Ereignissen groß geworden ist, wie beispielsweise Euro- und Finanzkrise, Umwelt- und Klimakrisen, Rückbau sozialer Sicherungssysteme, zunehmend auseinandergehender Schere zwischen Arm und Reich und sich daraus ergebende prekäre Beschäftigungsverhältnisse, Herausforderungen durch Migration, wachsende Bedrohung durch Terrorismus. Weniger im Beruf suchen sie Stabilität und Sicherheit, sondern vielmehr in privaten Beziehungen, in der Familie und im Freundeskreis (vgl. Bundesministerium für Umwelt, Naturschutz, Bau und Reaktorsicherheit 2018, S. 12).

Neben diesen allgemeinen Hinweisen lassen sich unter anderem auch folgende konkrete Ergebnisse aus der Studie gewinnen:

- Eine gute Ausbildung ist für zwei Drittel der befragten jungen Menschen sehr wichtig: Sie ist eine Grundlage dafür, eigenverantwortlich zu leben und zu handeln, immer wieder neue Erfahrungen zu machen und von anderen unabhängig zu sein.
- Dabei das Leben „in vollen Zügen genießen" zu können, ist ebenfalls für die meisten ein sehr wichtiger Anspruch.
- Für mehr als die Hälfte ist auch Erfüllung und Anerkennung im Beruf sehr wichtig. Allerdings hat die Online-Community auch deutlich gezeigt, dass für junge Menschen

eine gute Work-Life-Balance eine wichtige Rolle spielt. Auch wenn sie auf anspruchsvolle Berufe hinarbeiten, so möchten sie doch genug Zeit für sich, die Familie, für
Reisen und Hobbys haben. Sie sind bereit, viel für den beruflichen Erfolg zu tun, möchten dem aber nicht alles unterordnen.

- Wichtiger als eine traditionelle Karriere – verbunden mit hohen hierarchischen Positionen und Statussymbolen – ist ihnen Inspiration, Erfüllung und Weiterentwicklung ihrer
  Persönlichkeit.
- Die jungen Leute wissen, dass es nicht immer einfach sein wird, ihre Ziele zu erreichen. Sie sind daher bereit sich anzustrengen, Leistung zu erbringen und sich an die
  Erfordernisse des Arbeitsmarkts anzupassen (vgl. Bundesministerium für Umwelt, Naturschutz, Bau und Reaktorsicherheit 2018, S. 16).

Die heutigen potenziellen Auszubildenden als Hauptzielgruppe des gesundheitsbetrieblichen Ausbildungsmarketings lassen sich am ehesten der **Generation Z** zuordnen, die die
ab etwa der Jahrtausendwende Geborenen umschreibt. Ihnen wird nachgesagt, dass sie
sich beharrlich weigern, tradierte Wertemuster wie Pflichterfüllung oder Leistungsstreben
fortzuführen (vgl. Scholz 2014, S. 13) und dass sie sich in der Rolle als umworbene Zielgruppe gefallen, die Bedingungen diktieren kann (vgl. Scholz 2014, S. 199). Zu ihren typischen Werten und Eigenschaften zählen (vgl. Mangelsdorf 2015, S. 22 f.):

- Werte: Erfüllung, Informationsfreiheit, Integrität, Sicherheit, Sparsamkeit, Stabilität,
  Unternehmergeist, Unverbindlichkeit, Vernetzung, Zweckmäßigkeit.
- Eigenschaften: realistisch, flüchtig, hypervernetzt, fordernd, egozentrisch.
- Arbeitsethos: wollen vor allem die hohen Erwartungen der eigenen Eltern erfüllen, sind
  noch auf der Suche nach dem eigenen Antrieb fürs Berufsleben, wünschen sich aber
  einen sicheren Arbeitsplatz, wollen einen Beruf, der sie erfüllt und Spaß macht.

Wichtig für die Angehörigen der Generation Z sind beispielsweise die Flexibilität in der
beruflichen Arbeit, der Einsatz digitaler Technik und das Privatleben. Weniger wichtig erscheinen hingegen die Loyalität gegenüber dem Arbeitgeber, der eigene materielle Erfolg
und eine langfristige Planung (vgl. Hanisch 2016, S. 37).

2.2   Ausbildungsmarketing-Konzeption

Als Teil des Personalmarketings umfasst das **Ausbildungsmarketing** alle Aktivitäten eines
Gesundheitsbetriebs, die dazu dienen, für seine Ausbildungsstellen geeignete Bewerberinnen und Bewerber zu gewinnen. Es setzt sich aus einer Kombination verschiedener Instrumente und Maßnahmen zusammen, mit dem Ziel, Auszubildende einzuwerben und an den
Gesundheitsbetrieb zu binden (vgl. Industrie- und Handelskammer Berlin 2018, S. 1).

Die Ausbildungsmarketing- Konzeption folgt einem **Regelkreis**. Bei der Erfolgskontrolle festgestellte Abweichungen können dazu führen, dass einmal festgelegte Marketingkonzepte überarbeitet und angepasst werden müssen (vgl. Abb. 2.1).

Der Prozess beginnt mit der **Analyse des Ausbildungsmarkts**, die sich auf Rahmenbedingungen bzw. Einflussfaktoren erstreckt, wobei Informationen über die allgemeine Ausbildungssituation zu sammeln sind, die Situation im unmittelbaren Umfeld des Gesundheitsbetriebs, sowie über den Betrieb selbst, wie er im Hinblick auf die Ausbildung im Vergleich zu anderen Einrichtungen zu sehen ist, welche Meinung die vorhandenen Auszubildenden über ihn und ihre dortige berufliche Schulung haben und wie die Konkurrenzsituation zu vergleichbaren Einrichtungen aussieht. Ziel ist es dabei, die ausbildungsbezogenen Stärken und Schwächen des jeweiligen Gesundheitsbetriebes zu ermitteln, sowie mögliche Risiken, aber auch Chancen daraus abzuleiten. *Intern* bezieht sich die Analyse beispielsweise auf Stärken/Schwächen in der Ausbildungsorganisation, Größe, Standort, Kostenstruktur, Ausstattung, Ausbildungskapazitäten, Erreichung der bisherigen Ausbildungsziele etc. Die *externe* Analyse betrifft insbesondere die Analyse des Auszubildendenmarktes (Größe des Einzugsgebietes, Nachfragen nach Ausbildungsplätzen, Schulabgängerzahlen, Präferenzen der Schulabgänger etc.) sowie die Analyse der

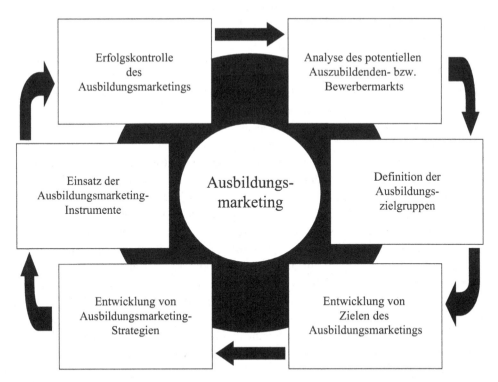

Abb. 2.1 Ausbildungsmarketing-Konzeption im Gesundheitsbetrieb

Konkurrenzsituation (Nähe vergleichbarer Einrichtungen, konkurrierende Ausbildungsangebote, Vergleiche mit der Konkurrenz, etc.).

Die Analyse des Ausbildungsmarkts kann als *statische* Bestandsaufnahme von Gegebenheiten zu einem ganz bestimmten Zeitpunkt erfolgen, wobei wie in einer Momentaufnahme eine möglichst umfassende Aufnahme aller relevanten Marktdaten durchgeführt wird. In der Regel ist jedoch eine **Marktbeobachtung** notwendig, um beispielsweise Entwicklungen über einen längeren Zeitraum hin in Erfahrung zu bringen. Die Beobachtung des Ausbildungsmarkts als *dynamische* Bestandsaufnahme ist deshalb notwendig, da langfristige Ausbildungsentscheidungen des Gesundheitsbetriebs getroffen werden müssen.

Aufgrund der demografischen Entwicklung und der insgesamt steigenden Zahl von Gesundheitsbetrieben werden die Auswahlmöglichkeiten für die Ausbildenden zudem immer besser. Dies führt insbesondere in Städten und Ballungsgebieten zu einem Angebotsüberschuss und damit von einem Angebots- zu einem **Nachfragermarkt** zum Vorteil der Auszubildenden. So gibt es zwar Regionen in Deutschland in denen auf 100 Jugendliche weniger als 85 Ausbildungsplätze kommen. Das ist vor allem in Teilen von Schleswig-Holstein, Niedersachsen, Hessen und Nordrhein-Westfalen, insbesondere im einwohnerstarken Ruhrgebiet der Fall. Andererseits gibt es aber auch Regionen, in denen 100 Jugendlichen mehr als 110 Ausbildungsplätze gegenüberstehen – vor allem in Mecklenburg-Vorpommern, Thüringen und Bayern (vgl. Deutscher Bundestag 2017, S. 169).

In einer derartigen durch Nachfragesättigung sowie anspruchsvoller, kritischer und besser informierter Auszubildenden gekennzeichneten Marktsituation muss sich der Gesundheitsbetrieb der steigenden Wettbewerbsintensität durch zulässige Werbung und Differenzierung von der Konkurrenz stellen.

Die **Konkurrenzanalyse** umfasst die legale, systematische Sammlung und Auswertung von Informationen über im Ausbildungsbereich konkurrierende Gesundheitsbetriebe. Sie zielt darauf ab, frühzeitig die Strategie des Gesundheitsbetriebs an sich ändernde Konkurrenzsituationen anzupassen und aufgrund von Informationsvorsprüngen Vorteile zu erzielen. Die Konkurrenzanalyse befasst sich ausdrücklich nur mit legalen, öffentlich zugänglichen und ethisch einwandfreien Informationen über die Planungen, Stärken und Schwächen von Mitwettbewerbern auf dem Ausbildungsmarkt. In der Regel sind direkt und indirekt konkurrierende Gesundheitsbetriebe vorhanden, die mit einem gleichen oder ähnlichen Ausbildungsangebot auf denselben Ausbildungsmarkt abzielen. Für den Gesundheitsbetrieb ist es daher wichtig zu wissen, wo Konkurrenz durch andere, auch außerhalb des Gesundheitswesens angesiedelte Betriebe bereits besteht oder zukünftig zu erwarten ist. Die Konkurrenzanalyse kann in der Form eines **Benchmarking** erfolgen. Es bedeutet, dass sich der Gesundheitsbetrieb im Hinblick auf die Ausbildung und insbesondere die Werbung um Auszubildende nur an den besten Konkurrenten orientiert und versucht deren Niveau zu erreichen.

Um die Bedürfnisse der Auszubildenden in den Mittelpunkt aller Ausbildungsmarketingaktivitäten stellen zu können und sie zu Richt- und Angelpunkt aller Überlegungen zu machen, sind möglichst gute Kenntnisse über die Ausbildungszielgruppen, deren Verhalten und Bedürfnisse erforderlich. Hierzu bietet sich zweckmäßigerweise eine **Auszubil-dendenbefragung** unter den vorhandenen Azubis an, damit mögliche oder auch tatsächliche Bevorzugungen des Gesundheitsbetriebs herausgefunden, sowie mögliche Lücken entdeckt und geschlossen werden können. Auszubildendenbefragungen mittels Fragebögen haben den Vorteil, dass die Auszubildenden anonym auf die Fragen antworten können, sie sind ökonomischer, rascher auszuwerten und werden von den Auszubildenden stärker als freiwillig wahrgenommen. Während aktuelle Auszubildende zu Beginn ihrer Ausbildung in der Regel den Gesundheitsbetrieb noch nicht umfassend beurteilen können, kann das Befragungsergebnis am Ende der Ausbildung durch Beurteilungseffekte, wie die Freude über den erfolgreichen Abschluss beeinträchtigt werden. Einzelne Eindrücke können dabei zudem überbewertet oder aber abgeschwächt wiedergegeben werden, was insgesamt zu Verzerrungen führen kann. Die Befragung ehemaliger Auszubildender beinhaltet zwar die Rückmeldemöglichkeit über die gesamte Ausbildung, ist aber mitunter durch Erinnerungsfehler gekennzeichnet. (vgl. Abb. 2.2).

Das Datenmaterial einer einmalig durchgeführten Fragebogenaktion ist nach mehreren Monaten oder Jahren als veraltet anzusehen, da sich die Bedürfnisse der Auszubildenden und der Ausbildungsmarkt bis dahin verändert haben dürften. Eine Verwendung derartiger, älterer Befragungsergebnisse ist daher nicht ungefährlich, da sie zu falschen Schlussfolgerungen für zu ergreifende Ausbildungsmarketing-Aktivitäten führen kann.

Das Ergebnis einer Auszubildendenbefragung hängt natürlich auch von der Gestaltung des Fragebogens und der Formulierung der Fragen ab. Vielfach wird die Ansicht vertreten,

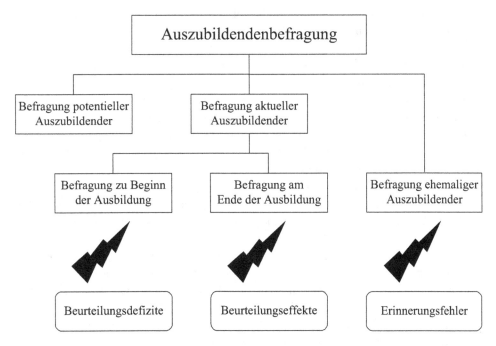

Abb. 2.2 Auszubildendenbefragung

Tab. 2.1 Kriterien für die Gestaltung von Auszubildendenfragebögen

Kriterium	Regel
Fragengestaltung	Einzelfragen zu Fragenkomplexen zusammenziehen.
Fragestellungen	Allzu abstrakte Fragestellungen vermeiden.
Formulierung	Fragen deutlich und klar verständlich formulieren.
Befragte	Bildungsstand und soziale Herkunft der Befragten bei der Fragenformulierung berücksichtigen.
Antwortmöglichkeiten	Fragen ohne Antwortalternativen vermeiden.
Suggestivfragen	Suggestivfragen, die die Antwort nahe legen, vermeiden.

dass ein derartiger Fragebogen nicht mehr als etwa dreißig Fragen enthalten sollte. Ferner ist bei der Zusammenstellung eines derartigen Fragebogens die Berücksichtigung von Gestaltungsregeln (vgl. Tab. 2.1) ratsam.

Bei der Analyse des Ausbildungsmarkts geht es schließlich auch insbesondere darum, aktuelle Entwicklungen, relevante **Trends** und situationsbestimmende Themen aufzuspüren und zu berücksichtigen. Dazu zählen Hinweise auf Zukunfts- und Entscheidungsfragen, zukünftige Entwicklungen auf der Basis aktueller gewonnener Daten und Untersuchungen, Veränderungen und Strömungen, auch mitunter ohne dass diese über eine lange Zeitreihenanalyse validierbar sind. Folgende Trends sind für die Ausbildung in Gesundheitsbetrieben beispielsweise feststellbar:

- Abwechslung ist im Arbeitsleben gewünscht: In erster Linie wird von Auszubildenden Abwechslung im Arbeitsleben angestrebt, gefolgt von hohem Einkommen, Zeit für Familie, netten Kollegen und Entwicklungsmöglichkeiten, was bei der angestrebten langfristigen Bindung an den Gesundheitsbetrieb zu berücksichtigen ist.
- Anforderungen an die Bewerber sinken: Aufgrund der sinkenden Schulabgängerzahlen steigt die Bereitschaft der Gesundheitsbetriebe, schwächere Bewerber aufzunehmen.
- Attraktive Ausbildungsberufe werden bevorzugt: Entscheidung für oder gegen einen Ausbildungsplatz wird von den potenziellen Auszubildenden neben negativen Aspekten wie Schicht- und Wochenendarbeit, schlechter Verkehrsanbindung oder geringer Betriebsgröße unter anderem auch von der Prestigeträchtigkeit und Attraktivität des Ausbildungsberufes abhängig gemacht.
- Ausbildungsmarkt wird zum Bewerbermarkt: Rückgang neu abgeschlossener Ausbildungsverträge unter anderem aufgrund der Verringerung der Zahl der Menschen, die für eine berufliche Ausbildung infrage kommen als Folge der demografischen Entwicklung.
- Ausbildungsreife nimmt ab: Ausbildungsabbrüche nehmen auch aufgrund mangelnder Ausbildungsreife zu, wobei häufige Gründe mangelnde soziale Kompetenz, Disziplinlosigkeit, geringe Belastbarkeit, unzulängliche Leistungsbereitschaft, und auch unzureichendes schulisches Wissen in Deutsch und Mathematik sind.
- Ausbildung wird häufiger abgebrochen: Ausbildungsverträge werden vorzeitig gelöst, meist in den ersten zwölf Monaten nach Vertragsbeginn.

- Ballungsräume verlieren Auszubildende: Insbesondere in den Ballungsräumen wird es immer schwieriger, Ausbildungsstellen zu besetzen bzw. geeignete Bewerber zu finden.
- Bekannte Gesundheitsbetriebe werden attraktiv empfunden: Präferenzen potenzieller Auszubildender liegen überwiegend bei ihnen gut bekannten Einrichtungen, wobei Alltagserfahrungen mit ihnen eine wichtige Rolle spielen.
- Favorisierte Informations- und Kommunikationskanäle sind das Internet und Multiplikatoren: Wichtige für die Auszubildenden und die Gesundheitsbetriebe als Hauptakteure im Ausbildungsmarketing sind für die Deckung des Informationsbedarfs und die Kommunikation der Botschaften und Angebote das Internet und insbesondere die Karriere-Websites der Gesundheitsbetriebe sowie der Rat der Eltern und der Lehrer, um sich über Ausbildungsbetriebe zu informieren. Social-Media-Kanäle werden hierzu weniger genutzt.
- Fokusgruppenmarketing wird verstärkt: Zur Vermeidung der Absenkung von Anforderungen werden alternativ auch Höherqualifizierte (Abiturienten, Studienabbrecher, Berufswechsler etc.) beworben.
- Intensivierung des Akademikertrends: Akademikerquote Deutschlands ist im internationalen Vergleich gering, und ein immer größerer Teil der Schüler erreicht das Abitur, was vermehrt Studierende an die Hochschulen führt, während in der dualen Ausbildung die jungen Leute fehlen.
- Unterschiedliche geschlechtsbezogene Interessen: Berufliche Interessen von Mädchen und Jungen sind unterschiedlich, aber oft eindeutig, sodass die Favorisierung mit Girls' Day & Co. beispielsweise für medizintechnische Berufe und mit Boys' Day & Co. für Pflege- oder medizinische Assistenzberufe nur bedingt beeinflusst werden kann.
- Wettbewerb um die Auszubildenden verschärft sich: Verschiedene Gesundheitsbetriebe suchen die gleichen Bewerber für die gleichen Ausbildungsberufe, was noch mehr Konkurrenz um die besten und passgenauen Bewerber und Bewerberinnen bedeutet (vgl. Beck 2014, S. 32 ff.).

Die nächsten Schritte im Marketingprozess umfassen die Definition zu erreichender **Ausbildungszielgruppen** (siehe Abschn. 2.1), die man mit gezielten Marketingaktivitäten erreichen möchte, sowie die Entwicklung der **Ziele** des Ausbildungsmarketings. Diese orientieren sich an den allgemeinen Zielen des Gesundheitsbetriebs und können daraus abgeleitet werden.

Anhand der Marketingziele lassen sich die **Ausbildungsmarketing-Strategien** entwickeln, mit der die festgelegten Ziele mittel- bis langfristig erreicht und eine dauerhafte Zielerreichung gesichert werden soll. Diese Phase ist von besonderer Bedeutung, da je nach ausgewählter Strategie die Marketingaktivitäten erfolgreich verlaufen, aber andererseits auch ebenso scheitern und damit die Ausbildungsziele des Gesundheitsbetriebs gefährden können.

Die Auswahl und Anwendung der für die Umsetzung der festgelegten Marketingstrategie geeigneten **Ausbildungsmarketing-Instrumente** findet im Anschluss an die

Strategiefindung statt. Da das Instrumentarium ungeheuer vielfältig ist, kommt auch hier der Auswahl der geeigneten Marketinginstrumente besondere Bedeutung zu. Sie lassen sich dem klassischen Marketing-Mix zuordnen, wie beispielsweise die Kommunikationspolitik mit der geeigneten Ansprache von potenziellen Auszubildenden bzw. Bewerberinnen und Bewerbern. Eine **Erfolgskontrolle** ist im Grunde genommen nicht erst zum Schluss aller Ausbildungsmarketing-Aktivitäten durchzuführen. Sie muss vielmehr ständig und kontinuierlich bei der Umsetzung der Marketinginstrumente erfolgen, damit sofort festgestellt werden kann, ob sich der damit verbundene Aufwand auch lohnt oder nur zusätzliche Kosten verursacht werden.

2.3   Instrumente im Ausbildungsmarketing

Zu den wichtigsten Instrumenten des Ausbildungsmarketings zählt die **Ausbildungskommunikation** des Gesundheitsbetriebs. Sie umfasst die planmäßige Gestaltung und Übermittlung der auf den Ausbildungsmarkt gerichteten Informationen, mit dem Zweck, die Meinungen, Einstellungen und Verhaltensweisen der Auszubildendenzielgruppe im Sinne der Zielsetzung des Gesundheitsbetriebes zu beeinflussen. In einem zielgerichteten Dialog zwischen potenziellen Auszubildenden und Gesundheitsbetrieb geht es dabei auch um die Steuerung der Beeinflussung zur Veränderung von Einstellungen, Wissen, Erwartungen und Verhaltensweisen der derzeitigen und zukünftigen Auszubildenden. Ziele sind die die Erhöhung der Absicht bei den Auszubildenden, den Gesundheitsbetrieb für ihre berufliche Ausbildung auszuwählen, die Verbesserung der Einstellungen und des Ausbildungsimages des Gesundheitsbetriebs, Erhöhung des Bekanntheitsgrades bei der Auszubildendenzielgruppe und die Positionierung des eigenen Betriebs am Ausbildungsmarkt neben den Wettbewerbern.

Die Ausbildungskommunikation umfasst beispielsweise

- die strategische Planung der Ausbildungskommunikation,
- die Festlegung ihrer Inhalte,
- die kommunikative Herstellung von Vertrauen in den Gesundheitsbetrieb,
- die Definition der Wege, über die die möglichen Auszubildenden kommunikativ erreicht werden sollen,
- die kommunikative Steuerung der Ausbildungsnachfrage und der Erschließung neuer Ausbildungsmärkte.

Die Ansätze die dem Einsatz der Instrumente in der Ausbildungskommunikation zugrunde liegend sind einerseits das Versprechen des Gesundheitsbetriebs von Vorteilen seiner Ausbildungsangebote, die Angebote von Wettbewerbern nicht haben, und andererseits die werbliche Hervorhebung von Alleinstellungsmerkmalen seiner Ausbildungsangebote, was insbesondere bei gesättigten Ausbildungsmärkten, auf denen sich bestimmte Ausbildungsangebote zumindest ähneln, zum Einsatz gelangt.

Im Zusammenhang mit dem **Employer Branding**, der Profilierung und Positionierung des Gesundheitsbetriebs als Arbeitgeber auf den relevanten Zielmärkten mit einem unverwechselbaren Vorstellungsbild als attraktiver Arbeitgeber, lässt sich als ein mögliches Ziel der Ausbildungskommunikation ansehen, den Gesundheitsbetrieb möglichst als eigenständige, wieder erkennbare und unverwechselbare Marke bei den potenziellen Auszubildenden zu etablieren. Das bedeutet, dass er über tatsächliche und vermeintliche Eigenschaften verfügt, die ihn von der Konkurrenz unterscheiden. Anhand von Markenzeichen erkennen interessierte Auszubildende den Gesundheitsbetrieb beispielsweise bei Ausbildungsmarketing-Aktionen wieder und assoziieren damit möglichst positive Eigenschaften, so dass sie sich möglichst für ihn entscheiden. Dabei kann die Ausbildung selbst einen wesentlichen Arbeitgebermarkenwert darstellen und als eindeutige und vom Wettbewerb unterscheidbare Hervorhebung des Unternehmens als attraktiven Arbeitgeber bzw. Ausbildungsbetrieb herausgestellt werden (vgl. Beck 2014, S. 28 f.).

Als ein besonders erfolgreicher Kommunikationsansatz wird mittlerweile das **Peer-to-Peer- Konzept** angesehen, das darauf abstellt, wer die Informationen im Ausbildungsmarketingprozess vermittelt. Neben der Informationsübermittlung durch Eltern, Lehrkräfte, Leitungskräfte oder langjährig Beschäftigte von Gesundheitseinrichtungen wird insbesondere das Informationsangebot von in etwa gleichaltrigen, bereits in Ausbildung befindlichen Jugendlichen von Ausbildungssuchenden selbst als besonders glaubwürdig und kompetent eingeschätzt. Dem liegt die Annahme zugrunde, dass eine Beratung und Aufklärung auf Augenhöhe ermöglicht wird, wenn Kommunikationsprozesse unter Vertreterinnen und Vertretern einer ähnlich altrigen Gruppe stattfinden, die als Repräsentierende ihrer Zielgruppe am besten über das jeweils bestehende Informationsbedürfnis Bescheid wissen und diesem authentisch begegnen können, da sie häufig über ähnliche Orientierungen, Verhaltens- und Sprechweisen verfügen. Bei der Initiierung der Ausbildungskommunikation ist somit nicht nur auf die Inhalte zu achten, sondern auch den Informationskanälen eine mindestens ebenso wichtige Bedeutung zuzumessen (vgl. Preuß et al. 2013, S. 9).

In Zeiten einer durch Nachfragesättigung sowie anspruchsvoller, kritischer und besser informierter Auszubildenden gekennzeichneten Marktsituation wird auch das **Active Sourcing** zunehmend wichtig. Es handelt sich dabei um einen Teilbereich des Online-Recruitings, bei dem unter aktiver Nutzung auch von XING, LinkedIn etc. versucht wird, geeignete Auszubildende im Web zu finden, die richtigen auszuwählen und zu gewinnen. Neben der aktiven Kandidatenansprache besteht auch die Möglichkeit, sich Empfehlungen aus den sozialen Netzwerken einzuholen. Diese Vorgehensweise der aktiven Auszubildendenakquise bietet durch die gezielte, altersgerechte Ansprache zudem den Vorteil, dass sich die Angesprochenen darüber freuen, wahrgenommen zu werden, interessant und umworben zu sein (vgl. Dannhäuser 2017, S. 5 f.).

Die zahlreichen Maßnahmenmöglichkeiten im Rahmen der Ausbildungskommunikation lassen sich unterschiedlich systematisieren, beispielsweise je nachdem, ob die Umworbenen direkt in die Maßnahmen eingebunden oder indirekt angesprochen werden bzw., ob dafür Werbemedien eingesetzt werden oder die Kommunikation weitestgehend ohne den Einsatz spezieller Medien erfolgt (vgl. Tab. 2.2).

Tab. 2.2 Maßnahmenbeispiele der Ausbildungskommunikation

Maßnahme	Beschreibung	indi-rekt	di-rekt	medien-unge-bunden	medien-gebun-den
Aktionstage	„GirlsDay" oder „JungsTag", um Interesse des jeweils anderen Geschlechts für männer- oder frauendominierte Gesundheitsberufe zu wecken		X	X	
Ausbildungsmessen	Überwiegend regionale Veranstaltungen, auf denen sich Schüler oft auch mit ihren Eltern über Ausbildungsmöglichkeiten informieren		X	X	
Berufsberater	Ausstattung der Berufsberater der Arbeitsagenturen mit Ausbildungsplänen, Flyer etc. und Meldung freier Ausbildungsplätze	X		X	
Betriebsbesichtigungen	Angebot von Führungen durch den Gesundheitsbetrieb zur Ergänzung der schulischen Lehrpläne (Projektwochen, Ausflüge etc.)		X	X	
Blognetzwerke	Schaltung von Artikeln, Ausbildungsvideos etc. auf Ausbildungs- und Karriereblogs mit hoher Zielgruppengenauigkeit und Reichweite		X		X
Digitaler Chat	Beispielsweise Einrichtung einer WhatsApp-Ausbildungsnummer für direkte Fragen zur Ausbildung, Broadcast-Listen für aktuelle Ausbildungsinformationen		X		X
Eintrittskartenwerbung	Bedrucken der Rückseite von Eintrittskarten (z. B. für Kino), wobei ein zielgruppengenauer Einsatz schwierig ist		X		X
Elterninformation	Spezielle Informationsveranstaltungen für Eltern als wichtige Ausbildungsmultiplikatoren	X		X	
Event-Promotion	Möglichkeit, sich auf Festivals, Musikveranstaltungen etc. in geeigneter Form zu präsentieren		X		X
Fahrzeugwerbung	Aufmerksamkeit für Ausbildungsangebote auf Fahrzeugen des Gesundheitsbetriebs erzeugen (z. B. Magnetschilder, „Wir bilden aus")	X			X

(Fortsetzung)

Tab. 2.2 (Fortsetzung)

Maßnahme	Beschreibung	indi-rekt	di-rekt	medien-unge-bunden	medien-gebun-den
Ferienjobs	Angebote von Verdienstmöglichkeiten an Schüler, um darüber das Interesse an dem Gesundheitsbetrieb zu wecken		X	X	
Flyer	Printmedium, das in kompakter Form einen Überblick über die Ausbildung bietet und sich für verschiedene Werbezwecke einsetzen lässt		X		X
Karriere-Webseite	Ausbildungspräsentation des Gesundheitsbetriebs auf der eigenen Homepage mit der Möglichkeit von Online-Bewerbungen		X		X
Kinowerbung	Kostenintensive Produktion von Werbespots, die sehr professionell erstellt sein müssen, um zielgruppengenau eingesetzt werden zu können		X		X
Lehrerinformation	Spezielle Informationsveranstaltungen für Lehrer als wichtige Ausbildungsmultiplikatoren	X		X	
Lehrstellenbörsen	Lehrstellenbörsen bei Landesärzte- und Zahnärztekammern nutzen		X		X
Mundpropaganda	Gezielte Nutzung der Weitergabe von Ausbildungsangeboten durch Patienten, Mitarbeiter etc.	X		X	
ÖPNV-Werbung	Ausbildungswerbung in meist regional verkehrenden Bussen und Bahnen		X		X
Online-Banner	Schaltung von Bannern auf seriösen Web-Portalen, die jedoch nicht selten mit Adblockern unterdrückt werden		X		X
Patenschaften	Marketing und Sponsoring bei Schulen oder Klassen innerhalb enger rechtlicher Grenzen	X		X	
Plakatwerbung	Großflächige Sichtbarkeit, z. B. vor Schulen oder Sporteinrichtungen		X		X
Praktika	Angebot von interessanten Schulpraktika und Praktika zur Berufsorientierung		X	X	
Pressemitteilungen	In Pressemitteilungen über Ausbildungserfolge, Absolventen etc. berichten		X		X
Print-Anzeigen	Klassische Bewerbersuche in (Fach-) Zeitungen und -zeitschriften, Stadtmagazinen, Tageszeitungen; Beteiligung an Sonderbeilagen		X		X

(Fortsetzung)

Tab. 2.2 (Fortsetzung)

Maßnahme	Beschreibung	indi-rekt	di-rekt	medien-unge-bunden	medien-gebun-den
Radiowerbung	Produktion und zeitgenaue Schaltung von Radiospots auf jugendafinen Kanälen, allerdings mit hohen Streuverlusten		X		X
Schriftverkehr	Aufmerksamkeit für Ausbildungsangebote im allgemeinen Schriftverkehr erzeugen („Wir bilden aus")	X			X
Schülerzeitungen	Schülerzeitungen und Schul-Jahrgangsbroschüren geben in Verbindung mit einem Druckkostenzuschuss oft die Möglichkeit zur Anzeigenplatzierung		X		X
„Schwarzes Brett"	An vielen Schulen gibt es Möglichkeiten, per Aushang auf Ausbildungsangebote aufmerksam zu machen		X		X
Social-Media-Werbung	Beispielsweise zielgruppengenau einschränkbare Facebook-Ads über das Facebook-Werbecenter, Video-Ads auf YouTube oder Instagram-Channel von Auszubildenden		X		X
Streaming-Videos	Produktion von Ausbildungsvideos, die auf der eigenen Karriere-Webseite eingesetzt und über Streaming-Dienste heruntergeladen werden können		X		X
Tage der offenen Tür	Möglichkeit, ersten Einblick in den Gesundheitsbetrieb zu geben, sich einen persönlichen Eindruck zu verschaffen, Abläufe kennenzulernen und mit Mitarbeitern sprechen zu können		X	X	
Verbandsmarketing	Zentrale Ausbildungskampagnenarbeit durch einschlägige Berufsverbände (Ärzte- und Zahnärzteverbände, Ärzte- und Zahnärztekammern, Medizinische Fachgesellschaften, Medizinische Berufsverbände etc.)	X		X	
Vereinssponsoring	Unterstützung der Jugendarbeit von Vereinen; Trikotsponsoring für Jugendmannschaften etc.	X			X

Zur Ansprache geringer repräsentierter Gruppen wie z. B. **Zuwanderern** dient beispielsweise die Kooperation mit Migrantinnen- und Migrantenorganisationen, mit dem Ziel, Schülerinnen und Schüler mit Migrationshintergrund für eine Ausbildung im Gesundheitswesen zu gewinnen. Eltern und Verwandten der Jugendlichen mit Migrationshintergrund stellen im Berufsorientierungsprozess wichtige Bezugspersonen dar, denen nicht selten eine beratende Funktion zukommt. Dazu lassen sich beispielsweise Informationsveranstaltungen in den Migrantinnen- und Migrantenselbstorganisationen initiieren, die in den dortigen Räumlichkeiten stattfinden und in der jeweiligen Muttersprache der Zielgruppe durchgeführt werden sollten, um Hemmschwellen abzubauen und Vertrauen zu schaffen (vgl. Preuß et al. 2013, S. 23 f.).

Beispiel

Beispielsweise betrug der Anteil von Zuwanderern unter den in Deutschland registrierten Ärztinnen und Ärzten 2014 mehr als 8 Prozent, in den nichtärztlichen Gesundheitsberufen sogar etwa 15 Prozent der Erwerbstätigen. Der größte Teil der 593.000 nichtärztlichen ausländischen Beschäftigten im Gesundheitswesen stammt aus Europa, überwiegend aus dem Osten oder Südosteuropa. In der Altenpflege ist der Zuwanderer-Anteil mit 23 Prozent besonders hoch und umfasst dort insgesamt 140.000 Erwerbstätige mit Migrationshintergrund. 127.000 Erwerbstätige mit Migrationshintergrund sind in der Gesundheits- und Krankenpflege beschäftigt (vgl. Bundesministerium für Gesundheit 2015, S. 1).

Ein weiteres wichtiges Instrument des Ausbildungsmarketings ist das Leistungsangebot bzw. das „Produkt" Ausbildung selbst und damit die **Ausbildungsqualität**, mit der um Ausbildungsinteressenten geworben werden kann. Sie ist abhängig von zahlreichen Merkmalen und deren Erfüllungsgrad in der gesundheitsbetrieblichen Ausbildungsrealität (vgl. Tab. 2.3).

Die aufgezeigten Merkmale können nur Anhaltspunkte dafür geben, was gute Ausbildung ausmacht. Auch kann im Gesundheitswesen aufgrund des im Vordergrund stehenden Patientenwohls nicht immer dem Wunsch der Auszubildenden entsprochen werden, möglichst früh selbstständig und eigenverantwortlich zu arbeiten oder wie reguläre Mitarbeiter eingesetzt zu werden. Dennoch ist die Ausbildung immer wieder hinsichtlich ihrer Qualität zu überprüfen und zu hinterfragen, was besser gemacht und natürlich auch erfolgreich kommuniziert werden könnte.

Zum Leistungsangebot zählt auch die Attraktivität der Ausbildung, die sich neben in Tab. 2.3 erwähnten Merkmalen, wie der Übertragung frühzeitiger Verantwortung an die Auszubildenden oder das Ermöglichen von Austausch und Auslandsaufenthalten, auch beispielsweise durch Maßnahmen wie dem Angebot von inner- und außerbetrieblichen Zusatzqualifikationen, Bonussystemen für gute Leistungen in der Berufsschule, Fahrtkostenübernahmen, Mittagessenszuschuss, Wohnmöglichkeiten für Auszubildende etc. steigern lässt (vgl. Bundesinstitut für Berufsbildung 2013, S. 9).

Tab. 2.3 Merkmale der Ausbildungsqualität (vgl. Ebbinghaus und Rothe 2009, S. 36 ff.)

Merkmalsklassen	Merkmalsgruppen	Einzelmerkmale
Materielle, organisatorische und personelle Rahmenbedingungen	Materielle Rahmenbedingungen	Ausstattung ist auf dem neuesten Stand
		Lehrbücher und Ausbildungsmaterialien sind für Auszubildende vorhanden
		Auszubildende haben einen eigenen Arbeitsplatz
	Organisatorische Rahmenbedingungen	Ausbildendentätigkeiten werden im Gesundheitsbetrieb geschätzt
		Für Ausbildende gibt es fachpädagogische Weiterbildungen
		Ausbildende haben zeitliche Freiräume für die Unterweisung der Auszubildenden
	Personelle Rahmenbedingungen	Ausbildende sind fachlich kompetent
		Ausbildende sind pädagogisch kompetent
		Ausbildende sind motiviert, Jugendlichen etwas beizubringen
Konzeption und Lenkung der Ausbildung	Konzeption	Die Auszubildenden haben eine(n) Mitarbeiter(in) als feste(n) Ansprechpartner
		Der gesundheitsbetriebliche Ausbildungsplan wird regelmäßig angepasst
		Die Auszubildenden werden in echte Vorgänge eingebunden
		Die Auszubildenden arbeiten (völlig) selbstständig und eigenverantwortlich
		Die Auszubildenden werden (sofort) wie reguläre Mitarbeiter eingesetzt
	Lenkung	Die Berichtshefte werden wöchentlich kontrolliert und besprochen
		Lernfortschritte werden kontrolliert und reflektiert
		Arbeitsergebnisse der Auszubildenden werden bewertet und besprochen
		Gute Leistungen werden gelobt
		Arbeitsfehler der Auszubildenden werden bei neuen Aufgaben toleriert
		Bei Fehlverhalten der Auszubildenden wird konsequent durchgegriffen

(Fortsetzung)

Tab. 2.3 (Fortsetzung)

Merkmalsklassen	Merkmalsgruppen	Einzelmerkmale
Methodik und Didaktik	Methodik	Vor- und Nachmachen
		Lehrgespräch
		Praktische Unterweisung
		Simulationen
		Selbstlernprogramme
		Projektarbeit
	Allgemeine Didaktik	Vereinbarung monatlicher Lernziele
		Vermittlung in Handlungszusammenhängen
		Vorstrukturierte Aufgaben
		Klare Arbeitsanweisungen
		Sofortige Hilfe bei Ausbildungsproblemen
		Unterstützung bei privaten Problemen
	Einbeziehung der Auszubildenden	Auszubildende geben Rückmeldung zur Ausbildung
		Auszubildende übernehmen Ausbildungsverantwortung
		Auszubildende fordern Erklärungen ein
		Auszubildende bringen Ideen ein
Kooperationen zwischen Gesundheitsbetrieb und anderen Ausbildungsakteuren	Kooperation mit Berufsschulen	Durchführung gemeinsamer Projekte
		Abstimmung von Lehr- und Ausbildungsplan
		Lehrerpraktika im Gesundheitsbetrieb
		Beteiligung von Betriebspraktikern am Unterricht
		Gemeinsame Arbeitskreise
		Informationsaustausch über Auszubildenden-Verhalten und Leistung
	Kooperation mit anderen Gesundheitsbetrieben	Ausbildungsprojekte mit Gesundheitsbetrieben in der Region
		Kooperationen mit Gesundheitsbetrieben im Ausland
		Vereinbarung von Ausbildungsstandards
	Kooperation mit Ärzte- und Zahnärztekammern	Hilfe bei Erstellung betrieblicher Ausbildungspläne
		Beratung zur Gestaltung von Lehr-Lern-Prozessen
		Zertifizierung der Ausbildung

Auch die Gestaltung der **Ausbildungsvergütung** zählt zu den Instrumenten des Ausbildungsmarketings. Sie ist häufig durch Tarifverträge reglementiert und betrug 2017 im Durchschnitt über die gesamte Ausbildungsdauer beispielsweise für Medizinische Fachangestellte 803 Euro und für Kaufleute im Gesundheitswesen 878 Euro (vgl. Bundesinstitut für Berufsbildung 2017, S. 3 f.).

Literatur

Beck, C. (2014). Ausbildungsmarketing 2.0: Unterschätzte Teildisziplin des Personalmarketings mit viel Potenzial. In C. Beck & S. Dietl (Hrsg.), *Ausbildungsmarketing 2.0* (S. 13–70). Köln: Luchterhand/Wolters Kluwer.

Bundesinstitut für Berufsbildung – BIBB. (Hrsg.). (2013). BIBB-Modellversuche Qualitätsentwicklung und –sicherung in der beruflichen Bildung. Instrument Nr. 27: Ausbildungsmarketing – „Der Mix macht's …" Wege zur Gewinnung von geeigneten Auszubildenden. Broschüre/Handreichung. Stand: Mai 2013. Bonn.

Bundesinstitut für Berufsbildung – BIBB. (Hrsg.). (2017). Tarifliche Ausbildungsvergütungen 2017 in Deutschland insgesamt. Bonn. https://www.bibb.de/dokumente/pdf/a21_dav_Gesamtuebersicht_Ausbildungsverguetungen_2017_Bundesgebiet.pdf. Zugegriffen am 02.12.2018.

Bundesministerium für Gesundheit. (Hrsg.). (2015). Zuwanderer im Gesundheitswesen. Berlin/Bonn. https://www.bundesgesundheitsministerium.de/ministerium/meldungen/2015/prognos-studie.html. Zugegriffen am 02.11.2018.

Bundesministerium für Umwelt, Naturschutz, Bau und Reaktorsicherheit. (Hrsg.). (2018). Zukunft? Jugend fragen! Nachhaltigkeit, Politik, Engagement – eine Studie zu Einstellungen und Alltag junger Menschen. Broschüre. 2. Aufl. Stand: April 2018. Berlin.

Buschmann, A., & Mattmüller, R. (2015). Marketing: Das Management aller Zielgruppen. In G. Hesse & R. Mattmüller (Hrsg.), *Perspektivwechsel im Employer Branding – Neue Ansätze für die Generationen Y und Z* (S. 1–16). Wiesbaden: Springer Gabler/Springer Fachmedien.

Dannhäuser, R. (2017). Trends im Recruiting. In R. Dannhäuser (Hrsg.), *Praxishandbuch Social Media Recruiting – Experten Know-how/Praxistipps/Rechtshinweise* (3. Aufl., S. 1–40). Wiesbaden: Springer Gabler.

Deutscher Bundestag. (Hrsg.). (2017). Bericht über die Lebenssituation junger Menschen und die Leistungen der Kinder- und Jugendhilfe in Deutschland – 15. Kinder- und Jugendbericht –. Unterrichtung durch die Bundesregierung. 18. Wahlperiode. Drucksache 18/11050. 01.02.2017.

Ebbinghaus, M., & Rothe, C. (2009). Ideal und Realität Betrieblicher Ausbildungsqualität – Sichtweisen ausbildender Betriebe. Bundesinstitut für Berufsbildung – BiBB (Hrsg.) Schriftenreihe Wissenschaftliche Diskussionspapiere. Heft 109. Bonn.

Friedrich, U., & Müller, J. (2018). Ausbildung 2018 – Ergebnisse einer DIHK-Online-Unternehmensbefragung (Stand: Juli 2018). Berlin/Brüssel: Deutscher Industrie- und Handelskammertag – DIHK (Hrsg).

Hanisch, H. (2016). *Die flotte Generation Z im 21. Jahrhundert*. Norderstedt: BoD – Books on Demand.

Industrie- und Handelskammer (IHK) Berlin. (Hrsg.). (2018). Ausbildungsmarketing. Berlin. https://www.ihk-berlin.de/politische-positionen-und-statistiken_channel/arbeitsmarkt_beschaeftigung/bildungspolitik/Fachkraeftesicherung/Ausbildungsmarketing/2261866. Zugegriffen am 17.11.2018.

Mangelsdorf, M. (2015). *Von Babyboomer bis Generation Z – Der richtige Umgang mit unterschiedlichen Generationen im Unternehmen.* Offenbach: Gabal.

Preuß, M., Wächter, M., & Warga, V. (2013). Ausbildungsmarketing in der Altenpflege. Landesvereinigung für Gesundheit und Akademie für Sozialmedizin Niedersachsen (Hrsg.). Informationsbroschüre. Hannover.

Scholz, C. (2014). *Generation Z – Wie sie tickt, was sie verändert und warum sie uns alle ansteckt.* Wiley: Weinheim.

Ausbildungsstätte und –personal

3.1 Gesundheitsbetriebliche Ausbildungsstätten

Nach dem Berufsbildungsgesetz dürfen Auszubildende nur eingestellt und ausgebildet werden, wenn die **Ausbildungsstätte** nach Art und Einrichtung für die Berufsausbildung geeignet ist und die Zahl der Auszubildenden in einem angemessenen Verhältnis zur Zahl der Ausbildungsplätze oder zur Zahl der beschäftigten Fachkräfte steht, es sei denn, dass anderenfalls die Berufsausbildung nicht gefährdet wird. Eine Ausbildungsstätte, in der die erforderlichen beruflichen Fertigkeiten, Kenntnisse und Fähigkeiten nicht im vollen Umfang vermittelt werden können, gilt als geeignet, wenn diese durch Ausbildungsmaßnahmen außerhalb der Ausbildungsstätte vermittelt werden (vgl. § 27 BBiG).

Hinsichtlich der jeweiligen Ausbildungsordnung ist die Eignung der Ausbildungsstätte in der Regel gegeben, wenn dort die in der Ausbildungsordnung vorgeschriebenen beruflichen Fertigkeiten, Kenntnisse und Fähigkeiten in vollem Umfang vermittelt werden können (vgl. Bundesministerium für Bildung und Forschung 2018, S. 11).

In Sachsen-Anhalt ist beispielsweise die Ärztekammer die zuständige Stelle für die Ausbildung der Medizinischen Fachangestellten (MFA). Sie nimmt u. a. Aufsichts- und Prüfungsfunktionen wahr, und für sie ergibt sich die Eignung als Ausbildungsstätte (Praxis) aus dem angemessenen Verhältnis zwischen der Anzahl der Fachkräfte und den Auszubildenden. Durch den Berufsbildungsausschuss sind als Fachkräfte definiert examinierte Krankenschwester, Kinderkrankenschwester, Sprechstundenschwester und Arzthelferin/Medizinische Fachangestellte, wobei ohne Beschäftigung einer Fachkraft in der Arztpraxis auch keine Ausbildung erfolgen kann. Als angemessene Verhältniszahlen sind festgelegt bis zu zwei Auszubildende je Arzt und Fachkraft, bis zu drei Auszubildende je Arzt und zwei Fachkräfte, bis zu vier Auszubildende je Arzt und drei Fachkräfte etc. (vgl. Kassenärztliche Vereinigung Sachsen-Anhalt 2016, S. 283).

Nach den Empfehlungen des Hauptausschusses des Bundesinstituts für Berufsbildung gelten für die Eignung von Ausbildungsstätten eine Reihe von Kriterien (vgl. Tab. 3.1).

A. Frodl, *Professionelle Ausbildung in Gesundheitsberufen*,
https://doi.org/10.1007/978-3-658-28765-8_3

Tab. 3.1 Kriterien für die Eignung von Ausbildungsstätten (vgl. Bundesinstitut für Berufsbildung 2015, S. 2 f.)

Kriterium	Unterkriterium	Ausprägung
Verfügbarkeit der Ausbildungsregelung		Für jeden Ausbildungsberuf, für den die Eintragung eines Ausbildungsverhältnisses beantragt wird, müssen der Ausbildungsstätte die einschlägigen gültigen Ausbildungsordnungen bzw. anzuwendenden Berufsbilder, Berufsbildungspläne und Prüfungsanforderungen bzw. fachlichen Vorschriften vorliegen.
Betrieblicher Ausbildungsplan		In der Ausbildungsstätte ist ein gesundheitsbetrieblicher Ausbildungsplan zu führen, aus dem erkennbar ist, dass die Ausbildung systematisch unter Berücksichtigung der Arbeits- und Geschäftsprozesse, der betrieblichen Anforderungen und der individuellen Lernvoraussetzungen von Auszubildenden durchgeführt wird. Der gesundheitsbetriebliche Ausbildungsplan sollte je nach der Struktur der Ausbildungsstätte und des Ausbildungsberufes mindestens Angaben enthalten über die konkreten Ausbildungsplätze, die Ausbildungsabschnitte, die zu vermittelnden Ausbildungsinhalte und die zugeordneten Ausbildungszeiten.
Passfähigkeit der gesundheitsbetrieblichen Arbeits- und Geschäftsprozesse		Art und Umfang der gesundheitsbetrieblichen Dienstleistungen sowie die Arbeitsverfahren müssen gewährleisten, dass die Fertigkeiten, Kenntnisse und Fähigkeiten (berufliche Handlungsfähigkeit) entsprechend der Ausbildungsordnung vermittelt werden können.
Materielle und technische Einrichtung und Ausstattung der Ausbildungsstätte		Die Ausbildungsstätte muss über eine ausreichende Einrichtung und Ausstattung verfügen, insbesondere müssen die für die Vermittlung der in der jeweiligen Ausbildungsordnung vorgesehenen Fertigkeiten, Kenntnisse und Fähigkeiten (berufliche Handlungsfähigkeit) erforderlichen Einrichtungen und notwendigen Ausbildungsmittel vorhanden sein und die angemessene Zeit für Ausbildungszwecke zur Verfügung stehen. Dazu gehören zum Beispiel die erforderlichen Kommunikations- und Informationssysteme, Grundausstattungen an (medizinischen) Werkzeugen, Maschinen, Apparaten und Geräten, Pflege- und Wartungseinrichtungen, bürotechnische Einrichtungen und notwendige Lehr- und Lernmittel. In der Regel müssen die Ausbildungsplätze in die regulären Arbeits- und Geschäftsprozesse integriert sein. Zur Unterstützung des Erwerbs der in der Ausbildungsordnung vorgesehenen Fertigkeiten, Kenntnisse und Fähigkeiten (berufliche Handlungsfähigkeit) können ergänzend – unabhängig von den normalen Bedingungen des Arbeitsablaufs – intern oder extern Inhalte vermittelt werden, zum Beispiel auch in Ausbildungslaboren, betriebs- oder bürotechnischen Unterweisungsräumen.

Personelle Anforderungen	Relation zwischen FACHKRÄFTEN und Auszubildenden	Als Fachkraft gelten die/der Ausbildende, die Ausbilderin/der Ausbilder oder wer eine Ausbildung in einer dem Ausbildungsberuf entsprechenden Fachrichtung abgeschlossen hat oder mindestens das Anderthalbfache der Zeit, die als Ausbildungszeit vorgeschrieben ist, in dem Beruf tätig gewesen ist, in dem ausgebildet werden soll. Als angemessenes Verhältnis der Zahl der Auszubildenden zur Zahl der Fachkräfte gilt in der Regel: eine bis zwei Fachkräfte = eine Auszubildende/ein Auszubildender, drei bis fünf Fachkräfte = zwei Auszubildende, sechs bis acht Fachkräfte = drei Auszubildende, je weitere drei Fachkräfte = eine weitere Auszubildende/ein weiterer Auszubildender. Diese Relationen müssen kontinuierlich während des gesamten Ausbildungsgangs bestehen. Abweichungen von diesen Relationen sind in Einzelfällen zulässig. Sie müssen begründet werden und dürfen die Ausbildung nicht gefährden.
	Relation zwischen Ausbildenden und Auszubildenden	• Nebenberufliche Ausbilderin/nebenberuflicher Ausbilder: Ausbildende und Ausbilderinnen/Ausbilder, die neben der Aufgabe des Ausbildens noch weitere gesundheitsbetriebliche Funktionen ausüben, sollen durchschnittlich nicht mehr als drei Auszubildende selbst ausbilden. Es muss sichergestellt sein, dass ein angemessener Teil der Arbeitszeit für die Tätigkeit als Ausbilderin/Ausbilder zur Verfügung steht. • Hauptberufliche Ausbilderin/hauptberuflicher Ausbilder: Ausbilderinnen/Ausbilder, denen ausschließlich Ausbildungsaufgaben übertragen sind, sollen nicht mehr als 16 Auszubildende in einer Gruppe unmittelbar selbst ausbilden. • Ausbildende Fachkraft: Für die Relation zwischen Auszubildenden und ausbildenden Fachkräften, die unter der Verantwortung der Ausbilderin/des Ausbilders bei der Berufsausbildung mitwirken, gelten dieselben Anforderungen wie für nebenberufliche Ausbilderinnen/nebenberufliche Ausbilder.

(Fortsetzung)

Tab. 3.1 (Fortsetzung)

Kriterium	Unterkriterium	Ausprägung
	Qualifikation des Ausbildungspersonals	Das in der Ausbildungsstätte eingesetzte Ausbildungspersonal muss über die gesetzlich vorgeschriebene berufsfachliche und pädagogische Qualifikation verfügen
	Allgemeine personelle Anforderungen	Bei gefahrenanfälligen Tätigkeiten ist die Zahl der Auszubildenden entsprechend geringer anzusetzen. Die Art des Ausbildungsberufes oder die Gestaltung der Ausbildung können eine höhere Zahl von Auszubildenden rechtfertigen. Eine Abweichung von dem angegebenen Zahlenverhältnis ist insbesondere dann zulässig, wenn und soweit besondere gesundheitsbetriebliche oder überbetriebliche Maßnahmen zur Förderung der Ausbildung durchgeführt werden. Die Ausbildende/der Ausbildende, in der Regel der Ausbildungsbetrieb, muss die entsprechende Anzahl von Ausbilderinnen/Ausbildern sowie an ausbildenden Fachkräften nach für die unmittelbare Ausbildung der Auszubildenden bereitstellen, um die oben genannten Relationen zu sichern. Die Ausbildende/der Ausbildende muss für die benannten Ausbilderinnen/Ausbildern und ausbildenden Fachkräfte die nötigen Voraussetzungen schaffen, damit diese ihre Ausbildungsaufgabe wahrnehmen können.
Schutz der Auszubildenden		Auszubildende müssen in der Ausbildungsstätte gegen die Gefährdung ihrer Gesundheit sowie gegen die Beeinträchtigung ihrer Würde geschützt werden.
Ausbildung in mehreren Ausbildungsstätten		Wird die Ausbildung in mehreren Ausbildungsstätten durchgeführt, so muss jede dieser Ausbildungsstätten für den jeweiligen Ausbildungsabschnitt den vorstehenden Kriterien entsprechen. Kann eine Ausbildungsstätte die Anforderungen der jeweiligen Ausbildungsordnung nicht in vollem Umfange erfüllen, so muss eine notwendige Ausbildungsmaßnahme außerhalb der Ausbildungsstätte, z. B. in einer geeigneten anderen Ausbildungsstätte oder überbetrieblichen Einrichtung vorgesehen werden.

Beispiel

Beispielsweise ist nach einem Beschluss des Berufsbildungsausschusses „Medizinische Fachangestellte" der Sächsischen Landesärztekammer zur Sicherung der Qualität der Ausbildung entsprechend dem BBiG (Eignung der Ausbildungsstätte) grundsätzlich in jeder Praxis je Ärztin/Arzt nur eine Auszubildende oder eine Umschülerin zu beschäftigen. Auf eine Auszubildende oder eine Umschülerin kommt eine ausgebildete Arzthelferin oder eine ihr gleichgestellte Fachkraft, die während der Ausbildungs-/Umschulungszeit anwesend sein muss. Erst nach Beendigung des Ausbildungs-/Umschulungsvertrages darf grundsätzlich die nächste Auszubildende/Umschülerin eingestellt werden (vgl. Sächsische Landesärztekammer 2006, S. 1).

Pflegeschulen müssen folgende Mindestanforderungen erfüllen:

- hauptberufliche Leitung der Schule durch eine pädagogisch qualifizierte Person mit einer abgeschlossenen Hochschulausbildung auf Master- oder vergleichbarem Niveau,
- Nachweis einer im Verhältnis zur Zahl der Ausbildungsplätze angemessenen Zahl fachlich und pädagogisch qualifizierter Lehrkräfte mit entsprechender, insbesondere pflegepädagogischer, abgeschlossener Hochschulausbildung auf Master- oder vergleichbarem Niveau für die Durchführung des theoretischen Unterrichts sowie mit entsprechender, insbesondere pflegepädagogischer, abgeschlossener Hochschulausbildung für die Durchführung des praktischen Unterrichts,
- Vorhandensein der für die Ausbildung erforderlichen Räume und Einrichtungen sowie ausreichender Lehr- und Lernmittel, die den Auszubildenden kostenlos zur Verfügung zu stellen sind.

Das Verhältnis soll für die hauptberuflichen Lehrkräfte mindestens einer Vollzeitstelle auf zwanzig Ausbildungsplätze entsprechen. Eine geringere Anzahl von hauptberuflichen Lehrkräften ist nur vorübergehend zulässig.

Die Länder können durch Landesrecht das Nähere zu den Mindestanforderungen bestimmen und weitere, auch darüber hinausgehende Anforderungen festlegen. Sie können für die Lehrkräfte für die Durchführung des theoretischen Unterrichts befristet bis zum 31. Dezember 2029 regeln, inwieweit die erforderliche Hochschulausbildung nicht oder nur für einen Teil der Lehrkräfte auf Master- oder vergleichbarem Niveau vorliegen muss (vgl. § 9 PflBG).

Für die gesundheitsbetrieblichen Ausbildungsstätten gelten ferner die diesbezüglichen Vorgaben des Arbeitsschutzes (Jugendarbeitsschutzgesetz, Arbeitsschutzgesetz, Arbeitsstättenverordnung etc.), die auch allgemein für Arbeitsstätten maßgeblich sind.

Nach dem Jugendarbeitsschutzgesetz (JArbSchG) hat der Arbeitgeber bei der **Einrichtung** und der Unterhaltung der Arbeits- und Ausbildungsstätte einschließlich der (medizinischen) Maschinen, Werkzeuge und Geräte und bei der Regelung der Beschäftigung die Vorkehrungen und Maßnahmen zu treffen, die zum Schutz der Jugendlichen gegen Gefahren für Leben und Gesundheit sowie zur Vermeidung einer Beeinträchtigung der körperlichen oder seelisch-geistigen Entwicklung der Jugendlichen erforderlich sind. Hierbei

sind das mangelnde Sicherheitsbewusstsein, die mangelnde Erfahrung und der Entwicklungsstand der Jugendlichen zu berücksichtigen und die allgemein anerkannten sicher-
heitstechnischen und arbeitsmedizinischen Regeln sowie die sonstigen gesicherten ar-
beitswissenschaftlichen Erkenntnisse zu beachten (vgl. § 28 JArbSchG).

Vor Beginn der Beschäftigung Jugendlicher und bei wesentlicher Änderung der **Arbeitsbedingungen** hat der Arbeitgeber die mit der Beschäftigung verbundenen Gefährdungen Jugendlicher zu beurteilen. Im Übrigen gelten die Vorschriften des Arbeitsschutz-
gesetzes (vgl. § 28a JArbSchG).

Der Arbeitgeber hat die Jugendlichen vor Beginn der Beschäftigung und bei wesentlicher Änderung der Arbeitsbedingungen über die Unfall- und Gesundheitsgefahren, denen
sie bei der Beschäftigung ausgesetzt sind, sowie über die Einrichtungen und Maßnahmen
zur Abwendung dieser **Gefahren** zu unterweisen. Er hat die Jugendlichen vor der erstma-
ligen Beschäftigung an Maschinen oder gefährlichen Arbeitsstellen oder mit Arbeiten, bei
denen sie mit gesundheitsgefährdenden Stoffen in Berührung kommen, über die besonderen Gefahren dieser Arbeiten sowie über das bei ihrer Verrichtung erforderliche Verhalten
zu unterweisen. Die Unterweisungen sind in angemessenen Zeitabständen, mindestens
aber halbjährlich, zu wiederholen. Der Arbeitgeber beteiligt die Betriebsärzte und die
Fachkräfte für Arbeitssicherheit an der Planung, Durchführung und Überwachung der für
die Sicherheit und den Gesundheitsschutz bei der Beschäftigung Jugendlicher geltenden
Vorschriften (vgl. § 29 JArbSchG).

Nach den Vorgaben des in § 28a JArbSchG als maßgeblich festgelegten Arbeitsschutz-
gesetzes (ArbSchG) ist die Gesundheitseinrichtung als Arbeitgeber verpflichtet, die erforderlichen Maßnahmen des Arbeitsschutzes unter Berücksichtigung der Umstände zu
treffen, die Sicherheit und Gesundheit der Beschäftigten bei der Arbeit beeinflussen (vgl.
§ 3 ArbSchG).

So ist durch eine Beurteilung der für die Beschäftigten mit ihrer Arbeit verbundenen
Gefährdung zu ermitteln, welche Maßnahmen des Arbeitsschutzes erforderlich sind. Die
Gesundheitseinrichtung hat die **Gefährdungsbeurteilung** je nach Art der Tätigkeiten
vorzunehmen. Bei gleichartigen Arbeitsbedingungen ist die Beurteilung eines Arbeits-
platzes oder einer Tätigkeit ausreichend (vgl. § 5 ArbSchG). Bei der Beurteilung der
Arbeitsbedingungen ist zunächst festzustellen, ob die Beschäftigten Gefährdungen beim
Einrichten und Betreiben von Arbeitsstätten ausgesetzt sind oder ausgesetzt sein können.
Ist dies der Fall, sind alle möglichen Gefährdungen der Sicherheit und der Gesundheit der
Beschäftigten zu beurteilen und dabei die Auswirkungen der Arbeitsorganisation und der
Arbeitsabläufe in der Arbeitsstätte zu berücksichtigen. Bei der Gefährdungsbeurteilung
sind die physischen und psychischen Belastungen sowie bei Bildschirmarbeitsplätzen
insbesondere die Belastungen der Augen oder die Gefährdung des Sehvermögens der Beschäftigten zu berücksichtigen. Entsprechend dem Ergebnis der Gefährdungsbeurteilung sind Maßnahmen zum Schutz der Beschäftigten gemäß den Vorschriften der **Arbeitsstättenverordnung** (ArbStättV) einschließlich ihres Anhangs nach dem Stand der
Technik, der Arbeitsmedizin und der Hygiene festzulegen. Sonstige gesicherte arbeits-
wissenschaftliche Erkenntnisse sind zu berücksichtigen. Auch ist sicherzustellen, dass
die Gefährdungsbeurteilung fachkundig durchgeführt wird. Verfügt die Gesundheitsein-

richtung nicht selbst über die entsprechenden Kenntnisse, hat sie sich fachkundig beraten zu lassen. Die Gefährdungsbeurteilung ist vor Aufnahme der Tätigkeiten zu dokumentieren. In der Dokumentation ist anzugeben, welche Gefährdungen am Arbeitsplatz auftreten können und welche Maßnahmen durchgeführt werden müssen (vgl. § 3 ArbStättV).

Ferner ist nach dem ArbSchG unter anderem folgendes zu regeln:

- Die Gesundheitseinrichtung muss über die je nach Art der Tätigkeiten und der Zahl der Beschäftigten erforderlichen Unterlagen verfügen, aus denen das Ergebnis der Gefährdungsbeurteilung, die von ihr festgelegten Maßnahmen des Arbeitsschutzes und das Ergebnis ihrer Überprüfung ersichtlich sind.
- Unfälle, bei denen ein Beschäftigter getötet oder so verletzt wird, dass er stirbt oder für mehr als drei Tage völlig oder teilweise arbeits- oder dienstunfähig wird, sind zu erfassen.
- Es sind Maßnahmen zu treffen, damit nur Beschäftigte Zugang zu besonders gefährlichen Arbeitsbereichen haben, die zuvor geeignete Anweisungen erhalten haben.
- Es sind Vorkehrungen zu treffen, dass alle Beschäftigten, die einer unmittelbaren erheblichen Gefahr ausgesetzt sind oder sein können, möglichst frühzeitig über diese Gefahr und die getroffenen oder zu treffenden Schutzmaßnahmen unterrichtet sind.
- Entsprechend der Art der Arbeitsstätte und der Tätigkeiten sowie der Zahl der Beschäftigten sind Maßnahmen zu treffen, die zur Ersten Hilfe, Brandbekämpfung und Evakuierung der Beschäftigten erforderlich sind. Dabei ist der Anwesenheit von Patienten, Angehörigen etc. Rechnung zu tragen.
- Es sind diejenigen Beschäftigten zu benennen, die Aufgaben der Ersten Hilfe, Brandbekämpfung und Evakuierung der Beschäftigten übernehmen, wobei Anzahl, Ausbildung und Ausrüstung der benannten Beschäftigten in einem angemessenen Verhältnis zur Zahl der Beschäftigten und zu den bestehenden besonderen Gefahren stehen müssen.
- Die Beschäftigten sind über Sicherheit und Gesundheitsschutz bei der Arbeit während ihrer Arbeitszeit ausreichend und angemessen zu unterweisen; die Unterweisung umfasst Anweisungen und Erläuterungen, die eigens auf den Arbeitsplatz oder den Aufgabenbereich der Beschäftigten ausgerichtet sind, muss bei der Einstellung, bei Veränderungen im Aufgabenbereich, der Einführung neuer Arbeitsmittel oder einer neuen Technologie vor Aufnahme der Tätigkeit der Beschäftigten erfolgen, an die Gefährdungsentwicklung angepasst sein und erforderlichenfalls regelmäßig wiederholt werden (vgl. § 6 ff. ArbSchG).

Jugendliche als Beschäftigte des öffentlichen Dienstes von Gesundheitseinrichtungen in öffentlicher Trägerschaft sind vor Beginn der Beschäftigung und bei Veränderungen in ihren Arbeitsbereichen über Gefahren für Sicherheit und Gesundheit, denen sie bei der Arbeit ausgesetzt sein können, sowie über die Maßnahmen und Einrichtungen zur Verhütung dieser Gefahren und die getroffenen Maßnahmen zu unterrichten (vgl. § 14 ArbSchG).

Die ArbStättV sieht in Gesundheitseinrichtungen als Arbeits- und Ausbildungsstätten für viele Anforderungs- und Maßnahmenbereiche Vorgaben vor, die durch entsprechende Regelungen in umzusetzen sind (siehe Tab. 3.2).

Tab. 3.2 Beispiele für die Anforderungs- und Maßnahmenbereiche der ArbStättV (vgl. Anlage 1 ArbStättV)

Anforderungsbereiche	Einzelne Themen
Allgemeine Anforderungen	Anforderungen an Konstruktion und Festigkeit von Gebäuden; Abmessungen von Räumen, Luftraum; Sicherheits- und Gesundheitsschutzkennzeichnung; Energieverteilungsanlagen; Fußböden, Wände, Decken, Dächer; Fenster, Oberlichter; Türen, Tore; Verkehrswege; Fahrtreppen, Fahrsteige; Laderampen; Steigleitern, Steigeisengänge
Maßnahmen zum Schutz vor besonderen Gefahren	Schutz vor Absturz und herabfallenden Gegenständen; Betreten von Gefahrenbereichen; Maßnahmen gegen Brände; Fluchtwege und Notausgänge
Arbeitsbedingungen	Bewegungsfläche; Anordnung der Arbeitsplätze; Ausstattung; Beleuchtung und Sichtverbindung; Raumtemperatur; Lüftung; Lärm
Sanitär-, Pausen- und Bereitschaftsräume, Kantinen, Erste-Hilfe-Räume und Unterkünfte	Sanitärräume; Pausen- und Bereitschaftsräume; Erste-Hilfe-Räume; Unterkünfte
Maßnahmen zur Gestaltung von Bildschirmarbeitsplätzen	Allgemeine Anforderungen an Bildschirmarbeitsplätze; Allgemeine Anforderungen an Bildschirme und Bildschirmgeräte; Anforderungen an Bildschirmgeräte und Arbeitsmittel für die ortsgebundene Verwendung an Arbeitsplätzen; Anforderungen an tragbare Bildschirmgeräte für die ortsveränderliche Verwendung an Arbeitsplätzen; Anforderungen an die Benutzerfreundlichkeit von Bildschirmarbeitsplätzen

Gesundheitseinrichtungen sind als Arbeits- und Ausbildungsstätten so einzurichten und zu betreiben, dass Gefährdungen für die Sicherheit und die Gesundheit der Beschäftigten möglichst vermieden und verbleibende Gefährdungen möglichst gering gehalten werden. Dabei sind unter anderem die Technischen Regeln für Arbeitsstätten (ASR) des Ausschusses für Arbeitsstätten (ASTA) bei der Bundesanstalt für Arbeitsschutz und Arbeitsmedizin (BAuA) zu berücksichtigen (vgl. § 3a ArbStättV).

Ferner ist unter anderem

- die Arbeitsstätte instand zu halten und dafür zu sorgen, dass festgestellte Mängel unverzüglich beseitigt werden;
- dafür zu sorgen, dass die gefährdeten Beschäftigten ihre Tätigkeit unverzüglich einstellen, wenn Mängel, mit denen eine unmittelbare erhebliche Gefahr verbunden ist, nicht sofort beseitigt werden können;
- dafür zu sorgen, dass den hygienischen Erfordernissen entsprechend gereinigt wird und Verunreinigungen und Ablagerungen, die zu Gefährdungen führen können, unverzüglich beseitigt werden;
- sicherzustellen, dass die Sicherheitseinrichtungen, insbesondere Sicherheitsbeleuchtung, Brandmelde- und Feuerlöscheinrichtungen, Signalanlagen, Notaggregate und

Notschalter sowie raumlufttechnische Anlagen instand gehalten und in regelmäßigen Abständen auf ihre Funktionsfähigkeit überprüft werden;

- dafür zu sorgen, dass ausreichende Sicherheitsvorkehrungen für Gefahrensituationen getroffen werden (vgl. § 4 ArbStättV).

Den Beschäftigten sind ausreichende und angemessene Informationen anhand der Gefährdungsbeurteilung in einer für die Beschäftigten verständlichen Form und Sprache zur Verfügung zu stellen über das bestimmungsgemäße Betreiben der Gesundheitseinrichtung, alle gesundheits- und sicherheitsrelevanten Fragen im Zusammenhang mit ihrer Tätigkeit, Maßnahmen, die zur Gewährleistung der Sicherheit und zum Schutz der Gesundheit der Beschäftigten durchgeführt werden müssen, und arbeitsplatzspezifische Maßnahmen. Sie sind anhand dieser Informationen zu unterweisen, wobei sich die Unterweisung auf Maßnahmen im Gefahrenfall erstrecken muss. Die Unterweisungen müssen vor Aufnahme der Tätigkeit stattfinden und sind danach mindestens jährlich zu wiederholen. Sie haben in einer für die Beschäftigten verständlichen Form und Sprache zu erfolgen. Unterweisungen sind unverzüglich zu wiederholen, wenn sich die Tätigkeiten der Beschäftigten, die Arbeitsorganisation, die Arbeits- und Fertigungsverfahren oder die Einrichtungen und Betriebsweisen in der Arbeitsstätte wesentlich verändern und die Veränderung mit zusätzlichen Gefährdungen verbunden ist (vgl. § 6 ArbStättV).

Hat der Arbeitgeber einen jugendlichen Auszubildenden in die **Häusliche Gemeinschaft** aufgenommen, so muss er ihm eine Unterkunft zur Verfügung stellen und dafür sorgen, dass sie so beschaffen, ausgestattet und belegt ist und so benutzt wird, dass die Gesundheit des Jugendlichen nicht beeinträchtigt wird, und ihm bei einer Erkrankung, jedoch nicht über die Beendigung der Beschäftigung hinaus, die erforderliche Pflege und ärztliche Behandlung zuteil werden lassen, soweit diese nicht von einem Sozialversicherungsträger geleistet wird (vgl. § 30 JArbSchG).

Jede Änderung der Eignung der Ausbildungsstätte, die dazu führen kann, dass das Erreichen des Ausbildungsziels oder die Durchführung des Ausbildungsgangs beeinträchtigt wird, haben Ausbildende der zuständigen Stelle ohne Aufforderung mitzuteilen. Werden bei der Überwachung Mängel der Eignung festgestellt, so hat die zuständige Stelle, falls der Mangel zu beheben und eine Gefährdung der/des Auszubildenden nicht zu erwarten ist, die/den Ausbildenden aufzufordern, innerhalb einer von ihr gesetzten Frist den Mangel zu beseitigen. (vgl. Bundesinstitut für Berufsbildung 2015, S. 1).

Bezüglich ihrer Eigenschaft als Ausbildungsstätte haben nach dem Krankenhausentgeltgesetz (KHEntgG) Krankenhäuser auf einem maschinenlesbaren Datenträger jeweils zum 31. März für das jeweils vorangegangene Kalenderjahr unter anderem folgende ausbildungsbezogene Daten an die vom Institut für das Entgeltsystem im Krankenhaus geführte Datenstelle auf Bundesebene zu melden (siehe auch Abschn. 1.2.5):

- Kosten der Ausbildungsstätte, gegliedert nach Sachaufwand, Gemeinkosten und vereinbarten Gesamtkosten,
- Anzahl der Ausbildungsplätze,

- Kosten des theoretischen und praktischen Unterrichts,
- Kosten der praktischen Ausbildung sowie
- Anzahl der Ausbildenden und Auszubildenden, jeweils gegliedert nach Berufsbezeichnung nach dem Krankenhausfinanzierungsgesetz und die Anzahl der Auszubildenden nach Berufsbezeichnungen zusätzlich gegliedert nach jeweiligem Ausbildungsjahr (vgl. § 21 KHEntG).

Nach der Vereinbarung über die Übermittlung von Daten nach § 21 Abs. 4 und Abs. 5 KHEntgG werden folgende **Ausbildungsstättentypen** unterschieden:

- Typ 1: Mit dem Krankenhaus verbundene Ausbildungsstätte (Ausbildungsstätte, die vom Krankenhaus selbst betrieben wird und nur Auszubildende des eigenen Krankenhauses ausbildet).
- Typ 2: Mit dem Krankenhaus verbundene Ausbildungsstätte, Ausbildende im Landesdienst (Ausbildungsstätte, die vom Krankenhaus selbst betrieben wird und nur Auszubildende des eigenen Krankenhauses ausbildet und Ausbildende im Landesdienst).
- Typ 3: Ausbildungsstätte im Ausbildungsverbund, dem eigenen Krankenhaus zugeordnet (Ausbildungsstätte, die vom Krankenhaus selbst betrieben wird und neben den eigenen Auszubildenden auch Auszubildende anderer Krankenhäuser ausbildet).
- Typ 4: Ausbildungsstätte im Ausbildungsverbund, dem eigenen Krankenhaus zugeordnet Ausbildende im Landesdienst (Ausbildungsstätte, die vom Krankenhaus selbst betrieben wird und neben den eigenen Auszubildenden auch Auszubildende anderer Krankenhäuser ausbildet und Ausbildende im Landesdienst).
- Typ 5: Ausbildungsstätte im Ausbildungsverbund, nicht dem eigenen Krankenhaus zugeordnet (Ausbildungsstätte, die von einem Dritten, z. B. GmbH, Kommune oder anderes Krankenhaus, betrieben wird; nur die praktische Ausbildung findet im eigenen Krankenhaus statt).
- Typ 6: Ausbildungsstätte im Ausbildungsverbund, nicht dem eigenen Krankenhaus zugeordnet; Ausbildung im Landesdienst (Ausbildungsstätte, die von einem Dritten, z. B. GmbH, Kommune oder anderes Krankenhaus, betrieben wird; nur die praktische Ausbildung findet im eigenen Krankenhaus statt und Ausbildende im Landesdienst) (vgl. Institut für das Entgeltsystem im Krankenhaus 2018, S. 11 f.).

3.2   Anforderungen an Ausbildende in Gesundheitsbetrieben

3.2.1   Ausbildungsbefähigung und -berechtigung

Eine wichtige Regelungsgrundlage der **Ausbildereignung** ist das Berufsbildungsgesetz (BBiG). Danach darf Auszubildende nur einstellen, wer persönlich geeignet ist. Auszubildende darf nur ausbilden, wer persönlich und fachlich geeignet ist. Wer fachlich nicht geeignet ist oder wer nicht selbst ausbildet, darf Auszubildende nur dann einstellen, wenn er persönlich und fachlich geeignete Ausbilder oder Ausbilderinnen bestellt, die die Ausbildungsinhalte in der Ausbildungsstätte unmittelbar, verantwortlich und in wesentlichem Umfang vermitteln. Unter der Verantwortung des Ausbilders oder der Ausbilderin kann bei der Berufsausbildung mitwirken, wer selbst nicht Ausbilder oder Ausbilderin ist, aber die für die Vermittlung von Ausbildungsinhalten erforderlichen beruflichen Fertigkeiten, Kenntnisse und Fähigkeiten besitzt und persönlich geeignet ist (vgl. § 28 BBiG).

Persönlich nicht geeignet ist insbesondere, wer Kinder und Jugendliche nicht beschäftigen darf oder wiederholt oder schwer gegen das BBiG oder die auf Grund dieses Gesetzes erlassenen Vorschriften und Bestimmungen verstoßen hat (vgl. § 29 BBiG).

Personen, die wegen eines Verbrechens zu einer Freiheitsstrafe von mindestens zwei Jahren, wegen einer vorsätzlichen Straftat, die sie unter Verletzung der ihnen als Arbeitgeber, Ausbildender oder Ausbilder obliegenden Pflichten zum Nachteil von Kindern oder Jugendlichen begangen haben, zu einer Freiheitsstrafe von mehr als drei Monaten, wegen einer Straftat nach dem Betäubungsmittelgesetz oder wegen einer Straftat nach dem Jugendschutzgesetz oder nach dem Gesetz über die Verbreitung jugendgefährdender Schriften wenigstens zweimal rechtskräftig verurteilt worden sind, dürfen Jugendliche nicht beschäftigen, nicht beaufsichtigen, nicht anweisen, nicht ausbilden und nicht mit der Beaufsichtigung, Anweisung oder Ausbildung von Jugendlichen beauftragt werden. Entsprechende Ausbildungs- und Beschäftigungsverbote gelten auch für Straftaten nach dem Strafgesetzbuch (StGB), wie unter anderem Verletzung der Fürsorge- oder Erziehungspflicht, Straftaten gegen die sexuelle Selbstbestimmung, Misshandlung von Schutzbefohlenen, Menschenhandel, Zwangsprostitution, Zwangsarbeit oder Ausbeutung der Arbeitskraft (vgl. § 25 JArbSchG).

Fachlich geeignet ist, wer die beruflichen sowie die berufs- und arbeitspädagogischen Fertigkeiten, Kenntnisse und Fähigkeiten besitzt, die für die Vermittlung der Ausbildungsinhalte erforderlich sind. Die erforderlichen beruflichen Fertigkeiten, Kenntnisse und Fähigkeiten besitzt, wer die Abschlussprüfung in einer dem Ausbildungsberuf entsprechenden Fachrichtung bestanden hat, eine anerkannte Prüfung an einer Ausbildungsstätte oder vor einer Prüfungsbehörde oder eine Abschlussprüfung an einer staatlichen oder staatlich anerkannten Schule in einer dem Ausbildungsberuf entsprechenden Fachrichtung bestanden hat, eine Abschlussprüfung an einer deutschen Hochschule in einer dem Ausbildungsberuf entsprechenden Fachrichtung bestanden hat oder im Ausland einen Bildungsabschluss in einer dem Ausbildungsberuf entsprechenden Fachrichtung erworben hat, dessen Gleichwertigkeit nach dem Berufsqualifikationsfeststellungsgesetz oder anderen rechtlichen Regelungen festgestellt worden ist und eine angemessene Zeit in seinem Beruf praktisch tätig gewesen ist (vgl. § 30 BBiG).

Nach den Empfehlungen des Hauptausschusses des Bundesinstituts für Berufsbildung gelten für die Qualifikation von Ausbildenden eine Reihe von Kriterien (vgl. Tab. 3.3).

Obwohl die Ausbildung im Bereich der Angehörigen der freien Berufe, wie beispielsweise Ärzte oder Zahnärzte, davon ausgenommen ist, bietet die **Ausbilder-Eignungsverordnung** (AusbEignV) eine wichtige Orientierungshilfe für die notwendigen Fertig-

Tab. 3.3 Kriterien für die Qualifikation von Ausbildenden (vgl. Bundesinstitut für Berufsbildung 2015, S. 2 f.)

Funktion	gesetzliche Grundlage	obligatorisch	optional
Nebenberufliche Ausbilderin/ nebenberuflicher Ausbilder	u. a. § 30 BBiG	Nachweis der Eignung durch Prüfung nach der Ausbilder-Eignungsverordnung + berufsfachliche Eignung	z. B. geprüfte Aus- und Weiterbildungspädagogin/ geprüfter Aus- und Weiterbildungspädagoge, zielgruppenspezifische Weiterbildungsangebote
Hauptberufliche Ausbilderin/hauptberuflicher Ausbilder	u. a. § 30 BBiG	Nachweis der Eignung durch Prüfung nach der Ausbilder-Eignungsverordnung + berufsfachliche Eignung	z. B. geprüfte Aus- und Weiterbildungspädagogin/ geprüfter Aus- und Weiterbildungspädagoge, geprüfte Berufspädagogin/ geprüfter Berufspädagoge, zielgruppenspezifische Weiterbildungsangebote
Ausbildende Fachkräfte	u. a. § 28 BBiG		z. B. Ausbilderlehrgang, Vorbereitungslehrgang für die Ausbilder-Eignungsverordnung-Prüfung, zielgruppenspezifische Weiterbildungsangebote

keiten und Fähigkeiten von Ausbildenden, die letztendlich auch im Gesundheitswesen der Ausbildungsqualität zugute kommen kann (vgl. § 1 AusbEignV).

Danach umfasst die **Berufs- und Arbeitspädagogische Eignung** die Kompetenz zum selbstständigen Planen, Durchführen und Kontrollieren der Berufsausbildung in den Handlungsfeldern (vgl. Tab. 3.4):

- Ausbildungsvoraussetzungen prüfen und Ausbildung planen,
- Ausbildung vorbereiten und bei der Einstellung von Auszubildenden mitwirken,
- Ausbildung durchführen und
- Ausbildung abschließen (vgl. § 2 AusbEignV).

Bei der Ausbildung von Fachangestellten in Arzt- oder Zahnarztpraxen müssen die Ausbilder und Ausbilderinnen als Arzt bzw. Zahnarzt zugelassen sein.

Die zuständigen Aufsichtsstellen wachen darüber, dass die Eignung der Ausbildungsstätte wie auch die persönliche und fachliche Eignung des Ausbildungspersonals vorliegen. Ist dies nicht der Fall, wird in der Regel die Ausbildungsbefugnis entzogen. Auch kann mit einer Geldbuße bis zu 5000 Euro belegt werden, wer ohne Eignung Auszubildende einstellt, ausbildet oder nicht geeignete Ausbildende bestellt (vgl. Bundesministerium für Bildung und Forschung 2018, S. 12).

Tab. 3.4 Berufs- und Arbeitspädagogische Eignung von Ausbildenden (vgl. § 3 AusbEignV)

Handlungsfelder	Berufs- und Arbeitspädagogische Eignung
Ausbildungsvoraussetzungen prüfen und Ausbildung planen können	In der Lage sein, • die Vorteile und den Nutzen betrieblicher Ausbildung darstellen und begründen zu können, • bei den Planungen und Entscheidungen hinsichtlich des betrieblichen Ausbildungsbedarfs auf der Grundlage der rechtlichen, tarifvertraglichen und betrieblichen Rahmenbedingungen mitzuwirken, • die Strukturen des Berufsbildungssystems und seine Schnittstellen darzustellen, • Ausbildungsberufe für den Betrieb auszuwählen und dies zu begründen, • die Eignung des Betriebes für die Ausbildung in dem angestrebten Ausbildungsberuf zu prüfen sowie, ob und inwieweit Ausbildungsinhalte durch Maßnahmen außerhalb der Ausbildungsstätte, insbesondere Ausbildung im Verbund, überbetriebliche und außerbetriebliche Ausbildung, vermittelt werden können, • die Möglichkeiten des Einsatzes von auf die Berufsausbildung vorbereitenden Maßnahmen einzuschätzen sowie • im Betrieb die Aufgaben der an der Ausbildung Mitwirkenden unter Berücksichtigung ihrer Funktionen und Qualifikationen abzustimmen.
Ausbildung unter Berücksichtigung organisatorischer sowie rechtlicher Aspekte vorbereiten können	In der Lage sein, • auf der Grundlage einer Ausbildungsordnung einen betrieblichen Ausbildungsplan zu erstellen, der sich insbesondere an berufstypischen Arbeits- und Geschäftsprozessen orientiert, • die Möglichkeiten der Mitwirkung und Mitbestimmung der betrieblichen Interessenvertretungen in der Berufsbildung zu berücksichtigen, • den Kooperationsbedarf zu ermitteln und sich inhaltlich sowie organisatorisch mit den Kooperationspartnern, insbesondere der Berufsschule, abzustimmen, • Kriterien und Verfahren zur Auswahl von Auszubildenden auch unter Berücksichtigung ihrer Verschiedenartigkeit anzuwenden, • den Berufsausbildungsvertrag vorzubereiten und die Eintragung des Vertrages bei der zuständigen Stelle zu veranlassen sowie • die Möglichkeiten zu prüfen, ob Teile der Berufsausbildung im Ausland durchgeführt werden können.

(Fortsetzung)

Tab. 3.4 (Fortsetzung)

Handlungsfelder	Berufs- und Arbeitspädagogische Eignung
Selbstständiges Lernen in berufstypischen Arbeits- und Geschäftsprozessen handlungsorientiert fördern können	In der Lage sein, • lernförderliche Bedingungen und eine motivierende Lernkultur zu schaffen, Rückmeldungen zu geben und zu empfangen, • die Probezeit zu organisieren, zu gestalten und zu bewerten, • aus dem gesundheitsbetrieblichen Ausbildungsplan und den berufstypischen Arbeits- und Geschäftsprozessen betriebliche Lern- und Arbeitsaufgaben zu entwickeln und zu gestalten, • Ausbildungsmethoden und -medien zielgruppengerecht auszuwählen und situationsspezifisch einzusetzen, • Auszubildende bei Lernschwierigkeiten durch individuelle Gestaltung der Ausbildung und Lernberatung zu unterstützen, bei Bedarf ausbildungsunterstützende Hilfen einzusetzen und die Möglichkeit zur Verlängerung der Ausbildungszeit zu prüfen, • Auszubildenden zusätzliche Ausbildungsangebote, insbesondere in Form von Zusatzqualifikationen, zu machen und die Möglichkeit der Verkürzung der Ausbildungsdauer und die der vorzeitigen Zulassung zur Abschlussprüfung zu prüfen, • die soziale und persönliche Entwicklung von Auszubildenden zu fördern, Probleme und Konflikte rechtzeitig zu erkennen sowie auf eine Lösung hinzuwirken, • Leistungen festzustellen und zu bewerten, Leistungsbeurteilungen Dritter und Prüfungsergebnisse auszuwerten, Beurteilungsgespräche zu führen, Rückschlüsse für den weiteren Ausbildungsverlauf zu ziehen sowie • interkulturelle Kompetenzen zu fördern.
Ausbildung zu einem erfolgreichen Abschluss zu führen und dem Auszubildenden Perspektiven für seine berufliche Weiterentwicklung aufzeigen können	In der Lage sein • Auszubildende auf die Abschluss- oder Gesellenprüfung unter Berücksichtigung der Prüfungstermine vorzubereiten und die Ausbildung zu einem erfolgreichen Abschluss zu führen, • für die Anmeldung der Auszubildenden zu Prüfungen bei der zuständigen Stelle zu sorgen und diese auf durchführungsrelevante Besonderheiten hinzuweisen, • an der Erstellung eines schriftlichen Zeugnisses auf der Grundlage von Leistungsbeurteilungen mitzuwirken sowie • Auszubildende über betriebliche Entwicklungswege und berufliche Weiterbildungsmöglichkeiten zu informieren und zu beraten.

Beispiel
In Sachsen-Anhalt ist beispielsweise die Ärztekammer die zuständige Stelle für die Ausbildung der Medizinischen Fachangestellten (MFA). Sie nimmt u. a. Aufsichts- und Prüfungsfunktionen wahr und sieht die Eignung des ausbildenden Arztes durch seine Approbation erfüllt (vgl. Kassenärztliche Vereinigung Sachsen-Anhalt 2016, S. 283).

3.2.2 Ausbildereignungsprüfung

Die berufs- und pädagogische Eignung nach dem Berufsförderungsgesetz (BBiG) und der Ausbildereignungs-Verordnung (AusbEignV) kann durch die **AdA-Prüfung** (Ausbildung der Ausbilder – AdA) auf der Grundlage der AusbEignV erbracht werden.

Die berufs- und arbeitspädagogische Eignung mit der Kompetenz zum selbstständigen Planen, Durchführen und Kontrollieren der Berufsausbildung ist danach in einer Prüfung nachzuweisen. Die Prüfung besteht aus einem schriftlichen und einem praktischen Teil. Die Prüfung ist bestanden, wenn jeder Prüfungsteil mit mindestens „ausreichend" bewertet wurde. Innerhalb eines Prüfungsverfahrens kann eine nicht bestandene Prüfung zweimal wiederholt werden. Ein bestandener Prüfungsteil kann dabei angerechnet werden.

Im schriftlichen Teil der Prüfung sind fallbezogene Aufgaben aus allen Handlungsfeldern (Ausbildungsvoraussetzungen prüfen und Ausbildung planen, Ausbildung vorbereiten und bei der Einstellung von Auszubildenden mitwirken, Ausbildung durchführen und Ausbildung abschließen) zu bearbeiten. Die schriftliche Prüfung soll drei Stunden dauern.

Der praktische Teil der Prüfung besteht aus der Präsentation einer Ausbildungssituation und einem Fachgespräch mit einer Dauer von insgesamt höchstens 30 Minuten. Hierfür wählt der Prüfungsteilnehmer eine berufstypische Ausbildungssituation aus. Die Präsentation soll 15 Minuten nicht überschreiten. Die Auswahl und Gestaltung der Ausbildungssituation sind im Fachgespräch zu erläutern. Anstelle der Präsentation kann eine Ausbildungssituation auch praktisch durchgeführt werden (vgl. § 4 AusbEignV).

Über die bestandene Prüfung wird ein Zeugnis ausgestellt (vgl. § 5 AusbEignV).

Beispiel
Beispielsweise sieht die Bayerische Landesärztekammer unter dem Thema „Medizinische Fachangestellte – Ausbildung der Ausbilder" als Voraussetzung für Ausbilder nach dem Berufsbildungsgesetz im Besitz der notwendigen Kenntnisse zu sein oder eine Angestellte mit entsprechenden Kenntnissen zu haben. Auf Beschluss des Bayerischen Ärztetages werden Ärzte daher aufgefordert, an einem Kurs zur Vermittlung notwendiger Kenntnisse teilzunehmen. Es werden daher als Weiterbildungsmaßnahmen für Ärzte Ausbilderkurse und für das Praxispersonal „Durchführung der Ausbildung" – Kurse angeboten (vgl. Bayerische Landesärztekammer 2018, S. 1).

Die Ausbildung der Ausbilder mit der Ausbildereignungsprüfung wird beispielsweise von den Industrie- und Handelskammern angeboten. Ihre Inhalte sind gemäß den Handlungsfeldern der AusbEignV unter anderem:

- Ausbildungsvoraussetzungen prüfen und Ausbildung planen: Vorteile und Nutzen der betrieblichen Ausbildung begründen; rechtliche Rahmenbedingungen berücksichtigen; das System der Berufsausbildung darstellen; Ausbildungsberufe auswählen; betriebliche Eignung prüfen; vorbereitende Maßnahmen auf die Berufsausbildung einschätzen; Aufgaben mit den Mitwirkenden an der betrieblichen Ausbildung abstimmen.
- Ausbildung vorbereiten und bei der Einstellung von Auszubildenden mitwirken: Betriebliche Ausbildungspläne erstellen; Mitwirkungs- und Mitbestimmungsrechte berücksichtigen; Kooperationspartner einbinden; Auswahlverfahren anwenden; Ausbildungsvertrag vorbereiten und Eintragungen veranlassen.
- Ausbildung durchführen: Lernförderliche Bedingungen schaffen; Probezeit organisieren, gestalten und bewerten; betriebliche Lern- und Arbeitsaufgaben entwickeln und gestalten; Ausbildungsmethoden und -medien auswählen und einsetzen; Auszubildende bei Lernschwierigkeiten unterstützen; zusätzliche Ausbildungsangebote gestalten; Entwicklung der Auszubildenden fördern und Konflikte lösen; Leistungsbeurteilungen durchführen und auswerten.
- Ausbildung abschließen: Prüfungsvorbereitung gestalten und den erfolgreichen Abschluss unterstützen; zu Prüfungen anmelden; schriftliches Zeugnis erstellen; betriebliche und berufliche Entwicklungsmöglichkeiten aufzeigen (vgl. Industrie- und Handelskammer München und Oberbayern 2018, S. 2).

Die AdA-Ausbildung wird üblicherweise als Vollzeitlehrgang, aber auch in Abend- oder Wochenendkursen angeboten.

3.2.3   Anforderungen an die Praxisanleitung

Praxisanleiter und Praxisanleiterinnen sind beispielsweise tätig als geeignete Fachkräfte in der praktischen Pflege-Ausbildung. Ihre Aufgabe ist es, die Schülerinnen und Schüler schrittweise an die eigenständige Wahrnehmung der beruflichen Aufgaben heranzuführen und die Verbindung mit der Schule zu gewährleisten.

Sie benötigen Handlungskompetenz als zugleich Pflegende und Ausbildende in der Pflege, die sich aus folgenden Kernkompetenzen zusammensetzt:

- Pflegerische und pädagogische Fachkompetenz mit der Bereitschaft und Fähigkeit auf der Grundlage fachlichen Wissens und Könnens, Aufgaben zielorientiert, sachgerecht, methodengeleitet und selbstständig zu lösen und Ergebnisse zu beurteilen (umfasst beispielsweise Fähigkeit zur umfassenden und prozessorientierten Pflege; Organisationsfähigkeit; Fähigkeit, Lernprozesse zu gestalten und Lernende zu fördern; Fähigkeit zur Durchführung und Planung von Lerneinheiten; Fähigkeit zur Anwendung lernpsychologischer und didaktischer Erkenntnisse).
- Personale Kompetenz mit der Bereitschaft und Fähigkeit, als individuelle Persönlichkeit die Anforderungen und Einschränkungen im Beruf wahrzunehmen und zu steuern

(umfasst beispielsweise Selbsteinschätzungsvermögen und Selbstkritik, Reflexionsvermögen, Selbstbewusstsein und Selbstpflege, Rollenflexibilität, Entscheidungsfähigkeit, Zielstrebigkeit, Sorgfalt, Verantwortungs- und Pflichtgefühl, Zuverlässigkeit und Motivation, Flexibilität, Belastbarkeit).

- Soziale Kompetenz mit der Bereitschaft und Fähigkeit, soziale Beziehungen zu leben und zu gestalten, Zuwendungen und Spannungen zu erfassen, zu verstehen sowie sich damit rational auseinander zu setzen (umfasst beispielsweise ethische Kompetenz; Einfühlungsvermögen (Empathie); Nähe und Distanzverhalten gegenüber Schülern, Mitarbeitern und Pflegebedürftigen; Toleranz; Teamfähigkeit; Konflikt- und Kritikfähigkeit; Kommunikations- und Kooperationsfähigkeit).
- Methodenkompetenz mit der Bereitschaft und Fähigkeit, überlegt, systematisch und planvoll handeln zu können, Lehr- und Lernprozesse selbstständig steuern zu können sowie mit Methoden, Techniken und Medien vertraut zu sein (vgl. Mamerow 2006, S. 5 f.).

Beispiel

Für die Praxisanleitung in der Ausbildung zur Hebamme/zum Entbindungspfleger ist eine Person befähigt, wenn sie beispielsweise über eine Erlaubnis zum Führen der Berufsbezeichnung nach dem Hebammengesetz (HebG) verfügt, über Berufserfahrung als „Hebamme" in dem jeweiligen Einsatzbereich von mindestens einem Jahr verfügt, eine berufspädagogische Zusatzqualifikation im Umfang von mindestens 300 Stunden absolviert hat und kontinuierliche, insbesondere berufspädagogische Fortbildungen im Umfang von mindestens 24 Stunden jährlich absolviert (vgl. § 10 HebStPrV).

Die Weiterbildung in der **Praxisanleitung** richtet sich überwiegend nach Landesrecht und umfasst beispielsweise nach der Sächsischen Weiterbildungsverordnung Gesundheitsfachberufe (SächsGfbWBVO) einen Arbeitsaufwand von mindestens 292 Stunden, davon 184 Präsenzstunden als theoretischer und praktischer Unterricht, 92 Stunden als Selbststudium und 16 Stunden als praktische Weiterbildung im Rahmen einer Hospitation (vgl. § 30 SächsGfbWBVO). Im Folgenden sind für die Weiterbildung zum Praxisanleiter/ zur Praxisanleiterin beispielhaft Auszüge aus dem Sächsischen Weiterbildungsgesetz Gesundheitsfachberufe (SächsGfbWBG) vom 4. November 2002 (SächsGVBl. S. 266), das zuletzt durch Artikel 3 des Gesetzes vom 3. Februar 2016 (SächsGVBl. S. 42) geändert worden ist, und aus der Sächsischen Weiterbildungsverordnung Gesundheitsfachberufe (SächsGfbWBVO) vom 22. Mai 2007 (SächsGVBl. S. 209), durch die Verordnung vom 21. Mai 2013 (SächsGVBl. S. 342) geändert, wiedergegeben.

Voraussetzung für die Aufnahme der Weiterbildung ist ein Berufsabschluss in einem Gesundheitsfachberuf als Altenpflegerin und Altenpfleger, Diätassistentin und Diätassistent, Ergotherapeutin und Ergotherapeut, Hebamme und Entbindungspfleger, Gesundheits- und Kinderkrankenpflegerin sowie Gesundheits- und Kinderkrankenpfleger, Gesundheits- und Krankenpflegerin sowie Gesundheits- und Krankenpfleger, Logopädin und Logopäde, Masseurin und medizinische Bademeisterin sowie Masseur und medizinischer

Bademeister, Orthoptistin und Orthoptist, pharmazeutisch-technische Assistentin und pharmazeutisch-technischer Assistent, Physiotherapeutin und Physiotherapeut, Podologin und Podologe, Rettungsassistentin und Rettungsassistent, Notfallsanitäterin und Notfallsanitäter oder technische Assistentin in der Medizin und technischer Assistent in der Medizin (vgl. § 2 SächsGfbWBG) und eine Berufserfahrung von mindestens 24 Monaten (vgl. § 31 SächsGfbWBVO).

Die Weiterbildung umfasst die in Tab. 3.5 wiedergegebenen Inhalte (vgl. § 30 SächsG-fbWBVO).

Gegenstand der Abschlussprüfung sind die Weiterbildungsinhalte und eine Facharbeit (vgl. § 32 SächsGfbWBVO).

Tab. 3.5 Inhalte der Weiterbildung zum Praxisanleiter/zur Praxisanleiterin (vgl. Anlagen 1 und 3 SächsGfbWBVO)

Modul	Bereich	Inhalte
Sozialwissenschaft	Psychologie	Gegenstand und Methoden, Einführung in die Entwicklungspsychologie sowie die Einführung in die Sozialpsychologie (insbesondere Persönlichkeit und Interaktion im sozialen Kontext sowie Selbst- und Fremdeinschätzung).
	Kommunikation und Gesprächsführung	Kommunikationsmodelle, Gesprächsführung und Rhetorik, Umgang mit Patienten, Angehörigen und anderen Bezugspersonen, Kommunikationsübungen, Moderations- und Präsentationstechniken.
	Beruf, Berufsverständnis und Berufshygiene	Berufliches Selbstverständnis, Berufsanforderungen und Belastungen, Anforderungen an die Persönlichkeit, Berufsidentität und Berufssozialisation, Stress- und Konfliktbewältigung im Beruf sowie Umgang mit Zeit und persönlichen Ressourcen.
	Soziologie	Medizinsoziologie, insbesondere psychosoziale Situation des Patienten oder Bewohners sowie Organisationssoziologie, insbesondere Institution Krankenhaus oder Institution Pflegeeinrichtung
	Pädagogik	Prinzipien wissenschaftlichen Arbeitens, Methodik des Lernens, Methodik des Lehrens (Lehrtechniken und Methodik in der praktischen Ausbildung; Planen, Durchführen und Auswerten von Anleitungen und Beratungen; Planung, Gestaltung und Mitwirkung bei praktischen Prüfungen), Projektarbeit und alternative Formen des Lehrens und Lernens sowie Bewertung, Benotung und Beurteilung.

(Fortsetzung)

Tab. 3.5 (Fortsetzung)

Modul	Bereich	Inhalte
Spezifische Sozialwissenschaft		Kommunikation und Gesprächsführung (insbesondere Kommunikationsübungen, validierende Gespräche, Beurteilungsgespräche und Präsentationstechniken); Pädagogik (insbesondere Aufgabenbereich eines Praxisanleiters, Bedingungen und Ziele konkreter Anleitungssituationen, Planung, Durchführung und Bewertung konkreter Ausbildungssituationen, Umgang mit Lernschwierigkeiten und Verhaltensauffälligkeiten sowie Aufgaben der Koordination und Kooperation).
Rechtslehre		Grundlagen (insbesondere Vertragsrecht, Haftungsrecht, Sozialrecht, Datenschutzrecht und Strafrecht); Vertiefung (insbesondere Recht der Stellvertretung, Betreuungsrecht, Patientenverfügung, Arbeits- und Tarifrecht, Jugendarbeitsschutzgesetz, Arbeitsschutzgesetz, Arbeitssicherheitsgesetz, Berufsrecht (Berufsgesetze, Ausbildungs- und Prüfungsverordnungen), Handlungsverantwortung, Delegation und Überwachungspflicht sowie weitere spezielle Rechtsgebiete).
Hospitation		Eine Hospitation im Unterricht einer medizinischen Berufsfachschule des entsprechenden Gesundheitsfachberufes und eine Hospitation bei einem berufserfahrenen Praxisanleiter.

Literatur

Arbeitsschutzgesetz (ArbSchG). (1996). Vom 7. August 1996 (BGBl. I S. 1246), zuletzt durch Artikel 427 der Verordnung vom 31. August 2015 (BGBl. I S. 1474) geändert.

Arbeitsstättenverordnung (ArbStättV). (2004). Vom 12. August 2004 (BGBl. I S. 2179), zuletzt durch Artikel 5 Absatz 1 der Verordnung vom 18. Oktober 2017 (BGBl. I S. 3584) geändert.

Ausbilder-Eignungsverordnung (AusbEignV). (2009). Vom 21. Januar 2009 (BGBl. I S. 88).

Bayerische Landesärztekammer. (Hrsg.). (2018). Medizinische Fachangestellte – Ausbildung der Ausbilder. München. https://www.blaek.de/ass/ausbild/ass_ausbilder.cfm?id_ebene1=6. Zugegriffen am 09.12.2018.

Berufsbildungsgesetz (BBiG). (2005). Vom 23. März 2005 (BGBl. I S. 931), zuletzt durch Artikel 14 des Gesetzes vom 17. Juli 2017 (BGBl. I S. 2581) geändert.

Bundesinstitut für Berufsbildung – BIBB. (Hrsg.). (2015). Empfehlung des Hauptausschusses des Bundesinstituts für Berufsbildung vom 16. Dezember 2015 zur Eignung der Ausbildungsstätten. BAnz AT 25.01.2016, S 2.

Bundesministerium für Bildung und Forschung. (Hrsg.). (2018). Ausbildung & Beruf – Rechte und Pflichten während der Berufsausbildung. Broschüre. Stand: August 2018. Bonn.

Industrie- und Handelskammer (IHK) München und Oberbayern. (Hrsg.). (2018). Ausbildung der Ausbilder (AdA) – IHK-Prüfung gemäß AEVO. Informationsbroschüre. München.

Institut für das Entgeltsystem im Krankenhaus – InEK GmbH. (Hrsg.). (2018). Anlage zur Vereinbarung über die Übermittlung von Daten nach § 21 Abs. 4 und Abs. 5 KHEntgG – Daten nach § 21 KHEntgG. Version 2019 für das Datenjahr 2018. Fortschreibung vom 30. November 2018. Siegburg.

Jugendarbeitsschutzgesetz (JArbSchG). (1976). Vom 12. April 1976 (BGBl. I S. 965), zuletzt durch Artikel 13 des Gesetzes vom 10. März 2017 (BGBl. I S. 420) geändert.

Kassenärztliche Vereinigung Sachsen-Anhalt. (Hrsg.). (2016). Ausbildung von Medizinischen Fachangestellten (MFA). *PRO – Offizielles Mitteilungsblatt der Kassenärztliche Vereinigung Sachsen-Anhalt, 25*(8), 283–284. Magdeburg.

Krankenhausentgeltgesetz (KHEntgG). (2002). Vom 23. April 2002 (BGBl. I S. 1412, 1422), zuletzt durch Artikel 10 des Gesetzes vom 11. Dezember 2018 (BGBl. I S. 2394) geändert.

Mamerow, R. (2006). *Praxisanleitung in der Pflege*. Heidelberg: Springer Medizin.

Pflegeberufegesetz (PflBG). (2017). Vom 17. Juli 2017 (BGBl. I S. 2581).

Sächsische Landesärztekammer. (Hrsg.). (2006). Beschluss des Berufsbildungsausschusses „Medizinische Fachangestellte" der Sächsischen Landesärztekammer – Anzahl der Auszubildenden. Dresden. https://www.slaek.de/de/02/40rechtsgrundlagen/400ausbildung/anzauszb.php. Zugegriffen am 08.12.2018.

Sächsische Weiterbildungsverordnung Gesundheitsfachberufe (SächsGfbWBVO). (2007). Vom 22. Mai 2007 (SächsGVBl. S. 209), durch die Verordnung vom 21. Mai 2013 (SächsGVBl. S. 342) geändert.

Sächsisches Weiterbildungsgesetz Gesundheitsfachberufe (SächsGfbWBG). (2002). vom 4. November 2002 (SächsGVBl. S. 266), zuletzt durch Artikel 3 des Gesetzes vom 3. Februar 2016 (SächsGVBl. S. 42) geändert.

Studien- und Prüfungsverordnung für Hebammen (HebStPrV). (2019). Referentenentwurf des Bundesministeriums für Gesundheit. Stand: 23.08.2019. Berlin.

Ausbildungsverhältnis

4

4.1 Ausbildungsvertrag

Eine wesentliche Rechtsgrundlage für den **Ausbildungsvertrag** ist das Berufsbildungs-gesetz (BBiG). Danach hat derjenige, der andere Personen zur Berufsausbildung einstellt (Ausbildende), mit den Auszubildenden einen Berufsausbildungsvertrag zu schließen. Auf den Berufsausbildungsvertrag sind, soweit sich aus seinem Wesen und Zweck und aus diesem Gesetz nichts anderes ergibt, die für den Arbeitsvertrag geltenden Rechtsvorschrif-ten und Rechtsgrundsätze anzuwenden. Zur Erfüllung der vertraglichen Verpflichtungen der Ausbildenden können mehrere natürliche oder juristische Personen in einem Ausbil-dungsverbund (Verbundausbildung) zusammenwirken, soweit die Verantwortlichkeit für die einzelnen Ausbildungsabschnitte sowie für die Ausbildungszeit insgesamt sicherge-stellt ist (vgl. § 10 BBiG). Ausbildende haben unverzüglich nach Abschluss des Berufs-ausbildungsvertrages, spätestens vor Beginn der Berufsausbildung, den wesentlichen In-halt des Vertrages schriftlich niederzulegen; die elektronische Form ist ausgeschlossen. In die Niederschrift sind mindestens aufzunehmen

- Art, sachliche und zeitliche Gliederung sowie Ziel der Berufsausbildung, insbesondere die Berufstätigkeit, für die ausgebildet werden soll,
- Beginn und Dauer der Berufsausbildung,
- Ausbildungsmaßnahmen außerhalb der Ausbildungsstätte,
- Dauer der regelmäßigen täglichen Ausbildungszeit,
- Dauer der Probezeit,
- Zahlung und Höhe der Vergütung,
- Dauer des Urlaubs,
- Voraussetzungen, unter denen der Berufsausbildungsvertrag gekündigt werden kann,

© Springer Fachmedien Wiesbaden GmbH, ein Teil von Springer Nature 2020
A. Frodl, *Professionelle Ausbildung in Gesundheitsberufen*,
https://doi.org/10.1007/978-3-658-28765-8_4

- ein in allgemeiner Form gehaltener Hinweis auf die Tarifverträge, Betriebs- oder Dienstvereinbarungen, die auf das Berufsausbildungsverhältnis anzuwenden sind,
- die Form des Ausbildungsnachweises (vgl. Tab. 4.1).

Tab. 4.1 Beispiel für die Inhalte eines Berufsausbildungsvertrags für Zahnmedizinische Fachangestellte (vgl. Landeszahnärztekammer Hessen 2018, S. 1 ff.)

Gliederungspunkt	Inhalte
Namen und Adressen	Ausbildender, Auszubildende, ggf. gesetzl. Vertreter
Ausbildungsdauer	Dauer, Probezeit, Vorzeitige Beendigung oder Verlängerung des Ausbildungsverhältnisses
Ausbildungsstätte	Ort, Straße
Sachliche und zeitliche Gliederung der Ausbildung	Verweis auf Ausbildungsplan und -rahmenplan
Pflichten der Ausbildenden	Einholen der ärztl. Untersuchungsbescheinigungen nach JArbSchG, Ausbildungsziel, Ausbildende, Ausbildungsmittel, Gelegenheit zur Führung und Überwachung des Ausbildungsnachweises, Anhalten und Freistellen zum Besuch der Berufsschule, ausbildungsbezogene Tätigkeiten, Sorgepflicht, Eintragungsantrag, Anmeldung zu Prüfungen, Organisation von Maßnahmen außerhalb der Ausbildungsstätte
Pflichten der Auszubildenden	Vorlage der ärztl. Untersuchungsbescheinigungen nach JArbSchG, Lernpflicht, Teilnahme an Berufsschulunterricht und Prüfungen, Führen von Ausbildungsnachweisen, Weisungsgebundenheit, Praxisordnung, Sorgfaltspflicht, Verschwiegenheitspflicht, Benachrichtigung bei Fernbleiben, Benachrichtigung über Prüfungsergebnisse
Vergütung	Höhe und Fälligkeit der Ausbildungsvergütung, Fortzahlung der Vergütung, Entgeltfortzahlung im Krankheitsfall
Ausbildungszeit und Urlaub	Tägliche Ausbildungszeit, Urlaub, Lage des Urlaubs
Kündigung	Kündigung während der Probezeit, Kündigungsgründe, Form, Unwirksamkeit, Schadensersatz bei vorzeitiger Beendigung, Aufgabe der Praxis, Wegfall der Ausbildungseignung
Zeugnis	Schriftliches Zeugnis bei Beendigung des Ausbildungsverhältnisses
Beilegung von Streitigkeiten	Anrufung der Landeszahnärztekammer zur Vermittlung
Erfüllungsort und Gerichtsstand	Ort der Ausbildungsstätte
Geltung des Tarifvertrags	Geltung der Bestimmungen der zwischen der Arbeitsgemeinschaft zur Regelung der Arbeitsbedingungen der Zahnmedizinischen Fachangestellten/ZahnarzthelferInnen und dem Verband medizinischer Fachberufe e.V. abgeschlossenen Tarifverträge in der jeweils gültigen Fassung
Sonstige Vereinbarungen	Rechtswirksame Nebenabreden nur durch schriftliche Ergänzung im Rahmen des Vertrages und Vorlage der Landeszahnärztekammer
Unterschriften	Ausbildende, Auszubildende, gesetzl. Vertreter

Die Niederschrift ist von den Ausbildenden, den Auszubildenden und deren gesetzlichen Vertretern und Vertreterinnen zu unterzeichnen. Ausbildende haben den Auszubildenden und deren gesetzlichen Vertretern und Vertreterinnen eine Ausfertigung der unterzeichneten Niederschrift unverzüglich auszuhändigen (vgl. § 11 BBiG).

Eine Vereinbarung, die Auszubildende für die Zeit nach Beendigung des Berufsausbildungsverhältnisses in der Ausübung ihrer beruflichen Tätigkeit beschränkt, ist nichtig. Dies gilt nicht, wenn sich Auszubildende innerhalb der letzten sechs Monate des Berufsausbildungsverhältnisses dazu verpflichten, nach dessen Beendigung mit den Ausbildenden ein Arbeitsverhältnis einzugehen.

Nichtig ist eine Vereinbarung über

- die Verpflichtung Auszubildender, für die Berufsausbildung eine Entschädigung zu zahlen,
- Vertragsstrafen,
- den Ausschluss oder die Beschränkung von Schadensersatzansprüchen,
- die Festsetzung der Höhe eines Schadensersatzes in Pauschbeträgen (vgl. § 12 BBiG).

Neben den allgemeinen Grundlagen des BBiG gibt es für einige Berufsausbildungen im Gesundheitswesen eigene rechtliche Regelungen. Für die **Pflegeberufe** ist nach dem Pflegeberufegesetz (PflBG) (siehe Abschn. 1.2.1) zwischen dem Träger der praktischen Ausbildung und der oder dem Auszubildenden ein schriftlicher Ausbildungsvertrag zu schließen. Der Ausbildungsvertrag muss mindestens Folgendes enthalten:

- die Bezeichnung des Berufs, zu dem nach den Vorschriften des PflBG ausgebildet wird sowie den gewählten Vertiefungseinsatz einschließlich einer Ausrichtung,
- den Beginn und die Dauer der Ausbildung,
- Angaben über die der Ausbildung zugrunde liegende Ausbildungs- und Prüfungsverordnung,
- eine Darstellung der inhaltlichen und zeitlichen Gliederung der praktischen Ausbildung (Ausbildungsplan),
- die Verpflichtung der Auszubildenden oder des Auszubildenden zum Besuch der Ausbildungsveranstaltungen der Pflegeschule,
- die Dauer der regelmäßigen täglichen oder wöchentlichen praktischen Ausbildungszeit,
- die Dauer der Probezeit,
- Angaben über Zahlung und Höhe der Ausbildungsvergütung einschließlich des Umfangs etwaiger Sachbezüge,
- die Dauer des Urlaubs,
- die Voraussetzungen, unter denen der Ausbildungsvertrag gekündigt werden kann, und
- einen in allgemeiner Form gehaltenen Hinweis auf die dem Ausbildungsvertrag gegebenenfalls zugrunde liegenden tariflichen Bestimmungen, Betriebs- oder Dienstvereinbarungen sowie auf die Rechte als Arbeitnehmer im Sinne des Betriebsverfas-

sungsgesetzes oder des Bundespersonalvertretungsgesetzes des Trägers der praktischen Ausbildung.

Der Ausbildungsvertrag ist von einer vertretungsberechtigten Person des Trägers der praktischen Ausbildung und der oder dem Auszubildenden, bei Minderjährigen auch von deren gesetzlichen Vertretern zu unterzeichnen. Eine Ausfertigung des unterzeichneten Ausbildungsvertrages ist der oder dem Auszubildenden und deren gesetzlichen Vertretern auszuhändigen. Auf den Ausbildungsvertrag sind, soweit sich aus seinem Wesen und Zweck sowie aus diesem Gesetz nichts anderes ergibt, die für Arbeitsverträge geltenden Rechtsvorschriften und Rechtsgrundsätze anzuwenden. Änderungen des Ausbildungsvertrages bedürfen der Schriftform. Auch eine Änderung des Vertiefungseinsatzes ist bis zu dessen Beginn jederzeit in beiderseitigem Einverständnis möglich. Der Ausbildungsvertrag bedarf zu seiner Wirksamkeit der schriftlichen Zustimmung der Pflegeschule, wenn der Träger der praktischen Ausbildung mit mindestens einer Pflegeschule einen Vertrag über die Durchführung des praktischen und theoretischen Unterrichts geschlossen hat. Liegt die Zustimmung bei Vertragsschluss nicht vor, ist sie unverzüglich durch den Träger der praktischen Ausbildung einzuholen. Hierauf ist der oder die Auszubildende und sind bei minderjährigen Auszubildenden auch deren gesetzliche Vertreter hinzuweisen (vgl. § 16 PflBG).

Beispiel
Im Bereich der Zahnärztekammer Nordrhein ist beispielsweise der bei der Zahnärztekammer anzufordernde Ausbildungsvertrag dreifach auszufertigen und nach Unterzeichnung der Vertragspartner zur Eintragung in das Verzeichnis der Berufsausbildungsverträge einzureichen. Dem Antrag auf Eintragung in das Verzeichnis der Berufsausbildungsverträge ist das entsprechende Schulabschluss- oder -abgangszeugnis beizufügen. Die Anmeldung bei der zuständigen Berufsschule ist durch die Zahnarztpraxis vorzunehmen (vgl. Zahnärztekammer Nordrhein 2018, S. 1).

4.2   Pflichten der Ausbildenden und Auszubildenden

Die wesentlichen **Ausbildungspflichten** der Ausbildenden und Auszubildenden und deren Verhalten während der Berufsausbildung sind im Berufsbildungsgesetz (BBiG) geregelt.
   Danach haben sich Auszubildende zu bemühen, die berufliche Handlungsfähigkeit zu erwerben, die zum Erreichen des Ausbildungsziels erforderlich ist. Sie sind insbesondere verpflichtet,

- die ihnen im Rahmen ihrer Berufsausbildung aufgetragenen Aufgaben sorgfältig auszuführen,
- an Ausbildungsmaßnahmen teilzunehmen, für die sie freigestellt werden,

- den Weisungen zu folgen, die ihnen im Rahmen der Berufsausbildung von Ausbildenden, von Ausbildern oder Ausbilderinnen oder von anderen weisungsberechtigten Personen erteilt werden,
- die für die Ausbildungsstätte geltende Ordnung zu beachten,
- Werkzeug, Maschinen und sonstige Einrichtungen pfleglich zu behandeln,
- über Betriebs- und Geschäftsgeheimnisse (z. B. Patientendaten) Stillschweigen zu wahren,
- einen schriftlichen oder elektronischen Ausbildungsnachweis zu führen (vgl. § 13 BBiG).

Das Führen von schriftlichen **Ausbildungsnachweisen** bzw. Berichtsheften ist für die Berufsausbildung im Gesundheitswesen vorgeschrieben. Die Auszubildenden müssen sie ordnungsgemäß führen und regelmäßig vorlegen. Das Führen von schriftlichen Ausbildungsnachweisen ist eine Zulassungsvoraussetzung für die Abschlussprüfung (vgl. Bundesministerium für Bildung und Forschung 2018, S. 21).

Beispiel
Im Bereich der Ärztekammer Mecklenburg-Vorpommern gelten beispielsweise für das Führen von Ausbildungsnachweisen für die Berufsausbildung zur Medizinischen Fachangestellten/zum Medizinischen Fachangestellten folgende Richtlinien:

- Die/der Auszubildende hat den schriftlichen Ausbildungsnachweis regelmäßig in monatlichen Abständen zu führen.
- Die Ausbilderin/der Ausbilder muss das Ausbildungsnachweisheft regelmäßig in monatlichen Abständen prüfen und abzeichnen.
- Die Fehltageliste ist monatlich zu führen und monatlich von der Ausbilderin/ dem Ausbilder und der Berufsschule abzuzeichnen.
- Die Fachberichte sind in Textform (nicht stichpunktartig) zu gestalten. Die Themen können frei gewählt werden. Themenvorschläge sind als Hilfestellung beigefügt. Formblätter für die Fachberichte sind vorgegeben und sollen nach Möglichkeit genutzt werden.
- Anzahl der Fachberichte während der gesamten Ausbildung/ Umschulung:
  - Auszubildende: 27 Fachberichte
  - Umschüler: 18 Fachberichte
  - Auszubildende, die vorzeitig ihre Ausbildung beenden: 22 Fachberichte
- Die Berufsschulunterrichtsthemen sind stichwortartig und in einfacher, knapper Form aufzuführen. Nach Möglichkeit sollen die vorgegebenen Formblätter genutzt werden. Die Angaben zum Berufsschulunterricht haben informativen Charakter und sollen die Ausbilderin/ den Ausbilder über die Vermittlung des Lehrstoffes auf dem Laufenden halten, können aber nicht die Ausbildung in der Praxis ersetzen.
- Mit dem Abschluss eines Ausbildungsvertrages verpflichtet sich die Ausbilderin/der Ausbilder, der/dem Auszubildenden die im Ausbildungsrahmenplan festgelegten

Ausbildungsinhalte zu vermitteln. Es müssen alle Ausbildungsinhalte vermittelt und ggf. in einer anderen Ausbildungsstätte erworben werden.

- Durch Unterschrift bescheinigen die Ausbilderin/der Ausbilder und die Auszubildende/der Auszubildende, dass die in der Ausbildungszeit geforderten Fertigkeiten, Kenntnisse und Fähigkeiten ordnungsgemäß unter geeigneter Kontrolle erlernt wurden.
- Die Vorlage des Ausbildungsnachweisheftes ist Zulassungsvoraussetzung für die Abschlussprüfung. Der Ausbildungsnachweis ist zur praktischen Abschlussprüfung mitzubringen und dem Prüfungsausschuss zur Einsichtnahme vorzulegen (vgl. Ärztekammer Mecklenburg-Vorpommern 2018, S. 3).

Während die Verpflichtungen der Auszubildenden eher deren Verhalten während der Berufsausbildung beschreiben, haben die Ausbildenden in Gesundheitsbetrieben

- dafür zu sorgen, dass den Auszubildenden die berufliche Handlungsfähigkeit vermittelt wird, die zum Erreichen des Ausbildungsziels erforderlich ist, und die Berufsausbildung in einer durch ihren Zweck gebotenen Form planmäßig, zeitlich und sachlich gegliedert so durchzuführen, dass das Ausbildungsziel in der vorgesehenen Ausbildungszeit erreicht werden kann,
- selbst auszubilden oder einen Ausbilder oder eine Ausbilderin ausdrücklich damit zu beauftragen,
- Auszubildenden kostenlos die Ausbildungsmittel, insbesondere Werkzeuge und Werkstoffe zur Verfügung zu stellen, die zur Berufsausbildung und zum Ablegen von Zwischen- und Abschlussprüfungen, auch soweit solche nach Beendigung des Berufsausbildungsverhältnisses stattfinden, erforderlich sind,
- Auszubildende zum Besuch der Berufsschule anzuhalten,
- dafür zu sorgen, dass Auszubildende charakterlich gefördert sowie sittlich und körperlich nicht gefährdet werden.

Die Ausbildenden haben die Auszubildenden zum Führen der Ausbildungsnachweise anzuhalten und diese regelmäßig durchzusehen. Den Auszubildenden ist Gelegenheit zu geben, den Ausbildungsnachweis am Arbeitsplatz zu führen. Auszubildenden dürfen zudem nur Aufgaben übertragen werden, die dem Ausbildungszweck dienen und ihren körperlichen Kräften angemessen sind (vgl. § 14 BBiG).

Auch sind Auszubildende für die Teilnahme am Berufsschulunterricht und an Prüfungen freizustellen. Das Gleiche gilt, wenn Ausbildungsmaßnahmen außerhalb der Ausbildungsstätte durchzuführen sind (vgl. § 15 BBiG).

Ausbildende haben unverzüglich nach Abschluss des Berufsausbildungsvertrages die Eintragung in das **Ausbildungsverzeichnis** der Berufsausbildungsverhältnisse bei der zuständigen Stelle (beispielsweise Ärztekammer) zu beantragen. Der Antrag kann schriftlich oder elektronisch gestellt werden; eine Kopie der Vertragsniederschrift ist jeweils beizufügen. Auf einen betrieblichen Ausbildungsplan, der der zuständigen Stelle bereits vorliegt, kann dabei Bezug genommen werden. Entsprechendes gilt bei Änderungen des wesentlichen Vertragsinhalts. Ausbildende und Auszubildende sind verpflichtet, den zuständigen Stellen die zur Eintragung erforderlichen Tatsachen auf Verlangen mitzuteilen (vgl. § 36 BBiG).

Die Eintragung in das Verzeichnis ist für Auszubildende gebührenfrei und umfasst

- Name, Vorname, Geburtsdatum, Anschrift der Auszubildenden;
- Geschlecht, Staatsangehörigkeit, allgemeinbildender Schulabschluss, vorausgegangene Teilnahme an berufsvorbereitender Qualifizierung oder beruflicher Grundbildung, berufliche Vorbildung;
- erforderlichenfalls Name, Vorname und Anschrift der gesetzlichen Vertreter oder Vertreterinnen;
- Ausbildungsberuf einschließlich Fachrichtung;
- Datum des Abschlusses des Ausbildungsvertrages, Ausbildungsdauer, Dauer der Probezeit;
- Datum des Beginns der Berufsausbildung;
- Art der Förderung bei überwiegend öffentlich, insbesondere auf Grund des Dritten Buches Sozialgesetzbuch geförderten Berufsausbildungsverhältnissen;
- Name und Anschrift der Ausbildenden, Anschrift der Ausbildungsstätte, Wirtschaftszweig, Zugehörigkeit zum öffentlichen Dienst;
- Name, Vorname, Geschlecht und Art der fachlichen Eignung der Ausbilder und Ausbilderinnen (vgl. § 34 BBiG).

Den Auszubildenden ist bei Beendigung des Berufsausbildungsverhältnisses ein schriftliches **Ausbildungszeugnis** auszustellen. Die elektronische Form ist ausgeschlossen. Haben Ausbildende die Berufsausbildung nicht selbst durchgeführt, so soll auch der Ausbilder oder die Ausbilderin das Zeugnis unterschreiben. Das Zeugnis muss Angaben enthalten über Art, Dauer und Ziel der Berufsausbildung sowie über die erworbenen beruflichen Fertigkeiten, Kenntnisse und Fähigkeiten der Auszubildenden. Auf Verlangen Auszubildender sind auch Angaben über Verhalten und Leistung aufzunehmen (vgl. § 16 BBiG).

Der Anspruch auf Ausstellung eines Zeugnisses gilt auch dann, wenn der/die Auszubildende im Anschluss an das Ausbildungsverhältnis weiter beschäftigt wird oder auch im Falle der vorzeitigen Beendigung des Berufsausbildungsverhältnisses. Sofern nicht die Ausstellung eines qualifizierten Zeugnisses verlangt wird, kann der Ausbildende ein einfaches Ausbildungszeugnis erstellen, das lediglich Angaben über Art, Dauer und Ziel der Ausbildung sowie über die erworbenen Fertigkeiten und Kenntnisse enthält. In einem qualifizierten Zeugnis sind zusätzlich Angaben zur Führung, Leistung und besonderen fachlichen Fähigkeiten zu machen (vgl. Tab. 4.2).

Das Zeugnis ist mit der Beendigung des Ausbildungsverhältnisses auszustellen, kann aber auch vor Ausbildungsende verlangt werden, wenn eine Bewerbung für eine andere

Tab. 4.2 Beispiel für die Inhalte von einfachen und qualifizierten Ausbildungszeugnissen (vgl. Ärztekammer Nordrhein 2004, S. 1)

Zeugnisart	Inhalte
einfaches Ausbildungszeugnis	reine Tätigkeitsbeschreibung ohne wertende Beurteilung mit Angaben zu Art (betriebliche Ausbildung), Dauer (rechtliche, nicht tatsächliche Dauer), Ziel der Berufsausbildung (z. B. Medizinischer Fachangestellter/ Medizinische Fachangestellte) sowie über die erworbenen Fertigkeiten und Kenntnisse der Auszubildenden
qualifiziertes Ausbildungszeugnis	Enthält zusätzlich zum einfachen Ausbildungszeugnis auch Angaben über Führung, Leistung und besondere fachliche Fähigkeiten der Auszubildenden, Verkürzung der Ausbildungsdauer (auf Grund besonderer beruflicher bzw. schulischer Vorbildung) Angaben über Führung (Sozialverhalten, Verhalten gegenüber Vorgesetzten und Kollegen sowie im Umgang mit Patienten, Pünktlichkeit und Fähigkeit) zur Zusammenarbeit

Berufsausbildung oder für eine anderweitige Stelle beabsichtigt wird. Wichtige Inhalte des Zeugnisses sind:

- Familienname, Vorname, ggf. Geburtsname;
- Geburtsdatum und der Geburtsort;
- Ausstellungsdatum (muss nicht mit dem Datum des Ausscheidens identisch sein);
- Beginn und das Ende des Ausbildungsverhältnisses;
- Dauer der Beschäftigung (rechtliche, nicht tatsächliche Dauer: Krankheitszeiten während der Ausbildungszeit und noch zustehender Urlaub gelten als Beschäftigung);
- eigenhändige Unterschrift des Ausbildenden (z. B. Praxisinhaber);
- möglichst genaue und umfassende Angaben darüber, was für Tätigkeiten während der Ausbildungszeit erlernt und ausgeübt wurden;
- Unterbrechungen der Ausbildungszeit (z. B. Elternzeit);
- Kündigung durch den/die Auszubildende oder im Falle der Praxisaufgabe.

Es gilt der Grundsatz, dass der Zeugnisaussteller einen wohlwollenden Standpunkt einzunehmen hat und, dass das Zeugnis der Wahrheit entsprechen muss. Krankheiten sind nur dann aufführbar, wenn sie die Leistung oder das Verhalten der Auszubildenden nachweislich erheblich beeinflusst haben, und eine Straftat wie auch ein Strafverfahren dürfen im Zeugnis nur dann erwähnt werden, wenn sie mit dem Arbeitsverhältnis direkt in Zusammenhang stehen und die Straftat durch eine gerichtliche Entscheidung nachgewiesen ist. Ein Berichtigungsanspruch von Formulierungen kann geltend gemacht werden, wenn Tatsachen unrichtig festgestellt oder unrichtige Werturteile abgegeben wurden, wobei kein Anspruch der Auszubildenden auf bestimmte Formulierungen besteht (vgl. Ärztekammer Nordrhein 18, S. 1).

Neben den allgemeinen Grundlagen des BBiG gibt es für einige Berufsausbildungen im Gesundheitswesen eigene rechtliche Regelungen, die die Pflichten der Ausbildenden und Auszubildenden beschreiben.

So hat z. B. nach dem Pflegeberufegesetz (PflBG) die oder der Auszubildende sich im Rahmen der **Pflegeausbildung** zu bemühen, die im PflBG genannten Kompetenzen zu erwerben, die erforderlich sind, um das Ausbildungsziel zu erreichen. Sie oder er ist insbesondere verpflichtet,

- an den vorgeschriebenen Ausbildungsveranstaltungen der Pflegeschule teilzunehmen,
- die ihr oder ihm im Rahmen der Ausbildung übertragenen Aufgaben sorgfältig auszuführen,
- einen schriftlichen Ausbildungsnachweis zu führen,
- die für Beschäftigte in den Einrichtungen geltenden Bestimmungen über die Schweigepflicht einzuhalten und über Betriebsgeheimnisse Stillschweigen zu wahren und
- die Rechte der zu pflegenden Menschen zu achten (vgl. § 17 PflBG).

Der Träger der praktischen Ausbildung ist verpflichtet,

- die Ausbildung in einer durch ihren Zweck gebotenen Form auf der Grundlage des Ausbildungsplans zeitlich und sachlich gegliedert so durchzuführen, dass das Ausbildungsziel in der vorgesehenen Zeit erreicht werden kann,
- zu gewährleisten, dass die vereinbarten Einsätze der praktischen Ausbildung durchgeführt werden können,
- sicherzustellen, dass die zu gewährleistende Praxisanleitung der oder des Auszubildenden im Umfang von mindestens 10 Prozent der während eines Einsatzes zu leistenden praktischen Ausbildungszeit stattfindet,
- der oder dem Auszubildenden kostenlos die Ausbildungsmittel einschließlich der Fachbücher, Instrumente und Apparate zur Verfügung zu stellen, die zur praktischen Ausbildung und zum Ablegen der staatlichen Abschlussprüfung erforderlich sind, und
- die Auszubildende oder den Auszubildenden für die Teilnahme an Ausbildungsveranstaltungen der Pflegeschule und für die Teilnahme an Prüfungen freizustellen und bei der Gestaltung der Ausbildung auf die erforderlichen Lern- und Vorbereitungszeiten Rücksicht zu nehmen.

Der oder dem Auszubildenden dürfen nur Aufgaben übertragen werden, die dem Ausbildungszweck und dem Ausbildungsstand entsprechen; die übertragenen Aufgaben müssen den physischen und psychischen Kräften der Auszubildenden angemessen sein (vgl. § 18 PflBG).

4.3   Ausbildungsvergütung

Der Anspruch auf eine **Ausbildungsvergütung** ist im Berufsbildungsgesetz (BBiG) geregelt: Danach haben Ausbildende Auszubildenden eine angemessene Vergütung zu gewähren. Sie ist nach dem Lebensalter der Auszubildenden so zu bemessen, dass sie mit fortschreitender Berufsausbildung, mindestens jährlich, ansteigt. Dabei können Sachleistungen nach den im Vierten Buch Sozialgesetzbuch festgesetzten Sachbezugswerten angerechnet werden, jedoch nicht über 75 Prozent der Bruttovergütung hinaus. Eine über die vereinbarte regelmäßige tägliche Ausbildungszeit hinausgehende Beschäftigung ist besonders zu vergüten oder durch entsprechende Freizeit auszugleichen (vgl. § 17 BBiG).

Die Vergütung bemisst sich nach Monaten und ist für den laufenden Kalendermonat spätestens am letzten Arbeitstag des Monats zu zahlen. Bei Berechnung der Vergütung für einzelne Tage wird der Monat zu 30 Tagen gerechnet (vgl. § 18 BBiG).

Eine Fortzahlung der Vergütung an den Auszubildenden ist auch vorzunehmen

- für die Zeit der Freistellung zur Teilnahme am Berufsschulunterricht und an Prüfungen,
- bis zur Dauer von sechs Wochen, wenn sie sich für die Berufsausbildung bereithalten, diese aber ausfällt oder aus einem sonstigen, in ihrer Person liegenden Grund unverschuldet verhindert sind, ihre Pflichten aus dem Berufsausbildungsverhältnis zu erfüllen.

Können Auszubildende während der Zeit, für welche die Vergütung fortzuzahlen ist, aus berechtigtem Grund Sachleistungen nicht abnehmen, so sind diese nach den Sachbezugswerten abzugelten (vgl. § 19 BBiG).

Neben den allgemeinen Grundlagen des BBiG gibt es für einige Berufsausbildungen im Gesundheitswesen eigene rechtliche Regelungen.

So hat z. B. nach dem Pflegeberufegesetz (PflBG) der Träger der praktischen **Pflegeausbildung** der oder dem Auszubildenden für die gesamte Dauer der Ausbildung eine angemessene Ausbildungsvergütung zu zahlen. Die oder der Auszubildende steht den zur Berufsausbildung Beschäftigten im Sinne sozialversicherungsrechtlicher Bestimmungen gleich. Sachbezüge können in der Höhe der Werte, die durch Rechtsverordnung nach dem Vierten Buch Sozialgesetzbuch bestimmt sind, angerechnet werden; sie dürfen jedoch 75 Prozent der Bruttovergütung nicht überschreiten. Kann die oder der Auszubildende aus berechtigtem Grund Sachbezüge nicht abnehmen, so sind diese nach den Sachbezugswerten abzugelten. Eine Anrechnung von Sachbezügen ist nur zulässig, soweit dieses im Ausbildungsvertrag vereinbart worden ist. Eine über die vereinbarte regelmäßige tägliche oder wöchentliche Ausbildungszeit hinausgehende Beschäftigung ist nur ausnahmsweise zulässig und besonders zu vergüten oder in Freizeit auszugleichen (vgl. § 19 PflBG).

Die Höhe der Ausbildungsvergütungen wird in der Regel zwischen den Tarifpartnern (Arbeitgeberverbände und Gewerkschaften) vereinbart. Die tariflichen Vergütungssätze sind für tarifgebundene Gesundheitsbetriebe verbindliche Mindestbeträge, d. h. niedrigere Zahlungen sind unzulässig, übertarifliche Zuschläge dagegen möglich. Eine Tarifbindung liegt vor, wenn der Gesundheitsbetrieb dem Arbeitgeberverband angehört, der einen entsprechenden **Tarifvertrag** abgeschlossen hat. Nicht tarifgebundene Gesundheitsbetriebe orientieren sich häufig an den in ihrer Branche und Region geltenden tariflichen Sätzen. Bei den tariflichen Ausbildungsvergütungen handelt es sich um Bruttobeträge. Sofern die Vergütung monatlich über 325 € liegt, sind vom Auszubildenden

Sozialversicherungsbeiträge zu leisten. Gegebenenfalls erfolgt auch ein Einkommensteuerabzug, und zwar wenn der Grundfreibetrag mit dem Gesamteinkommen (Ausbildungsvergütung und ggf. sonstige Einkünfte) überschritten ist (vgl. Bundesinstitut für Berufsbildung 2017, S. 6 f.).

Beispiel

So regelt beispielsweise der Vergütungstarifvertrag für Zahnmedizinische Fachangestellte/ Zahnarzthelferinnen in Hamburg, Hessen, im Saarland, Landesteil Westfalen-Lippe zwischen der Arbeitsgemeinschaft zur Regelung der Arbeitsbedingungen der Zahnmedizinischen Fachangestellten/Zahnarzthelferinnen und dem Verband medizinischer Fachberufe e.V. unter anderem die Ausbildungsvergütung für diese Berufsgruppe. Zum 01.07.2017 betrug die Ausbildungsvergütung im 1. Ausbildungsjahr: 800 Euro, im 2. Ausbildungsjahr: 840 Euro und im 3. Ausbildungsjahr: 900 Euro. Für je eine Stunde Mehrarbeit wurde ein Zuschlag von 30 v.H. vergütet, für Sonn- und Feiertagsarbeit (z. B. zahnärztl. Notdienst) ein Zuschlag von 60 v.H., für die Arbeit am Neujahrstag, am 1. Mai sowie an den Oster-, Pfingst- und Weihnachtsfeiertagen ein Zuschlag von 120 v.H. und für Nachtarbeit ein Zuschlag von 70 v.H. Beim Zusammentreffen mehrerer Zuschlagsätze wurde der höchste Zuschlag gezahlt, und die Zuschläge wurden auf die von dem Monatsverdienst durch Teilung (1/169) zu ermittelnden Stundensätze gezahlt (vgl. Verband medizinischer Fachberufe 2017, S. 2 ff.).

4.4 Ausbildungsbeginn und -ende

Ausbildungsbeginn und Ausbildungsende sind ebenfalls im Berufsbildungsgesetz (BBiG) geregelt: Das Ausbildungsverhältnis beginnt mit der **Probezeit**, die mindestens einen Monat betragen muss und höchstens vier Monate betragen darf (vgl. § 20 BBiG).

Das Ausbildungsverhältnis endet mit dem Ablauf der **Ausbildungszeit**. Im Falle der Stufenausbildung endet es mit Ablauf der letzten Stufe. Bestehen Auszubildende vor Ablauf der Ausbildungszeit die Abschlussprüfung, so endet das Berufsausbildungsverhältnis mit Bekanntgabe des Ergebnisses durch den Prüfungsausschuss. Bestehen Auszubildende die Abschlussprüfung nicht, so verlängert sich das Berufsausbildungsverhältnis auf ihr Verlangen bis zur nächstmöglichen Wiederholungsprüfung, höchstens um ein Jahr (vgl. § 21 BBiG).

Für eine mögliche **Kündigung** gilt: Während der Probezeit kann das Berufsausbildungsverhältnis jederzeit ohne Einhalten einer Kündigungsfrist gekündigt werden. Nach der Probezeit kann das Berufsausbildungsverhältnis nur gekündigt werden

- aus einem wichtigen Grund ohne Einhalten einer Kündigungsfrist,
- von Auszubildenden mit einer Kündigungsfrist von vier Wochen, wenn sie die Berufsausbildung aufgeben oder sich für eine andere Berufstätigkeit ausbilden lassen wollen.

Die Kündigung muss schriftlich und unter Angabe der Kündigungsgründe erfolgen. Eine Kündigung aus einem wichtigen Grund ist unwirksam, wenn die ihr zugrunde liegenden Tatsachen dem zur Kündigung Berechtigten länger als zwei Wochen bekannt sind. Ist ein vorgesehenes Güteverfahren vor einer außergerichtlichen Stelle eingeleitet, so wird bis zu dessen Beendigung der Lauf dieser Frist gehemmt (vgl. § 22 BBiG).

Wird das Berufsausbildungsverhältnis nach der Probezeit vorzeitig gelöst, so können Ausbildende oder Auszubildende **Schadensersatz** verlangen, wenn die andere Person den Grund für die Auflösung zu vertreten hat. Dies gilt nicht, wenn Auszubildende mit einer Kündigungsfrist von vier Wochen die Berufsausbildung aufgeben oder sich für eine andere Berufstätigkeit ausbilden lassen wollen. Der Anspruch erlischt, wenn er nicht innerhalb von drei Monaten nach Beendigung des Berufsausbildungsverhältnisses geltend gemacht wird (vgl. § 23 BBiG).

Erfolgt eine **Weiterarbeit** und werden dadurch Auszubildende im Anschluss an das Berufsausbildungsverhältnis beschäftigt, ohne dass hierüber ausdrücklich etwas vereinbart worden ist, so gilt ein Arbeitsverhältnis auf unbestimmte Zeit als begründet (vgl. § 24 BBiG).

Auf gemeinsamen Antrag der Auszubildenden und Ausbildenden kann eine **Ausbildungszeitverkürzung** vorgenommen werden, wenn zu erwarten ist, dass das Ausbildungsziel in der gekürzten Zeit erreicht wird. Bei berechtigtem Interesse kann sich der Antrag auch auf eine Teilzeitberufsausbildung und damit die Verkürzung der täglichen oder wöchentlichen Ausbildungszeit beziehen.

In Ausnahmefällen kann auf Antrag Auszubildender eine **Ausbildungszeitverlängerung** vorgenommen werden, wenn die Verlängerung erforderlich ist, um das Ausbildungsziel zu erreichen. Vor der Entscheidung hierüber hat eine Anhörung der Ausbildenden zu erfolgen (vgl. § 8 BBiG).

Auch ist auf gemeinsamen Antrag der Auszubildenden und Ausbildenden eine **Ausbildungszeitanrechnung** beruflicher Vorbildung möglich, wobei sich der Antrag auf Teile des höchstzulässigen Anrechnungszeitraums beschränken kann (vgl. § 7 BBiG).

Beispiel

Beispielsweise kann im Rahmen der Ausbildung zum Pflegefachmann/zur Pflegefachfrau eine andere erfolgreich abgeschlossene Ausbildung oder erfolgreich abgeschlossene Teile einer Ausbildung im Umfang ihrer Gleichwertigkeit bis zu zwei Dritteln der Dauer einer Ausbildung angerechnet werden, wobei das Erreichen des Ausbildungsziels durch die Anrechnung nicht gefährdet werden darf (vgl. § 12 PflBG).

Für die **Pflegeausbildung** gelten hinsichtlich Ausbildungsbeginn und –ende beispielsweise die entsprechenden Regelungen des Pflegeberufegesetzes (PflBG) (siehe auch Abschn. 1.2.1).

Danach beginnt das Ausbildungsverhältnis mit der Probezeit, die sechs Monate beträgt, sofern sich aus tarifvertraglichen Regelungen keine andere Dauer ergibt (vgl. § 20 PflBG).

Das Ausbildungsverhältnis endet unabhängig vom Zeitpunkt der staatlichen Abschlussprüfung mit Ablauf der Ausbildungszeit. Besteht die oder der Auszubildende die staatliche Prüfung nicht oder kann sie oder er ohne eigenes Verschulden die staatliche Prüfung nicht vor Ablauf der Ausbildung ablegen, so verlängert sich das Ausbildungsverhältnis auf schriftliches Verlangen gegenüber dem Träger der praktischen Ausbildung bis zur nächstmöglichen Wiederholungsprüfung, höchstens jedoch um ein Jahr (vgl. § 21 PflBG).

Während der Probezeit kann das Ausbildungsverhältnis von jedem Vertragspartner jederzeit ohne Einhaltung einer Kündigungsfrist gekündigt werden. Nach der Probezeit kann das Ausbildungsverhältnis nur gekündigt werden

- von jedem Vertragspartner ohne Einhalten einer Kündigungsfrist bei Vorliegen eines wichtigen Grundes,
- von der oder dem Auszubildenden mit einer Kündigungsfrist von vier Wochen.

Die Kündigung muss schriftlich erfolgen. Bei einer Kündigung durch den Träger der praktischen Ausbildung ist das Benehmen mit der Pflegeschule herzustellen. Bei Vorliegen wichtiger Gründe sind die Kündigungsgründe anzugeben. Eine Kündigung aus einem wichtigen Grund ist unwirksam, wenn die ihr zugrunde liegenden Tatsachen der kündigungsberechtigten Person länger als 14 Tage bekannt sind. Ist ein vorgesehenes Güteverfahren vor einer außergerichtlichen Stelle eingeleitet, so wird bis zu dessen Beendigung der Lauf dieser Frist gehemmt (vgl. § 22 PflBG).

Wird die oder der Auszubildende im Anschluss an das Ausbildungsverhältnis beschäftigt, ohne dass hierüber ausdrücklich etwas vereinbart worden ist, so gilt ein Arbeitsverhältnis auf unbestimmte Zeit als begründet (vgl. § 23 PflBG).

Literatur

Ärztekammer Mecklenburg-Vorpommern. (Hrsg.). (2018). Ausbildungsnachweis für die Berufsausbildung zur Medizinischen Fachangestellten/zum Medizinischen Fachangestellten. Rostock. http://www.aek-mv.de/upload/file/medfa/Formulare/ausbildungsnachweis.pdf. Zugegriffen am 16.12.2018.

Ärztekammer Nordrhein. (Hrsg.). (2018). Das Zeugnis in der Ausbildung – Wie erstelle ich Ausbildungszeugnisse richtig? Information der Ärztekammer Westfalen-Lippe für ausbildende Ärztinnen und Ärzte. Stand: März 2004. Düsseldorf. https://www.aekno.de/mfa/ausbilder/ausbildungszeugnis. Zugegriffen am 20.12.2018.

Berufsbildungsgesetz (BBiG). (2005). Vom 23. März 2005 (BGBl. I S. 931), zuletzt durch Artikel 14 des Gesetzes vom 17. Juli 2017 (BGBl. I S. 2581) geändert.

Bundesinstitut für Berufsbildung – BIBB. (Hrsg.). (2017). Tarifliche Ausbildungsvergütungen 2017 in Deutschland insgesamt. Bonn. https://www.bibb.de/dokumente/pdf/a21_dav_Gesamtuebersicht_Ausbildungsverguetungen_2017_Bundesgebiet.pdf. Zugegriffen am 02.12.2018.

Bundesministerium für Bildung und Forschung. (Hrsg.). (2018). Ausbildung & Beruf – Rechte und Pflichten während der Berufsausbildung. Broschüre. Stand: August 2018. Bonn.

Landeszahnärztekammer Hessen. (Hrsg.). (2018). Berufsausbildungsvertrag für Zahnmedizinische Fachangestellte. Frankfurt a.M. https://www.lzkh.de/fileadmin/user_upload/Praxispersonal/Ausbildungsvertrag_Ausbildende.pdf. Zugegriffen am 16.12.2018.

Pflegeberufegesetz (PflBG). (2017). Vom 17. Juli 2017 (BGBl. I S. 2581).

Verband medizinischer Fachberufe e. V. – VMF. (Hrsg.). (2017). Vergütungstarifvertrag für Zahnmedizinische Fachangestellte/Zahnarzthelferinnen in Hamburg, Hessen, im Saarland, Landesteil Westfalen-Lippe vom 28.06.2017. Bochum.

Zahnärztekammer Nordrhein. (Hrsg.). (2018). Hinweise zum Ausbildungsvertrag. Düsseldorf. https://www.zahnaerztekammernordrhein.de/fuer-die-praxis-ausbildung/hinweise-ausbildungsvertrag/. Zugegriffen am 16.12.2018.

Ausbildungsdurchführung

5

5.1 Ausbildungsplanung

5.1.1 Ausbildungsrahmenplanung

Grundlage für die Ausbildung ist nach dem Berufsbildungsgesetz (BBiG) ein **Ausbildungsrahmenplan**, der eine Anleitung zur sachlichen und zeitlichen Gliederung der Vermittlung der beruflichen Fertigkeiten, Kenntnisse und Fähigkeiten darstellt und in der Ausbildungsordnung festgelegt ist (siehe Abschn. 1.2.3).

Beispiel
So soll beispielsweise der Ausbildungsrahmenplan für Medizinische Fachangestellte (MFA) die in der Verordnung über die Berufsausbildung zum Medizinischen Fachangestellten/zur Medizinischen Fachangestellten (MedFAngAusbV) genannten Fertigkeiten, Kenntnisse und Fähigkeiten vermitteln (vgl. Tab. 5.1). Er enthält Anleitungen zur sachlichen und zeitlichen Gliederung der Berufsausbildung, wobei eine von dem Ausbildungsrahmenplan abweichende sachliche und zeitliche Gliederung des Ausbildungsinhaltes zulässig ist, soweit betriebspraktische Besonderheiten die Abweichung erfordern (vgl. § 4 MedFAngAusbV).

Mit der jeweiligen Ausbildungsordnung abgestimmt, ist der **Rahmenlehrplan** für den berufsbezogenen Unterricht der Berufsschule. Er wird durch die Ständige Konferenz der Kultusminister und -senatoren der Länder (KMK) beschlossen, beschreibt Mindestanforderungen und ist für die einem Berufsfeld im Gesundheitswesen zugeordneten Ausbildungsberufe in eine berufsfeldbreite Grundbildung und eine darauf aufbauende Fachbildung gegliedert. Auf seiner Grundlage werden die Abschlussqualifikation in einem anerkannten Ausbildungsberuf sowie – in Verbindung mit Unterricht in weiteren Fächern – der Abschluss der Berufsschule vermittelt und damit wesentliche Voraussetzungen für eine qualifizierte Beschäftigung im Gesundheitswesen sowie für den Eintritt in schulische und berufliche Fort- und Weiterbildungsgänge geschaffen. Er wird von den Bundesländern

© Springer Fachmedien Wiesbaden GmbH, ein Teil von Springer Nature 2020   93
A. Frodl, *Professionelle Ausbildung in Gesundheitsberufen*,
https://doi.org/10.1007/978-3-658-28765-8_5

Tab. 5.1 Ausbildungsrahmenplan für die Berufsausbildung zum Medizinischen Fachangestellten/zur Medizinischen Fachangestellten (vgl. Anlagen 1 und 2 MedFAngAusbV)

Ziffer	Teil des Berufsbilds	Sachliche Gliederung (zu vermittelnde Fertigkeiten, Kenntnisse und Fähigkeiten)	Zeitliche Gliederung
1	Der Ausbildungsbetrieb		
1.1	Berufsbildung, Arbeits- und Tarifrecht		
1.1.1		Bedeutung des Ausbildungsvertrages, insbesondere Abschluss, gegenseitige Rechte und Pflichten, Dauer und Beendigung erklären	Vor der Zwischenprüfung – 1. bis 18. Ausbildungsmonat – in einem Zeitraum von zwei bis vier Monaten
1.1.2		Inhalte der Ausbildungsordnung und den betrieblichen Ausbildungsplan erläutern	Vor der Zwischenprüfung – 1. bis 18. Ausbildungsmonat – in einem Zeitraum von zwei bis vier Monaten
1.1.3		Die im Ausbildungsbetrieb geltenden Regelungen über Arbeitszeit, Vollmachten und Weisungsbefugnisse beachten	Vor der Zwischenprüfung – 1. bis 18. Ausbildungsmonat – in einem Zeitraum von zwei bis vier Monaten
1.1.4		Wesentliche Bestimmungen der für den Ausbildungsbetrieb geltenden Tarifverträge und arbeitsrechtlichen Vorschriften beschreiben	Vor der Zwischenprüfung – 1. bis 18. Ausbildungsmonat – in einem Zeitraum von zwei bis vier Monaten
1.1.5		Wesentliche Inhalte des Arbeitsvertrages erläutern	Nach der Zwischenprüfung – 19. bis 36. Ausbildungsmonat – in einem Zeitraum von zwei bis vier Monaten
1.1.6		Lebensbegleitendes Lernen als Voraussetzung für berufliche und persönliche Entwicklung nutzen und berufsbezogene Fortbildungsmöglichkeiten ermitteln	Nach der Zwischenprüfung – 19. bis 36. Ausbildungsmonat – in einem Zeitraum von vier bis fünf Monaten
1.2	Stellung des Ausbildungsbetriebes im Gesundheitswesen; Anforderungen an den Beruf		
1.2.1		Aufgaben, Struktur und rechtliche Grundlagen des Gesundheitswesens und seiner Einrichtungen sowie dessen Einordnung in das System sozialer Sicherung in Grundzügen erläutern	Vor der Zwischenprüfung – 1. bis 18. Ausbildungsmonat – in einem Zeitraum von zwei bis vier Monaten
1.2.2		Formen der Zusammenarbeit im Gesundheitswesen an Beispielen aus dem Ausbildungsbetrieb erklären	Vor der Zwischenprüfung – 1. bis 18. Ausbildungsmonat – in einem Zeitraum von zwei bis vier Monaten
1.2.3		Soziale Aufgaben eines medizinischen Dienstleistungsberufes und ethische Anforderungen darstellen	Nach der Zwischenprüfung – 19. bis 36. Ausbildungsmonat – in einem Zeitraum von vier bis sechs Monaten
1.2.4		Belastungssituationen im Beruf erkennen und bewältigen	Nach der Zwischenprüfung – 19. bis 36. Ausbildungsmonat – in einem Zeitraum von vier bis sechs Monaten
1.3	Organisation und Rechtsform des Ausbildungsbetriebes		
1.3.1		Struktur, Aufgaben und Funktionsbereiche des Ausbildungsbetriebes erläutern	Vor der Zwischenprüfung – 1. bis 18. Ausbildungsmonat – in einem Zeitraum von zwei bis vier Monaten

(Fortsetzung)

Tab. 5.1 (Fortsetzung)

Ziffer	Teil des Berufs-bilds	Sachliche Gliederung (zu vermittelnde Fertigkeiten, Kenntnisse und Fähigkeiten)	Zeitliche Gliederung
1.3.2		Organisation, Abläufe des Ausbildungsbetriebes mit seinen Aufgaben und Zuständigkeiten darstellen; Zusammenwirken der Funktionsbereiche erklären	Vor der Zwischenprüfung – 1. bis 18. Ausbildungsmonat – in einem Zeitraum von zwei bis vier Monaten
1.3.3		Rechtsform des Ausbildungsbetriebes beschreiben	Vor der Zwischenprüfung – 1. bis 18. Ausbildungsmonat – in einem Zeitraum von zwei bis vier Monaten
1.3.4		Beziehungen des Ausbildungsbetriebes und seiner Beschäftigten zu Selbstverwaltungseinrichtungen, Wirtschaftsorganisationen, Berufsvertretungen, Gewerkschaften und Verwaltungen darstellen	Nach der Zwischenprüfung – 19. bis 36. Ausbildungsmonat – in einem Zeitraum von vier bis fünf Monaten
1.4		Gesetzliche und vertragliche Bestimmungen der medizinischen Versorgung	
1.4.1		Berufsbezogene Rechtsvorschriften einhalten	Während der gesamten Ausbildungszeit – 1. bis 36. Ausbildungsmonat
1.4.2		Schweigepflicht als Basis einer vertrauensvollen Arzt-Patienten-Beziehung einhalten	Vor der Zwischenprüfung – 1. bis 18. Ausbildungsmonat – in einem Zeitraum von zwei bis vier Monaten
1.4.3		Bedingungen, Möglichkeiten und Grenzen der Delegation ärztlicher Leistungen darlegen sowie straf- und haftungsrechtliche Folgen beachten	Vor der Zwischenprüfung – 1. bis 18. Ausbildungsmonat – in einem Zeitraum von vier bis fünf Monaten
1.4.4		Rechtliche und vertragliche Grundlagen von Behandlungsvereinbarungen bei gesetzlich Versicherten und Privatpatienten beachten und erläutern	Nach der Zwischenprüfung – 19. bis 36. Ausbildungsmonat – in einem Zeitraum von vier bis sechs Monaten
1.5		Umweltschutz: Zur Vermeidung betriebsbedingter Umweltbelastungen im beruflichen Einwirkungsbereich beitragen, insbesondere	
1.5.1		Mögliche Umweltbelastungen durch den Ausbildungsbetrieb und seinen Beitrag zum Umweltschutz an Beispielen erklären	Während der gesamten Ausbildungszeit – 1. bis 36. Ausbildungsmonat
1.5.2		Für den Ausbildungsbetrieb geltende Regelungen des Umweltschutzes anwenden	Während der gesamten Ausbildungszeit – 1. bis 36. Ausbildungsmonat
1.5.3		Möglichkeiten der wirtschaftlichen und umweltschonenden Energie- und Materialverwendung nutzen	Während der gesamten Ausbildungszeit – 1. bis 36. Ausbildungsmonat
1.5.4		Abfälle vermeiden; Stoffe und Materialien einer umweltschonenden Entsorgung zuführen	Während der gesamten Ausbildungszeit – 1. bis 36. Ausbildungsmonat

(Fortsetzung)

Tab. 5.1 (Fortsetzung)

Ziffer	Teil des Berufs-bilds	Sachliche Gliederung (zu vermittelnde Fertigkeiten, Kenntnisse und Fähigkeiten)	Zeitliche Gliederung
2		Gesundheitsschutz und Hygiene	
2.1		Sicherheit und Gesundheitsschutz bei der Arbeit	
2.1.1		Gefahren für Sicherheit und Gesundheit am Arbeitsplatz feststellen sowie Maßnahmen zu deren Vermeidung ergreifen	Vor der Zwischenprüfung – 1. bis 18. Ausbildungsmonat – in einem Zeitraum von zwei bis vier Monaten
2.1.2		Berufsbezogene Arbeitsschutz- und Unfallverhütungsvorschriften anwenden	Vor der Zwischenprüfung – 1. bis 18. Ausbildungsmonat – in einem Zeitraum von zwei bis vier Monaten
2.1.3		Verhaltensweisen bei Unfällen beschreiben sowie erste Maßnahmen einleiten	Vor der Zwischenprüfung – 1. bis 18. Ausbildungsmonat – in einem Zeitraum von vier bis sechs Monaten
2.1.4		Vorschriften des vorbeugenden Brandschutzes anwenden; Verhaltensweisen bei Bränden beschreiben und Maßnahmen zur Brandbekämpfung ergreifen	Vor der Zwischenprüfung – 1. bis 18. Ausbildungsmonat – in einem Zeitraum von zwei bis vier Monaten
2.1.5		Stressauslösende Situationen erkennen und bewältigen	Nach der Zwischenprüfung – 19. bis 36. Ausbildungsmonat – in einem Zeitraum von fünf bis sechs Monaten
2.2		Maßnahmen der Arbeits- und Praxishygiene	
2.2.1		Hygienestandards einhalten	Vor der Zwischenprüfung – 1. bis 18. Ausbildungsmonat – in einem Zeitraum von vier bis sechs Monaten
2.2.2		Arbeitsmittel für Hygienemaßnahmen auswählen und anwenden	Vor der Zwischenprüfung – 1. bis 18. Ausbildungsmonat – in einem Zeitraum von vier bis fünf Monaten
2.2.3		Maßnahmen des betrieblichen Hygieneplans durchführen	Vor der Zwischenprüfung – 1. bis 18. Ausbildungsmonat – in einem Zeitraum von vier bis fünf Monaten
2.2.4		Geräte, Instrumente und Apparate desinfizieren, reinigen und sterilisieren; Sterilgut handhaben	Vor der Zwischenprüfung – 1. bis 18. Ausbildungsmonat – in einem Zeitraum von vier bis fünf Monaten
2.2.5		Hygienische und aseptische Bedingungen bei Eingriffen situationsgerecht sicherstellen	Vor der Zwischenprüfung – 1. bis 18. Ausbildungsmonat – in einem Zeitraum von fünf bis sechs Monaten
2.2.6		Kontaminierte Materialien erfassen, situationsbezogen wieder aufbereiten und entsorgen	Vor der Zwischenprüfung – 1. bis 18. Ausbildungsmonat – in einem Zeitraum von vier bis fünf Monaten

(Fortsetzung)

Tab. 5.1 (Fortsetzung)

Ziffer	Teil des Berufs- bilds	Sachliche Gliederung (zu vermittelnde Fertigkeiten, Kenntnisse und Fähigkeiten)	Zeitliche Gliederung
2.3		Schutz vor Infektionskrankheiten	
2.3.1		Hauptsymptome und Krankheitsbilder von bakteriellen Infektionskrankheiten, insbesondere Scharlach, Tetanus, Borreliose, Salmonellose, Pertussis, Diphtherie und Tuberkulose, von viralen Infektionskrankheiten, insbesondere Aids, Masern, Röteln, Windpocken, Gürtelrose, Mumps, Pfeifferschem Drüsenfieber, FSME, Influenza, grippalen Infekten, Hepatitis A, B und C, sowie Infektionskrankheiten durch Hautpilze, insbesondere Soor und Fußpilz, beschreiben; Meldepflicht von Infektionskrankheiten beachten	Vor der Zwischenprüfung – 1. bis 18. Ausbildungsmonat – in einem Zeitraum von fünf bis sechs Monaten
2.3.2		Infektionsquellen und Infektionswege darstellen, Maßnahmen zur Vermeidung von Infektionen einleiten und Schutzmaßnahmen durchführen	Vor der Zwischenprüfung – 1. bis 18. Ausbildungsmonat – in einem Zeitraum von vier bis sechs Monaten
2.3.3		Vorteile der aktiven Immunisierung begründen	Vor der Zwischenprüfung – 1. bis 18. Ausbildungsmonat – in einem Zeitraum von vier bis fünf Monaten
3.		Kommunikation	
3.1		Kommunikationsformen und -methoden	
3.1.1		Auswirkungen von Information und Kommunikation auf Betriebsklima, Arbeitsleistung, Betriebsablauf und -erfolg beachten	Nach der Zwischenprüfung – 19. bis 36. Ausbildungsmonat – in einem Zeitraum von vier bis sechs Monaten
3.1.2		Verbale und nichtverbale Kommunikationsformen einsetzen	Vor der Zwischenprüfung – 1. bis 18. Ausbildungsmonat – in einem Zeitraum von fünf bis sechs Monaten
3.1.3		Gespräche personenorientiert und situationsgerecht führen	Vor der Zwischenprüfung – 1. bis 18. Ausbildungsmonat – in einem Zeitraum von fünf bis sechs Monaten
3.1.4		Zur Vermeidung von Kommunikationsstörungen beitragen	Nach der Zwischenprüfung – 19. bis 36. Ausbildungsmonat – in einem Zeitraum von vier bis sechs Monaten
3.1.5		Fremdsprachige Fachbegriffe anwenden	Nach der Zwischenprüfung – 19. bis 36. Ausbildungsmonat – in einem Zeitraum von fünf bis sechs Monaten
3.2		Verhalten in Konfliktsituationen	
3.2.1		Konflikte erkennen und einschätzen	Nach der Zwischenprüfung – 19. bis 36. Ausbildungsmonat – in einem Zeitraum von vier bis sechs Monaten

(Fortsetzung)

Tab. 5.1 (Fortsetzung)

Ziffer	Teil des Berufs- bilds	Sachliche Gliederung (zu vermittelnde Fertigkeiten, Kenntnisse und Fähigkeiten)	Zeitliche Gliederung
3.2.2		Möglichkeiten der Konfliktlösung nutzen	Nach der Zwischenprüfung – 19. bis 36. Ausbildungsmonat – in einem Zeitraum von vier bis sechs Monaten
3.2.3		Beschwerden entgegennehmen und Lösungsmöglichkeiten anbieten	Nach der Zwischenprüfung – 19. bis 36. Ausbildungsmonat – in einem Zeitraum von vier bis sechs Monaten
4.		Patientenbetreuung und -beratung	
4.1		Betreuen von Patientinnen und Patienten	
4.1.1		Psychosoziale und somatische Bedingungen des Patienten-Verhaltens berücksichtigen	Nach der Zwischenprüfung – 19. bis 36. Ausbildungsmonat – in einem Zeitraum von fünf bis sechs Monaten
4.1.2		Besonderheiten von speziellen Patientengruppen, von Risiko-Patienten sowie von Patienten und Patientinnen mit chronischen Krankheitsbildern beachten	Nach der Zwischenprüfung – 19. bis 36. Ausbildungsmonat – in einem Zeitraum von fünf bis sechs Monaten
4.1.3		Patienten und Patientinnen situationsgerecht empfangen und unter Berücksichtigung ihrer Wünsche und Erwartungen vor, während und nach der Behandlung betreuen	Vor der Zwischenprüfung – 1. bis 18. Ausbildungsmonat – in einem Zeitraum von fünf bis sechs Monaten
4.1.4		Situation der anrufenden Patienten und Patientinnen einschätzen und Maßnahmen einleiten	Nach der Zwischenprüfung – 19. bis 36. Ausbildungsmonat – in einem Zeitraum von vier bis sechs Monaten
4.1.5		Patienten und Patientinnen sowie begleitende Personen über Praxisabläufe bezüglich Diagnostik, Behandlung, Wiederbestellung und Abrechnung informieren und zur Kooperation motivieren	Nach der Zwischenprüfung – 19. bis 36. Ausbildungsmonat – in einem Zeitraum von vier bis sechs Monaten
4.1.6		Patienten und Patientinnen über Weiter- und Mitbehandlung informieren	Nach der Zwischenprüfung – 19. bis 36. Ausbildungsmonat – in einem Zeitraum von fünf bis sechs Monaten
4.1.7		Ergänzende Versorgungsangebote darstellen	Nach der Zwischenprüfung – 19. bis 36. Ausbildungsmonat – in einem Zeitraum von fünf bis sechs Monaten
4.2		Beraten von Patientinnen und Patienten	
4.2.1		Ärztliche Beratungen und Anweisungen unterstützen	Vor der Zwischenprüfung – 1. bis 18. Ausbildungsmonat – in einem Zeitraum von vier bis sechs Monaten
4.2.2		Zur Anwendung häuslicher Maßnahmen anleiten	Nach der Zwischenprüfung – 19. bis 36. Ausbildungsmonat – in einem Zeitraum von vier bis sechs Monaten

(Fortsetzung)

Tab. 5.1 (Fortsetzung)

Ziffer	Teil des Berufs- bilds	Sachliche Gliederung (zu vermittelnde Fertigkeiten, Kenntnisse und Fähigkeiten)	Zeitliche Gliederung
4.2.3		Medizinische Leistungsangebote des Betriebes erläutern	Nach der Zwischenprüfung – 19. bis 36. Ausbildungsmonat – in einem Zeitraum von vier bis sechs Monaten
4.2.4		Bei der Patientenschulung mitwirken	Nach der Zwischenprüfung – 19. bis 36. Ausbildungsmonat – in einem Zeitraum von vier bis sechs Monaten
5.		Betriebsorganisation und Qualitätsmanagement	
5.1		Betriebs- und Arbeitsabläufe	
5.1.1		Bei Planung, Organisation und Gestaltung von Betriebsabläufen mitwirken und zur Optimierung beitragen	Nach der Zwischenprüfung – 19. bis 36. Ausbildungsmonat – in einem Zeitraum von fünf bis sechs Monaten
5.1.2		Kooperationsprozesse mit externen Partnern mitgestalten	Vor der Zwischenprüfung – 1. bis 18. Ausbildungsmonat – in einem Zeitraum von zwei bis vier Monaten
5.1.3		Hausbesuche und Notdienste organisieren	Vor der Zwischenprüfung – 1. bis 18. Ausbildungsmonat – in einem Zeitraum von vier bis fünf Monaten
5.1.4		Maßnahmen bei akuten Störungen und Zwischenfällen ergreifen	Vor der Zwischenprüfung – 1. bis 18. Ausbildungsmonat – in einem Zeitraum von vier bis fünf Monaten
5.1.5		Arbeitsschritte systematisch planen, zielgerecht organisieren, rationell gestalten, Ergebnisse kontrollieren	Nach der Zwischenprüfung – 19. bis 36. Ausbildungsmonat – in einem Zeitraum von fünf bis sechs Monaten
5.1.6		Betriebliche Arbeits- und Organisationsmittel auswählen und einsetzen	Vor der Zwischenprüfung – 1. bis 18. Ausbildungsmonat – in einem Zeitraum von vier bis sechs Monaten
5.2		Qualitätsmanagement	
5.2.1		Bedeutung des Qualitätsmanagements für den Ausbildungsbetrieb an Beispielen erklären	Vor der Zwischenprüfung – 1. bis 18. Ausbildungsmonat – in einem Zeitraum von vier bis fünf Monaten
5.2.2		Maßnahmen zur Qualitätssicherung im eigenen Verantwortungsbereich planen, durchführen, kontrollieren, dokumentieren und bewerten	Nach der Zwischenprüfung – 19. bis 36. Ausbildungsmonat – in einem Zeitraum von fünf bis sechs Monaten
5.2.3		Patientenzufriedenheit ermitteln und fördern	Nach der Zwischenprüfung – 19. bis 36. Ausbildungsmonat – in einem Zeitraum von vier bis sechs Monaten
5.2.4		Bei Umsetzung von Maßnahmen zur kontinuierlichen Verbesserung der Betriebs- und Behandlungsorganisation mitwirken und dabei eigene Vorschläge einbringen; Verhältnis von Kosten-Nutzen beachten	Nach der Zwischenprüfung – 19. bis 36. Ausbildungsmonat – in einem Zeitraum von vier bis sechs Monaten

(Fortsetzung)

Tab. 5.1 (Fortsetzung)

Ziffer	Teil des Berufs- bilds	Sachliche Gliederung (zu vermittelnde Fertigkeiten, Kenntnisse und Fähigkeiten)	Zeitliche Gliederung
5.2.5		Zur Sicherung des betriebsinternen Informationsflusses beitragen	Vor der Zwischenprüfung – 1. bis 18. Ausbildungsmonat – in einem Zeitraum von vier bis fünf Monaten
5.3	Zeitmanagement		
5.3.1		Bedeutung des Zeitmanagements für den Ausbildungsbetrieb an Beispielen erklären; eigene Vorschläge zur Verbesserung einbringen	Vor der Zwischenprüfung – 1. bis 18. Ausbildungsmonat – in einem Zeitraum von vier bis fünf Monaten
5.3.2		Patiententermine planen, koordinieren und überwachen	Vor der Zwischenprüfung – 1. bis 18. Ausbildungsmonat – in einem Zeitraum von vier bis fünf Monaten
5.3.3		Wiederbestellung und externe Behandlungstermine organisieren sowie koordinieren	Nach der Zwischenprüfung – 19. bis 36. Ausbildungsmonat – in einem Zeitraum von zwei bis vier Monaten
5.3.4		Termine mit Dritten unter Berücksichtigung vorgeschriebener Prüf- und Überwachungstermine sowie Informationstermine planen und koordinieren	Vor der Zwischenprüfung – 1. bis 18. Ausbildungsmonat – in einem Zeitraum von vier bis fünf Monaten
5.3.5		Methoden des Selbst- und Zeitmanagements nutzen, insbesondere bei der zeitlichen Planung und Durchführung von Arbeitsabläufen Prioritäten beachten	Nach der Zwischenprüfung – 19. bis 36. Ausbildungsmonat – in einem Zeitraum von zwei bis vier Monaten
5.3.6		Zusammenhänge von Selbst- und Zeitmanagement, Leistungssteigerung und Stress beachten	Nach der Zwischenprüfung – 19. bis 36. Ausbildungsmonat – in einem Zeitraum von zwei bis vier Monaten
5.4	Arbeiten im Team		
5.4.1		Im Team unter Beachtung von Zuständigkeiten, Entscheidungskompetenzen und eigener Prioritäten kooperieren	Nach der Zwischenprüfung – 19. bis 36. Ausbildungsmonat – in einem Zeitraum von vier bis fünf Monaten
5.4.2		Aufgaben im Team planen und bearbeiten; bei der Tagesplanung mitwirken	Vor der Zwischenprüfung – 1. bis 18. Ausbildungsmonat – in einem Zeitraum von vier bis sechs Monaten
5.4.3		Teamentwicklung gestalten	Nach der Zwischenprüfung – 19. bis 36. Ausbildungsmonat – in einem Zeitraum von vier bis fünf Monaten
5.4.4		Teambesprechungen organisieren und mitgestalten	Vor der Zwischenprüfung – 1. bis 18. Ausbildungsmonat – in einem Zeitraum von vier bis sechs Monaten
5.5	Marketing		
5.5.1		Bei der Entwicklung und Ausgestaltung von Leistungsangeboten des Betriebes mitwirken	Nach der Zwischenprüfung – 19. bis 36. Ausbildungsmonat – in einem Zeitraum von zwei bis vier Monaten

(Fortsetzung)

Tab. 5.1 (Fortsetzung)

Ziffer	Teil des Berufsbilds	Sachliche Gliederung (zu vermittelnde Fertigkeiten, Kenntnisse und Fähigkeiten)	Zeitliche Gliederung
5.5.2		Bei der Entwicklung und Umsetzung betrieblicher Marketingmaßnahmen zur Förderung der Patientenzufriedenheit mitwirken	Nach der Zwischenprüfung – 19. bis 36. Ausbildungsmonat – in einem Zeitraum von vier bis fünf Monaten
5.5.3		Beim Aufbau einer Patientenbindung mitwirken	Vor der Zwischenprüfung – 1. bis 18. Ausbildungsmonat – in einem Zeitraum von vier bis sechs Monaten
6.	Verwaltung und Abrechnung		
6.1	Verwaltungsarbeiten		
6.1.1		Patientendaten erfassen und verarbeiten	Vor der Zwischenprüfung – 1. bis 18. Ausbildungsmonat – in einem Zeitraum von vier bis sechs Monaten
6.1.2		Posteingang und -ausgang bearbeiten	Vor der Zwischenprüfung – 1. bis 18. Ausbildungsmonat – in einem Zeitraum von vier bis sechs Monaten
6.1.3		Schriftverkehr durchführen	Vor der Zwischenprüfung – 1. bis 18. Ausbildungsmonat – in einem Zeitraum von vier bis sechs Monaten
6.1.4		Vordrucke und Formulare bearbeiten	Vor der Zwischenprüfung – 1. bis 18. Ausbildungsmonat – in einem Zeitraum von vier bis sechs Monaten
6.2	Materialbeschaffung und -verwaltung		
6.2.1		Bedarf an Waren und Materialien ermitteln, Angebote vergleichen, Bestellungen aufgeben; bei Beschaffung mitwirken	Vor der Zwischenprüfung – 1. bis 18. Ausbildungsmonat – in einem Zeitraum von vier bis sechs Monaten
6.2.2		Wareneingang und -ausgang unter Berücksichtigung des Kaufvertragsrechts prüfen	Vor der Zwischenprüfung – 1. bis 18. Ausbildungsmonat – in einem Zeitraum von vier bis sechs Monaten
6.2.3		Abrechnungen organisieren, erstellen, prüfen und weiterleiten	Vor der Zwischenprüfung – 1. bis 18. Ausbildungsmonat – in einem Zeitraum von vier bis sechs Monaten
6.2.4		Kostenerstattung für Verbrauchsmaterialien für die Patientenbehandlung organisieren	Nach der Zwischenprüfung – 19. bis 36. Ausbildungsmonat – in einem Zeitraum von vier bis fünf Monaten
6.2.5		Materialien und Desinfektionsmittel lagern und überwachen	Vor der Zwischenprüfung – 1. bis 18. Ausbildungsmonat – in einem Zeitraum von vier bis sechs Monaten
6.2.6		Arzneimittel, Sera, Impfstoffe, Verband- und Hilfsmittel lagern und unter Beachtung rechtlicher Vorschriften überwachen	Nach der Zwischenprüfung – 19. bis 36. Ausbildungsmonat – in einem Zeitraum von vier bis fünf Monaten

(Fortsetzung)

Tab. 5.1 (Fortsetzung)

Ziffer	Teil des Berufs-bilds	Sachliche Gliederung (zu vermittelnde Fertigkeiten, Kenntnisse und Fähigkeiten)	Zeitliche Gliederung
6.3		Abrechnungswesen	
6.3.1		Zahlungsvorgänge abwickeln, überwachen, kontrollieren und dokumentieren	Nach der Zwischenprüfung – 19. bis 36. Ausbildungsmonat – in einem Zeitraum von vier bis sechs Monaten
6.3.2		Leistungen nach Vergütungssystemen erfassen, den Kostenträgern zuordnen und kontrollieren	Vor der Zwischenprüfung – 1. bis 18. Ausbildungsmonat – in einem Zeitraum von vier bis sechs Monaten
6.3.3		Abrechnungen unter Berücksichtigung des Sachleistungs- und Kostenerstattungsprinzips organisieren, erstellen, prüfen und weiterleiten	Nach der Zwischenprüfung – 19. bis 36. Ausbildungsmonat – in einem Zeitraum von fünf bis sechs Monaten
6.3.4		Vorschriften der Sozialgesetzgebung anwenden	Vor der Zwischenprüfung – 1. bis 18. Ausbildungsmonat – in einem Zeitraum von vier bis sechs Monaten
6.3.5		Privatliquidation erstellen und dem Patienten erläutern	Nach der Zwischenprüfung – 19. bis 36. Ausbildungsmonat – in einem Zeitraum von vier bis fünf Monaten
6.3.6		Kaufmännische Mahnverfahren durchführen und gerichtliche Mahnverfahren einleiten	Nach der Zwischenprüfung – 19. bis 36. Ausbildungsmonat – in einem Zeitraum von vier bis sechs Monaten
7.		Information und Dokumentation	
7.1		Informations- und Kommunikationssysteme	
7.1.1		Informations- und Kommunikationssysteme anwenden; Standard- und Branchensoftware einsetzen	Vor der Zwischenprüfung – 1. bis 18. Ausbildungsmonat – in einem Zeitraum von fünf bis sechs Monaten
7.1.2		Daten eingeben und pflegen	Vor der Zwischenprüfung – 1. bis 18. Ausbildungsmonat – in einem Zeitraum von vier bis sechs Monaten
7.1.3		Möglichkeiten des internen und externen elektronischen Datenaustausches nutzen	Vor der Zwischenprüfung – 1. bis 18. Ausbildungsmonat – in einem Zeitraum von vier bis fünf Monaten
7.1.4		Informationen beschaffen und nutzen	Nach der Zwischenprüfung – 19. bis 36. Ausbildungsmonat – in einem Zeitraum von zwei bis vier Monaten
7.2		Dokumentation	
7.2.1		Informationen unter Berücksichtigung von Rechtsvorschriften und nach betrieblichen Vorgaben erfassen, auswerten, weiterleiten und archivieren	Nach der Zwischenprüfung – 19. bis 36. Ausbildungsmonat – in einem Zeitraum von vier bis sechs Monaten
7.2.2		Medizinische Dokumentations- und Klassifizierungssysteme anwenden	Nach der Zwischenprüfung – 19. bis 36. Ausbildungsmonat – in einem Zeitraum von vier bis fünf Monaten

(Fortsetzung)

Tab. 5.1   (Fortsetzung)

Ziffer	Teil des Berufs-bilds	Sachliche Gliederung (zu vermittelnde Fertigkeiten, Kenntnisse und Fähigkeiten)	Zeitliche Gliederung
7.2.3		Patientendokumentation organisieren	Vor der Zwischenprüfung – 1. bis 18. Ausbildungsmonat – in einem Zeitraum von vier bis fünf Monaten
7.2.4		Behandlungsunterlagen zusammenstellen, weiterleiten und dokumentieren	Vor der Zwischenprüfung – 1. bis 18. Ausbildungsmonat – in einem Zeitraum von vier bis fünf Monaten
7.3		Datenschutz und Datensicherheit	
7.3.1		Vorschriften und Regelungen zum Datenschutz anwenden	Vor der Zwischenprüfung – 1. bis 18. Ausbildungsmonat – in einem Zeitraum von vier bis fünf Monaten
7.3.2		Daten sichern	Vor der Zwischenprüfung – 1. bis 18. Ausbildungsmonat – in einem Zeitraum von vier bis fünf Monaten
7.3.3		Datentransfer verschlüsselt durchführen	Vor der Zwischenprüfung – 1. bis 18. Ausbildungsmonat – in einem Zeitraum von vier bis fünf Monaten
7.3.4		Dokumente und Behandlungsunterlagen sicher verwahren und die Aufbewahrungsfristen beachten	Vor der Zwischenprüfung – 1. bis 18. Ausbildungsmonat – in einem Zeitraum von vier bis fünf Monaten
8.		Durchführen von Maßnahmen bei Diagnostik und Therapie unter Anleitung und Aufsicht des Arztes oder der Ärztin	
8.1		Assistenz bei ärztlicher Diagnostik	
8.1.1		Gebräuchliche medizinische Fachbezeichnungen und Abkürzungen anwenden und erläutern	Während der gesamten Ausbildungszeit – 1. bis 36. Ausbildungsmonat –
8.1.2		Untersuchungen und Behandlungen vorbereiten, insbesondere Patientenbeobachtung durchführen, Vitalwerte bestimmen, Patienten messen und wiegen, Elektrokardiogramm schreiben, Lungenfunktion prüfen; Geräte und Instrumente handhaben, pflegen und warten	Vor der Zwischenprüfung – 1. bis 18. Ausbildungsmonat – in einem Zeitraum von fünf bis sechs Monaten
8.1.3		Bei der Befundaufnahme und diagnostischen Maßnahmen, insbesondere bei Ultraschalluntersuchungen, Punktionen und Katheterisierung, mitwirken und assistieren; Geräte und Instrumente handhaben, pflegen und warten	Nach der Zwischenprüfung – 19. bis 36. Ausbildungsmonat – in einem Zeitraum von vier bis sechs Monaten
8.1.4		Befunddokumentation durchführen	Vor der Zwischenprüfung – 1. bis 18. Ausbildungsmonat – in einem Zeitraum von vier bis sechs Monaten

(Fortsetzung)

Tab. 5.1 (Fortsetzung)

Ziffer	Teil des Berufs-bilds	Sachliche Gliederung (zu vermittelnde Fertigkeiten, Kenntnisse und Fähigkeiten)	Zeitliche Gliederung
8.1.5		Proben für Untersuchungszwecke und Laborauswertungen, insbesondere durch venöse und kapilläre Blutentnahmen sowie Abstriche, gewinnen	Nach der Zwischenprüfung – 19. bis 36. Ausbildungsmonat – in einem Zeitraum von vier bis sechs Monaten
8.1.6		Laborarbeiten und Tests, insbesondere Blutzuckerbestimmung, Blutsenkung, Urinstatus, Leukozytenzählung und Tests auf okkultes Blut, durchführen, dokumentieren und durch Qualitätskontrollen sichern; Geräte und Instrumente handhaben, pflegen und warten	Nach der Zwischenprüfung – 19. bis 36. Ausbildungsmonat – in einem Zeitraum von fünf bis sechs Monaten
8.1.7		Untersuchungsmaterial aufbereiten und versenden	Vor der Zwischenprüfung – 1. bis 18. Ausbildungsmonat – in einem Zeitraum von vier bis fünf Monaten
8.1.8		Labordaten und Untersuchungsergebnisse auf ihre Bedeutung für Patienten einstufen und zeitgerecht weiterleiten	Nach der Zwischenprüfung – 19. bis 36. Ausbildungsmonat – in einem Zeitraum von vier bis sechs Monaten
8.2	Assistenz bei ärztlicher Therapie		
8.2.1		Bei der ärztlichen Therapie, insbesondere bei Infusionen und Injektionen, assistieren; Materialien, Instrumente, Geräte und Arzneimittel vorbereiten und instrumentieren; Geräte und Instrumente pflegen und warten	Nach der Zwischenprüfung – 19. bis 36. Ausbildungsmonat – in einem Zeitraum von fünf bis sechs Monaten
8.2.2		Bei der medikamentösen Therapie mitwirken; Verlaufsprotokolle erstellen	Vor der Zwischenprüfung – 1. bis 18. Ausbildungsmonat – in einem Zeitraum von vier bis fünf Monaten
8.2.3		Subkutane und intramuskuläre Injektionen durchführen	Nach der Zwischenprüfung – 19. bis 36. Ausbildungsmonat – in einem Zeitraum von vier bis sechs Monaten
8.2.4		Stütz- und Wundverbände anlegen	Vor der Zwischenprüfung – 1. bis 18. Ausbildungsmonat – in einem Zeitraum von fünf bis sechs Monaten
8.2.5		Wärme-, Kälte- und Reizstromanwendung durchführen	Vor der Zwischenprüfung – 1. bis 18. Ausbildungsmonat – in einem Zeitraum von fünf bis sechs Monaten
8.2.6		Intrakutane Tests durchführen	Nach der Zwischenprüfung – 19. bis 36. Ausbildungsmonat – in einem Zeitraum von vier bis sechs Monaten
8.2.7		Inhalationen durchführen	Vor der Zwischenprüfung – 1. bis 18. Ausbildungsmonat – in einem Zeitraum von vier bis sechs Monaten

(Fortsetzung)

Tab. 5.1 (Fortsetzung)

Ziffer	Teil des Berufs-bilds	Sachliche Gliederung (zu vermittelnde Fertigkeiten, Kenntnisse und Fähigkeiten)	Zeitliche Gliederung
8.2.8		Bei chirurgischen Behandlungsmaßnahmen Patienten vorbereiten, steril arbeiten und assistieren; Instrumente und Geräte handhaben, pflegen und warten	Nach der Zwischenprüfung – 19. bis 36. Ausbildungsmonat – in einem Zeitraum von fünf bis sechs Monaten
8.2.9		Septische und aseptische Wunden versorgen; Nahtmaterial entfernen	Nach der Zwischenprüfung – 19. bis 36. Ausbildungsmonat – in einem Zeitraum von fünf bis sechs Monaten
8.2.10		Arbeitsvorgänge nachbereiten und dokumentieren	Vor der Zwischenprüfung – 1. bis 18. Ausbildungsmonat – in einem Zeitraum von vier bis sechs Monaten
8.3		Umgang mit Arzneimitteln, Sera und Impfstoffen sowie Heil- und Hilfsmitteln	
8.3.1		Über Darreichungsformen und Einnahmemodalitäten informieren; Anweisung des Arztes zur Einnahme unterstützen	Vor der Zwischenprüfung – 1. bis 18. Ausbildungsmonat – in einem Zeitraum von vier bis sechs Monaten
8.3.2		Erwünschte und unerwünschte Wirkungen von Arzneimittelgruppen, insbesondere von Antibiotika, Schmerzmitteln, Herz- und Kreislaufmedikamenten, Diabetesmedikamenten, Magen- und Darmtherapeutika sowie Arzneimitteln gegen Erkältungskrankheiten, unterscheiden	Nach der Zwischenprüfung – 19. bis 36. Ausbildungsmonat – in einem Zeitraum von vier bis sechs Monaten
8.3.3		Voraussetzungen und Vorschriften zur Abgabe und Handhabung verschiedener Arzneimittel, Sera, Impfstoffe beachten; Verordnungen von Arzneimitteln vorbereiten und abgeben	Nach der Zwischenprüfung – 19. bis 36. Ausbildungsmonat – in einem Zeitraum von vier bis sechs Monaten
8.3.4		Verordnung für Heil- und Hilfsmittel nach ärztlicher Anweisung vorbereiten und unter Beachtung der Verordnungsvorschriften abgeben	Nach der Zwischenprüfung – 19. bis 36. Ausbildungsmonat – in einem Zeitraum von vier bis sechs Monaten
9.		Grundlagen der Prävention und Rehabilitation	
9.1		Über Ziele von Gesundheitsvorsorge und Früherkennung von Krankheiten im Zusammenhang mit gesundheitlichen Versorgungsstrukturen informieren	Vor der Zwischenprüfung – 1. bis 18. Ausbildungsmonat – in einem Zeitraum von fünf bis sechs Monaten
9.2		Patienten und Patientinnen zu einer gesunden Lebensweise motivieren	Nach der Zwischenprüfung – 19. bis 36. Ausbildungsmonat – in einem Zeitraum von vier bis fünf Monaten

(Fortsetzung)

Tab. 5.1 (Fortsetzung)

Ziffer	Teil des Berufs- bilds	Sachliche Gliederung (zu vermittelnde Fertigkeiten, Kenntnisse und Fähigkeiten)	Zeitliche Gliederung
9.3		Ursachen und Entstehung von Gesundheitsstörungen und die dazugehörigen Präventionsmaßnahmen erläutern	Nach der Zwischenprüfung – 19. bis 36. Ausbildungsmonat – in einem Zeitraum von fünf bis sechs Monaten
9.4		Patienten und Patientinnen zur Inanspruchnahme von Früherkennungsmaßnahmen motivieren	Nach der Zwischenprüfung – 19. bis 36. Ausbildungsmonat – in einem Zeitraum von vier bis sechs Monaten
9.5		Über Möglichkeiten der aktiven und passiven Immunisierung informieren; Impfpass führen; beim Impfmanagement mitwirken	Vor der Zwischenprüfung – 1. bis 18. Ausbildungsmonat – in einem Zeitraum von fünf bis sechs Monaten
9.6		Patienten und Patientinnen zur Inanspruchnahme von Impfmaßnahmen motivieren	Vor der Zwischenprüfung – 1. bis 18. Ausbildungsmonat – in einem Zeitraum von vier bis sechs Monaten
9.7		Ziele und Möglichkeiten der medizinischen Rehabilitation unter Berücksichtigung der gesetzlichen Vorgaben erläutern; bei Beantragung von Rehabilitationsmaßnahmen mitwirken	Nach der Zwischenprüfung – 19. bis 36. Ausbildungsmonat – in einem Zeitraum von vier bis fünf Monaten
9.8		Über Selbsthilfegruppen und ihre Aufgaben informieren	Nach der Zwischenprüfung – 19. bis 36. Ausbildungsmonat – in einem Zeitraum von vier bis fünf Monaten
10.		Handeln bei Not- und Zwischenfällen	
10.1		Maßnahmen zur Vermeidung von Not- und Zwischenfällen ergreifen	Vor der Zwischenprüfung – 1. bis 18. Ausbildungsmonat – in einem Zeitraum von vier bis fünf Monaten
10.2		Verhaltensregeln bei Notfällen im Ausbildungsbetrieb einhalten	Vor der Zwischenprüfung – 1. bis 18. Ausbildungsmonat – in einem Zeitraum von vier bis fünf Monaten
10.3		Bedrohliche Zustände, insbesondere Schock, Atem- und Herzstillstand, Bewusstlosigkeit, starke Blutungen und Allergien, erkennen und Sofortmaßnahmen veranlassen	Nach der Zwischenprüfung – 19. bis 36. Ausbildungsmonat – in einem Zeitraum von fünf bis sechs Monaten
10.4		Erste-Hilfe-Maßnahmen durchführen	Nach der Zwischenprüfung – 19. bis 36. Ausbildungsmonat – in einem Zeitraum von fünf bis sechs Monaten
10.5		Bei Not- und Zwischenfällen assistieren	Nach der Zwischenprüfung – 19. bis 36. Ausbildungsmonat – in einem Zeitraum von vier bis sechs Monaten
10.6		Notfallausstattung kontrollieren und auffüllen; Geräte handhaben, warten und pflegen	Vor der Zwischenprüfung – 1. bis 18. Ausbildungsmonat – in einem Zeitraum von vier bis sechs Monaten

unmittelbar übernommen oder in eigene Lehrpläne umgesetzt (vgl. Ständige Konferenz der Kultusminister und -senatoren der Länder 2005, S. 2).

Beispiel

Beispielsweise enthält der Rahmenlehrplan für den Ausbildungsberuf Medizinischer Fachangestellter/Medizinische Fachangestellte folgende Lernfelder mit insgesamt 840 Unterrichtsstunden, die sich folgendermaßen verteilen (in Klammern: Zeitwerte in Unterrichtsstunden):

- 1. Jahr: Im Beruf und Gesundheitswesen orientieren (60), Patienten empfangen und begleiten (80), Praxishygiene und Schutz vor Infektionskrankheiten organisieren (80), bei Diagnostik und Therapie von Erkrankungen des Bewegungsapparates assistieren (60);
- 2. Jahr: Zwischenfällen vorbeugen und in Notfallsituationen Hilfe leisten (80); Waren beschaffen und verwalten (80); Praxisabläufe im Team organisieren (60); Patienten bei diagnostischen und therapeutischen Maßnahmen der Erkrankungen des Urogenitalsystems begleiten (60);
- 3. Jahr: Patienten bei diagnostischen und therapeutischen Maßnahmen der Erkrankungen des Verdauungssystems begleiten (80), Patienten bei kleinen chirurgischen Behandlungen begleiten und Wunden versorgen (40), Patienten bei der Prävention begleiten (80), berufliche Perspektiven entwickeln (80) (vgl. Ständige Konferenz der Kultusminister und -senatoren der Länder 2005, S. 8).

5.1.2 Betrieblicher Ausbildungsplan

Grundlage für die konkrete gesundheitsbetriebliche **Ausbildungsplanung** sind somit der jeweilige Ausbildungsrahmenplan, aber auch z. B. die Orientierung am jeweiligen Lehrplan der begleitenden berufsschulischen Ausbildung, um die Ausbildungsinhalte im dualen System und damit in Gesundheitsbetrieb und Schule möglichst gut aufeinander abstimmen zu können. Auch enthalten die Rahmenpläne in der Regel keine methodischen Festlegungen für den Unterricht oder die praktische Unterweisung. Bei der Unterrichtsgestaltung sollen jedoch Unterrichtsmethoden, mit denen Handlungskompetenz unmittelbar gefördert wird, besonders berücksichtigt werden und selbstständiges und verantwortungsbewusstes Denken und Handeln als übergreifendes Ziel der Ausbildung und Teil des didaktisch-methodischen Gesamtkonzepts begriffen werden (vgl. Ständige Konferenz der Kultusminister und -senatoren der Länder 2005, S. 2).

Die nach dem Berufsbildungsgesetz (BBiG) vorgesehenen Ausbildungsordnungen machen in der Regel die Aufstellung von Ausbildungsplänen zur Vorgabe. So legt beispielsweise auch die Verordnung über die Berufsausbildung zum Medizinischen Fachangestellten/zur Medizinischen Fachangestellten (MedFAngAusbV) fest, dass die Ausbildenden unter Zugrundelegung des Ausbildungsrahmenplans für die Auszubildenden einen Ausbildungsplan zu erstellen haben (vgl. § 6 MedFAngAusbV). Für die konkrete Ausgestaltung und Anwendung werden z. B. von Ärzte- und Zahnärztekammern Muster-Ausbildungspläne zur Verfügung gestellt (vgl. Tab. 5.2).

Tab. 5.2 Beispielhafter Auszug aus dem Muster-Ausbildungsplan für die Ausbildungsstätte im Ausbildungsberuf Medizinische/r Fachangestellte/r der Landesärztekammer Hessen (vgl. Landesärztekammer Hessen 2012, S. 2)

Vor- und Nachname des/der Auszubildenden:

Lfd. Nr.	Teil des Ausbildungsberufsbildes	Zu vermittelnde Fertigkeiten, Kenntnisse und Fähigkeiten	Vor der Zwischenprüfung (mit Vermittlungszeitraum in Monaten)	Nach der Zwischenprüfung (mit Vermittlungszeitraum in Monaten)	Bemerkungen (z. B. Grund für Änderung oder Verschiebung, Ergänzung durch Überbetriebliche Ausbildung, externe oder interne Fortbildung, Hospitationen)	Datum der Vermittlung/ Erledigtvermerk
1.	Der Ausbildungsbetrieb					
1.1	Berufsbildung, Arbeits- und Tarifrecht (§ 4 Nr. 1.1)	a) Bedeutung des Ausbildungsvertrages, insbesondere Abschluss, gegenseitige Rechte und Pflichten, Dauer und Beendigung erklären	2–4			
		b) Inhalte der Ausbildungsordnung und den betrieblichen Ausbildungsplan erläutern				
		c) die im Ausbildungsbetrieb geltenden Regelungen über Arbeitszeit, Vollmachten und Weisungsbefugnisse beachten				
		d) wesentliche Bestimmungen der für den Ausbildungsbetrieb geltenden Tarifverträge und arbeitsrechtlichen Vorschriften beschreiben				
		e) wesentliche Inhalte des Arbeitsvertrages erläutern		2–4		
		f) lebensbegleitendes Lernen als Voraussetzung für berufliche und persönliche Entwicklung nutzen und berufsbezogene Fortbildungsmöglichkeiten ermitteln		4–5		

1.2	Stellung des Ausbildungsbetriebes im Gesundheitswesen; Anforderungen an den Beruf (§ 4 Nr. 1.2)	a) Aufgaben, Struktur und rechtliche Grundlagen des Gesundheitswesens und seiner Einrichtungen sowie Einordnung in das System sozialer Sicherung in Grundzügen erläutern b) Formen der Zusammenarbeit im Gesundheitswesen an Beispielen aus dem Ausbildungsbetrieb erklären	2–4		
		c) soziale Aufgaben eines medizinischen Dienstleistungsberufes und ethische Anforderungen darstellen d) Belastungssituationen im Beruf erkennen und bewältigen	4–6		
…		…	…	…	…

Die betrieblichen Ausbildungspläne stellen somit eine Konkretisierung bzw. Umsetzung der Ausbildungsrahmenpläne in die gesundheitsbetriebliche Praxis dar. Ihnen kommt
dadurch eine hohe Bedeutung zu, denn sie strukturieren die Ausbildung, insofern als in
ihnen festgelegt wird, zu welchen Zeitpunkten im Verlaufe der Ausbildung und wie lange
die Auszubildenden bestimmten Abteilungen oder Fachkräften im Gesundheitsbetrieb zugeordnet werden und welche Tätigkeiten sie dort ausüben bzw. welche Fähigkeiten, Kompetenzen und Fertigkeiten sie dort erwerben (vgl. Bundesinstitut für Berufsbildung 2018,
S. III ff.).

Da für einige Ausbildungen die entsprechenden Regelungen des jeweiligen Gesetzes
maßgeblich sind (siehe auch Abschn. 1.2.1), gelten auch hinsichtlich der Ausbildungsplanung vergleichbare Vorgaben. So sieht beispielsweise das Pflegeberufegesetz (PflBG) vor,
dass der Träger der praktischen Ausbildung verpflichtet ist, die Ausbildung in einer durch
ihren Zweck gebotenen Form auf der Grundlage des Ausbildungsplans zeitlich und sachlich gegliedert so durchzuführen, dass das Ausbildungsziel in der vorgesehenen Zeit erreicht werden kann (vgl. § 18 PflBG),

5.2 Abschluss- und Zwischenprüfungen

Nach dem Berufsbildungsgesetz (BBiG) sind in den anerkannten Ausbildungsberufen im
Gesundheitswesen Abschlussprüfungen durchzuführen. Diese können im Falle des Nicht-
bestehens zweimal wiederholt werden, mit folgender Einschränkung: Wenn die **Abschlussprüfung** in zwei zeitlich auseinander fallenden Teilen durchgeführt wird, ist der
erste Teil der Abschlussprüfung nicht eigenständig wiederholbar.

Den Ausbildenden werden auf deren Verlangen die Ergebnisse der Abschlussprüfung
der Auszubildenden übermittelt. Wird die Abschlussprüfung in zwei zeitlich auseinander fallenden Teilen durchgeführt, ist das Ergebnis der Prüfungsleistungen im ersten Teil
der Abschlussprüfung dem Prüfling schriftlich mitzuteilen. Auch ist dem Prüfling ein
Zeugnis auszustellen, dem auf Antrag der Auszubildenden eine englischsprachige und
eine französischsprachige Übersetzung beizufügen ist. Das Ergebnis berufsschulischer
Leistungsfeststellungen kann auf Antrag der Auszubildenden auf dem Zeugnis ausge-
wiesen werden. Für die Auszubildenden ist die Abschlussprüfung gebührenfrei (vgl.
§ 37 BBiG).

Die Abschlussprüfung hat den Zweck festzustellen, ob der Prüfling die berufliche
Handlungsfähigkeit erworben hat. Er soll in ihr nachweisen, dass er die erforderlichen
beruflichen Fertigkeiten beherrscht, die notwendigen beruflichen Kenntnisse und Fähigkeiten besitzt und mit dem im Berufsschulunterricht zu vermittelnden, für die Berufsausbildung wesentlichen Lehrstoff vertraut ist. Dabei ist die jeweilige Ausbildungsordnung
zugrunde zu legen (vgl. § 38 BBiG).

Für die Abnahme der Abschlussprüfung sind beispielsweise bei den Ärzte- und Zahnärztekammern **Prüfungsausschüsse** eingerichtet, die auch zur Bewertung einzelner, nicht
mündlich zu erbringender Prüfungsleistungen gutachterliche Stellungnahmen Dritter, ins-

besondere berufsbildender Schulen, einholen können (vgl. § 39 BBiG). Ihre Zusammensetzung ist vorgeschrieben (Beauftragte der Arbeitgeber und der Arbeitnehmer in gleicher Zahl sowie mindestens eine Lehrkraft einer berufsbildenden Schule), wobei die Mitglieder für die Prüfungsgebiete sachkundig und für die Mitwirkung im Prüfungswesen geeignet sein müssen. Die Mitglieder werden längstens für fünf Jahre berufen und ihre Tätigkeit im Prüfungsausschuss ist ehrenamtlich, wobei für bare Auslagen und für Zeitversäumnis, soweit eine Entschädigung nicht von anderer Seite gewährt wird, eine angemessene Entschädigung zu zahlen ist (vgl. § 40 BBiG).

Der Prüfungsausschuss fasst Beschlüsse über die Noten zur Bewertung einzelner Prüfungsleistungen, der Prüfung insgesamt sowie über das Bestehen und Nichtbestehen der Abschlussprüfung. Hierzu werden die wesentlichen Abläufe dokumentiert und die für die Bewertung erheblichen Tatsachen festgehalten (vgl. § 42 BBiG).

Die **Zulassung** zur Abschlussprüfung erhält,

- wer die Ausbildungszeit zurückgelegt hat oder wessen Ausbildungszeit nicht später als zwei Monate nach dem Prüfungstermin endet,
- wer an vorgeschriebenen Zwischenprüfungen teilgenommen sowie einen von Ausbildenden und Auszubildenden abgezeichneten Ausbildungsnachweis vorgelegt hat und
- wessen Berufsausbildungsverhältnis in das Verzeichnis der Berufsausbildungsverhältnisse eingetragen oder aus einem Grund nicht eingetragen ist, den weder die Auszubildenden noch deren gesetzliche Vertreter oder Vertreterinnen zu vertreten haben.

Auch ist zuzulassen, wer in einer berufsbildenden Schule oder einer sonstigen Berufsbildungseinrichtung ausgebildet worden ist, wenn dieser Bildungsgang der Berufsausbildung in einem anerkannten Ausbildungsberuf entspricht. Dies ist gegeben, wenn er nach Inhalt, Anforderung und zeitlichem Umfang der jeweiligen Ausbildungsordnung gleichwertig ist, systematisch, insbesondere im Rahmen einer sachlichen und zeitlichen Gliederung, durchgeführt wird und durch Lernortkooperation einen angemessenen Anteil an fachpraktischer Ausbildung gewährleistet (vgl. § 43 BBiG).

Wird die Abschlussprüfung in zwei zeitlich auseinander fallenden Teilen durchgeführt, ist über die Zulassung jeweils gesondert zu entscheiden (vgl. § 44 BBiG).

Wenn ihre Leistungen dies rechtfertigen, können Auszubildende nach Anhörung der Ausbildenden und der Berufsschule vor Ablauf ihrer Ausbildungszeit zur Abschlussprüfung zugelassen werden. Eine Zulassung erhält auch wer nachweist, dass er mindestens das Eineinhalbfache der Zeit, die als Ausbildungszeit vorgeschrieben ist, in dem Beruf tätig gewesen ist, in dem die Prüfung abgelegt werden soll, wobei als Zeiten der Berufstätigkeit auch Ausbildungszeiten in einem anderen, einschlägigen Ausbildungsberuf gelten. Von dieser Mindestzeit kann ganz oder teilweise abgesehen werden, wenn durch Vorlage von Zeugnissen oder auf andere Weise glaubhaft gemacht wird, dass der Bewerber oder die Bewerberin die berufliche Handlungsfähigkeit erworben hat, die die Zulassung zur Prüfung rechtfertigt. Zu berücksichtigen sind auch ausländische Bildungsabschlüsse und Zeiten der Berufstätigkeit im Ausland (vgl. § 45 BBiG).

Bei der Entscheidung über die Zulassung darf Auszubildenden, die Elternzeit in Anspruch genommen haben, kein Nachteil hieraus erwachsen (vgl. § 46 BBiG).

Für die Abschlussprüfung ist beispielsweise von den Ärzte- und Zahnärztekammern als zuständige Stellen auch eine **Prüfungsordnung** zu erlassen (vgl. Tab. 5.3), die die Zulassung, die Gliederung der Prüfung, die Bewertungsmaßstäbe, die Erteilung der Prüfungszeugnisse, die Folgen von Verstößen gegen die Prüfungsordnung und die Wiederholungsprüfung regelt (vgl. § 47 BBiG).

Zur Ermittlung des Ausbildungsstandes ist während der Berufsausbildung eine **Zwischenprüfung** entsprechend der jeweiligen Ausbildungsordnung durchzuführen (vgl. § 48 BBiG).

Zur **Prüfungsvorbereitung** auf die Abschlussprüfung, die Zwischenprüfung bzw. die praktische Prüfung und zu Übungszwecken werden den Gesundheitsbetrieben und ihren Auszubildenden häufig Aufgabenbeispiele und Musterprüfungen angeboten.

Beispiel

Beispielsweise bietet die Bayerische Landeszahnärztekammer als Aufgabenbeispiel Abrechnungswesen/Privatliquidation ab der Sommerabschlussprüfung 2018 folgende Musteraufgabe an (vgl. Bayerische Landeszahnärztekammer 2019, S. 1):

„Beachten Sie den kleinen und großen Gebührenrahmen. Rechnen Sie grundsätzlich mit dem Schwellenwert und bei entsprechender Begründung mit dem jeweils höchsten Faktor ab.

10.09.2017	24	Infiltrationsanästhesie
		Verbrauch einer Ampulle Anästhesielösung
		Trepanation
		Entfernung des hochgradig infizierten Pulpagewebes, bei erhöhtem Schwierigkeitsgrad
		Aufbereitung der stark gekrümmter Wurzelkanäle, zeitintensiv mit drei Nickel-Titan-Feilen
		Röntgenmessaufnahme, erschwert durch starken Brech- und Würgereiz
		…
10.11.2017		Abformungen beider Kiefer für Situationsmodelle und einfache Bissfixierung mit Alginat
		…
30.11.2017	24	Eingliederung einer vollverblendeten Krone, Hohlkehlpräparation
		Bei der Präparation lag ein erhöhter Schwierigkeitsgrad aufgrund aufwändiger Darstellung der Präparationsgrenze im subgingivalen Bereich vor.
		…
25.12.2017		Patient erscheint im Notdienst mit einer Schneidekantenfraktur am Zahn 41
		symptombezogene Untersuchung
		Beratung über den Wiederaufbau der Schneidekante
	41	Röntgenaufnahme wegen Schneidekantenfraktur"

Tab. 5.3 Inhalte der Musterprüfungsordnung der Bundesärztekammer für die Durchführung von Abschlussprüfungen im Ausbildungsberuf des/der Medizinischen Fachangestellten (Bundesärztekammer 2006, S. 1 ff.)

Ziff.	Abschnitt	Inhalt
I	Prüfungsausschüsse	
§ 1		Errichtung
§ 2		Zusammensetzung und Berufung
§ 3		Auschluss/Befangenheit
§ 4		Vorsitz, Beschlussfähigkeit, Abstimmung
§ 5		Geschäftsführung
§ 6		Verschwiegenheit
II	Vorbereitung der Prüfung	
§ 7		Prüfungstermine
§ 8		Zulassungsvoraussetzungen für die Abschlussprüfung
§ 9		Zulassungsvoraussetzungen in besonderen Fällen
§ 10		Anmeldung zur Prüfung
§ 11		Entscheidung über die Zulassung
§ 12		Regelung für behinderte Menschen
III	Durchführung der Prüfung	
§ 13		Prüfungsgegenstand
§ 14		Inhalt und Gliederung der Prüfung
§ 15		Prüfungsaufgaben
§ 16		Nichtöffentlichkeit
§ 17		Leitung und Aufsicht
§ 18		Ausweispflicht und Belehrung
§ 19		Täuschungshandlungen und Ordnungsverstöße
§ 20		Rücktritt, Nichtteilnahme
IV	Bewertung, Feststellung und Beurkundung des Prüfungsergebnisses	
§ 21		Bewertung
§ 22		Feststellung des Prüfungsergebnisses
§ 23		Prüfungszeugnis
§ 24		Nicht bestandene Prüfung
V	Wiederholungsprüfung	
§ 25		Wiederholungsprüfung
VI	Schlussbestimmungen	
§ 26		Rechtsbehelfsbelehrung
§ 27		Prüfungsunterlagen
§ 28		Genehmigung, Inkrafttreten

5.3   Ausbildungsbeispiele

5.3.1   Diätassistent/Diätassistentin

Diätassistenten und Diätassistentinnen zählen zu den bundesrechtlich geregelten, nicht-ärztlichen Gesundheitsfachberufen. Im Gesundheitswesen sind sie insbesondere auf folgenden Gebieten tätig:

- Klinische Diätetik und Ernährung: Diät- und Ernährungsberatung im klinischen und ambulanten Sektor sowie die diättherapeutische Einstellung von Patienten (z. B. Enterale Ernährung und Sonderdiäten).
- Administration (Verpflegungsmanagement): Überwachung der praktischen Umsetzung der diättherapeutischen Maßnahmen unter Berücksichtigung der gesetzlichen Vorgaben, wie z. B. der Diätverordnung, in der Küche und Verantwortung des Managements der (Diät)Küche wie z. B. Anleiten des Personals, Kostenkalkulation, Wareneinkauf.
- Public Health (Prävention und Gesundheitsförderung): Entwicklung, Implementierung, Umsetzung und Evaluation von präventiven und die Gesundheit fördernden Maßnahmen (vgl. Verband der Diätassistenten 2019, S. 1).

Wesentliche **Grundlagen** für die Ausbildung zum Diätassistenten/zur Diätassistentin sind das Gesetz über den Beruf der Diätassistentin und des Diätassistenten (Diätassistentengesetz – DiätAssG) und die Ausbildungs- und Prüfungsverordnung für Diätassistentinnen und Diätassistenten (DiätAss-APrV). Im Folgenden sind Auszüge aus dem DiätAssG vom 8. März 1994 (BGBl. I S. 446), das zuletzt durch Artikel 23 des Gesetzes vom 18. April 2016 (BGBl. I S. 886) geändert worden ist, und aus der DiätAss-APrV vom 1. August 1994 (BGBl. I S. 2088), die zuletzt durch Artikel 24 des Gesetzes vom 18. April 2016 (BGBl. I S. 886) geändert worden ist, wiedergegeben.

Das **Ausbildungsziel** ist folgendermaßen formuliert: Die Ausbildung soll entsprechend der Aufgabenstellung des Berufs insbesondere die Kenntnisse, Fähigkeiten und Fertigkeiten vermitteln, die zur eigenverantwortlichen Durchführung diättherapeutischer und ernährungsmedizinischer Maßnahmen auf ärztliche Anordnung oder im Rahmen ärztlicher Verordnung wie dem Erstellen von Diätplänen, dem Planen, Berechnen und Herstellen wissenschaftlich anerkannter Diätformen befähigen sowie dazu, bei der Prävention und Therapie von Krankheiten mitzuwirken und ernährungstherapeutische Beratungen und Schulungen durchzuführen (vgl. § 3 DiätAssG).

Die **Ausbildungsdauer** beträgt drei Jahre und besteht aus theoretischem und praktischem Unterricht und einer praktischen Ausbildung. Sie wird durch staatlich anerkannte Schulen vermittelt und schließt mit der staatlichen Prüfung ab. Schulen, die nicht an einem Krankenhaus eingerichtet sind, haben die praktische Ausbildung im Rahmen einer Regelung mit einem Krankenhaus oder anderen geeigneten medizinischen Einrichtungen sicherzustellen (vgl. § 4 DiätAssG). Auf die Ausbildungsdauer werden angerechnet Ferien

und Unterbrechungen durch Schwangerschaft, Krankheit oder aus anderen, von der Schülerin oder vom Schüler nicht zu vertretenden Gründen bis zur Gesamtdauer von zwölf
Wochen, bei verkürzter Ausbildung bis zu höchstens vier Wochen je Ausbildungsjahr. Auf
Antrag können auch darüber hinausgehende Fehlzeiten berücksichtigt werden, soweit eine
besondere Härte vorliegt und das Ausbildungsziel durch die Anrechnung nicht gefährdet
wird. Einschränkungen der Anrechnung gibt es für die Dauer der Ausbildung im Krankenhaus (vgl. § 6 DiätAssG). Auch kann auf Antrag eine andere Ausbildung im Umfang ihrer
Gleichwertigkeit auf die Dauer der Ausbildung angerechnet werden, wenn die Durchführung der Ausbildung und die Erreichung des Ausbildungsziels dadurch nicht gefährdet
werden(vgl. § 7 DiätAssG).

Ausbildungsvoraussetzungen für den Zugang zur Ausbildung sind:

- die gesundheitliche Eignung zur Ausübung des Berufs und
- der Realschulabschluss oder eine gleichwertige Ausbildung oder eine andere abgeschlossene zehnjährige Schulbildung, die den Hauptschulabschluss erweitert, oder eine
  nach Hauptschulabschluss oder einem gleichwertigen Abschluss abgeschlossene Berufsausbildung von mindestens zweijähriger Dauer(vgl. § 5 DiätAssG).

Die dreijährige Ausbildung für Diätassistentinnen und Diätassistenten umfasst folgende
Ausbildungsinhalte: Einen theoretischen und praktischen Unterricht von 3050 Stunden
sowie eine praktische Ausbildung von 1400 Stunden (vgl. Tab. 5.4). Im Unterricht ist den
Schülern ausreichende Möglichkeit zu geben, die erforderlichen praktischen Fähigkeiten
und Fertigkeiten zu entwickeln und einzuüben. Innerhalb der praktischen Ausbildung findet eine praktische Unterweisung in Krankenhäusern statt. Während dieser Zeit sind die
Schüler mit den dort notwendigen Arbeitsabläufen vertraut zu machen und in solchen Verrichtungen und Fertigkeiten der Krankenpflege und der Ernährungsmedizin praktisch zu
unterweisen, die für ihre Berufstätigkeit von Bedeutung sind. Die praktische Ausbildung
umfasst 700 Stunden Diätetik einschließlich Organisation des Küchenbetriebes, 200 Stunden Koch- und Küchentechnik einschließlich Hygiene, 150 Stunden Diät- und Ernährungsberatung und sieht weitere 120 Stunden zur verteilung vor. Für das Krankenhauspraktikum sind 230 Stunden vorgesehen (vgl. Anlage 1 DiätAss-APrV). Die regelmäßige
und erfolgreiche Teilnahme an den Ausbildungsveranstaltungen ist durch eine Bescheinigung nachzuweisen (vgl. § 1 DiätAss-APrV).

Die staatliche **Prüfung** besteht aus einem schriftlichen, einen mündlichen und einen
praktischen Teil. Sie ist an der Schule abzulegen, an der die Ausbildung abgeschlossen
wird, wobei aus wichtigem Grund Ausnahmen zugelassen werden können (vgl. § 2 Diät-
Ass-APrV). Für die Zulassung zur Prüfung sind folgende Nachweise vorzulegen:

- der Personalausweis oder Reisepass in amtlich beglaubigter Abschrift,
- die Bescheinigung über die Teilnahme an den Ausbildungsveranstaltungen (vgl. § 4
  DiätAss-APrV).

Tab. 5.4 Inhalte des theoretischen und praktischen Unterrichts in der Ausbildung zur Diätassisten-tin/zum Diätassistenten (vgl. Anlage 1 DiätAss-APrV)

Themen	Stunden
Berufs-, Gesetzes- und Staatskunde	40
Berufskunde und Ethik, Geschichte des Berufs	
Das Gesundheitswesen der Bundesrepublik Deutschland und internationale Zusammenarbeit im Gesundheitswesen einschließlich der Gesundheitsprogramme internationaler Organisationen wie insbesondere Weltgesundheitsorganisation und Europarat	
Aktuelle berufs- und gesundheitspolitische Fragen	
Diätassistentengesetz; gesetzliche Regelungen für die sonstigen Berufe des Gesundheitswesens	
Arbeits- und berufsrechtliche Regelungen, soweit sie für die Berufsausübung von Bedeutung sind	
Unfallverhütung, Mutterschutz, Arbeitsschutz	
Einführung in das Krankenhaus-, Seuchen- und Lebensmittelrecht unter besonderer Berücksichtigung der Verordnung über diätetische Lebensmittel	
Strafrechtliche, bürgerlich-rechtliche und öffentlich-rechtliche Vorschriften, die bei der Berufsausübung von Bedeutung sind; Rechtsstellung des Patienten oder seiner Sorgeberechtigten	
Einführung in die Systeme der sozialen Sicherung (Sozialversicherung, Sozialhilfe, Sozialstaatsangebote)	
Die Grundlagen der staatlichen Ordnung in der Bundesrepublik Deutschland	
Wirtschaftsordnung	
Politische Meinungsbildung, politisches Handeln; aktuelle politische Fragen	
EDV, Dokumentation und Statistik	80
Begriffe, Aufbau und Aufgabenstellung von Datenverarbeitungsanlagen	
Grundlagen der Datenverarbeitung	
Grundlagen der Hardware mit Einweisungen und Übungen	
Grundlagen der Software mit praktischen Anwendungen	
Grundlagen des Datenschutzes und der Datensicherung	
Statistische Methoden der Auswertung und deren Interpretation	
Fachbezogene Anwendungen	
Krankenhausbetriebslehre	20
Rechts- und Organisationsformen sowie Trägerschaften von Krankenhäusern	
Planung, Bau und Ausstattung von Krankenhäusern, Krankenhausökologie	
Betrieb von Krankenhäusern einschließlich Leistungsbereiche und Umgang mit Wirtschaftsgütern	
Fachenglisch	40
Fachwortschatz	
Übersetzungsübungen zum Verständnis fachbezogener Texte	

(Fortsetzung)

Tab. 5.4 (Fortsetzung)

Themen			Stunden
Hygiene und Toxikologie			60
	Hygiene		
		Sozialhygiene	
		Gesundheitsvorsorge, Gesundheitserziehung	
		Reinigung, Desinfektion, Sterilisation	
		Individualhygiene	
		Lebensmittel- und Küchenhygiene	
		Krankenhaushygiene und Hospitalismus	
		Umwelthygiene	
		Epidemiologie	
		Ernährung und Mikrobiologie (Bakterien, Viren, Pilze, Würmer, Ungeziefer)	
	Toxikologie		
		Toxische Stoffe in natürlichen Nahrungs- und Genußmitteln	
		Toxische Produkte bei unsachgemäßer Nahrungsmittelzubereitung	
		Toxische Stoffwechselprodukte durch Mikroorganismen	
		Toxische Substanzen in Nahrungsmitteln durch äußere Faktoren	
		Kontamination von Nahrungsmitteln durch Pharmaka und Futtermittelzusätze	
Biochemie der Ernährung			140
	Grundlagen der anorganischen und organischen Chemie		
	Grundlagen biochemischer Prozesse und Reaktionen		
	Chemie der Nährstoffe		
		Kohlenhydrate	
		Lipide	
		Proteine	
		Wasser	
		Mineralstoffe	
		Vitamine	
	Verdauung und Resorption		
		Verdauungsenzyme	
		Hormonale Regulation	
	Intermediärer Stoffwechsel		
		Stoffwechsel der Kohlenhydrate	
		Stoffwechsel der Lipide	
		Stoffwechsel der Proteine	
	Wechselwirkung der Nährstoffe im intermediären Stoffwechsel		

(Fortsetzung)

Tab. 5.4 (Fortsetzung)

Themen	Stunden
Ernährungslehre	150
Geschichte und Entwicklung der Ernährung des Menschen	
Physiologische Grundlagen der Ernährung	.
Körperzusammensetzung	
Regulation der Nahrungsaufnahme	
Energiebedarf	
Nährstoffbedarf und Empfehlung für die Nährstoffzufuhr	
Zusammensetzung der Nahrung	
Übersicht	
Energieliefernde Nahrungsbestandteile, insbesondere Proteine, Lipide, Kohlenhydrate, Alkohol	
Nicht energieliefernde Nahrungsbestandteile, insbesondere Wasser, Vitamine, Mineralstoffe	
Aroma- und Geschmacksstoffe	
Ernährungsphysiologische Beurteilung von Nahrungsmitteln	
Stoffe zur Nahrungsergänzung	
Ernährung bestimmter Bevölkerungsgruppen	
Säuglinge und Kleinkinder	
Schulkinder und Jugendliche	
Schwangere und Stillende	
Ältere Menschen	
Sportler	
Vegetarier	
Ernährungsvorschriften in verschiedenen Religionen	
Sonstige Bevölkerungsgruppen	

(Fortsetzung)

Tab. 5.4 (Fortsetzung)

Themen	Stunden
Lebensmittelkunde und Lebensmittelkonservierung	190
Lebensmittelkunde	
Milch und Milchprodukte, Käse	
Eier	
Fleisch und Fleischwaren	
Fisch und Fischwaren	
Speisefette und Öle	
Speiseeis	
Getreide- und Getreideerzeugnisse, Brot	
Gemüse und Gemüseerzeugnisse, Pilze, Hülsenfrüchte	
Obst und Obsterzeugnisse	
Alkoholfreie, alkoholhaltige und alkaloidhaltige Getränke	
Zucker, Honig und Süßwaren	
Kräuter und Gewürze	
Lebensmittel für besondere Ernährungszwecke	
Zusatzstoffe	
Neue Entwicklungen im Lebensmittelsektor	
Lebensmittelkonservierung	
Bedeutung der Nahrungsmittelkonservierung	
Ursachen für Nahrungsmittelverderb	
Physikalische Konservierungsverfahren	
Chemische Konservierungsverfahren	
Anatomie	50
Strukturelemente, Richtungsbezeichnungen und Körperorientierungen	
Bewegungssystem	
Herz- und Kreislaufsystem	
Atmungssystem	
Verdauungssystem	
Urogenitalsystem	
Endokrinologisches System	
Nervensystem und Sinnesorgane	
Haut und ihre Anhangsorgane	

(Fortsetzung)

Tab. 5.4 (Fortsetzung)

Themen	Stunden
Physiologie	60
Grundlagen der Zellphysiologie	
Atmung	
Verdauung	
Blut und Herz-Kreislaufsystem	
Elektrolythaushalt und Wasser	
Säure-Basen-Haushalt	
Regulationsmechanismen	
Nervensystem und Sinnesorgane	
Zusammenwirken der Organsysteme	
Allgemeine Krankheitslehre	30
Gesundheit, Krankheit, Krankheitsursachen, Krankheitszeichen, Krankheitsverlauf	
Vererbung, Konstitution, Disposition	
Humangenetik und Gentechnik	
Pathologie der Zelle, Wachstum und seine Störungen, Tumore, Entwicklungsstörungen	
Örtliche und allgemeine Kreislaufstörungen, Blutungen	
Entzündungen, Erkrankungen des Immunsystems	
Prozess des Alterns	
Spezielle Krankheitslehre und Ernährungsmedizin	120
Erkrankungen des Verdauungstraktes einschließlich Leber und Bauchspeicheldrüse, Zustand nach gastroenteralen Operationen	
Erkrankungen der Niere und ableitenden Harnwege	
Erkrankungen von Herz, Kreislauf und Atmung	
Erkrankungen des Stoffwechsels, insbesondere Diabetes mellitus	
Störungen im Wasser- und Elektrolythaushalt	
Immunologische, allergologische und rheumatische Erkrankungen	
Endokrinologische Erkrankungen	
Hämatologische und onkologische Erkrankungen	
Infektionserkrankungen	
Fachbezogene neurologische und dermatologische Erkrankungen	
Pädiatrische Erkrankungen	
Schwangerschaftskomplikationen	
Fehlernährung einschließlich Adipositas, Bulimie, Anorexia nervosa	
Prä- und postoperative Ernährung	
Erste Hilfe	20
Allgemeines Verhalten bei Notfällen	
Erstversorgung von Verletzten	
Blutstillung und Wundversorgung	
Maßnahmen bei Schockzuständen und Wiederbelebung	
Versorgung von Knochenbrüchen	
Transport von Verletzten	
Verhalten bei Arbeitsunfällen und sonstigen Notfällen	

(Fortsetzung)

Tab. 5.4 (Fortsetzung)

Themen		Stunden
Diätik		1000
Entwicklung und Bedeutung der Diätetik		
Möglichkeiten und Grenzen der Ernährungstherapie		
Aufstellen, Berechnen und Standardisieren von Tages- und Wochenspeiseplänen		
Integrieren von Ernährungs- und Diätplänen in das Verpflegungsangebot einer Klinik		
Auswahl therapiegerechter Nahrungsmittel		
Zubereiten von Speisen unter qualitätssichernden Kriterien		
Dokumentieren von ernährungs- und diättherapeutischen Maßnahmen		
Planen, Berechnen, Durchführen und Überwachen von ernährungs- und diättherapeutischen Maßnahmen nach ärztlicher Verordnung bei		
	Erkrankungen des Mund- und Rachenraums, Ösophagus, Magens, Darms, der Leber, Gallenwege und Bauchspeicheldrüse; Zustand nach gastroenteralen Operationen	
	Stoffwechselerkrankungen, insbesondere Diabetes mellitus, Hyperlipoproteinämie, Hyperurikämie und Gicht	
	Erkrankungen des Kreislaufs, des Herzens und der Atemwege, insbesondere Hypertonie, Arteriosklerose, Herzinfarkt, Herzinsuffizienz	
	Nieren- und Harnwegserkrankungen, insbesondere Niereninsuffizienz, Nephrolithiasis, Nephrotisches Syndrom	
	Endokrinologischen Erkrankungen	
	Immunologischen, allergologischen und rheumatischen Erkrankungen	
	Hämatologischen und onkologischen Erkrankungen	
	Infektionserkrankungen	
	Neurologischen Erkrankungen	
	Dermatologischen Erkrankungen und nach Verbrennungen	
	Pädiatrischen Erkrankungen einschließlich angeborenen Stoffwechselerkrankungen	
	Schwangerschaftskomplikationen	
	Fehlernährung einschließlich Adipositas, Bulimie und Anorexia nervosa	
Enterale und parenterale Ernährung		
Prä- und postoperative Ernährung		
Diagnostische und Eliminationsdiäten		
Vegetarische Ernährung und Außenseiterdiäten unter Krankheitsbedingungen		

(Fortsetzung)

Tab. 5.4 (Fortsetzung)

Themen	Stunden
Koch- und Küchentechnik	380
Vorbereitungstechniken	
Zubereitungs-, Nachbereitungsarten	
Nährstofferhaltung	
Küchenfachausdrücke	
Fachgerechtes Verarbeiten von Fleisch, Fisch, Milch und Milchprodukten, Käse, Eiern, Getreide und Getreideerzeugnissen, Backwaren, Kartoffeln, Gemüse, Pilzen, Hülsenfrüchten, Obst und Convenience-Produkten	
Küchentechnische Verwendung von Kräutern und Gewürzen	
Anrichten von Speisen	
Kriterien zur Beurteilung der Lebensmittelqualitäten	
Mengenlehre	
Rezepturen	
Speisenplanung und Menükunde	
Getränkekunde	
Arbeits- und Zeitplanung	
Wirtschaftlicher Umgang mit Lebensmitteln	
Küchentechnische Gerätekunde	
Werkstoffkunde	
Ernährungswirtschaft	40
Grundbegriffe der Wirtschaftslehre	
Wirtschaftssysteme	
Landwirtschaft als Wirtschaftsfaktor	
Ernährungswirtschaft	
in der Bundesrepublik Deutschland	
in der Europäischen Union	
in der übrigen Welt	
Verbraucherschutz, Verbraucherverbände	
Lebensmittelverarbeitende Betriebe und Lebensmittelchemische Untersuchungsämter einschließlich Besichtigung	
Organisation des Küchenbetriebes	140
Bau und Einrichtung von Großküchen	
Verpflegungs- und Speisenverteilungssysteme	
Grundsätze und Methoden der Arbeitsgestaltung	
Personaleinsatz und Personalführung im Großhaushalt	
Verpflegung im Großhaushalt	
Warenbeschaffung und Lagerung	
Speiseplangestaltung im Großhaushalt	
Qualitätssicherung im Großhaushalt	

(Fortsetzung)

Tab. 5.4 (Fortsetzung)

Themen			Stunden
Einführung in die Ernährungspsychologie und die Ernährungssoziologie			80
	Ernährungspsychologie		
		Grundbegriffe, Arbeitsmethoden, Normen, Essverhalten	
		Formen der Wahrnehmung und anderer kognitiver Prozesse sowie deren Entwicklung	
		Motivationsgefüge des Ernährungsverhaltens	
		Lerntheorien und Einflüsse auf das Ernährungsverhalten	
		Gestörtes Essverhalten unter Krankheitsbedingungen und seine Beeinflussung	
		Psychologische Besonderheiten des Kranken	
		Grundlagen der psychologischen Gesprächsführung	
	Ernährungssoziologie		
		Grundbegriffe und Arbeitsmethoden	
		Methoden zur Erfassung des Ernährungsverhaltens	
		Soziale Rollen, Rollenkonflikte, Status, Statussymbole	
		Kommunikation und Kommunikationsstörungen in Gruppen	
		Soziale Determinanten des Ernährungsverhaltens	
Diät- und Ernährungsberatung			250
	Ziel und Aufgaben der Ernährungs- und Diätberatung		
	Anforderungen an den Berater		
	Kommunikation und Kommunikationsstörungen		
	Gesprächsformen in der Ernährungs- und Diätberatung		
	Pädagogische Grundlagen		
	Didaktik und Methodik in der Beratung		
	Erstellen von Beratungskonzepten		
	Planen, Durchführen und Nachbereiten von Gruppen- und Einzelberatungen		
	Dokumentation		
	Ausgewählte Methoden zu Ernährungserhebungen		
Weitere, auf die o. a. Themen zu verteilende Stunden			160

Der schriftliche Teil der Prüfung ist an zwei Tagen durchzuführen und umfasst folgende Fächergruppen:

- Berufs-, Gesetzes- und Staatskunde; Anatomie; Physiologie; Biochemie der Ernährung; Ernährungslehre; Lebensmittelkunde und Lebensmittelkonservierung; Koch- und Küchentechnik;
- Diätetik; spezielle Krankheitslehre und Ernährungsmedizin.

In beiden Fachgruppen sind in jeweils einer Aufsichtsarbeit schriftlich gestellte Fragen zu beantworten, wobei die Aufsichtsarbeit in der ersten Fächergruppe 180 Minuten dauert und in der zweiten Fächergruppe 150 Minuten (vgl. § 5 DiätAss-APrV).

Der mündliche Teil der Prüfung umfasst folgende Fächer:

- Diät- und Ernährungsberatung,
- Diätetik,
- Spezielle Krankheitslehre und Ernährungsmedizin,
- Organisation des Küchenbetriebes,
- Hygiene und Toxikologie.

Die Prüflinge werden einzeln oder in Gruppen bis zu fünf geprüft, wobei im ersten Fach nicht länger als zwanzig Minuten geprüft werden soll und in den übrigen Fächern nicht länger als zehn Minuten (vgl. § 6 DiätAss-APrV).

Der praktische Teil der Prüfung umfasst folgende Fächer:

- Diätetik: der Prüfling hat am Beispiel eines diätetisch zu behandelnden Patienten schriftlich einen Ernährungsplan mit Mahlzeitenfolge für einen Tag aufzustellen. Dabei sind die Berechnungen der Nährstoffe und die Kalkulationen der Preise schriftlich festzuhalten;
- Koch- und Küchentechnik: der Prüfling hat die im Fach Diätetik aufgestellte Mahlzeitenfolge herzustellen, anzurichten und das Herstellungsverfahren zu erläutern;
- Diät- und Ernährungsberatung: der Prüfling hat in einem Beratungsgespräch die Auswahl der von ihm bestimmten Speisen zu begründen und ihre Zusammensetzung, die Mengen sowie den Nährwert zu erläutern und küchentechnische Hinweise zu geben.

Es können ergänzende Fragen gestellt und der praktische Teil der Prüfung kann auf zwei Tage verteilt werden (vgl. § 7 DiätAss-APrV).

Eine Niederschrift ist über die Prüfung anzufertigen, aus der Gegenstand, Ablauf und Ergebnisse der Prüfung und etwa vorkommende Unregelmäßigkeiten hervorgehen (vgl. § 8 DiätAss-APrV). Die Prüfung gilt als insgesamt bestanden, wenn jeder der vorgeschriebenen Prüfungsteile bestanden ist. Über die bestandene staatliche Prüfung wird ein Zeugnis erteilt (vgl. § 10 DiätAss-APrV). Dem Prüfungsteilnehmer ist auf Antrag nach Abschluss der Prüfung Einsicht in seine Prüfungsunterlagen zu gewähren und die schriftlichen

Aufsichtsarbeiten sind drei, Anträge auf Zulassung zur Prüfung und Prüfungsniederschriften sind zehn Jahre aufzubewahren (vgl. § 14 DiätAss-APrV).

5.3.2 Ergotherapeut/Ergotherapeutin

Ergotherapeuten und Ergotherapeutinnen zählen zu den bundesrechtlich geregelten, nichtärztlichen Gesundheitsfachberufen. Sie fördern die geistigen und körperlichen Fähigkeiten oder Funktionen von akut oder chronisch Kranken, Unfall- beziehungsweise Krankheitsgeschädigten, älteren Menschen, Kindern und behinderten Menschen, um deren individuelle Handlungsfähigkeit im motorischen, kognitiven, psychischen und sozialen Bereich zu erhalten oder wieder zu erlangen. Auch Fragen der beruflichen Neuorientierung oder Wiedereingliederung gehören zum Aufgabenfeld der Ergotherapeuten und -therapeutinnen, die oft Kontakte zu den entsprechenden Ämtern, Selbsthilfegruppen oder anderen Hilfsorganisationen knüpfen bzw. vermitteln (vgl. Bundesverband für Ergotherapeuten in Deutschland 2019, S. 1).

Wesentliche **Grundlagen** für die Ausbildung zum Ergotherapeuten/zur Ergotherapeutin sind das Gesetz über den Beruf der Ergotherapeutin und des Ergotherapeuten (Ergotherapeutengesetz – ErgThG) und die Ausbildungs- und Prüfungsverordnung für Ergotherapeutinnen und Ergotherapeuten (Ergotherapeuten-Ausbildungs- und Prüfungsverordnung – ErgThAPrV). Im Folgenden sind beispielhaft Auszüge aus dem ErgThG vom 25. Mai 1976 (BGBl. I S. 1246), das zuletzt durch Artikel 17a des Gesetzes vom 23. Dezember 2016 (BGBl. I S. 3191) geändert worden ist, und aus der ErgThAPrV vom 2. August 1999 (BGBl. I S. 1731), die zuletzt durch Artikel 15 des Gesetzes vom 18. April 2016 (BGBl. I S. 886) geändert worden ist, wiedergegeben.

Die Ausbildung zum Ergotherapeuten/zur Ergotherapeutin wird an staatlich anerkannten Schulen für Ergotherapeuten durchgeführt. Über die **Ausbildungsvoraussetzungen** zur Zulassung verfügt, wer eine abgeschlossene Realschulbildung, eine andere gleichwertige Ausbildung oder eine nach Hauptschulabschluss abgeschlossene Berufsausbildung von mindestens zweijähriger Dauer nachweist (vgl. § 4 ErgThG).

Auf die dreijährige **Ausbildungsdauer** werden angerechnet Unterbrechungen durch Ferien und Unterbrechungen durch Schwangerschaft, Krankheit oder aus anderen, vom Auszubildenden nicht zu vertretenden Gründen bis zur Gesamtdauer von zwölf Wochen. Auf Antrag kann eine andere Ausbildung im Umfange ihrer Gleichwertigkeit auf die Ausbildung für Ergotherapeuten angerechnet werden, wenn die Durchführung der Ausbildung und die Erreichung des Ausbildungsziels dadurch nicht gefährdet werden. Mit mindestens einem Jahr ist eine nach bundesgesetzlichen Vorschriften abgeschlossene Ausbildung als Krankengymnast oder Physiotherapeut oder eine nach landesrechtlichen Vorschriften abgeschlossene Ausbildung als Erzieher anzurechnen (vgl. § 4 ErgThG).

Die Ausbildung für Ergotherapeutinnen und Ergotherapeuten umfasst mindestens folgende **Ausbildungsinhalte**: Einen theoretischen und praktischen Unterricht von 2700 Stunden sowie eine praktische Ausbildung von 1700 Stunden (vgl. Tab. 5.5). Die Ausbil-

Tab. 5.5 Inhalte des theoretischen und praktischen Unterrichts in der Ausbildung zur Ergotherapeutin/zum Ergotherapeuten (vgl. Anlage 1 ErgThAPrV)

Themen	Stunden
Berufs-, Gesetzes- und Staatskunde	40
Berufskunde und Ethik, Geschichte des Berufs	
Das Gesundheitswesen in der Bundesrepublik Deutschland und internationale Zusammenarbeit im Gesundheitswesen einschließlich der Gesundheitsprogramme internationaler Organisationen wie insbesondere Weltgesundheitsorganisation und Europarat	
Aktuelle berufs- und gesundheitspolitische Fragen	
Ergotherapeutengesetz; gesetzliche Regelungen für die sonstigen Berufe des Gesundheitswesens und ihre Abgrenzung zueinander	
Arbeits- und berufsrechtliche Regelungen, soweit sie für die Berufsausübung von Bedeutung sind	
Einführung in das Arbeits- und Arbeitsschutzrecht	
Einführung in das Sozial- und Rehabilitationsrecht	
Einführung in das Krankenhaus- und Seuchenrecht sowie das Arznei- und Betäubungsmittelrecht	
Strafrechtliche, bürgerlich-rechtliche und öffentlich-rechtliche Vorschriften, die bei der Berufsausübung von Bedeutung sind; Rechtsstellung des Patienten oder seiner Sorgeberechtigten, Datenschutz	
Die Grundlagen der staatlichen Ordnung in der Bundesrepublik Deutschland	
Fachsprache, Einführung in das wissenschaftliche Arbeiten	80
Einführung in die fachbezogene Terminologie	
Berichten und Beschreiben	
Beurteilen und Charakterisieren	
Referieren und Argumentieren	
Einführung in die Statistik und fachbezogene Anwendung	
Fachenglisch	
Benutzung und Auswertung von deutscher und fremdsprachiger Fachliteratur	
Erarbeiten einer schriftlichen Abhandlung auf der Grundlage einer Problemuntersuchung	
Grundlagen der Gesundheitslehre und Hygiene	30
Gesundheit und ihre Einflussfaktoren	
Gesundheit und Lebensalter	
Maßnahmen der Gesundheitsförderung	
Allgemeine Hygiene, Individualhygiene und Umweltschutz	
Krankheitserreger und übertragbare Krankheiten	
Desinfektion und Sterilisation	

(Fortsetzung)

Tab. 5.5 (Fortsetzung)

Themen	Stunden
Biologie, beschreibende und funktionelle Anatomie, Physiologie	180
Zelle, Zellstoffwechsel und Zellvermehrung	
Vererbungslehre, Humangenetik und Gentechnologie	
Strukturelemente, Richtungsbezeichnungen und Körperorientierungen	
Stütz- und Bewegungsapparat	
Herz- und Blutgefäßsystem	
Atmungssystem	
Verdauungssystem	
Urogenitalsystem	
Nervensystem und Sinnesorgane	
Haut und Hautanhangsorgane	
Endokrinologisches System	
Allgemeine Krankheitslehre	30
Gesundheit, Krankheit, Krankheitsursachen, Krankheitszeichen, Krankheitsverlauf	
Pathologie der Zelle, Wachstum und seine Störungen, Entwicklungsstörungen	
Örtliche und allgemeine Kreislaufstörungen, Blutungen	
Entzündungen, Ödeme, Erkrankungen des Immunsystems	
Spezielle Krankheitslehre einschließlich diagnostischer, therapeutischer, präventiver und rehabilitativer Maßnahmen sowie psychosozialer Aspekte	280
Orthopädie	
Rheumatologie	
Innere Medizin und Geriatrie	
Chirurgie/Traumatologie	
Onkologie	
Neurologie einschließlich der neuropsychologischen Störungen	
Psychosomatik	
Psychiatrie/Gerontopsychiatrie	
Kinder- und Jugendpsychiatrie einschließlich der Grundlagen der Normalentwicklung	
Pädiatrie und Neuropädiatrie einschließlich der intrauterinen und der statomotorischen Entwicklungen	
Arzneimittellehre	20
Herkunft, Bedeutung und Wirkung von Arzneimitteln	
Arzneiformen und ihre Verabreichung	
Umgang mit Arzneimitteln	
Arzneimittelgruppen und Zuordnung ausgewählter Arzneimittel	
Grundkenntnisse der Pharmakologie und Toxikologie	
Grundlagen der Arbeitsmedizin	30
Arbeitsphysiologie	
Ergonomie	
Arbeitsplatzbedingungen	
Arbeitsplatzanalyse	
Gewerbehygiene	
Berufsbelastungen und Berufserkrankungen	

(Fortsetzung)

Tab. 5.5 (Fortsetzung)

Themen	Stunden
Erste Hilfe	20
Allgemeines Verhalten bei Notfällen	
Erstversorgung von Verletzten	
Blutstillung und Wundversorgung	
Maßnahmen bei Schockzuständen und Wiederbelebung	
Versorgung von Knochenbrüchen	
Transport von Verletzten	
Verhalten bei Arbeitsunfällen und sonstigen Notfällen	
Psychologie und Pädagogik	210
Grundbegriffe und Grundfragen der Pädagogik	
Notwendigkeit und Möglichkeit von Erziehung und Lernen	
Lehren und Lernen im pädagogischen Bezug	
Funktion von Erziehungszielen	
Erziehungsmaßnahmen und Erziehungsstile	
Pädagogische Aspekte der therapeutischen Arbeit	
Grundbegriffe und Grundfragen der Psychologie	
Allgemeine und Entwicklungspsychologie	
Hauptperioden der kognitiven, emotionalen und sozialen Entwicklung	
Denken und Sprache	
Lernen einschließlich soziales Lernen	
Motivationen und Emotionen	
Pädagogische Konsequenzen und ergotherapeutische Ansätze einschließlich praktischer Übungen	
Sozialpsychologie und Persönlichkeitspsychologie	
Persönlichkeitsmodelle	
Personenwahrnehmung	
Interaktion in Gruppen	
Einstellungen	
Pädagogische Konsequenzen und ergotherapeutische Ansätze einschließlich praktischer Übungen	
Grundbegriffe der Psychotherapie	
Pädagogische Konsequenzen und Bedeutung für die Ergotherapie	
Arbeits- und Betriebspsychologie; Organisationspsychologie; berufliche Sozialisation aus soziologischer und psychologischer Sicht	
Bedeutung und Funktion der Arbeit in der Gesellschaft	
Arbeit und Persönlichkeitsentwicklung	
Personale Schwierigkeiten im Arbeits- und Anpassungsprozess	
Grundlagen der Organisationspsychologie	
Arbeit und Behinderung	
Behindertenpädagogik	40
Geschichte der Behindertenpädagogik	
Systematik der Behinderungen	
Familie und Behinderung	
Sonderpädagogische Diagnostik	
Ergotherapeutische Aufgaben	

(Fortsetzung)

Tab. 5.5 (Fortsetzung)

Themen	Stunden
Medizinsoziologie und Gerontologie	70
Medizinsoziologie	
Naturwissenschaftliches und sozialwissenschaftliches Krankheitsverständnis	
Institutssoziologie und Rollensoziologie	
Gesellschaftliche Bewertung von chronischer Krankheit und Behinderung	
Verarbeitung und Bewältigung von Krankheit und Behinderung	
Gerontologie	
Alterstheorien	
Ansprüche, Möglichkeiten und Grenzen im Alter, Glaubens- und Sinnfragen	
Veränderung der Rollen, Selbst- und Fremdbilder im Alter	
Veränderung der geistigen Fähigkeiten	
Handwerkliche und gestalterische Techniken mit verschiedenen Materialien	500
Material- und Werkzeugkunde	
Arbeitstechniken	
Konstruktiv strukturierende Elemente	
Gestalterisch kreative Elemente	
Arbeitsprozesse	
Einfache und komplexe Aufgabenstellungen	
Einzelarbeit und Gruppenarbeit	
Arbeiten nach Anleitung und freies Planen	
Selbstständige Erarbeitung einer Technik	
Manuelle und maschinelle Arbeit	
Arbeitsorganisation einschließlich Planung, Vorbereitung, Arbeitsplatzgestaltung, Ergonomie	
Therapeutische Anwendung der Techniken und Patientenanleitung, Kriterien für die Therapierelevanz einer handwerklichen Technik	
Spiele, Hilfsmittel, Schienen und technische Medien	200
Spiele und ihr therapeutischer Einsatz	
Selbsterarbeitete und adaptierte Spiele	
Rollstühle, Hilfsmittel und Schienen	
Grundkenntnisse über Hilfsmittel und Rollstühle	
Selbsterfahrung mit Hilfsmitteln und Rollstühlen	
Herstellung und Adaption von Hilfsmitteln	
Schienenkunde	
Schienenherstellung, Veränderung standardisierter Schienen	
Technische Medien und ihr Einsatz	
Audiovisuelle Medien und ihre therapeutische Bedeutung	
Grundlagen der Computertechnik	
EDV und ergotherapeutische Dokumentation	
Ergotherapeutisch relevante Software und ihre Anwendung	
Adaption von elektronischen Hilfen für die Arbeit am Computer und ihre therapeutische Anwendung	

(Fortsetzung)

Tab. 5.5 (Fortsetzung)

Themen	Stunden
Grundlagen der Ergotherapie	140
Bedeutung medizinischer und sozialwissenschaftlicher Grundlagen für die Ergotherapie	
Konzeptionelle Modelle der Ergotherapie	
Selbstwahrnehmung	
Lernen über Handeln, handlungstheoretische Ansätze	
Vermittlung und Anleitung	
Grundlagen therapeutischer Arbeit mit Gruppen	
Einführung in die klientenzentrierte Gesprächsführung	
Therapeutisches Handeln	
Therapeutische Rolle und Persönlichkeit	
Unterstützung, Beratung und Einbeziehung von Angehörigen in die Therapie	
Grundlagen der Qualitätssicherung; Struktur, Prozess- und Ergebnisqualität	
Schlüsselqualifikationen für die Teamarbeit	
Motorisch-funktionelle Behandlungsverfahren	100
Theoretische Grundlagen	
Funktionelle Bewegungslehre	
Körperliche Beeinträchtigung und deren psychische Ursachen und Folgen	
Befunderhebung, Diagnostik und Dokumentation	
Standardisierte Testverfahren, beobachtende Verfahren	
Sicht- und Tastbefund, Muskelfunktionsprüfung, Sensibilitätsprüfung, Gelenkmessung	
Bewegungsanalyse	
Methoden und Durchführungsmodalitäten	
Gelenkmobilisation	
Muskelkräftigung	
Koordinationstraining	
Belastungstraining	
Sensibilitätstraining	
Neurophysiologische Behandlungsverfahren	100
Theoretische Grundlagen der sensomotorischen Entwicklung und sensorische Integration	
Verständnis der Wahrnehmungsprozesse	
Neurophysiologische Behandlungskonzepte im Überblick	
Befunderhebung, Diagnostik und Dokumentation	
Bewegungs- und Entwicklungsanalyse, Reflexstatus	
Standardisierte Testverfahren und klinische Beobachtung	
Methoden und Durchführungsmodalitäten	
Grundlagen verschiedener Behandlungskonzepte, wie nach Bobath, Affolter, Ayres, Perfetti	
Praktische Anwendung bei Kindern und Erwachsenen	

(Fortsetzung)

Tab. 5.5 (Fortsetzung)

Themen	Stunden
Neuropsychologische Behandlungsverfahren	100
Theoretische Grundlagen	
Neuropsychologische Funktionen und Störbilder	
Funktionelle Bedeutung der höheren kortikalen Funktionen des Menschen	
Unterschiede bei erworbenen und angeborenen Schädigungen	
Befunderhebung, Diagnostik und Dokumentation	
Standardisierte Testverfahren, beobachtende Verfahren, computergesteuerte Meßverfahren	
Ergotherapeutische Funktionsanalysen und Testverfahren	
Methoden und Durchführungsmodalitäten	
Hirnleistungstraining	
Training der Kulturtechniken	
Realitätsorientierungstraining	
Geistiges Aktivierungstraining	
Psychosoziale Behandlungsverfahren	100
Theoretische Grundlagen	
Individualgenetisch deutende Verfahren	
Kommunikativ spiegelnde Verfahren	
Lerntheoretisch trainierende Verfahren	
Theorie zur Gruppendynamik	
Multidimensionale Krankheits- und Therapiekonzepte von Psychosen	
Befunderhebung, Diagnostik und Dokumentation	
Erhebung und Auswertung von Informationen; sozial Anamnese	
Verhaltensbeobachtung auf der Handlungs- und Beziehungsebene sowie im individuellen Ausdruck	
Analyse und Gewichtung der Prozesse, ihrer Resultate und Produkte	
Methoden und Durchführungsmodalitäten	
Symptombezogen-regulierende Methoden	
Subjektbezogen-ausdruckszentrierte Methoden	
Soziozentriert-interaktionelle Methoden	
Kompetenzzentrierte, lebenspraktische und alltagsorientierte Methoden	
Wahrnehmungsbezogene und handlungsorientierte Methoden	
Einbeziehung von angrenzenden psychotherapeutisch orientierten Methoden	

(Fortsetzung)

Tab. 5.5   (Fortsetzung)

Themen	Stunden
Arbeitstherapeutische Verfahren	100
Theoretische Grundlagen	
Historische Ansätze und Entwicklungen der Arbeitstherapie	
Relevante Ansätze, insbesondere aus der Arbeitsphysiologie, Arbeitspsychologie	
Arbeitssoziologie, Verhaltenstherapie und Handlungstheorie	
Ergonomie; Arbeitsplatzgestaltung	
Analyse realer Arbeitsbedingungen für den Einsatz von Behinderten	
Aufbau und Struktur einer Arbeitstherapie im ambulanten, teilstationären und stationären Bereich	
Arbeitstherapie als Element der medizinischen, psychosozialen und beruflichen Rehabilitation	
Befunderhebung, Diagnostik und Dokumentation	
Anforderungs- und Leistungsprofile	
Test- und Analyseverfahren	
Berufs- und Arbeitsanamnese	
Individuelle Arbeitsplatzanalyse	
Beobachten des Arbeitsverhaltens	
Beurteilen des Arbeitsverhaltens und Aussagen zur künftigen Leistungsfähigkeit	
Methoden und Durchführungsmodalitäten	
Förderung von instrumentellen und sozioemotionalen Fertigkeiten	
Stufenweise Förderung in Trainingsgruppen bis zur Wiederaufnahme der Arbeit	
Differenzierte Arbeitstherapieangebote in den verschiedenen medizinischen Bereichen, praktische Umsetzung und Gestaltung	

(Fortsetzung)

Tab. 5.5 (Fortsetzung)

Themen	Stunden
Adaptierende Verfahren in der Ergotherapie	40
Theoretische Grundlagen	
Bedeutung von Selbstständigkeit und Lebensqualität	
Analyse und Anforderungen im Alltag	
Kriterien zu Funktionstraining und Kompensationstechniken	
Hilfsmittel- und Rollstuhlversorgung unter Berücksichtigung der gesetzlichen Grundlagen, der Kostenregelung und des Verordnungsweges	
Befunderhebung, Diagnostik und Dokumentation	
Standardisierte Testverfahren, beobachtende Verfahren	
Ergotherapeutische Funktionsanalyse	
Methoden, Durchführungsmodalitäten	
Funktionstraining und Entwicklung von Kompensationsmöglichkeiten zur Verbesserung von Aktivitäten des täglichen Lebens	
Beratung, Vergabe und Anleitung beim Einsatz spezifischer Hilfsmittel und Rollstühle unter Berücksichtigung der Kostenregelung	
Funktionstraining bei Prothesen und Schienen	
Gelenkschutzunterweisung	
Beratung und Adaption zur Wohnraumanpassung und Arbeitsplatzanpassung	
Prävention und Rehabilitation	40
Theoretische Grundlagen der Prävention und praktische Anwendung	
Einsatz ergotherapeutischer Verfahren in der Prävention; praktische Anwendung	
Theoretische Grundlagen der Rehabilitation	
Einführung in die Rehabilitationspsychologie	
Ziele der Rehabilitation unter Berücksichtigung der unterschiedlichen Behinderungen	
Einrichtungen und Dienste der Rehabilitation	
Rehabilitationsplanung im interdisziplinären Team	
Weitere, auf die o. a. Themen zu verteilende Stunden	250

dung steht unter der Gesamtverantwortung einer Ergotherapeuten-Schule, wobei im Unterricht den Schülern ausreichende Möglichkeit gegeben werden muss, die erforderlichen praktischen Fähigkeiten und Fertigkeiten zu entwickeln und einzuüben. Die praktische Ausbildung ist im Rahmen einer Vereinbarung mit Krankenhäusern oder anderen geeigneten Einrichtungen sicherzustellen. Sie umfasst jeweils 400 Stunden im psychosozialen (psychiatrischen/psychosomatischen), im motorisch-funktionellen, neurophysiologischen oder neuropsychologischen sowie im arbeitstherapeutischen Bereich. Weitere 500 Stunden sind zur Verteilung auf diese Bereiche vorgesehen und jeweils ein praktischer Einsatz soll sich auf die ergotherapeutische Arbeit mit Kindern oder Jugendlichen, mit Erwachsenen und mit älteren Menschen erstrecken (vgl. Anlage 1 ErgThAPrV). Der arbeitstherapeutische Bereich der praktischen Ausbildung soll unter der Anleitung von Ergotherapeutinnen oder Ergotherapeuten durchgeführt werden und der psychosoziale (psychiatrische/psychosomatische) sowie motorisch-funktionelle, neurophysiologische oder neuropsychologische Bereich hat unter der Anleitung von Ergotherapeutinnen oder Ergotherapeuten stattzufinden. Die regelmäßige und erfolgreiche Teilnahme an den Ausbildungsveranstaltungen ist durch eine Bescheinigung nachzuweisen (vgl. § 1 ErgThAPrV).

Die staatliche **Prüfung** besteht aus einem schriftlichen, einen mündlichen und einen praktischen Teil. Sie ist an Schule abzulegen, an der die Ausbildung abgeschlossen wird, wobei aus wichtigem Grund Ausnahmen zugelassen werden können (vgl. § 2 ErgThAprV). Für die Zulassung zur Prüfung sind folgende Nachweise vorzulegen:

- der Personalausweis oder Reisepass in amtlich beglaubigter Abschrift,
- die Bescheinigung über die Teilnahme an den vorgeschriebenen Ausbildungsveranstaltungen (vgl. § 4 ErgThAprV).

Der schriftliche Teil der Prüfung ist an drei Tagen durchzuführen und umfasst folgende Fächer:

- Allgemeine Krankheitslehre; Spezielle Krankheitslehre einschließlich diagnostischer, therapeutischer, präventiver und rehabilitativer Maßnahmen sowie psychosoziale Aspekte; Grundlagen der Arbeitsmedizin;
- Psychologie und Pädagogik; Behindertenpädagogik; Berufs-, Gesetzes- und Staatskunde;
- Motorisch-funktionelle Behandlungsverfahren; Neurophysiologische Behandlungsverfahren; Neuropsychologische Behandlungsverfahren; Psychosoziale Behandlungsverfahren; Arbeitstherapeutische Verfahren.

Aus diesen Fächern sind in je einer Aufsichtsarbeit schriftlich gestellte Fragen zu beantworten, wobei die Aufsichtsarbeiten jeweils 180 Minuten dauern (vgl. § 5 ErgThAprV).

Der mündliche Teil der Prüfung umfasst folgende Fächer:

- Biologie, beschreibende und funktionelle Anatomie, Physiologie,
- Medizinsoziologie und Gerontologie,
- Grundlagen der Ergotherapie.

Die Prüflinge werden einzeln oder in Gruppen bis zu fünf geprüft, wobei ein Prüfling in jedem Fach nicht länger als 15 Minuten geprüft werden soll (vgl. § 6 ErgThAprV).

Der praktische Teil der Prüfung umfasst folgende Aufgabenstellungen:

- Gemäß einem von ihm vorher zu erstellenden Arbeitsplan hat der Prüfling unter Aufsicht ein Werkstück, eine Schiene, ein Hilfsmittel oder einen anderen therapeutischen Gegenstand anzufertigen und die therapeutische Einsatzmöglichkeit zu analysieren und zu begründen. Dieser Prüfungsteil soll an zwei Tagen durchgeführt werden und zwölf Stunden nicht überschreiten.
- Mit einem Patienten oder mit einer Patientengruppe hat der Prüfling eine ergotherapeutische Behandlung durchzuführen, die auf der Grundlage eines schriftlichen Prüfungsberichtes über die ergotherapeutische Befunderhebung, die Behandlungsplanung und deren Durchführung beruht. Für diesen Prüfungsteil sind dem Prüfling die Patienten spätestens vier Tage vor der Prüfung zuzuweisen, wobei die Auswahl der Patienten im Einvernehmen mit dem Patienten und dem für den Patienten verantwortlichen Fachpersonal durch einen Fachprüfer erfolgt, nach der ergotherapeutischen Behandlung in einem Prüfungsgespräch Fragen zum Ablauf der Behandlung sowie dem Prüfungsbericht gestellt werden sollen und die Behandlung und das Gespräch an einem Tag abgeschlossen sein und nicht länger als zwei Stunden dauern sollen (vgl. § 7 ErgThAprV).

Eine Niederschrift ist über die Prüfung anzufertigen, aus der Gegenstand, Ablauf und Ergebnisse der Prüfung und etwa vorkommende Unregelmäßigkeiten hervorgehen (vgl. § 8 ErgThAprV). Die Prüfung gilt als insgesamt bestanden, wenn der schriftliche, der mündliche und der praktische Teil bestanden sind. Über die bestandene staatliche Prüfung wird ein Zeugnis erteilt (vgl. § 10 ErgThAprV). Dem Prüfungsteilnehmer ist auf Antrag nach Abschluss der Prüfung Einsicht in seine Prüfungsunterlagen zu gewähren und die schriftlichen Aufsichtsarbeiten sind drei, Anträge auf Zulassung zur Prüfung und Prüfungsniederschriften sind zehn Jahre aufzubewahren (vgl. § 14 ErgThAprV).

5.3.3 Fachangestellter/Fachangestellte für Bäderbetriebe

Fachangestellte für Bäderbetriebe zählen zu den bundesrechtlich geregelten, nichtärztlichen Gesundheitsfachberufen. Im Gesundheitsbereich sind Fachangestellte für Bäderbetriebe überwiegend in Rehabilitationseinrichtungen im Einsatz. Sie beaufsichtigen Badegäste in verschiedenen Badeeinrichtungen, betreuen Patienten, Kurse und Gruppen,

erteilen Schwimmunterricht, Erste-Hilfe und Notfallhilfe. Fachangestellte für Bäderbetriebe überwachen die technischen Anlagen, führen Wasseranalysen durch und pflegen die
bäder- und reha-technischen Anlagen. Sie arbeiten mit Chemikalien und Gefahrstoffen,
sorgen für Arbeitssicherheit und Umweltschutz (vgl. Deutsche Gesellschaft für das Badewesen 2019, S. 3 ff.).

Wesentliche **Grundlage** für die Ausbildung ist die Verordnung über die Berufsausbildung zum/zur Fachangestellten für Bäderbetriebe (BäderFAngAusbV). Im Folgenden sind
beispielhaft Auszüge aus der BäderFAngAusbV vom 26. März 1997 (BGBl. I S. 740)
wiedergegeben.

Die **Ausbildungsdauer** der staatlich anerkannten Ausbildung zum/zur Fachangestellten für Bäderbetriebe beträgt drei Jahre (vgl. § 2 BäderFAngAusbV).

Die **Ausbildungsinhalte** richten sich nach Ausbildungsrahmenplan und seiner sachlichen und zeitlichen Gliederung (vgl. Tab. 5.6). Eine abweichende Gliederung des Ausbildungsinhaltes ist zulässig, soweit betriebspraktische Besonderheiten die Abweichung erfordern. Die genannten Fertigkeiten und Kenntnisse sind so zu vermitteln, dass der
Auszubildende zur Ausübung einer qualifizierten beruflichen Tätigkeit im Sinne Berufsbildungsgesetzes befähigt wird, die insbesondere selbstständiges Planen, Durchführen
und Kontrollieren einschließt (vgl. § 4 BäderFAngAusbV).

Tab. 5.6 Inhalte des Ausbildungsrahmenplans für die Ausbildung zum/zur Fachangestellten für
Bäderbetriebe (vgl. Anlage BäderFAngAusbV)

Teil des Ausbildungs-/ Berufsbilds	Zu vermittelnde Fertigkeiten und Kenntnisse	Zeitliche Richtwerte
Berufsbildung		
	Bedeutung des Ausbildungsvertrages, insbesondere Abschluss, Dauer und Beendigung, erklären	Während der gesamten Ausbildung zu vermitteln
	gegenseitige Rechte und Pflichten aus dem Ausbildungsvertrag nennen	
	Möglichkeiten der beruflichen Fortbildung nennen	
Aufbau und Organisation des Ausbildungsbetriebes		
	Struktur und Aufgabe von Freizeit- und Badebetrieben beschreiben	Während der gesamten Ausbildung zu vermitteln
	Rechtsform, Aufbau und Ablauforganisation des ausbildenden Betriebes erläutern	
	Beziehungen des ausbildenden Betriebes und seiner Beschäftigten zu Wirtschaftsorganisationen, Fachverbänden, Berufsvertretungen, Gewerkschaften und Verwaltungen nennen	
	Grundlagen, Aufgaben und Arbeitsweise der betriebs-verfassungs- oder personalvertretungsrechtlichen Organe des ausbildenden Betriebes beschreiben	

(Fortsetzung)

Tab. 5.6 (Fortsetzung)

Teil des Ausbildungs-/ Berufsbilds	Zu vermittelnde Fertigkeiten und Kenntnisse	Zeitliche Richtwerte
Arbeits- und Tarifrecht, Arbeitsschutz		
	über Bedeutung und Inhalt von Arbeitsverträgen Auskunft geben	Während der gesamten Ausbildung zu vermitteln
	Bestimmungen der für den ausbildenden Betrieb geltenden Tarifverträge nennen	
	Aufgaben des betrieblichen Arbeitsschutzes, der zuständigen Unfallversicherung und der Gewerbeaufsicht erläutern	
	Bestimmungen der für den ausbildenden Betrieb geltenden Arbeitsschutzgesetze anwenden	
	Bestandteile der Sozialversicherung sowie Träger und Beitragssysteme aufzeigen	
Arbeitssicherheit, Umweltschutz und rationelle Energieverwendung		
	berufsbezogene Vorschriften der Träger der gesetzlichen Unfallversicherung, insbesondere Unfallverhütungsvorschriften, Richtlinien und Arbeitssicherheitsvorschriften bei den Arbeitsabläufen anwenden Merkblätter, beachten	Während der gesamten Ausbildung zu vermitteln
	geeignete Maßnahmen zur Verhütung von Unfällen im eigenen Arbeitsbereich ergreifen und sich bei Unfällen situationsgerecht verhalten	
	Verhaltensregeln für den Brandfall nennen und Maßnahmen zur Brandbekämpfung ergreifen	
	Gefahren, die von Giften, Gasen, Dämpfen, leicht entzündlichen Stoffen sowie vom elektrischen Strom ausgehen, beachten	
	berufsspezifische Bestimmungen zu Gefahrstoffen und -gütern anwenden	
	Vorschriften zum Schutz der Gesundheit am Arbeitsplatz anwenden	
	zur Vermeidung betriebsbedingter Umweltbelastungen im beruflichen Einwirkungsbereich nach ökologischen Gesichtspunkten beitragen	
	Maßnahmen zur Entsorgung von Abfällen unter Beachtung betrieblicher und sonstiger berufsbezogener Sicherheitsbestimmungen ergreifen	
	zur rationellen Energie- und Materialverwendung im beruflichen Beobachtungs- und Einwirkungsbereich beitragen	

(Fortsetzung)

Tab. 5.6 (Fortsetzung)

Teil des Ausbildungs-/ Berufsbilds	Zu vermittelnde Fertigkeiten und Kenntnisse	Zeitliche Richtwerte
Aufrechterhalten der Betriebssicherheit		
	Rechtsvorschriften und betriebliche Bestimmungen, die für den Betrieb des Bades gelten, anwenden	12 Wochen im ersten Ausbildungsjahr
	Rechtsvorschriften und betriebliche Grundsätze der Hygiene anwenden	
	Mittel, Geräte und Verfahren zur Reinigung und Desinfektion anwenden und deren Auswahl begründen	
	bei der Organisation von Betriebsabläufen des Badebetriebes mitwirken	6 Wochen im zweiten Ausbildungsjahr
	bei der Kontrolle und Beaufsichtigung im Rahmen der Verkehrssicherungspflicht mitwirken	6 Wochen im dritten Ausbildungsjahr
Beaufsichtigen des Badebetriebes		
	Gefahren des Badebetriebes in und an Naturgewässern erläutern	4 Wochen im ersten Ausbildungsjahr
	Rechtsnormen, Verwaltungsvorschriften, Betriebs- und Dienstanweisungen zur Aufsicht im Badebetrieb sowie die Badeordnung anwenden	
	Beaufsichtigung im Badebetrieb, insbesondere im Beckenbereich, durchführen	6 Wochen im zweiten Ausbildungsjahr
	bei Planung und Organisation des Aufsichtsdienstes mitwirken	8 Wochen im dritten Ausbildungsjahr
	bedrohliche Situationen im Badebetrieb feststellen und Sofortmaßnahmen einleiten	
Betreuen von Besuchern		
	Besucher empfangen und informieren	4 Wochen im ersten Ausbildungsjahr
	Konfliktfelder beschreiben und Möglichkeiten zur Konfliktregelung anwenden	
	über notwendige Hygienemaßnahmen beraten	
	Besucherwünsche ermitteln und entsprechende Spiel- und Sportarrangements anbieten	6 Wochen im zweiten Ausbildungsjahr
	Besucher betreuen	4 Wochen im dritten Ausbildungsjahr
	Kommunikationsregeln in verschiedenen beruflichen Situationen anwenden und zur Vermeidung von Kommunikationsstörungen beitragen	

(Fortsetzung)

Tab. 5.6 (Fortsetzung)

Teil des Ausbildungs-/ Berufsbilds	Zu vermittelnde Fertigkeiten und Kenntnisse	Zeitliche Richtwerte
Schwimmen		
	Wettkampftechniken einschließlich Start- und Wendetechniken anwenden	7 Wochen im ersten Ausbildungsjahr
	Techniken des Strecken- und Tieftauchens anwenden	
	Einfachsprünge ausführen	
	theoretischen und praktischen Schwimmunterricht für Anfänger durchführen	7 Wochen im zweiten Ausbildungsjahr
	Schwimmunterricht für Fortgeschrittene durchführen	6 Wochen im dritten Ausbildungsjahr
	Spring- und Tauchunterricht für Anfänger durchführen	
Einleiten und Ausüben von Wasserrettungsmaßnahmen		
	Rettungsmaßnahmen, insbesondere unter Anwendung der Methoden des Rettungsschwimmens, durchführen	6 Wochen im ersten Ausbildungsjahr
	Rettungssituationen erläutern und entsprechende Rettungsmaßnahmen ableiten	7 Wochen im zweiten Ausbildungsjahr
	Rettungsgeräte für Wasserrettungsmaßnahmen warten und einsetzen	7 Wochen im dritten Ausbildungsjahr
Durchführen von Erster Hilfe und Wiederbelebungsmaßnahmen		
	Aufgaben eines Ersthelfers nach den Unfallverhütungsvorschriften des Trägers der gesetzlichen Unfallversicherung ausüben	4 Wochen im ersten Ausbildungsjahr
	Herz-Lungen-Wiederbelebungsmaßnahmen an Personen unterschiedlicher Altersgruppen unter Berücksichtigung der verschiedenen anatomischen Gegebenheiten durchführen	
	Unfallbeteiligte betreuen	2 Wochen im zweiten Ausbildungsjahr
	Herz-Lungen-Wiederbelebung mit einfachem Gerät, insbesondere Beutel- und Balgbeatmer, durchführen	2 Wochen im dritten Ausbildungsjahr
	Verletzten mit und ohne Gerät transportieren	
Messen physikalischer und chemischer Größen sowie Bestimmen von Stoffkonstanten		
	Länge, Masse, Volumen, Temperatur und Druck messen	2 Wochen im ersten Ausbildungsjahr
	die Bedeutung von Schmelzpunkt, Siedepunkt und Dichte erläutern	
	pH-Wert und Hygienehilfsparameter bestimmen	
	Proben unter betrieblichen Bedingungen entnehmen	2 Wochen im dritten Ausbildungsjahr
	Messgeräte zur Überwachung der Wasserqualität handhaben und pflegen	

(Fortsetzung)

Tab. 5.6 (Fortsetzung)

Teil des Ausbildungs-/ Berufsbilds	Zu vermittelnde Fertigkeiten und Kenntnisse	Zeitliche Richtwerte
Kontrollieren und Sichern des technischen Betriebsablaufes		
	Betriebsabläufe durch regelmäßige Kontrolle der bädertechnischen Anlagen und der Betriebszustände sichern	7 Wochen im ersten Ausbildungsjahr
	Arbeits- und Bäderhygiene kontrollieren und sichern	
	Betriebsdaten von Steuer-, Regel- und Sicherheitseinrichtungen prüfen und dokumentieren	8 Wochen im zweiten Ausbildungsjahr
	Notfallpläne zur Bewältigung häufiger Störungen anwenden	
	Prozessabläufe technischer Anlagen, insbesondere zur Schwimm- und Badebeckenwasseraufbereitung, steuern	9 Wochen im dritten Ausbildungsjahr
Pflegen und Warten bäder-und freizeittechnischer Einrichtungen		
	Werkstoffe nach Eigenschaften und Einsatzmöglichkeiten beurteilen	4 Wochen im ersten Ausbildungsjahr
	Arbeitsgeräte, Werkzeuge und Werkstücke einsetzen	
	einfache Schlauch- und Rohrverbindungen zusammenfügen und lösen	4 Wochen im zweiten Ausbildungsjahr
	Aufbau, Einsatz und Wirkungsweise von Armaturen, Filtern und Aggregaten beschreiben	
	Dichtungen erneuern und Filtereinsätze auswechseln	4 Wochen im dritten Ausbildungsjahr
	technische Anlagen, Geräte und Werkzeuge pflegen und warten	
	Innen- und Außenanlagen pflegen und warten	
Durchführen von Verwaltungsarbeiten im Bad		
	Ablauforganisation der Verwaltungsarbeiten im Bad beschreiben	4 Wochen im zweiten Ausbildungsjahr
	Kassensysteme unterscheiden und Kassenabrechnungen erstellen	
	einfache Buchungen durchführen	
	Schriftverkehr erledigen	
	Vorschriften zum Datenschutz anwenden	
	Informations- und Kommunikationssysteme aufgabenorientiert einsetzen	
	ausgewählte Vorschriften des Vertrags- und Haftungsrechts anwenden	2 Wochen im dritten Ausbildungsjahr
	Zahlungsverkehr abwickeln	

(Fortsetzung)

Tab. 5.6 (Fortsetzung)

Teil des Ausbildungs-/ Berufsbilds	Zu vermittelnde Fertigkeiten und Kenntnisse	Zeitliche Richtwerte
Öffentlichkeitsarbeit		
	Inhalte und Zielstellung öffentlichkeitswirksamer Maßnahmen darstellen	2 Wochen im ersten Ausbildungsjahr
	einfache Texte und Werbeträger gestalten	2 Wochen im zweiten Ausbildungsjahr
	bei Planung und Organisation von Werbemaßnahmen mitwirken	2 Wochen im dritten Ausbildungsjahr
	Werbemaßnahmen durchführen	

In der Mitte des zweiten Ausbildungsjahres ist zur Ermittlung des Ausbildungsstandes eine **Zwischenprüfung** durchzuführen, die sich auf die für das erste Ausbildungsjahr aufgeführten Fertigkeiten und Kenntnisse erstrecken sowie auf den im Berufsschulunterricht entsprechend dem Rahmenlehrplan zu vermittelnden Lehrstoff, soweit er für die Berufsausbildung wesentlich ist. Sie umfasst in der praktischen Prüfung folgende Aufgaben:

- in höchstens 12 Minuten 400 Meter Schwimmen, davon 50 Meter Kraulschwimmen, 50 Meter Brustschwimmen, 100 Meter Freistilschwimmen und 200 Meter Schwimmen in Rückenlage mit Brustbeinschlag ohne Armtätigkeit,
- in höchstens 1 Minute und 30 Sekunden 50 Meter Transportschwimmen, Schieben oder Ziehen, beide Personen bekleidet,
- 3 Minuten lang eine Herz-Lungen-Wiederbelebung an einem Übungsphantom,
- in höchstens 1 Minute und 35 Sekunden 100 Meter Zeitschwimmen,
- Streckentauchen über eine Distanz von mindestens 30 Metern,
- Kopfsprung aus 3 Metern Höhe.

In der schriftlichen Prüfung sollen in insgesamt höchstens 180 Minuten Aufgaben aus folgenden Gebieten bearbeitet werden:

- Arbeitsschutz, Unfallverhütung, Gesundheitsschutz, Arbeitshygiene und Umweltschutz,
- berufsbezogene naturwissenschaftliche Grundlagen, Einsatz von Werkstoffen und Werkzeugen,
- Aufrechterhaltung der Betriebssicherheit, Beaufsichtigung des Badebetriebes,
- Betreuen von Besuchern (vgl. § 7 BäderFAngAusbV).

Die **Abschlussprüfung** ist praktisch und schriftlich durchzuführen und erstreckt sich auf die aufgeführten Fertigkeiten und Kenntnisse sowie auf den im Berufsschulunterricht vermittelten Lehrstoff, soweit er für die Berufsausbildung wesentlich ist.

In der praktischen Prüfung sind Aufgaben aus folgenden Prüfungsfächern ausführen:

- im Prüfungsfach Retten und Erstversorgung: in insgesamt höchstens 10 Minuten Durchführen einer praxisnahen Rettungsübung mit Startsprung in Kleidung vom Beckenrand, Anschwimmen, Aufnehmen einer erwachsenen Person aus 3 bis 5 Metern Tiefe, Ausführen von Befreiungsgriffen, Abschleppen, Anlandbringen und Maßnahmen der Erstversorgung; in höchstens 8 Minuten 300 Meter Kleiderschwimmen mit anschließendem Entkleiden; 5 Minuten lang eine Herz-Lungen-Wiederbelebung an einem Übungsphantom; in höchstens 2 Minuten 50 Meter Abschleppen, beide Personen bekleidet, davon die ersten 25 Meter mit Kopf- oder Achselgriff und die letzten 25 Meter mit Fesselschleppgriff;
- im Prüfungsfach Schwimmen in insgesamt 10 Minuten: Streckentauchen über eine Distanz von mindestens 35 Metern; Ausführen einer Wettkampftechnik einschließlich Start und Wende über eine Strecke von 50 Metern; 100 Meter Zeitschwimmen in einer Höchstzeit von 1 Minute und 30 Sekunden; Kopfsprung aus 3 Metern Höhe;
- im Prüfungsfach Besucherbetreuung und Schwimmunterricht in insgesamt 90 Minuten: Vorbereiten und Durchführen einer Schwimmunterrichtseinheit; Durchführen eines vorgegebenen Spiel- oder Sportarrangements.

In der schriftlichen Prüfung soll der Prüfling

- im Prüfungsfach Retten, Erstversorgung und Schwimmen: in insgesamt 90 Minuten praxisbezogene Aufgaben oder Fälle bearbeiten und dabei zeigen, dass er Fertigkeiten und Kenntnisse in Wettkampftechniken, in der Durchführung von Schwimmunterricht und über Erstversorgungs-, Rettungs- und Wiederbelebungsmaßnahmen sowie Gesundheitslehre erworben hat;
- im Prüfungsfach Badebetrieb: in 120 Minuten praxisbezogene Aufgaben oder Fälle aus den Gebieten Sicherheit und Gesundheit, Organisation und Beaufsichtigung des Badebetriebes, Betreuen von Besuchern, Kommunikation sowie Verwaltung und Öffentlichkeitsarbeit, gesellschaftliche Bedeutung von Bädern bearbeiten;
- im Prüfungsfach Bädertechnik: in 90 Minuten praxisbezogene Aufgaben oder Fälle aus den Gebieten Umweltschutz und Hygiene, Kontrollieren und Sichern des technischen Betriebsablaufes sowie Warten und Pflegen bäder- und freizeittechnischer Einrichtungen bearbeiten, wobei der Prüfling dabei zeigen soll, dass er die technischen Zusammenhänge und die bädertypischen Prozessabläufe versteht sowie Maßnahmen zur Kontrolle und Sicherung des Betriebsablaufes unter Berücksichtigung von Umweltschutz und Hygiene ergreifen kann;
- im Prüfungsfach Wirtschafts- und Sozialkunde: in 60 Minuten praxisbezogene Aufgaben oder Fälle aus den Gebieten allgemeine wirtschaftliche und gesellschaftliche Zusammenhänge der Berufs- und Arbeitswelt bearbeiten.

Auf Antrag des Prüflings oder nach Ermessen des Prüfungsausschusses ist die schriftliche Prüfung in einzelnen Fächern durch eine mündliche Prüfung zu ergänzen, wenn diese für das Bestehen der Prüfung den Ausschlag geben kann, wobei die schriftliche Prüfung gegenüber der mündlichen Prüfung das doppelte Gewicht hat.

Die Abschlussprüfung gilt als bestanden, wenn jeweils in der praktischen und schriftlichen Prüfung sowie innerhalb der praktischen Prüfung im Prüfungsfach Retten und Erstversorgung für jede Prüfungsaufgabe und in der schriftlichen Prüfung in mindestens zwei der genannten Prüfungsfächer mindestens ausreichende Leistungen erbracht sind. Die Prüfung ist nicht bestanden, wenn die Prüfungsleistungen in einem Prüfungsfach mit ungenügend bewertet werden (vgl. § 8 BäderFAngAusbV).

5.3.4 Fachangestellter/Fachangestellte für Medien- und Informationsdienste – Medizinische Dokumentation

Fachangestellte für Medien- und Informationsdienste (FAMI) – Medizinische Dokumentation zählen zu den bundesrechtlich geregelten Fachberufen. Sie tragen beispielsweise zur Arbeitsentlastung von Medizinern in Klinik und Forschung bei. Ihre Aufgaben sind insbesondere

- Dokumentation von Daten klinischer Studien zur Arzneimittelprüfung, Arzneimittelüberwachung und Therapieerprobung;
- Erfassung und Erschließung von Befunden, Krankenakten und anderen medizinischen Informationen;
- Klassifizierung von Befunden, Diagnosen, konservativen und operativen Therapien, Medikationen, Komplikationen und Symptomen;
- Prüfung, Ergänzung, Aktualisierung, Pflege und Sicherung medizinischer Datenbestände;
- Selektion und Aufbereitung von Daten zur Behandlung für die Forschung und das medizinische Qualitätsmanagement;
- Durchführung statistischer Auswertungen und Präsentation von Ergebnissen;
- Entwerfen und Erproben von Erfassungsschemata, Erhebungsbögen und Datenstrukturen;
- Beschaffung von Literatur und anderen Informationen (vgl. Deutscher Verband für Dokumentation und Informationsmanagement in der Medizin 2019, S. 2).

Wesentliche **Grundlage** für die Ausbildung ist die Verordnung über die Berufsausbildung zum Fachangestellten für Medien- und Informationsdienste/zur Fachangestellten für Medien und Informationsdienste (MedInfoFAngAusbV). Im Folgenden sind beispielhaft Auszüge aus der MedInfoFAngAusbV vom 3. Juni 1998 (BGBl. I S. 1257, 2426), die zuletzt durch Artikel 1 der Verordnung vom 15. März 2000 (BGBl. I S. 222) geändert worden ist, wiedergegeben.

Die **Ausbildungsdauer** der staatlich anerkannten Ausbildung zum/zur Fachangestellten für Medien- und Informationsdienste – Medizinische Dokumentation beträgt drei Jahre (vgl. § 2 MedInfoFAngAusbV).

Die **Ausbildungsinhalte** richten sich nach Ausbildungsrahmenplan und seiner sachlichen und zeitlichen Gliederung (vgl. Tab. 5.7). Eine abweichende Gliederung des Ausbildungsinhaltes ist zulässig, soweit betriebspraktische Besonderheiten die Abweichung erfordern. Die genannten Fertigkeiten und Kenntnisse sind so zu vermitteln, dass der Auszubildende zur Ausübung einer qualifizierten beruflichen Tätigkeit im Sinne Berufsbildungsgesetzes befähigt wird, die insbesondere selbstständiges Planen, Durchführen und Kontrollieren einschließt (vgl. § 4 MedInfoFAngAusbV).

Tab. 5.7 Inhalte des Ausbildungsrahmenplans für die Ausbildung zum/zur Fachangestellten für Medien- und Informationsdienste – Medizinische Dokumentation (vgl. Anlage 1 MedInfoFAngAusbV)

Teil des Ausbildungs-/ Berufsbilds	Zu vermittelnde Fertigkeiten und Kenntnisse
Der Ausbildungsbetrieb: Stellung, Rechtsform, Organisation und Aufgaben	
	Stellung des Ausbildungsbetriebes im Gesamtsystem der Medien- und Informationsdienste beschreiben
	Rechtsform des Ausbildungsbetriebes erläutern
	Aufbauorganisation und Aufgaben des Ausbildungsbetriebes darstellen
	Aufgaben der für den Ausbildungsbetrieb wichtigen Behörden und Organisationen darstellen und ihre Bedeutung für Arbeitgeber und Arbeitnehmer erläutern
Berufsbildung, arbeits- und sozialrechtliche Grundlagen	
	Inhalt des Berufsausbildungsvertrages, insbesondere gegenseitige Rechte und Pflichten, erläutern
	die Ausbildungsordnung und den betrieblichen Ausbildungsplan vergleichen
	Mitbestimmungs- und Mitwirkungsrechte betriebsverfassungsrechtlicher oder personalvertretungsrechtlicher Organe des Ausbildungsbetriebes erklären
	für den Ausbildungsbetrieb wichtige arbeits-, tarif- und sozialrechtliche Bestimmungen darstellen
	Notwendigkeit und Möglichkeiten beruflicher Fortbildung sowie deren Nutzen für die persönliche und berufliche Entwicklung aufzeigen
Der Ausbildungsbetrieb: Sicherheit und Gesundheitsschutz bei der Arbeit	
	Gefährdung von Sicherheit und Gesundheit am Arbeitsplatz feststellen und Maßnahmen zu ihrer Vermeidung ergreifen
	berufsbezogene Arbeitsschutz- und Unfallverhütungsvorschriften anwenden
	Verhaltensweisen bei Unfällen beschreiben sowie erste Maßnahmen einleiten
	Vorschriften des vorbeugenden Brandschutzes anwenden; Verhaltensweisen bei Bränden beschreiben und Maßnahmen zur Brandbekämpfung ergreifen

(Fortsetzung)

Tab. 5.7 (Fortsetzung)

Teil des Ausbildungs-/ Berufsbilds	Zu vermittelnde Fertigkeiten und Kenntnisse
Der Ausbildungsbetrieb: Umweltschutz: Zur Vermeidung betriebsbedingter Umweltbelastungen im beruflichen Einwirkungsbereich beitragen, insbesondere	
	mögliche Umweltbelastungen durch den Ausbildungsbetrieb und seinen Beitrag zum Umweltschutz an Beispielen erklären
	für den Ausbildungsbetrieb geltende Regelungen des Umweltschutzes anwenden
	Möglichkeiten der wirtschaftlichen und umweltschonenden Energie- und Materialverwendung nutzen
	Abfälle vermeiden; Stoffe und Materialien einer umweltschonenden Entsorgung zuführen
Beschaffung, Erschließung und Bereitstellung	
	Beschaffungsvorgänge bearbeiten
	Medien und Informationen formal erfassen
	bei der inhaltlichen Erschließung mitwirken
	Medien und Informationen bereitstellen
Kommunikation und Kooperation	
	Kundenbeziehungen unter Berücksichtigung betrieblicher Grundsätze gestalten
	Kundenwünsche ermitteln; Kunden informieren und beraten
	Problemlösungen für Konfliktsituationen aufzeigen
	Aufgaben teamorientiert bearbeiten
	fremdsprachige Fachbegriffe anwenden
	fremdsprachige Standardtexte situationsgerecht einsetzen
	mit internen und externen Partnern kooperieren
Arbeitsorganisation und Bürowirtschaft	
	die Ablauforganisation des Ausbildungsbetriebes erläutern
	Möglichkeiten der Arbeitsplatz- und Arbeitsraumgestaltung unter Berücksichtigung ergonomischer Grundsätze am Beispiel des Ausbildungsbetriebes darstellen
	betriebliche Arbeits- und Organisationsmittel einsetzen
	Lern- und Arbeitstechniken aufgabenorientiert einsetzen
	Posteingang und -ausgang bearbeiten
	Ablagesysteme verwalten
	Termine planen und überwachen
	Material beschaffen und verwalten
	Eingangsrechnungen kontrollieren; Ausgangsrechnungen erstellen
	bei der Kassenführung mitwirken
	Statistiken führen

(Fortsetzung)

Tab. 5.7 (Fortsetzung)

Teil des Ausbildungs-/ Berufsbilds	Zu vermittelnde Fertigkeiten und Kenntnisse
Informations- und Kommunikationssysteme	
	Auswirkungen von Informations- und Kommunikationstechniken auf Arbeitsorganisation und Arbeitsanforderungen an Beispielen des Ausbildungsbetriebes aufzeigen
	Arbeitsaufgaben mit Hilfe von Informations- und Kommunikationssystemen lösen
	Datennetze und Kommunikationssysteme nutzen
	Handbücher, Dokumentationen und andere Hilfsmittel nutzen
	Vorschriften zum Datenschutz anwenden
	Vorschriften zur Datensicherheit anwenden
Öffentlichkeitsarbeit und Werbung	
	Notwendigkeit der Öffentlichkeitsarbeit für den Ausbildungsbetrieb begründen
	bei Werbemaßnahmen und Veranstaltungen mitwirken
	Medien und Informationen kundenorientiert präsentieren
Sammlung, Erfassung und Strukturierung medizinischer Informationen	
	medizinische Informationen nach betrieblichen Vorgaben sammeln und erfassen
	Medien und Daten sichten, bewerten und für die Weiterbearbeitung vorbereiten
	Erfassungsschemata, Erhebungsbögen und Datenbankstrukturen entwerfen
Erschließung und Verschlüsselung	
	medizinische Fachsprache anwenden, insbesondere aus Anatomie, Physiologie, Pathologie und Pharmakologie
	Regelwerke, Methoden und Verfahren für die inhaltliche Erschließung medizinischer Daten anwenden
	Findhilfsmittel technisch gestalten, Suchstrategien umsetzen
	medizinische Informationen betriebsbezogen verschlüsseln
Verwaltung und Pflege von Datenbeständen	
	Datenbestände nach betrieblichen Qualitätskriterien prüfen, ergänzen und aktualisieren
	am Aufbau von Datenbanken mitwirken
	Datenbestände zusammenführen
Statistik und Informationsdienstleistungen	
	Informationen recherchieren und aufbereiten
	Daten selektieren und statistisch auswerten
	Ergebnisse darstellen und präsentieren

In der Mitte des zweiten Ausbildungsjahres ist zur Ermittlung des Ausbildungsstandes eine **Zwischenprüfung** durchzuführen, die sich auf die im ersten Ausbildungsjahr vermittelten Fertigkeiten und Kenntnisse erstrecken sowie auf den im Berufsschulunterricht entsprechend dem Rahmenlehrplan zu vermittelnden Lehrstoff, soweit er für die Berufsausbildung wesentlich ist. Sie ist anhand praxisbezogener Aufgaben oder Fälle in höchstens 180 Minuten schriftlich durchzuführen in den Prüfungsgebieten:

- Beschaffung, formale Erfassung,
- Arbeitsorganisation, Informations- und Kommunikationssysteme,
- Wirtschafts- und Sozialkunde (vgl. § 7 MedInfoFAngAusbV).

Die **Abschlussprüfung** ist schriftlich in den Prüfungsbereichen Beschaffen und Aufbereiten von Medien und Informationen, Informationsdienstleistungen sowie Wirtschafts- und Sozialkunde und mündlich im Prüfungsbereich Praktische Übungen durchzuführen und besteht aus folgenden Anforderungen in den Prüfungsbereichen:

- Prüfungsbereich Beschaffen und Aufbereiten von Medien und Informationen: In höchstens 120 Minuten soll der Prüfling praxisbezogene Aufgaben oder Fälle, insbesondere aus dem Gebiet Beschaffen, dem Gebiet Erfassung – Erschließen – Verzeichnen sowie aus dem Gebiet Arbeitsorganisation bearbeiten und dabei zeigen, dass er die Grundlagen und Zusammenhänge dieser Gebiete versteht;
- Prüfungsbereich Informationsdienstleistungen: In höchstens 120 Minuten soll der Prüfling praxisbezogene Aufgaben oder Fälle, insbesondere aus dem Gebiet Einsetzen von Informations- und Kommunikationssystemen, dem Gebiet Statistische Auswertung sowie dem Gebiet Ergebnisdarstellung bearbeiten und dabei zeigen, dass er die fachlichen Zusammenhänge versteht, Sachverhalte analysieren sowie Lösungsmöglichkeiten entwickeln und darstellen kann;
- Prüfungsbereich Wirtschafts- und Sozialkunde: In höchstens 90 Minuten soll der Prüfling praxisbezogene Aufgaben oder Fälle aus dem Gebiet Berufsbildung – Arbeitsrecht – soziale Sicherung und dem Gebiet Wirtschaftsordnung – Informationsgesellschaft bearbeiten und dabei zeigen, dass er wirtschaftliche und gesellschaftliche Zusammenhänge der Berufs- und Arbeitswelt darstellen und beurteilen kann:
- Prüfungsbereich Praktische Übungen: Im Prüfungsbereich Praktische Übungen soll der Prüfling eine von zwei ihm zur Wahl gestellten praxisbezogenen Aufgaben aus dem Gebiet Dienstleistungs- und Medienangebot bearbeiten, wobei für die Bearbeitung ein Zeitraum von höchstens 15 Minuten vorzusehen ist. Die Aufgabe ist Ausgangspunkt für das folgende Prüfungsgespräch, bei dem der Tätigkeitsschwerpunkt des Ausbildungsbetriebes zu berücksichtigen ist. Der Prüfling soll dabei zeigen, dass er berufspraktische Vorgänge und Problemstellungen bearbeiten, Lösungen darstellen und in berufstypischen Situationen kooperieren und kommunizieren kann, wobei das Prüfungsgespräch für den einzelnen Prüfling höchstens 20 Minuten dauern soll.

Zum Bestehen der Abschlussprüfung müssen im Gesamtergebnis und in drei der vier Prüfungsbereiche mindestens ausreichende Leistungen erbracht werden (vgl. § 12 MedInfoFAngAusbV).

5.3.5 Kaufmann/Kauffrau im Gesundheitswesen

Der Beruf des Kaufmanns/der Kauffrau im Gesundheitswesen (KiGw) zählt zu den bundesrechtlich geregelten, staatlich anerkannten Berufen. Kaufleute im Gesundheitswesen sind unter anderem in Krankenhäusern, Pflegeeinrichtungen, Vorsorge- und Rehabilitationseinrichtungen, Krankenkassen und medizinischen Diensten, ärztlichen Organisationen und Verbänden oder Verbände der freien Wohlfahrtspflege im Einsatz. Sie

- wirken bei der Entwicklung und Erarbeitung von kundenorientierten Konzepten mit,
- informieren und betreuen Kunden,
- planen und kontrollieren Arbeitsabläufe,
- bearbeiten Geschäftsvorgänge des Rechnungswesens und führen Kalkulationen durch,
- wirken bei der Aufstellung des Haushaltes auf der Basis unterschiedlicher Finanzierungsquellen mit,
- rechnen Leistungen mit Patienten, Krankenkassen und sonstigen Kostenträgern ab,
- erstellen Statistiken, werten sie aus und stellen sie vor,
- bearbeiten personalwirtschaftliche Vorgänge,
- übernehmen die Buchhaltung,
- ermitteln den Bedarf an benötigten Materialien, Produkten und Dienstleistungen, beschaffen und verwalten sie (vgl. Bundesministerium für Wirtschaft und Energie 2019, S. 1).

Wesentliche **Grundlage** für die Ausbildung zum Kaufmann/zur Kauffrau im Gesundheitswesen ist die Verordnung über die Berufsausbildung für Kaufleute in den Dienstleistungsbereichen Gesundheitswesen sowie Veranstaltungswirtschaft (KflDiAusbV). Im Folgenden sind für die Ausbildung Auszüge aus der KflDiAusbV in der Fassung der Bekanntmachung vom 25. Juni 2001 (BGBl. I S. 1262, 1878), zuletzt durch Artikel 6 des Gesetzes vom 24. Mai 2016 (BGBl. I S. 1190) geändert, wiedergegeben.

Die **Ausbildungsdauer** beträgt drei Jahre (vgl. § 2 KflDiAusbV), in denen in einem zeitlichen Umfang von insgesamt 18 Monaten, verteilt über die gesamte Ausbildungszeit, gemeinsame Fertigkeiten und Kenntnisse für eine kaufmännische Berufstätigkeit in den Dienstleistungsbereichen Gesundheitswesen oder Veranstaltungswirtschaft vermittelt werden und im Umfang von weiteren 18 Monaten werden, verteilt über die gesamte Ausbildungszeit, unterschiedliche berufsspezifische Fertigkeiten und Kenntnisse für den Kaufmann im Gesundheitswesen/für die Kauffrau im Gesundheitswesen (vgl. § 3 KflDiAusbV).

Die **Ausbildungsinhalte** richten sich nach Ausbildungsrahmenplan und seiner sachlichen und zeitlichen Gliederung (vgl. Tab. 5.8). Eine abweichende Gliederung des Ausbildungsinhaltes ist zulässig, soweit eine berufsfeldbezogene Grundbildung vorausgegangen ist oder betriebspraktische Besonderheiten die Abweichung erfordern (vgl. § 5 KflDiAusbV).

Tab. 5.8 Inhalte des Ausbildungsrahmenplans für die Ausbildung zum Kaufmann/zur Kauffrau im Gesundheitswesen (vgl. Anlage 1 KflDiAusbV)

Teil des Ausbildungsberufsbildes	Zu vermittelnde Fertigkeiten und Kenntnisse
Der Ausbildungsbetrieb	
Stellung, Rechtsform und Struktur	
	Zielsetzung, Aufgaben und Stellung des Ausbildungsbetriebes im gesamtwirtschaftlichen Zusammenhang beschreiben
	Aufbau, Struktur und Leitbild des Betriebes erläutern
	Rechtsform des Ausbildungsbetriebes erläutern
	Geschäftsfelder des Ausbildungsbetriebes darstellen
	Zusammenarbeit des Ausbildungsbetriebes mit Wirtschaftsorganisationen, Behörden, Verbänden, Gewerkschaften und Berufsvertretungen beschreiben
Berufsbildung, arbeits- und sozialrechtliche Grundlagen	
	die Rechte und Pflichten aus dem Ausbildungsverhältnis feststellen und die Aufgaben der Beteiligten im dualen System beschreiben
	den betrieblichen Ausbildungsplan mit der Ausbildungsordnung vergleichen und unter Nutzung von Arbeits- und Lerntechniken zu seiner Umsetzung beitragen
	lebensbegleitendes Lernen als Voraussetzung für die berufliche und persönliche Entwicklung begründen; branchenbezogene Fortbildungsmöglichkeiten ermitteln
	Fachinformationen nutzen
	wesentliche Inhalte eines Arbeitsvertrages erklären
	arbeits-, sozial- und mitbestimmungsrechtliche Vorschriften sowie für den Ausbildungsbetrieb geltenden tariflichen Regelungen beachten
Sicherheit und Gesundheitsschutz bei der Arbeit	
	Gefährdung von Sicherheit und Gesundheit am Arbeitsplatz feststellen und Maßnahmen zu ihrer Vermeidung ergreifen
	berufsbezogene Arbeitsschutz- und Unfallverhütungsvorschriften anwenden
	Verhaltensweisen bei Unfällen beschreiben sowie erste Maßnahmen einleiten
	Vorschriften des vorbeugenden Brandschutzes anwenden; Verhaltensweisen bei Bränden beschreiben und Maßnahmen zur Brandbekämpfung ergreifen
Umweltschutz: Zur Vermeidung betriebsbedingter Umweltbelastungen im beruflichen Einwirkungsbereich beitragen; insbesondere	
	mögliche Umweltbelastungen durch den Ausbildungsbetrieb und seinen Beitrag zum Umweltschutz an Beispielen erklären
	für den Ausbildungsbetrieb geltende Regelungen des Umweltschutzes anwenden
	Möglichkeiten der wirtschaftlichen und umweltschonenden Energie- und Materialverwendung nutzen
	Abfälle vermeiden; Stoffe und Materialien einer umweltschonenden Entsorgung zuführen
Qualitätsmanagement	
	Ziele, Aufgaben und Instrumente des betrieblichen Qualitätsmanagements erläutern
	qualitätssichernde Maßnahmen im eigenen Arbeitsbereich anwenden, dabei zur kontinuierlichen Verbesserung von Arbeitsprozessen beitragen
	den Zusammenhang zwischen Qualität und Kundenzufriedenheit beschreiben und die Auswirkungen auf das Betriebsergebnis darstellen

(Fortsetzung)

Tab. 5.8 (Fortsetzung)

Teil des Ausbildungsberufsbildes	Zu vermittelnde Fertigkeiten und Kenntnisse
Geschäfts- und Leistungsprozess	
Betriebliche Organisation	
	betriebliche Ablauforganisation erläutern; Informationsflüsse und Entscheidungswege berücksichtigen
	interne und externe Geschäftsprozesse unterscheiden und Schnittstellen beachten
	Prozess- und Erfolgskontrollen vornehmen und Korrekturmaßnahmen ergreifen
Beschaffung	
	Bedarf an ergänzenden Dienstleistungen und Produkten ermitteln
	Ausschreibungen vorbereiten; Angebote einholen; Informationen von Anbietern unter wirtschaftlichen und fachlichen Gesichtspunkten auswerten
	Bestellvorgänge planen; Beschaffungsmöglichkeiten und Bestellsysteme nutzen
	Waren annehmen, kontrollieren und bei Beanstandungen Maßnahmen einleiten; Lagerung überwachen
	erbrachte Dienstleistungen prüfen und bei Beanstandungen Maßnahmen einleiten
Dienstleistungen	
	bei der Entwicklung und Ausgestaltung des betrieblichen Dienstleistungsangebotes mitwirken
	Einflüsse von Zielgruppen und Anbietern ergänzender Dienstleistungen bei der betrieblichen Leistungsbereitstellung berücksichtigen
	Leistungsbereitstellung und Vertragserfüllung überwachen, bei Abweichungen korrigierende Maßnahmen einleiten

(Fortsetzung)

Tab. 5.8 (Fortsetzung)

Teil des Ausbil-dungsberufsbildes	Zu vermittelnde Fertigkeiten und Kenntnisse
Information, Kommunikation und Kooperation	
Informations- und Kommunikationssysteme	
	Bedeutung und Nutzungsmöglichkeiten von Informations- und Kommunikationssystemen für den Ausbildungbetrieb erläutern
	externe und interne Netze und Dienste nutzen
	Leistungsmerkmale und Kompatibilität von Hardware- und Softwarekomponenten beachten
	Betriebssystem, Standardsoftware und betriebsspezifische Software anwenden
	Informationen erfassen; Daten eingeben, sichern und pflegen
	unterschiedliche Zugriffsberechtigungen begründen
	rechtliche Regelungen zum Datenschutz einhalten
Arbeitsorganisation	
	bürowirtschaftliche Abläufe gestalten
	die eigene Arbeit systematisch, qualitätsbewusst und unter Berücksichtigung organisatorischer, technischer und wirtschaftlicher Notwendigkeiten planen, durchführen und kontrollieren
	Möglichkeiten funktionaler und ergonomischer Arbeitsplatz- und Arbeitsraumgestaltung nutzen
	Arbeits- und Organisationsmittel sowie Lern- und Arbeitstechniken einsetzen
	Maßnahmen zur Verbesserung der Arbeitsorganisation und Arbeitsplatzgestaltung vorschlagen
Teamarbeit und Kooperation	
	Aufgaben im Team planen und bearbeiten
	an der Teamentwicklung mitwirken; Moderationstechniken anwenden
	Sachverhalte situationsbezogen und adressatengerecht aufbereiten und präsentieren
	interne und externe Kooperationsprozesse gestalten
	Möglichkeiten der Konfliktlösung anwenden
Kundenorientierte Kommunikation	
	Auswirkungen von Information, Kommunikation und Kooperation auf Betriebsklima, Arbeitsleistung und Geschäftserfolg beachten
	Kundenkontakte nutzen und pflegen
	Informations-, Beratungs- und Verkaufsgespräche planen, durchführen und nachbereiten
	Regeln für kundenorientiertes Verhalten anwenden
	Zufriedenheit von Kunden überprüfen; Beschwerdemanagement als Element einer kundenorientierten Geschäftspolitik anwenden

(Fortsetzung)

Tab. 5.8 (Fortsetzung)

Teil des Ausbildungsberufsbildes	Zu vermittelnde Fertigkeiten und Kenntnisse
Marketing und Verkauf	
Märkte, Zielgruppen	
	bei der Marktbeobachtung mitwirken, insbesondere Preise, Leistungen, Konditionen von Wettbewerbern vergleichen
	Nachfragepotenzial für Dienstleistungen des Betriebes ermitteln
	Informationsquellen für die Erschließung von Zielgruppen und Märkten sowie für die Vermarktung der Dienstleistungen auswerten und nutzen
	bei der Entwicklung und Umsetzung betrieblicher Marketingkonzepte mitwirken; Medien einsetzen
Verkauf	
	den Betrieb zielgruppenspezifisch präsentieren
	Dienstleistungen anbieten, Kunden beraten und Verträge abschließen
	bei Vertragsverhandlungen mitwirken; Verkaufs- und Verhandlungstechniken einsetzen
	Wechselwirkungen zwischen Kundenwünschen und -bedürfnissen sowie den betrieblichen Leistungen beachten
	zum Schutz der Kunden rechtliche Vorschriften anwenden und Informationen nutzen
	Vertriebsformen und -wege nutzen; bei der Erschließung von Vertriebswegen mitwirken
Kaufmännische Steuerung und Kontrolle	
Betriebliches Rechnungswesen	
	Rechnungswesen als Instrument kaufmännischer Steuerung und Kontrolle beschreiben
	branchenspezifische Kontenpläne anwenden
	Geschäftsvorgänge für das Rechnungswesen bearbeiten
	Vorgänge des Zahlungsverkehrs und des Mahnwesens bearbeiten
	Steuern, Gebühren und Beiträge voneinander unterscheiden und im Rechnungswesen berücksichtigen
	am Umsatzsteuerverfahren mitwirken
	Bestands- und Erfolgskonten führen
Kosten- und Leistungsrechnung	
	Aufbau und Struktur der betrieblichen Kosten- und Leistungsrechnung erläutern
	Kosten ermitteln, erfassen und überwachen
	Leistungen bewerten und verrechnen
	Kalkulationen betriebsbezogen durchführen
Controlling	
	betriebliche Planungs-, Steuerungs- und Kontrollinstrumente anwenden
	betriebswirtschaftliche Kennzahlen für Controllingzwecke auswerten
	Statistiken erstellen, zur Vorbereitung für Entscheidungen bewerten und präsentieren
Finanzierung	
	unterschiedliche Finanzierungsarten und -formen bewerten
	bei der Erstellung von Finanz- und Liquiditätsplänen mitwirken

(Fortsetzung)

Tab. 5.8 (Fortsetzung)

Teil des Ausbildungsberufsbildes	Zu vermittelnde Fertigkeiten und Kenntnisse
Personalwirtschaft	
	an der Personalplanung, der Personalbeschaffung und am Personaleinsatz mitwirken
	Vorgänge in Verbindung mit Beginn und Beendigung von Arbeitsverhältnissen bearbeiten
	Auswirkungen flexibler Arbeitszeiten auf die Planung des Personaleinsatzes sowie auf die Leistungserstellung berücksichtigen
	an Maßnahmen der Personalentwicklung mitwirken
	bei der organisatorischen Umsetzung betrieblicher und außerbetrieblicher Fort- und Weiterbildung mitarbeiten
	Entgeltarten unterscheiden und bei der Entgeltabrechnung mitwirken
Organisation, Aufgaben und Rechtsfragen des Gesundheits- und Sozialwesens	
	Aufgaben, Organisation und rechtliche Grundlagen des Gesundheitswesens und dessen Einordnung in das System sozialer Sicherung beschreiben
	über Aufgaben, Organisation und Leistungen von Einrichtungen des Gesundheitswesens, insbesondere des ambulanten, stationären und teilstationären Bereichs Auskunft geben und Schnittstellen darstellen
	Gliederung und Aufgaben der Sozialversicherungsträger, insbesondere Krankenversicherung, Pflegeversicherung, Rentenversicherung erläutern
	sozial- und gesundheitsrechtliche Regelungen betriebsbezogen anwenden
	Regelungen zur zivil- und strafrechtlichen Haftung im Gesundheitswesen, insbesondere bezogen auf Anordnungs- und Durchführungsverantwortung und Schweigepflicht anwenden
	Berufsqualifikationen der Gesundheitsfachberufe unterscheiden
	Auswirkungen internationaler Entwicklungen des Gesundheitswesens, insbesondere in der Europäischen Union, bei der Durchführung betrieblicher Aufgaben beachten
Medizinische Dokumentation und Berichtswesen; Datenschutz	
	medizinische Fachsprache anwenden
	medizinische Informationen nach betrieblichen Vorgaben erfassen, auswerten und archivieren
	medizinische und pflegerische Dokumentationssysteme gemäß rechtlicher und betrieblicher Regelungen nutzen, spezifische Regelungen des Datenschutzes im Gesundheitswesen anwenden
	Aufgaben des betrieblichen Berichtswesens erklären und betriebsübliche sowie rechtlich vorgeschriebene Statistiken erstellen
Materialwirtschaft	
	die Beschaffung und Lagerhaltung von Arzneimittel, medizinischen Materialien, insbesondere Heil- und Hilfsmittel veranlassen; Verfalldaten und einschlägige rechtliche Vorschriften sowie branchen- und betriebsübliche Grundsätze berücksichtigen
	Logistik des Materialeinsatzes innerhalb des Betriebes, insbesondere Heil- und Hilfsmittel sowie Arzneimittel, planen, organisieren und dokumentieren
	die Entsorgung von Verpackungen, medizinischen und pharmazeutischen Produkten sowie Sonderabfällen unter Berücksichtigung der spezifischen Rechtsvorschriften veranlassen und sicherstellen

(Fortsetzung)

Tab. 5.8 (Fortsetzung)

Teil des Ausbildungsberufsbildes	Zu vermittelnde Fertigkeiten und Kenntnisse
Marketing im Gesundheitswesen	
	beim Anbieten und Vermarkten von Gesundheitsdienstleistungen rechtliche Vorschriften, insbesondere Wettbewerbsbeschränkungen, Verbote und standesrechtliche Einschränkungen, berücksichtigen
	Zusatz- und Wahlleistungen zielgruppenorientiert anbieten und vermarkten
Finanz- und Rechnungswesen im Gesundheitsbereich	
Finanzierung im Gesundheitsbereich	
	spezielle Finanzierungs- und Vergütungsarten im Gesundheitswesen und ihre Unterschiede in den einzelnen Versorgungsbereichen erläutern
	bei der Vorbereitung von Finanzierungs- und Vergütungsverhandlungen des Betriebes mitwirken
	Gebührenordnungen und Entgeltformen betriebsbezogen anwenden sowie zweckgebundene Finanzmittel einsetzen
	an Zulassungsverfahren mitarbeiten, dabei verwaltungsrechtliche Vorschriften berücksichtigen
	Bestimmungen der Gemeinnützigkeit und Steuerbegünstigung beachten
Leistungsabrechnung	
	rechtliche Grundlagen der Leistungserbringung berücksichtigen
	Kundendaten für die Leistungsabrechnung dokumentieren und aufbereiten
	Leistungsansprüche der Kunden feststellen, abgrenzen und bei der Abrechnung berücksichtigen; zuständige Kostenträger ermitteln
	erbrachte Leistungen für die Kostenträger erfassen
	Abrechnungen durchführen, prüfen, weiterleiten und auswerten; dabei Schnittstellen zu anderen Bereichen im Betrieb beachten
	betriebsspezifische Abrechnungssystematik anwenden
	Datentransfer an Kostenträger und Abrechnungsstellen gesichert und zugriffsgeschützt durchführen
	Informationen aus den Dokumentationssystemen auf der Grundlage rechtlicher und betrieblicher Regelungen für die Abrechnung nutzen
Besonderheiten des Rechnungswesens im Gesundheitsbereich	
	die spezielle Buchführungspflicht im Gesundheitswesen erläutern sowie betriebsspezifische Rechtsgrundlagen der Buchführung anwenden
	an der Vorbereitung des Jahresabschlusses mitwirken
	Systeme und Verfahren zur Preisbildung im Gesundheitswesen in Abhängigkeit von der Einrichtung anwenden
Qualitätsmanagement im Gesundheitswesen	
	rechtliche Regelungen zur Qualitätssicherung im Gesundheitswesen betriebsbezogen umsetzen
	verschiedene Qualitätsmanagementsysteme des Gesundheitswesens anhand von Beispielen unterscheiden
	Maßnahmen des Qualitätsmanagement im Betrieb anwenden und deren Einhaltung überprüfen

Um den Ausbildungsstand zu ermitteln, wird eine **Zwischenprüfung** durchgeführt, die in der Mitte des zweiten Ausbildungsjahres stattfinden soll. Sie erstreckt sich auf die im ersten Ausbildungsjahr vermittelten Fertigkeiten und Kenntnisse sowie auf den im Berufsschulunterricht entsprechend dem Rahmenlehrplan zu vermittelnden Lehrstoff, soweit er für die Berufsausbildung wesentlich ist und ist schriftlich anhand praxisbezogener Aufgaben oder Fälle in höchstens 180 Minuten in folgenden Prüfungsgebieten durchzuführen:

- Leistungsprozesse im Gesundheitswesen,
- Rechnungswesen,
- Wirtschafts- und Sozialkunde (vgl. § 8 KflDiAusbV).

Die **Abschlussprüfung** umfasst die in der Tab. 5.10 aufgeführten Fertigkeiten und Kenntnisse sowie auf den im Berufsschulunterricht vermittelten Lehrstoff, soweit er für die Berufsausbildung wesentlich ist. Sie ist in den Prüfungsbereichen Gesundheitswesen, Geschäfts- und Leistungsprozesse in Einrichtungen des Gesundheitswesens sowie Wirtschafts- und Sozialkunde schriftlich und im Prüfungsbereich Fallbezogenes Fachgespräch mündlich durchzuführen und besteht aus folgenden Anforderungen in den Prüfungsbereichen:

- Prüfungsbereich Gesundheitswesen: In höchstens 120 Minuten soll der Prüfling praxisbezogene Aufgaben oder Fälle insbesondere aus den Gebieten Aufgaben des Gesundheitswesens, rechtliche Grundlagen des Gesundheits- und Sozialwesens, Finanzierung des Gesundheitswesens, Leistungserbringer und Leistungsträger sowie Qualitätsmanagement im Gesundheitswesen bearbeiten und dabei zeigen, dass er Sachverhalte und Zusammenhänge analysieren sowie Lösungsmöglichkeiten entwickeln und darstellen kann.
- Prüfungsbereich Geschäfts- und Leistungsprozesse in Einrichtungen des Gesundheitswesens: In höchstens 150 Minuten soll der Prüfling praxisbezogene Aufgaben oder Fälle insbesondere aus den Gebieten Dienstleistungserstellung, Marketing und Kundenorientierung, Leistungsabrechnung, Beschaffung und Materialwirtschaft sowie kaufmännische Steuerung und Kontrolle bearbeiten und dabei zeigen, dass er Sachverhalte und Zusammenhänge analysieren sowie Lösungsmöglichkeiten entwickeln und darstellen kann.
- Prüfungsbereich Wirtschafts- und Sozialkunde: In höchstens 90 Minuten soll der Prüfling praxisbezogene Aufgaben oder Fälle bearbeiten und dabei zeigen, dass er wirtschaftliche und gesellschaftliche Zusammenhänge der Berufs- und Arbeitswelt und die Bedeutung des Gesundheitswesens als Gesellschafts- und Wirtschaftsfaktor darstellen und beurteilen kann.
- Prüfungsbereich Fallbezogenes Fachgespräch: Im Prüfungsbereich Fallbezogenes Fachgespräch soll der Prüfling eine von zwei ihm zur Wahl gestellten praxisbezogenen Aufgaben insbesondere aus den Gebieten interne Kooperation, insbesondere Lösung einer innerbetrieblichen Aufgabenstellung, kundenorientierte Kommunikation, insbesondere

bei Information und Verkauf sowie im Beschwerdemanagement bearbeiten, wobei für die Vorbereitung ein Zeitraum von höchstens 15 Minuten vorzusehen ist. Die Aufgabe soll Ausgangspunkt für das folgende Fachgespräch sein, bei dem der betriebliche Ausbildungsschwerpunkt zugrunde zu legen ist. Der Prüfling soll zeigen, dass er komplexe Aufgaben bearbeiten, Sachverhalte analysieren, Lösungsmöglichkeiten entwickeln sowie Gespräche systematisch, situationsbezogen und kundenorientiert führen kann, wobei das Fachgespräch für den einzelnen Prüfling höchstens 20 Minuten dauern soll.

Zum Bestehen der Abschlussprüfung müssen im Gesamtergebnis und in drei der vier Prüfungsbereiche mindestens ausreichende Prüfungsleistungen erbracht werden, wobei zur Ermittlung des Gesamtergebnisses die Prüfungsbereiche Gesundheitswesen sowie Fallbezogenes Fachgespräch gegenüber jedem der übrigen Prüfungsbereiche mit dem doppelten Gewicht eingehen (vgl. § 9 KflDiAusbV).

5.3.6 Logopäde/Logopädin

Logopäden und Logopädinnen zählen zu den bundesrechtlich geregelten, nichtärztlichen Gesundheitsfachberufen. Sie sind überwiegend sowohl angestellt als auch selbstständig tätig und arbeiten in Kliniken, Rehabilitationseinrichtungen, Gesundheitsämtern, Sonderschulen für hör- und sprachgestörte Kinder und eigenen Praxen bzw. in interdisziplinären Partnerschaftsgesellschaften mit anderen Leistungserbringern wie Ärzten, Krankengymnasten, Ergotherapeuten oder Masseuren zusammen. Als Experten für Sprache, Sprechen, Stimme und Schlucken untersuchen und behandeln sie Menschen jeden Alters mit Sprach-, Sprech-, Stimm- und Schluckstörungen, die organisch oder funktionell verursacht sein können, wie beispielsweise

- Säuglinge und Kleinkinder mit angeborenen Fehlbildungen im Gesichtsbereich, mit zentralmotorischen Körperbehinderungen oder angeborenen Hörstörungen,
- Kleinkinder und Schulkinder mit Problemen des Spracherwerbs bzw. der Aussprache oder mit Lese-Rechtschreibschwierigkeiten,
- Kinder, Jugendliche und Erwachsene mit Redeflussstörungen, z. B. Stottern,
- Jugendliche und Erwachsene mit Schädel- oder Hirnverletzungen, z. B. nach Verkehrsunfällen,
- Erwachsene mit internistischen und neurologischen Erkrankungen, wie z. B. Schlaganfall, Morbus Parkinson, Multiple Sklerose, Amyotrophe Lateralsklerose,
- Berufstätige mit hoher stimmlicher Belastung wie ErzieherInnen, LehrerInnen, SchauspielerInnen und SängerInnen,
- Erwachsene nach Kehlkopfoperationen (vgl. Deutscher Bundesverband für Logopädie 2019, S. 1).

Wesentliche **Grundlagen** für die Ausbildung zum Logopäden/zur Logopädin sind das Gesetz über den Beruf des Logopäden (Logopädengesetz – LogopG) und die Ausbildungs- und Prüfungsordnung für Logopäden (LogAPrO). Im Folgenden sind für die Ausbildung Auszüge aus dem LogopG vom 7. Mai 1980 (BGBl. I S. 529), zuletzt durch Artikel 17c des Gesetzes vom 23. Dezember 2016 (BGBl. I S. 3191) geändert, und aus der LogAPrO vom 1. Oktober 1980 (BGBl. I S. 1892), zuletzt durch Artikel 17 des Gesetzes vom 18. April 2016 (BGBl. I S. 886) geändert, wiedergegeben.

Ausbildungsvoraussetzung für den Zugang zur Ausbildung zum Logopäden/zur Logopädin ist

- eine abgeschlossene Realschulbildung,
- eine andere gleichwertige Ausbildung oder
- eine nach Hauptschulabschluss abgeschlossene Berufsausbildung von mindestens zweijähriger Dauer (vgl. § 4 LogopG).

Die **Ausbildungsdauer** beträgt drei Jahre und umfasst mindestens folgende **Ausbildungsinhalte**: Einen theoretischen und praktischen Unterricht von 1740 Stunden (vgl. Tab. 5.9) und eine praktische Ausbildung von 2100 Stunden (vgl. § 1 LogAPrO).

Die praktische Ausbildung umfasst 340 Stunden Hospitationen in Phoniatrie und Logopädie sowie anderen fachbezogenen Bereichen, auch Exkursionen (mindestens 100 Stunden), 1520 Stunden Praxis der Logopädie (Übungen zur Befunderhebung, Übungen zur Therapieplanung, Therapie unter fachlicher Aufsicht und Anleitung) und 240 Stunden Praxis in Zusammenarbeit mit den Angehörigen des therapeutischen Teams auf den Gebieten der Audiologie und Pädaudiologie, der Psychologie einschließlich Selbsterfahrungstechniken sowie der Musiktherapie (vgl. Anlage 2 LogAPrO).

Tab. 5.9 Inhalte des theoretischen und praktischen Unterrichts in der Ausbildung zum Logopäden/ zur Logopädin (vgl. Anlage 1 LogAPrO)

Themen	Stunden
Berufs-, Gesetzes- und Staatsbürgerkunde	60
Gesetz über den Beruf des Logopäden	
Aufgaben des Logopäden	
Gesetzliche Regelungen für die übrigen Berufe des Gesundheitswesens	
Strafrechtliche und bürgerlich-rechtliche Bestimmungen, die für die Ausübung des Berufs von Bedeutung sind	
Einführung in das Seuchen- und Arznei- und Betäubungsmittelrecht	
Einführung in das Arbeits- und Sozialrecht einschließlich Rehabilitationsgesetze und Jugendschutzrecht; Unfallverhütungsvorschriften	
Grundbegriffe der Krankenhausbetriebs- und -verwaltungslehre	
Das öffentliche Gesundheitswesen und Dokumentation, Statistik und Datenverarbeitung in der Medizin	
Grundlagen der staatlichen Ordnung in der Bundesrepublik Deutschland	

(Fortsetzung)

Tab. 5.9   (Fortsetzung)

Themen	Stunden
Anatomie und Physiologie	100
Zelle und Gewebe	
Fortpflanzung, Wachstum, Reifung	
Kreislauf	
Zentrales Nervensystem	
Atmungsorgane	
Stimmorgane	
Sprechorgane	
Funktionen	
des Hörorgans	
der Atmungsorgane	
der Stimmorgane	
der Sprechorgane	
des zentralen Nervensystems	
Pathologie	20
Krankheit und Krankheitsursachen	
Reaktionen, Entzündungen	
Re- und Degeneration	
Hypertrophie, Atrophie und Nekrose	
Thrombose, Embolie, Infarkt	
Wunden, Blutungen, Wundheilung	
Geschwülste	
Hals-, Nasen- Ohren-Heilkunde	60
Erkrankungen des Hörorgans	
Erkrankungen der Nase, der Nasennebenhöhlen	
Erkrankungen des Rachens	
Erkrankungen der Mundhöhle und Speicheldrüsen	
Erkrankungen des Kehlkopfes und der unteren Luftwege	
Erkrankungen des Halsbereiches	
Pädiatrie und Neuropädiatrie	80
Vererbung und Evolution	
Normale und pathologische Entwicklung in der prä-, peri- und postnatalen Phase	
Stoffwechselerkrankungen und endokrine Störungen	
Erkrankungen der Atmungs- und Kreislauforgane	
Infektionskrankheiten einschließlich Hygiene im klinischen und außerklinischen Bereich	
Gesundheitserziehung, Gesundheitsvorsorge und Früherkennung	
Impfungen und Impfschäden	
Cerebrale Bewegungsstörungen und Dysfunktionen	

(Fortsetzung)

Tab. 5.9 (Fortsetzung)

Themen	Stunden
Kinder- und Jugendpsychiatrie	40
Störungen der geistigen Entwicklung	
Spezielle Psychopathologie	
Neurologie und Psychiatrie	60
Erkrankungen des zentralen Nervensystems	
Erkrankungen des peripheren Nervensystems	
Neurologische Untersuchungsverfahren	
Allgemeine Psychopathologie	
Psychosen und Neurosen	
Kieferorthopädie, Kieferchirurgie	20
Form und Funktion der Kauorgane	
Pathologie der Kauorgane	
Lippen-, Kiefer-, Gaumen-Spalten	
Kieferorthopädische Maßnahmen	
Phoniatrie	120
Stimmstörungen organischer, funktioneller und psychogener Ursache	
Rehabilitation nach Kehlkopfoperationen	
Die Sprachentwicklung und ihre Störungen	
Sprach- und Sprechstörungen durch Hörbehinderungen	
Zentrale Sprach- und Sprechstörungen bei Erwachsenen	
Peripher bedingte Sprechstörungen	
Sprechstörungen bei Cerebralparesen	
Funktionelle und organische Störungen der Nasalität	
Störungen des Redeflusses wie Poltern und Stottern	
Soziale Ursachen und Folgen phoniatrischer Erkrankungen einschließlich fürsorgerischer Maßnahmen	
Physikalisch-apparative Therapie bei Stimm- und Sprachstörungen	
Aphasiologie	40
Klinik der Aphasieformen	
Begleitende Hirnleistungsstörungen	
Audiologie und Pädaudiologie	60
Akustische Grundlagen	
Hörprüfmethoden bei Kindern und Erwachsenen	
Apparative Versorgung Hörbehinderter	
Audiologische Grundlagen der Hör-Sprachübungsbehandlung	
Schwerhörigkeit und soziale Behinderung	
Elektro- und Hörgeräteakustik	20
Grundzüge der Elektroakustik	
Hörgerätetechnik	
Technische Grundlagen der Sprach- und Schallaufzeichnung, -messung und -wiedergabe	

(Fortsetzung)

Tab. 5.9 (Fortsetzung)

Themen	Stunden
Logopädie	480
Erhebung der Vorgeschichte nach logopädischen Kriterien	
Logopädische Befunderhebung und Therapie bei	
Stimmstörungen organischer, funktioneller und psychogener Ursachen	
Zustand nach Kehlkopfoperationen	
Störungen der Sprachentwicklung, auch bei psychischer und psychosozialer Genese	
Sprach- und Sprechstörungen durch Hörbehinderung	
peripher bedingten Sprechstörungen	
erworbenen, zentral bedingten Sprach- und Sprechstörungen	
frühkindlichen cerebralen Bewegungsstörungen	
funktionellen und organischen Störungen der Nasalität	
Störungen des Redeflusses wie Stottern und Poltern	
Aufstellen von Behandlungsplänen	
Erstellen von Behandlungsprotokollen und Berichten	
Instrumentelle Hilfen und Arbeitsmaterialien	
Beratung der Patienten und Angehörigen	
Phonetik/Linguistik	80
Artikulatorische Phonetik	
Transkriptionsübungen	
Akustische Phonetik	
Psycholinguistische Grundlagen	
der Phonologie	
der Semantik, Syntax, Pragmatik	
des Spracherwerbs	
Psychologie und klinische Psychologie	120
Grundlagen der Psychologie einschließlich statistischer Verfahren	
Entwicklungspsychologie	
Lernpsychologie	
Sozialpsychologie	
Psychologie der Sprache	
Einführung in die Psychodiagnostik	
Spezielle Psychometrie bei Hör-, Stimm- und Sprachstörungen	
Einführung in die Verhaltenstherapie und andere psychotherapeutische Verfahren	

(Fortsetzung)

Tab. 5.9 (Fortsetzung)

Themen			Stunden
Soziologie			40
	Allgemeine Fragen der Soziologie		
		Grundbegriffe der Soziologie	
		Bevölkerungsstruktur	
		Individuum, Familie und Gesellschaft	
	Medizinische Soziologie		
		Kranke und Behinderte in der Gesellschaft	
		Fragen der sozialen Eingliederung	
Pädagogik			60
	Intentionale und funktionale Erziehung		
	Methoden und Medien des Lehrens und Lernens		
	Sozialpädagogik		
Sonderpädagogik			80
	Grundlagen der Sonderpädagogik		
	Schwerhörigenpädagogik		
	Gehörlosenpädagogik		
Stimmbildung			100
	Atemtypen		
	Atemführung		
	Stimmhygiene		
Sprecherziehung			100
	Sprechgestaltung		
	Rhetorik		

Die staatliche **Abschlussprüfung** umfasst einen schriftlichen, einen mündlichen und einen praktischen Teil und wird bei der Schule abgelegt, an der die Ausbildung abgeschlossen wurde, wobei aus wichtigem Grund Ausnahmen zugelassen werden können (vgl. § 2 LogAPrO). Für die Zulassung zur Prüfung müssen folgende Nachweise vorliegen:

- der Personalausweis oder Reisepass in amtlich beglaubigter Abschrift,
- die Bescheinigung über die Teilnahme an den vorgeschriebenen Ausbildungsveranstaltungen,
- eine Bescheinigung der Schule, dass die Ausbildung nicht über die im LogopG festgelegten Zeiten hinaus unterbrochen worden ist, und
- ein Nachweis über eine Ausbildung in Erster Hilfe, durch die in mindestens sechzehn Stunden durch theoretischen Unterricht und praktische Unterweisung gründliches Wissen und praktisches Können in Erster Hilfe vermittelt worden sind (vgl. § 4 LogAPrO).

Der schriftliche Prüfungsteil umfasst die Fächer Logopädie, Phoniatrie einschließlich
Hals-, Nasen-, Ohrenheilkunde, Audiologie und Pädaudiologie, Neurologie und Psychiatrie, Berufs-, Gesetzes- und Staatsbürgerkunde. In diesen Fächern sind in je einer Aufsichtsarbeit schriftlich gestellte Fragen zu beantworten, wobei Kenntnisse in Anatomie
und Physiologie einbezogen werden sollen. Die Dauer der Aufsichtsarbeiten beträgt jeweils 90 Minuten, und sie sind an zwei aufeinanderfolgenden Tagen zu erledigen.

Der mündliche Prüfungsteil umfasst die Fächer Logopädie, Phoniatrie einschließlich
Hals-, Nasen-, Ohrenheilkunde, Pädagogik und Sonderpädagogik, Psychologie und klinische Psychologie, Phonetik und Linguistik. Die Prüflinge werden einzeln oder in Gruppen
bis zu fünf geprüft, wobei in einem Fach der Prüfling nicht länger als 20 Minuten geprüft
werden soll.

Der praktische Teil der Prüfung erstreckt sich auf die angewandte Logopädie, soll für
den Prüfling in höchstens acht Stunden abgeschlossen sein und der Prüfling hat

- an einem Patienten oder einer Gruppe von solchen die Anamnese und den Befund zu
  erheben und einen Behandlungsplan mit den dazugehörigen Erörterungen und Begründungen unter Einbeziehung der sozialen, psychischen, beruflichen und familiären Situation aufzustellen, wobei der Patient oder eine Gruppe von solchen vom Prüfling bis
  zum praktischen Teil der Prüfung behandelt werden, und der Prüfling während des
  praktischen Teils der Prüfung eine Behandlung durchzuführen hat;
- an einem ihm unbekannten Patienten oder einer Gruppe von solchen eine Behandlung
  durchzuführen, wobei das phoniatrisch-logopädische Krankenblatt ihm zwei Stunden
  vor der Prüfungsbehandlung zur Kenntnis zu geben ist.

Die Auswahl und die Zuweisung der Patienten erfolgen durch den Leiter der Schule im
Einvernehmen mit einem dem Prüfungsausschuss angehörenden Logopäden (vgl. § 7 Log-
APrO).

Über die Abschlussprüfung ist eine Niederschrift zu fertigen, aus der Gegenstand,
Ablauf und Ergebnis der Prüfung und etwa vorkommende Unregelmäßigkeiten hervorgehen (vgl. § 8 LogAPrO), und sie ist bestanden, wenn der schriftliche, der mündliche
und der praktische Teil der Prüfung mit mindestens „ausreichend" benotet werden (vgl.
§ 10 LogAPrO).

5.3.7 Masseur und medizinischer Bademeister/Masseurin und medizinische Bademeisterin

Masseure und medizinische Bademeister/Masseurinnen und medizinische Bademeisterin-
nen zählen zu den bundesrechtlich geregelten, nichtärztlichen Gesundheitsfachberufen.
Sie sind im Gesundheitsbereich überwiegend in Krankenhäusern, Spezialkliniken, Rehabilitationskliniken und -zentren, Kureinrichtungen, Wellnesseinrichtungen, sportmedizinischen und präventivmedizinischen Einrichtungen, Arztpraxen, angestellt bei selbststän-

digen Masseuren und medizinischen Bademeistern oder Physiotherapeuten bzw. selbstständig in eigener Praxis tätig. Die Schwerpunkte ihrer Tätigkeit liegen in der präventiven, kurativen und rehabilitativen Medizin sowie im Bereich der Medical Wellness. Zur ihren Aufgaben zählen hauptsächlich die Anwendung von Massagetherapien, Bewegungstherapien, Thermotherapien, Elektrotherapien, Licht- und Strahlentherapien, Hydrotherapien, Balneotherapien oder Inhalationstherapien (vgl. Verband Physikalische Therapie – Vereinigung für die physiotherapeutischen Berufe 2010a, S. 6 f.).

Wesentliche **Grundlagen** für die Ausbildung zum Masseur und medizinischen Bademeister/zur Masseurin und medizinischen Bademeisterin sind das Gesetz über die Berufe in der Physiotherapie (Masseur- und Physiotherapeutengesetz – MPhG) und die Ausbildungs- und Prüfungsverordnung für Masseure und medizinische Bademeister (Artikel 1 der Verordnung über die Ausbildung und Prüfung von Masseuren und medizinischen Bademeistern und zur Änderung verschiedener Ausbildungs- und Prüfungsverordnungen betreffend andere Heilberufe) (MB-APrV). Im Folgenden sind für die Ausbildung Auszüge aus dem MPhG vom 26. Mai 1994 (BGBl. I S. 1084), zuletzt durch Artikel 17d des Gesetzes vom 23. Dezember 2016 (BGBl. I S. 3191) geändert, und aus der MB-APrV vom 6. Dezember 1994 (BGBl. I S. 3770), zuletzt durch Artikel 26 des Gesetzes vom 18. April 2016 (BGBl. I S. 886) geändert, wiedergegeben.

Das **Ausbildungsziel** (siehe auch Abschn. 1.2.1) lautet entsprechend der Aufgabenstellung des Berufs insbesondere dazu zu befähigen, durch Anwenden geeigneter Verfahren der physikalischen Therapie in Prävention, kurativer Medizin, Rehabilitation und im Kurwesen Hilfen zur Heilung und Linderung, zur Wiederherstellung oder Verbesserung der Arbeits- und Erwerbsfähigkeit, zu gesundheitsförderndem Verhalten und zum Kurerfolg zu geben (vgl. § 3 MPhG).

Die Ausbildung besteht aus einer praktischen Tätigkeit sowie aus einem Lehrgang, der theoretischen und praktischen Unterricht und eine praktische Ausbildung umfasst, in staatlich anerkannten Schulen durchgeführt wird und mit einer staatlichen Prüfung abschließt. Die **Ausbildungsdauer** setzt sich aus der Lehrgangsdauer (zwei Jahre) und der Dauer der praktischen Tätigkeit (sechs Monate) zusammen (vgl. § 4 MPhG).

Auf die Lehrgangsdauer werden angerechnet:

- Ferien,
- Unterbrechungen durch Schwangerschaft, Krankheit oder aus anderen, von der Schülerin oder vom Schüler nicht zu vertretenden Gründen bis zur Gesamtdauer von acht Wochen, bei verkürztem Lehrgang bis zu höchstens drei Wochen (auf Antrag können auch darüber hinausgehende Fehlzeiten berücksichtigt werden, soweit eine besondere Härte vorliegt und das Ausbildungsziel durch die Anrechnung nicht gefährdet wird).

Eine andere Ausbildung kann auf Antrag im Umfang ihrer Gleichwertigkeit auf die Dauer des Lehrgangs angerechnet werden, wenn die Durchführung des Lehrgangs und die Erreichung des Ausbildungsziels dadurch nicht gefährdet werden (vgl. § 6 MPhG).

Ausbildungsvoraussetzungen für den Zugang zur Ausbildung sind:

- die gesundheitliche Eignung zur Ausübung des Berufs und
- der Hauptschulabschluss oder eine gleichwertige Schulbildung oder eine abgeschlossene Berufsausbildung von mindestens einjähriger Dauer (vgl. § 5 MPhG).

Die **Ausbildungsinhalte** werden zunächst durch den zweijährige Lehrgang der Masseure und medizinischen Bademeister definiert, der einen theoretischen und praktischen Unterricht von 2230 Stunden und eine praktische Ausbildung von 800 Stunden umfasst (vgl. Tab. 5.10). Im Unterricht ist ausreichende Möglichkeit zu geben, die erforderlichen praktischen Fähigkeiten und Fertigkeiten zu entwickeln und einzuüben. Die praktische Ausbildung findet in Krankenhäusern oder anderen geeigneten medizinischen Einrichtungen am Patienten statt, und die regelmäßige und erfolgreiche Teilnahme an den Ausbildungsveranstaltungen des Lehrgangs ist durch eine Bescheinigung nachzuweisen.

Die praktische Tätigkeit soll innerhalb eines Jahres nach Ablegen der staatlichen Prüfung begonnen werden und während der Tätigkeit ist in allen für die Berufsausübung wesentlichen Kenntnissen und Fertigkeiten zu unterweisen sowie Gelegenheit zu geben, durch entsprechenden praktischen Einsatz die im theoretischen und praktischen Unterricht

Tab. 5.10 Inhalte des theoretischen und praktischen Unterrichts in der Ausbildung zum Masseur und medizinischen Bademeister/zur Masseurin und medizinischen Bademeisterin (vgl. Anlage 1 MB-APrV)

Themen	Stunden
Berufs-, Gesetzes- und Staatskunde	40
Berufskunde und Ethik, Geschichte des Berufs	
Das Gesundheitswesen in der Bundesrepublik Deutschland und internationale Zusammenarbeit im Gesundheitswesen einschließlich der Gesundheitsprogramme internationaler Organisationen wie insbesondere Weltgesundheitsorganisation und Europarat	
Aktuelle berufs- und gesundheitspolitische Fragen	
Masseur- und Physiotherapeutengesetz; gesetzliche Regelungen für die sonstigen Berufe des Gesundheitswesens und ihre Abgrenzung zueinander	
Arbeits- und berufsrechtliche Regelungen, soweit sie für die Berufsausübung von Bedeutung sind	
Unfallverhütung, Mutterschutz, Arbeitsschutz, Jugendhilfe, Jugendschutz	
Einführung in das Krankenhaus-, Seuchen-, Strahlenschutz-, Arznei- und Betäubungsmittelrecht	
Strafrechtliche, bürgerlich-rechtliche und öffentlich-rechtliche Vorschriften, die bei der Berufsausübung von Bedeutung sind; Rechtsstellung des Patienten oder seiner Sorgeberechtigten	
Sozialpolitik einschließlich Einführung in die Systeme der sozialen Sicherung (Sozialversicherung, Sozialhilfe, Sozialstaatsangebote in der praktischen Realisierung)	
Die Grundlagen der staatlichen Ordnung in der Bundesrepublik Deutschland	

(Fortsetzung)

Tab. 5.10 (Fortsetzung)

Themen	Stunden
Anatomie	240
Allgemeine Anatomie	
Begriffsbestimmung und anatomische Nomenklatur	
Achsen, Ebenen, Orientierungssystem	
Allgemeine Zytologie	
Allgemeine Histologie	
Aufbau des Skelettsystems und allgemeine Gelenklehre	
Funktionelle Anatomie des Bewegungssystems	
Allgemeine funktionelle Aspekte der Bewegungsorgane	
Palpation der Bewegungsorgane	
Spezielle funktionelle Aspekte des Schultergürtels und der oberen Extremitäten	
Spezielle funktionelle Aspekte des Beckens und der unteren Extremitäten	
Spezielle funktionelle Aspekte der Wirbelsäule und des Kopfes	
Anatomie der inneren Organe	
Überblick über die inneren Organe	
Herz-Kreislaufsystem	
Respirationssystem	
Blut- und Abwehrsystem	
Verdauungssystem	
Urogenitalsystem	
Endokrines System	
Anatomie des Nervensystems und der Sinnesorgane	
Einführung in das Nervensystem	
Makroskopische Anatomie des Nervensystems	
Zentrales Nervensystem	
Peripheres Nervensystem	
Vegetatives Nervensystem	
Funktionelle Anatomie des Nervensystems	
Anatomie der Sinnesorgane und der Haut	
Physiologie	90
Herz-Kreislaufsystem	
Stoffwechsel	
Endokrines System	
Respirationssystem	
Nerven- und Sinnessystem	
Haltungs- und Bewegungssystem	
Physiologische Mechanismen der Infekt- und Immunabwehr	
Zusammenwirken der Systeme	

(Fortsetzung)

Tab. 5.10 (Fortsetzung)

Themen	Stunden
Allgemeine Krankheitslehre	30
Pathologie der Zelle	
Krankheit und Krankheitsursachen	
Krankheitsverlauf und -symptome	
Entzündungen und Ödeme	
Degenerative Veränderungen	
Wachstum und seine Störungen, gutartige und bösartige Neubildungen	
Störungen der immunologischen Reaktionen	
Örtliche und allgemeine Kreislaufstörungen, Blutungen	
Spezielle Krankheitslehre	360
Innere Medizin	
Orthopädie/Traumatologie	
Chirurgie/Traumatologie	
Neurologie	
Psychiatrie	
Gynäkologie und Geburtshilfe	
Pädiatrie	
Dermatologie	
Geriatrie	
Rheumatologie	
Arbeitsmedizin	
Sportmedizin	
Hygiene	30
Allgemeine Hygiene und Umweltschutz	
Persönliche Hygiene	
Bakteriologie, Virologie und Parasitologie	
Verhütung und Bekämpfung von Infektionen	
Desinfektion, Sterilisation	
Wasserhygiene	
Erste Hilfe und Verbandtechnik	30
Allgemeines Verhalten bei Notfällen	
Erstversorgung von Verletzten	
Blutstillung und Wundversorgung	
Maßnahmen bei Schockzuständen und Wiederbelebung	
Versorgung von Knochenbrüchen	
Transport von Verletzten	
Verhalten bei Arbeitsunfällen	
Verbandtechniken	
Angewandte Physik und Biomechanik	20
Einführung in die Grundlagen der Kinematik	
Einführung in die Grundlagen der Dynamik	
Einführung in die Grundlagen der Statik	

(Fortsetzung)

Tab. 5.10 (Fortsetzung)

Themen	Stunden
Sprache und Schrifttum	20
Vortrag und Diskussion, Dokumentation	
Mündliche und schriftliche Berichterstattung	
Benutzung und Auswertung deutscher und fremdsprachlicher Fachliteratur	
Einführung in fachbezogene Terminologie	
Psychologie/Pädagogik/Soziologie	60
Psychologie	
Der Mensch in seiner psychosomatischen Einheit	
Der Therapeut im Prozess der Patientenführung, Einführung in die Persönlichkeitspsychologie	
Psychologische Probleme spezieller Patientengruppen, insbesondere akut Erkrankter, chronisch Kranker, Kranker mit infauster Prognose, Kinder, Psychische Besonderheiten Alterskranker und Behinderter	
Einführung in die Gruppendynamik im Therapieprozess	
Gesprächsführung, Supervision	
Pädagogik	
Grundlagen der Pädagogik	
Einführung in die Sonderpädagogik	
Soziologie	
Grundlagen der Soziologie	
Soziales Umfeld – Krankheitserleben	
Soziale Stellung – Einfluss auf die Krankheitsentwicklung und -bewältigung	
Prävention und Rehabilitation	20
Grundlagen und Stellung der Prävention	
Gesundheitsgerechtes Verhalten und Gesundheitsförderung	
Grundlagen der Rehabilitation	
Einrichtungen der Rehabilitation und ihrer Fachkräfte	
Medizinische, berufliche und soziale Rehabilitation	
Rehabilitationsplanung und -durchführung im interdisziplinären Team	
Bewegungserziehung	30
Grundformen der Bewegung mit und ohne Gerät	
Bewegungserfahrung in Bezug auf Raum, Zeit und Dynamik	
Kombinationen von Grundformen der Bewegungserziehung aus Gymnastik und Sport	
Physikalisch-therapeutische Befundtechniken	60
Einführung in die Befunderhebung	
Techniken der Befunderhebung	

(Fortsetzung)

Tab. 5.10 (Fortsetzung)

Themen	Stunden
Klassische Massagetherapie	300
Geschichte und Grundlagen der Massagetherapie	
Technik und Wirkung der Griffe	
Wirkungen der klassischen Massagetherapie	
Sicht- und Tastbefund	
Klassische Massagetherapie in Verbindung mit anderen physikalisch-therapeutischen Verfahren	
Indikationen nach Krankheitsbildern, Kontraindikationen	
Behandlungsdauer, -intervalle und -intensität	
Reflexzonentherapie	150
Techniken und Wirkungen der Reflexzonentherapie	
Entstehung von Reflexzonen in Haut, Bindegewebe und Muskulatur und ihre Störungen	
Sicht- und Tastbefund	
Reflexzonentherapie in Verbindung mit anderen physikalisch-therapeutischen Verfahren	
Indikationen nach Krankheitsbildern, Kontraindikationen	
Behandlungsdauer, -intervalle und -intensität	
Sonderformen der Massagetherapie	200
Grundlage der manuellen Lymphdrainage/Komplexe physikalische Entstauungstherapie	
Unterwasserdruckstrahlmasse	
Colon-, Periost- und Segmenttherapie	
Tiefenfriktion	
Sportmassage	
Fußreflexzonentherapie	
Apparative Massagetechniken, insbesondere Stäbchen, Saugwelle, Vibrationsgeräte	
Sonstige Massagetechniken	
Indikationen nach Krankheitsbildern, Kontraindikationen	
Behandlungsdauer, -intervalle und -intensität	
Sonderformen der Massagetherapie in Verbindung mit anderen physikalisch-therapeutischen Verfahren	
Übungsbehandlung im Rahmen der Massage und anderer physikalisch-therapeutischer Verfahren	150
Aufgaben der Masseure und medizinischen Bademeister im Rahmen der Übungsbehandlung	
Grundlagen der Übungsbehandlung, Befundaufnahme	
Techniken und Wirkungen der passiven und aktiven Übungsbehandlung	
Indikationen nach Krankheitsbildern, Kontraindikationen	
Übungsbehandlung in Verbindung mit anderen physikalisch-therapeutischen Verfahren	

(Fortsetzung)

Tab. 5.10 (Fortsetzung)

Themen		Stunden
Elektro-, Licht- und Strahlentherapie		150
Physikalische und physiologische Grundlagen der Elektro-, Licht- und Strahlentherapie		
Elektrotherapie		
	Stromformen (Niederfrequenz, Mittelfrequenz, Hochfrequenz)	
	Ultraschalltherapie	
	Hydroelektrische Bäder	
	Iontophorese	
	Elektrodiagnostik	
Lichttherapie, UV-Bestrahlungen		
Strahlentherapie		
Indikationen nach Krankheitsbildern, Kontraindikationen		
Behandlungsdauer, -intervalle und -intensität		
Sicherheitsvorschriften für den Gebrauch elektromedizinischer Geräte		
Elektro-, Licht- und Strahlentherapie in Verbindung mit anderen physikalisch-therapeutischen Verfahren		
Hydro-, Balneo-, Thermo- und Inhalationstherapie		150
Physikalische und physiologische Grundlagen		
Hydrotherapeutische Anwendungen und ihre Wirkungen, insbesondere Kneippsche Verfahren		
Medizinische Bäder mit festen, flüssigen und gasförmigen medizinischen Zusätzen		
Spezielle Verfahren der Bäderheilkunde und ihre Wirkungen		
Wärmetherapie mit gestrahlter und geleiteter Wärme		
Wärmepackungen und Wärmekompressen		
Kryotherapie		
Indikationen nach Krankheitsbildern, Kontraindikationen		
Behandlungsdauer, -intervalle und -intensität		
Grundlagen der Kurort- und Klimatherapie		
Grundlagen der Inhalationstherapie		
Hydro-, Balneo-, Thermo- und Inhalationstherapie in Verbindung mit anderen physikalisch-therapeutischen Verfahren		
Weitere, auf die o. a. Themen zu verteilende Stunden		100

sowie in der praktischen Ausbildung erworbenen Kenntnisse, Fähigkeiten und Fertigkeiten zu vertiefen und weiterzuentwickeln sowie zu lernen, diese bei der praktischen Arbeit anzuwenden. Die ordnungsgemäße Ableistung der praktischen Tätigkeit ist von dem Leiter des Krankenhauses oder der medizinischen Einrichtung und von dem Masseur und medizinischen Bademeister, Krankengymnasten oder Physiotherapeuten zu bescheinigen, unter dessen Aufsicht die praktische Tätigkeit abgeleistet wurde (vgl. § 1 MPhG). Sie ist nach bestandener staatlicher Prüfung in zur Annahme von Praktikanten ermächtigten Krankenhäusern oder anderen geeigneten medizinischen Einrichtungen unter Aufsicht eines Masseurs und medizinischen Bademeisters und, soweit ein solcher nicht zur Verfügung steht, eines Krankengymnasten oder Physiotherapeuten abzuleisten und setzt voraus, dass die Krankenhäuser oder vergleichbaren Einrichtungen über

- Patienten in der zur Erreichung des Ausbildungsziels erforderlichen Zahl und Art,
- eine ausreichende Anzahl Masseure und medizinische Bademeister und, soweit ein solcher nicht zur Verfügung steht, eines Krankengymnasten oder Physiotherapeuten sowie
- die notwendigen Räumlichkeiten und Einrichtungen und
- eine der medizinischen Entwicklung entsprechende apparative Ausstattung verfügen.

Eine länger als vier Wochen andauernde Unterbrechung ist nachzuholen, und auf Antrag kann eine außerhalb des Geltungsbereichs dieses Gesetzes abgeleistete praktische Tätigkeit in der Massage im Umfang ihrer Gleichwertigkeit ganz oder teilweise auf die praktische Tätigkeit angerechnet werden (vgl. § 7 MPhG).

Die praktische Ausbildung in Krankenhäusern oder anderen geeigneten medizinischen Einrichtungen umfasst 800 Mindeststunden in den Bereichen Klassische Massagetherapie, Reflexzonentherapie, Sonderformen der Massagetherapie, Übungsbehandlung im Rahmen der Massage und anderer physikalisch-therapeutischer Verfahren, Elektro-, Licht- und Strahlentherapie, Hydro-, Balneo-, Thermo- und Inhalationstherapie (vgl. Anlage 2 MB-APrV).

Die staatliche **Abschlussprüfung** für den Lehrgang ist bei der Schule für Masseure und medizinische Bademeister zu absolvieren, an der der Lehrgang abgeschlossen wird, und umfasst jeweils einen schriftlichen, einen mündlichen und einen praktischen Teil (vgl. § 2 MB-APrV). Für die Zulassung zur Prüfung sind erforderlich:

- der Personalausweis oder Reisepass in amtlich beglaubigter Abschrift,
- die Bescheinigung über die Teilnahme an den Ausbildungsveranstaltungen (vgl. § 4 MB-APrV).

Gegenstand des schriftlichen Prüfungsteils, der an zwei Tagen durchzuführen ist, sind die Fächergruppe Berufs-, Gesetzes- und Staatskunde, Psychologie/Pädagogik/Soziologie, Spezielle Krankheitslehre sowie die Fächergruppe Prävention und Rehabilitation, Physiologie, Klassische Massagetherapie, Reflexzonentherapie. In beiden Fächergruppen ist jeweils einer Aufsichtsarbeit mit schriftlich gestellten Fragen zu beantworten, wobei die Aufsichtsarbeit in der ersten Fächergruppe 120 Minuten dauert und in der zweiten Fächergruppe 180 Minuten (vgl. § 5 MB-APrV).

Der mündliche Prüfungsteil umfasst die Fächer Anatomie und Spezielle Krankheitslehre, wobei die Prüflinge einzeln oder in Gruppen bis zu fünf geprüft werden und die Prüfung für den einzelnen Prüfling in jedem Fach nicht länger als 30 Minuten dauern soll (vgl. § 6 MB-APrV).

Der praktische Prüfungsteil umfasst die Fächergruppe Physikalisch-therapeutische Befundtechniken, Klassische Massagetherapie, Reflexzonentherapie, Sonderformen der

Massagetherapie und die Fächergruppe Übungsbehandlung im Rahmen der Massage und anderer physikalisch-therapeutischer Verfahren; Elektro-, Licht- und Strahlentherapie; Hydro-, Balneo-, Thermo- und Inhalationstherapie. In jedem Fach der jeweiligen Fächergruppe sind fallbezogen die Kenntnisse und Fertigkeiten nachzuweisen sowie das Handeln zu erläutern und zu begründen, wobei die Prüflinge einzeln oder in Gruppen bis zu fünf am Patienten oder Probanden geprüft werden und die Prüfung für den einzelnen Prüfling nicht länger als 20 Minuten je Fach dauern soll. Ferner soll unter Aufsicht an einem Patienten oder, soweit ein Patient nicht zur Verfügung steht, an einer zugewiesenen Person mit vorgegebener Diagnose eine Behandlung nach vorheriger Befunderhebung und Behandlungsvorschlag durchgeführt und dabei nachgewiesen werden, dass die im Unterricht erworbenen Kenntnisse und Fertigkeiten am Patienten umgesetzt werden können. Dabei erfolgen die Auswahl und die Zuweisung der Patienten durch einen Fachprüfer im Einvernehmen mit den Patienten und dem für die Patienten verantwortlichen Arzt. Die Dauer der praktischen Prüfung soll für den einzelnen Prüfling nicht länger als 60 Minuten sein (vgl. § 7 MB-APrV).

Über die Abschlussprüfung ist eine Niederschrift zu fertigen, aus der Gegenstand, Ablauf und Ergebnisse der Prüfung und etwa vorkommende Unregelmäßigkeiten hervorgehen (vgl. § 8 MB-APrV)und sie ist insgesamt bestanden, wenn jeder der vorgeschriebenen Prüfungsteile bestanden ist (vgl. § 10 MB-APrV).

5.3.8 Medizinischer Fachangestellter/Medizinische Fachangestellte

Medizinische Fachangestellte (MFA) zählen zu den bundesrechtlich geregelten, nichtärztlichen Gesundheitsfachberufen. Sie sind häufig die erste wichtige Kontaktperson zu den Patienten, sie bilden die Schnittstelle zwischen Arzt/Ärztin und Patient/in bzw. Medizintechnik und Mensch und arbeiten als fester Bestandteil des Praxisteams interdisziplinär mit anderen Berufsgruppen zusammen. Zu ihren Aufgaben gehören:

- Berufsspezifischer Beitrag zur Prävention, zur Wiederherstellung der Gesundheit und Unterstützung bei chronischen Erkrankungen, bei Notfällen und in der Organisation und in der Verwaltung einer Praxis;
- Betreuung der Patientinnen und Patienten vor, während und nach der Behandlung;
- Assistenz bei medizinischen Behandlungsabläufen und Untersuchungen;
- Patienteninformation über die Ziele und Möglichkeiten der Vor- und Nachsorge;
- Durchführung von Hygienemaßnahmen, Labor- und Verwaltungsarbeiten;
- weitere Aufgabenschwerpunkte: Kommunikation, Information, Dokumentation und Abrechnung sowie Datenschutz, Praxis- und Qualitätsmanagement (vgl. Verband Medizinischer Fachberufe 2019, S. 2).

Wesentliche Grundlage für die staatlich anerkannte Ausbildung zum/zur Medizinischen Fachangestellten (MFA) ist die Verordnung über die Berufsausbildung zum Medizinischen Fachangestellten/zur Medizinischen Fachangestellten (MedFAngAusbV). Im Folgenden sind für die Ausbildung Auszüge aus der MedFAngAusbV vom 26. April 2006 (BGBl. I S. 1097) wiedergegeben.

Die **Ausbildungsdauer** beträgt drei Jahre (vgl. § 2 MedFAngAusbV). Die **Ausbildungsinhalte** sind sachlich und zeitlich gegliedert in Tab. 5.1 wiedergegeben und beinhalten mindestens die folgenden Fertigkeiten, Kenntnisse und Fähigkeiten:

- Ausbildungsbetrieb: Berufsbildung, Arbeits- und Tarifrecht; Stellung des Ausbildungsbetriebes im Gesundheitswesen; Anforderungen an den Beruf; Organisation und Rechtsform des Ausbildungsbetriebes; Gesetzliche und vertragliche Bestimmungen der medizinischen Versorgung; Umweltschutz.
- Gesundheitsschutz und Hygiene: Sicherheit und Gesundheitsschutz bei der Arbeit; Maßnahmen der Arbeits- und Praxishygiene; Schutz vor Infektionskrankheiten.
- Kommunikation: Kommunikationsformen und -methoden; Verhalten in Konfliktsituationen.
- Patientenbetreuung und -beratung: Betreuen von Patienten und Patientinnen; Beraten von Patienten und Patientinnen.
- Betriebsorganisation und Qualitätsmanagement: Betriebs- und Arbeitsabläufe; Qualitätsmanagement; Zeitmanagement; Arbeiten im Team; Marketing.
- Verwaltung und Abrechnung: Verwaltungsarbeiten; Materialbeschaffung und -verwaltung; Abrechnungswesen.
- Information und Dokumentation: Informations- und Kommunikationssysteme; Dokumentation; Datenschutz und Datensicherheit.
- Durchführen von Maßnahmen bei Diagnostik und Therapie unter Anleitung und Aufsicht des Arztes oder der Ärztin: Assistenz bei ärztlicher Diagnostik; Assistenz bei ärztlicher Therapie; Umgang mit Arzneimitteln, Sera und Impfstoffen sowie Heil- und Hilfsmitteln.
- Grundlagen der Prävention und Rehabilitation
- Handeln bei Not- und Zwischenfällen (vgl. § 4 MedFAngAusbV).

Eine **Zwischenprüfung** ist zur Ermittlung des Ausbildungsstandes durchzuführen und soll vor dem Ende des zweiten Ausbildungsjahres stattfinden. Sie erstreckt sich auf die im Rahmenplan für die ersten 18 Monate aufgeführten Fertigkeiten, Kenntnisse und Fähigkeiten sowie auf den im Berufsschulunterricht zu vermittelnden Lehrstoff, soweit er für die Berufsausbildung wesentlich ist und ist anhand praxisbezogener Aufgaben in höchstens 120 Minuten in den Prüfungsbereichen Arbeits- und Praxishygiene, Schutz vor Infektionskrankheiten, Verwaltungsarbeiten, Datenschutz und Datensicherheit, Untersuchungen und Behandlungen durchzuführen (vgl. § 8 MedFAngAusbV).

Die **Abschlussprüfung** besteht zunächst aus einem praktischen Teil, in dem der Prüfling in höchstens 75 Minuten eine komplexe Prüfungsaufgabe bearbeiten sowie während dieser Zeit in höchstens 15 Minuten hierüber ein Fachgespräch führen soll, wofür ihm eine angemessene Vorbereitungszeit einzuräumen ist. Bei der Prüfungsaufgabe sollen praxisbezogene Arbeitsabläufe simuliert, demonstriert, dokumentiert und präsentiert werden in den Bereichen:

- Assistieren bei Diagnose- und Therapiemaßnahmen einschließlich Betreuen des Patienten oder der Patientin vor, während und nach der Behandlung, Pflegen, Warten und Handhaben von Geräten und Instrumenten, Durchführen von Hygienemaßnahmen, Abrechnen und Dokumentieren von Leistungen sowie Aufklären über Möglichkeiten und Ziele der Prävention,
- Assistieren bei Diagnose- und Therapiemaßnahmen einschließlich Betreuen des Patienten oder der Patientin vor, während und nach der Behandlung, Pflegen, Warten und Handhaben von Geräten und Instrumenten, Durchführen von Hygienemaßnahmen, Abrechnen und Dokumentieren von Leistungen sowie Durchführen von Laborarbeiten.

Der Prüfling soll bei der Durchführung der Prüfungsaufgabe und dem Fachgespräch

- zeigen, dass er mit den Patienten situationsgerecht und personenorientiert kommunizieren, sie sachgerecht informieren und zur Kooperation motivieren kann;
- nachweisen, dass er Arbeitsabläufe planen, Betriebsabläufe organisieren, Verwaltungsarbeiten durchführen, Mittel der technischen Kommunikation nutzen, Sicherheit und Gesundheitsschutz bei der Arbeit und Belange des Umweltschutzes berücksichtigen sowie die für die Prüfungsaufgabe relevanten fachlichen Hintergründe aufzeigen und die Vorgehensweise bei Durchführung der Prüfungsaufgabe begründen kann;
- nachweisen, dass er Erste-Hilfe-Maßnahmen am Patienten oder an der Patientin durchführen kann.

Der schriftliche Teil der Abschlussprüfung umfasst die Prüfungsbereiche:

- Behandlungsassistenz (zeitlicher Höchstwert 120 Minuten, Gewichtung innerhalb des schriftlichen Teils 40 %): In den Gebieten Qualitätssicherung, Zeitmanagement, Schutz vor Infektionskrankheiten, Arzneimittel/Sera/Impfstoffe/Heil- und Hilfsmittel, Patientenbetreuung und -beratung, Grundlagen der Prävention und Rehabilitation, Laborarbeiten, Datenschutz und Datensicherheit, Dokumentation, Handeln bei Notfällen sowie Abrechnung erbrachter Leistungen soll der Prüfling praxisbezogene Aufgaben bearbeiten und zeigen, dass er im Bereich der Diagnostik und Therapie Arbeitsabläufe planen und die Durchführung der Behandlungsassistenz beschreiben kann, gesetzliche und vertragliche Bestimmungen der medizinischen Versorgung, Sicherheit und Gesundheitsschutz bei der Arbeit, Umweltschutz sowie Maßnahmen der Arbeits- und Praxishygiene berücksichtigt, fachliche Zusammenhänge versteht, Sachverhalte analysieren sowie Lösungsmöglichkeiten entwickeln und darstellen kann.

- Betriebsorganisation und -verwaltung (zeitlicher Höchstwert 120 Minuten, Gewichtung innerhalb des schriftlichen Teils 40 %): In den Gebieten Gesetzliche und vertragliche Bestimmungen der medizinischen Versorgung, Arbeiten im Team, Verwaltungsarbeiten, Dokumentation, Marketing, Zeitmanagement, Datenschutz und Datensicherheit, Organisation der Leistungsabrechnung, Materialbeschaffung und -verwaltung soll der Prüfling soll praxisbezogene Aufgaben bearbeiten, zeigen, dass er Betriebsabläufe beschreiben, Arbeitsabläufe systematisch planen sowie interne und externe Koordinierungsaufgaben darstellen, Sicherheit und Gesundheitsschutz bei der Arbeit, Umweltschutz, Maßnahmen der Qualitätssicherung sowie Informations- und Kommunikationsmöglichkeiten berücksichtigen kann.
- Wirtschafts- und Sozialkunde (zeitlicher Höchstwert 60 Minuten, Gewichtung innerhalb des schriftlichen Teils 20 %): In diesem Bereich soll der Prüfling praxisbezogene Aufgaben aus der Berufs- und Arbeitswelt bearbeiten und dabei zeigen, dass er allgemeine wirtschaftliche und gesellschaftliche Zusammenhänge darstellen kann.

Die Abschlussprüfung ist insgesamt bestanden, wenn jeweils im praktischen und im schriftlichen Teil der Prüfung sowie innerhalb des schriftlichen Teils der Prüfung in mindestens zwei Prüfungsbereichen mindestens ausreichende Prüfungsleistungen erbracht sind (vgl. § 9 MedFAngAusbV).

5.3.9   Medizinisch-technischer Assistent/Medizinisch-technische Assistentin Funktionsdiagnostik

Der Beruf des Medizinisch-technischen Assistenten/der Medizinisch-technischen Assistentin Funktionsdiagnostik (MTA-F) zählt zu den bundesrechtlich geregelten, nichtärztlichen Gesundheitsfachberufen. Sie führen Untersuchungen auf Anordnung eines Arztes durch, beziehungsweise assistieren bei diagnostischen Untersuchungen und therapeutischen Maßnahmen insbesondere in den Tätigkeitsbereichen:

- Neurophysiologische Funktionsdiagnostik: Registrierung von bio-elektrischen Signalen an der Körperoberfläche, die in Nerven bei der Weiterleitung von Sinnesreizen und Bewegungsimpulsen ausgelöst werden, oder bei der Tätigkeit des Gehirns fortwährend entstehen durch hochempfindliche Messverfahren, zum Teil unter Einsatz äußerer Reize (zum Beispiel Licht, Ton).
- Audiologische Funktionsdiagnostik: Hörprüfungen bei Kindern und Erwachsenen, Prüfungen zentraler Hörfunktionen, Beratung, Versorgung und Rehabilitation von Hörgeräteträgern (in Zusammenarbeit mit Hörgeräteakustikern und Schwerhörigenpädagogen), Prüfungen der zentralen und peripheren Gleichgewichtsfunktionen, objektive und subjektive Prüfungen der Geruchs- und Geschmackssinne, Prüfungen der Gesichtsnervenfunktionen, beispielsweise in HNO-Kliniken, HNO-Praxen, Gesundheits-

ämtern und Versorgungsämtern, bei Betriebsärzten und Berufsgenossenschaften, Schwerhörigen- und Gehörlosenschulen und Gehörlosenkindergärten.

- Kardiovaskuläre Funktionsdiagnostik: Registrierung von Herzströmen (Elektrokardiogramm), eventuell unter körperlicher Belastung oder über einen längeren Zeitraum hinweg, bei fraglichen Erkrankungen des Herz-Kreislaufsystems; Durchführung von Messungen, die Aufschluss über die Strömungsverhältnisse in den Blutgefäßen geben können.
- Pneumologische Funktionsdiagnostik: Messung der Lungenfunktion hinsichtlich ihres Fassungsvermögens, ihrer Dehnbarkeit, des Gasaustausches etc. (vgl. Dachverband für Technologen/-innen und Analytiker/-innen in der Medizin Deutschland 2019a, S. 1).

Wesentliche **Grundlagen** der Ausbildung sind das Gesetz über technische Assistenten in der Medizin (MTA-Gesetz -MTAG) und die Ausbildungs- und Prüfungsverordnung für technische Assistenten in der Medizin (MTA-APrV). Im Folgenden sind für die Ausbildung zum Medizinisch-technischen Assistenten/zur Medizinisch-technischen Assistentin Funktionsdiagnostik Auszüge aus dem MTAG vom 2. August 1993 (BGBl. I S. 1402), zuletzt durch Artikel 21 des Gesetzes vom 18. April 2016 (BGBl. I S. 886) geändert, und aus der MTA-APrV vom 25. April 1994 (BGBl. I S. 922), die zuletzt durch Artikel 6 der Verordnung vom 29. November 2018 (BGBl. I S. 2034) geändert worden ist, wiedergegeben.

Die **Ausbildungsdauer** beträgt drei Jahre, und die Ausbildung besteht aus theoretischem und praktischem Unterricht und einer praktischen Ausbildung, wird durch staatlich anerkannte Schulen für Technische Assistenten in der Medizin vermittelt und schließt mit einer staatlichen Prüfung ab (vgl. § 4 MTAG). **Ausbildungsvoraussetzungen** sind die gesundheitliche Eignung zur Ausübung des Berufs und der Realschulabschluss oder eine gleichwertige Ausbildung oder eine andere abgeschlossene zehnjährige Schulbildung, die den Hauptschulabschluss erweitert, oder eine nach Hauptschulabschluss oder einem gleichwertigen Abschluss abgeschlossene Berufsausbildung von mindestens zweijähriger Dauer (vgl. § 5 MTAG). Die **Ausbildungsinhalte** umfassen einen theoretischen und praktischen Unterricht von 2370 Stunden (vgl. Tab. 5.11) sowie eine praktische Ausbildung von 2030 Stunden (vgl. § 1 MTA-APrV). Ferner ist vorzusehen, dass die Schüler innerhalb der praktischen Ausbildung für die Dauer von sechs Wochen in Krankenhäusern mit den dort notwendigen Arbeitsabläufen vertraut gemacht und in solchen Verrichtungen und Fertigkeiten der Krankenpflege praktisch unterwiesen werden, die für die Berufstätigkeit von Bedeutung sind (vgl. § 8 MTAG).

Die praktische Ausbildung umfasst jeweils 500 Stunden in Neurophysiologischer Funktionsdiagnostik und Audiologischer und HNO-Funktionsdiagnostik, 350 Stunden in Kardiovaskulärer Funktionsdiagnostik sowie 150 Stunden in Pneumologischer Funktionsdiagnostik. Weitere 300 Stunden sind zur Verteilung und 230 Stunden für das Krankenhauspraktikum vorgesehen (vgl. Anlage 3 MTA-APrV).

Tab. 5.11 Inhalte des theoretischen und praktischen Unterrichts in der Ausbildung zum Medizinisch-technischen Assistenten/zur Medizinisch-technischen Assistentin Funktionsdiagnostik (vgl. Anlage 3 MB-APrV)

Themen	Stunden
Berufs-, Gesetzes- und Staatskunde	40
Berufskunde und Ethik, Geschichte des Berufs	
Das Gesundheitswesen in der Bundesrepublik Deutschland und internationale Zusammenarbeit im Gesundheitswesen einschließlich der Gesundheitsprogramme internationaler Organisationen wie insbesondere Weltgesundheitsorganisation und Europarat	
Aktuelle berufs- und gesundheitspolitische Fragen	
MTA-Gesetz; gesetzliche Regelungen für die sonstigen Berufe des Gesundheitswesens	
Arbeits- und berufsrechtliche Regelungen, soweit sie für die Berufsausübung von Bedeutung sind	
Unfallverhütung, Mutterschutz, Arbeitsschutz	
Medizingeräteverordnung	
Strahlenschutzgesetz, Strahlenschutzverordnung	
Einführung in das Krankenhaus-, Seuchen- und Lebensmittelrecht sowie das Arznei- und Betäubungsmittelrecht	
Strafrechtliche, bürgerlich-rechtliche und öffentlich-rechtliche Vorschriften, die bei der Berufsausübung von Bedeutung sind, Rechtsstellung des Patienten oder seiner Sorgeberechtigten	
Einführung in die Systeme der sozialen Sicherung (Sozialversicherung, Sozialhilfe, Sozialstaatsangebote in der praktischen Realisierung)	
Die Grundlagen der staatlichen Ordnung in der Bundesrepublik Deutschland	
Wirtschaftsordnung	
Politische Meinungsbildung, politisches Handeln; aktuelle politische Fragen	
Mathematik	40
Mathematische Grundlagen	
Potenzen	
Logarithmen	
Umgang mit Gleichungen, Tabellen und grafischen Darstellungen	
Fachbezogene Anwendungen	
Biologie und Ökologie	40
Zelle und Zellstoffwechsel	
Zellvermehrung	
Vererbungslehre	
Humangenetik und Gentechnologie	
Mensch und Umwelt, Umweltschutz	
Naturschutz	

(Fortsetzung)

Tab. 5.11 (Fortsetzung)

Themen	Stunden
Hygiene	40
Geschichtlicher Überblick und Bedeutung	
Sterilisation und Desinfektion	
Gesundheitserziehung, Gesundheitsvorsorge, Öffentlicher Gesundheitsdienst und Sozialhygiene	
Epidemiologie	
Krankenhaushygiene und Hospitalismus	
Lebensmittelhygiene	
Umwelthygiene	
Physik	120
Physikalische Größen und Einheiten	
Mechanik	
Periodische Erscheinungen, Schwingungen, Wellen, Akustik	
Wärmelehre	
Optik	
Elektrizitätslehre	
Elektromagnetische Erscheinungen	
Grundlagen der Atomphysik	
Statistik	20
Einführung in die Statistik	
Beschreibende Statistik	
Regression und Korrelation	
Fachbezogene Anwendungen	
EDV und Dokumentation	80
Begriffe, Aufbau und Aufgabenstellung von Datenverarbeitungsanlagen	
Grundlagen der Datenverarbeitung	
Grundlagen der Hardware mit Einweisungen und Übungen	
Grundlagen der Software mit praktischen Anwendungen	
Grundlagen des Datenschutzes und der Datensicherung	
Anatomie	60
Einführung in die medizinische Fachsprache, Richtungs- und Lagebezeichnungen	
Nervensystem	
Sinnesorgane	
Herz- und Blutgefäßsystem	
Lymphatisches System	
Atmungssystem	
Verdauungssystem	
Urogenitalsystem	
Topografie der inneren Organe	
Bewegungssystem	
Endokrines System	
Haut- und Hautanhangsorgane	

(Fortsetzung)

Tab. 5.11 (Fortsetzung)

Themen	Stunden
Physiologie/Pathophysiologie	100
Allgemeine Physiologie	
Kennzeichen des Lebens	
Chemische Zusammensetzung der Zelle und ihres umgebenden Milieus	
Vorgänge in Lösungen	
Transportvorgänge im Organismus	
Grundfunktionen der erregbaren Strukturen	
Regelung biologischer Funktionen	
Stoff- und Energiewechsel	
Physiologie des Zentralnervensystems	
Sinnesphysiologie	
Physiologische Regulationen	
Allgemeine Krankheitslehre	30
Krankheit und Krankheitsursachen	
Pathologie der Zelle	
Wachstum und seine Störungen, gutartige und bösartige Neubildungen	
Örtliche und allgemeine Kreislaufstörungen, Blutungen	
Störungen des Gasaustausches und der Sauerstoffversorgung	
Entzündungen und Ödeme	
Störungen der immunologischen Reaktionen	
Arzneimittellehre	30
Herkunft und Bedeutung von Arzneimitteln	
Arzneiformen und ihre Verabreichung	
Umgang mit Arzneimitteln einschließlich Kennzeichnung, Aufbewahrung und Dosierung	
Grundkenntnisse der Pharmakologie und Toxikologie	
Arzneimittelgruppen	
Gesetzliche Vorschriften über den Verkehr mit Arzneimitteln	
Erste Hilfe	20
Allgemeines Verhalten bei Notfällen	
Erstversorgung von Verletzten	
Blutstillung und Wundversorgung	
Maßnahmen bei Schockzuständen und Wiederbelebung	
Versorgung von Knochenbrüchen	
Transport von Verletzten	
Verhalten bei Arbeitsunfällen und sonstigen Notfällen	

(Fortsetzung)

Tab. 5.11 (Fortsetzung)

Themen	Stunden
Psychologie, Pädagogik, Soziologie	80
Psychologie	
Grundlagen der Persönlichkeits-, Entwicklungs- und Lernpsychologie	
Patient und Technik, Stellung der MTA	
Psychologische Probleme spezieller Patientengruppen, insbesondere akut Erkrankter, chronisch Kranker, psychisch Kranker, Kranker mit infauster Prognose, psychische Besonderheiten Alterskranker, Behinderter und Kinder	
Einführung in die Sozialpsychologie, Gesprächsführung, Supervision	
Pädagogik	
Grundlagen der Pädagogik	
Einführung in die Sonderpädagogik	
Soziologie	
Grundlagen der Soziologie	
Spezielle Soziologie Behinderter	
Fachenglisch	40
Auffrischung schulischer Kenntnisse	
Fachwortschatz	
Übersetzungsübungen zum Verständnis fachbezogener Texte	
Gerätekunde	70
Einführung in die Medizintechnik	
Möglichkeiten und Grenzen des Einsatzes von Technik in der Medizin	
Technische Grundlagen diagnostischer und therapeutischer Geräte in der Audiologie, Neurologie, Kardiologie und Angiologie sowie Pneumologie	
Medizintechnik und Sicherheit	
Spezielle Krankheitslehre	240
Neurologie	
Psychiatrie	
Oto-Rhino-Laryngologie	
Audiologie und Phoniatrie	
Pädiatrie	
Kardiologie und Angiologie	
Pneumologie	

(Fortsetzung)

Tab. 5.11 (Fortsetzung)

Themen	Stunden
Neurophysiologische Funktionsdiagnostik	370
Elektroenzephalografie (EEG)	
Technische Grundlagen	
Elektrodenplatzierung	
Formen der Registrierung	
Normales und abnormes EEG	
EEG bei Erkrankungen	
Evozierte Potenziale	
Technische Grundlagen	
Arten der evozierten Potenziale	
Normale und abnormale evozierte Potenziale	
Evozierte Potenziale bei Erkrankungen	
Elektronystagmografie	
Elektromyografie und Neurografie	
Funktionsdiagnostik autonomer/vegetativer Systeme	
Ergebniserstellung, Qualitäts- und Plausibilitätskontrolle	
Technische Mitwirkung im Rahmen der chirurgischen und invasiven Funktionsdiagnostik	
Audiologische und HNO-Funktionsdiagnostik	370
Psychoakustische Audiometrie	
Objektive Audiometrie	
Pädaudiometrie	
Vorsorge- und Risikountersuchungen	
Funktionsdiagnostik bei apparativer Rehabilitation	
Vestibularisprüfungen	
Ventilationsprüfungen	
Gustometrie und Olfaktometrie	
Technische Assistenz bei Facialisdiagnostik	
Technische Assistenz bei myografischen Messungen	
Ergebniserstellung, Qualitäts- und Plausibilitätskontrolle	
Technische Mitwirkung im Rahmen der chirurgischen und invasiven Funktionsdiagnostik	

(Fortsetzung)

Tab. 5.11 (Fortsetzung)

Themen	Stunden
Kardiovaskuläre Funktionsdiagnostik	270
Elektrokardiografie (EKG)	
Nichtinvasive Untersuchungsverfahren wie Standard-EKG, Spezielle Ableitungen, Belastungsuntersuchungen und Provokationstests, Langzeituntersuchungen	
Invasive Untersuchungsverfahren	
Mechanokardiografie und Phonokardiografie	
Druck-, Strömungs- und Volumenmessung an Herz und Gefäßen	
Nichtinvasive Verfahren einschließlich Langzeituntersuchung	
Invasive Verfahren wie Rechts- und Linksherzkatheteruntersuchung mit und ohne Belastung und Medikation, Indikatorverdünnungsmethoden	
Herzschrittmacherfunktionskontrolle	
Ultraschalluntersuchungen des Herzens und der Gefäße	
Echokardiografie, Streßechokardiografie, Kontrastechokardiografie	
Ultraschalluntersuchungen der Arterien und Venen	
Angiokardiografie und Koronarangiografie	
Ergebniserstellung, Qualitäts- und Plausibilitätskontrolle	
Technische Mitwirkung im Rahmen der chirurgischen und invasiven Funktionsdiagnostik	
Pneumologische Funktionsdiagnostik	150
Ventilationsprüfungen, Messung statischer und dynamischer Lungengrößen	
Bronchiale Hyperreagibilitätsprüfungen und Bronchospasmolysetest	
Physikalische Blutgasanalyse und Säure-Basenanalyse	
Physikalische Analyse der Atemgase	
Ergospirometrie und Ergooxytensiometrie	
Ganzkörperplethysmografie	
Rhinomanometrie	
Schlafapnoediagnostik	
Diffusionsanalyse	
Compliancebestimmung	
Mikrokatheterisierung des kleinen Kreislaufs	
Untersuchung des Atemantriebes	
Ergebniserstellung, Qualitäts- und Plausibilitätskontrolle	
Technische Mitwirkung im Rahmen der chirurgischen und invasiven Funktionsdiagnostik	
Weitere, auf die o. a. Themen zu verteilende Stunden	160

Die staatliche **Abschlussprüfung** umfasst einen schriftlichen, einen mündlichen und einen praktischen Teil (vgl. § 2 MTA-APrV) und ist bei der Schule abzulegen, an der die Ausbildung abgeschlossen wird. Die Zulassung zur Prüfung erfolgt, wenn folgende Nachweise vorliegen:

- der Personalausweis oder Reisepass in amtlich beglaubigter Abschrift,
- die Bescheinigung über die Teilnahme an den Ausbildungsveranstaltungen (vgl. § 4 MTA-APrV).

Der schriftliche Prüfungsteil umfasst die Fächergruppe Statistik, EDV und Dokumentation, Physik, Anatomie, Physiologie, Spezielle Krankheitslehre sowie die Fächergruppe Neurophysiologische Funktionsdiagnostik, Audiologische und HNO-Funktionsdiagnostik, Kardiovaskuläre Funktionsdiagnostik, Pneumologische Funktionsdiagnostik (vgl. § 18 MTA-APrV).

Der mündliche Prüfungsteil umfasst die Fächer Neurophysiologische Funktionsdiagnostik, Audiologische und HNO-Funktionsdiagnostik, Kardiovaskuläre Funktionsdiagnostik sowie Pneumologische Funktionsdiagnostik (vgl. § 19 MTA-APrV).

Der praktische Prüfungsteil umfasst die Fächer:

- Neurophysiologische Funktionsdiagnostik, wobei der Prüfling eine Standard-EEG-Registrierung bei einem erwachsenen Patienten, eine Standard-EEG-Registrierung bei einem Kind oder eine polygrafische Kurzschlafregistrierung und eine Registrierung evozierter Potenziale sowie eine Registrierung aus dem Bereich Elektromyografie/Neurografie oder Funktionsdiagnostik autonomer Systeme oder Elektronystagmografie durchzuführen sowie die eingesetzten Methoden, die Qualitätskontrolle und die erstellten Messergebnisse zu erklären hat,
- Audiologische und HNO-Funktionsdiagnostik, wobei der Prüfling eine audiometrische Untersuchung an schwerhörigen erwachsenen Patienten einschließlich zwei überschwelliger Tests, eine Impedanzmessung einschließlich zugehöriger evozierter Potenziale, eine Vestibularisprüfung oder eine Gustometrie oder eine Olfaktometrie oder eine nasale Ventilationsprüfung und eine audiometrische Untersuchung bei einem Kind unter fünf Jahren durchzuführen sowie die eingesetzten Methoden, die Qualitätskontrolle und die erstellten Messergebnisse zu erklären hat,
- Kardiovaskuläre Funktionsdiagnostik, wobei der Prüfling eine Standard-EKG-Registrierung, eine Ultraschalluntersuchung an Gefäßen der unteren und oberen Extremität oder eine Schrittmacherfunktionsprüfung am Patienten oder die Auswertung einer Langzeit-EKG-Registrierung sowie ein Phonokardiogramm oder die Assistenz bei einer Belastungsuntersuchung oder die Assistenz bei einer Herzkatheteruntersuchung durchzuführen sowie die eingesetzten Methoden, die Qualitätskontrolle und die erstellten Meßergebnisse zu erklären hat,
- Pneumologische Funktionsdiagnostik, wobei der Prüfling zwei vorfelddiagnostische Methoden (Spirometrie, Peak-Flow-Messung, Provokationstest, Spasmolyse), eine

Blutgasanalyse, eine Ergospirometrie oder eine Bodyplethysmografie oder die Assistenz bei einer Mikrokatheteruntersuchung durchzuführen sowie die eingesetzten Methoden, die Qualitätskontrolle und die erstellten Meßergebnisse zu erklären hat (vgl. § 20 MTA-APrV).

Die Abschlussprüfung gilt als insgesamt bestanden, wenn jeder der vorgeschriebenen Prüfungsteile bestanden ist (vgl. § 7 MTA-APrV).

5.3.10 Medizinisch-technischer Laboratoriumsassistent/Medizinisch-technische Laboratoriumsassistentin

Der Beruf des Medizinisch-technischen Laboratoriumsassistenten/der Medizinisch-technischen Laboratoriumsassistentin (MTLA) zählt zu den bundesrechtlich geregelten, nichtärztlichen Gesundheitsfachberufen. Sie führen selbstständig und eigenverantwortlich die notwendigen laboratoriumsmedizinischen Untersuchungen durch, die von Ärzten für die Krankheitserkennung, -behandlung und -vorsorge benötigt werden, insbesondere in folgenden Tätigkeitsbereichen:

- Hämatologie: Morphologische Hämatologie (u. a. Feststellung, ob die Zahl der Erythrozyten, Leukozyten und Thrombozyten sowie die prozentuale Verteilung der Leukozytensubpopulationen der alters- und geschlechtsentsprechenden Norm entspricht, ob alle Zellen in Form, Gestalt und Aussehen mit den gesunden Zellen vergleichbar sind), Immunhämatologie (u. a. Bestimmung der Antigene der verschiedenen Blutgruppensysteme des Patienten Erkennung von Stoffen, die nicht in das Blut des Patienten gehören (sog. irreguläre Antikörper) Prüfung der Verträglichkeit des Spenderblutes für den Empfänger Feststellung des genetischen Musters eines Menschen (Gewebe-typisierung), z. B. vor einer Organtransplantation), Hämostaseologie (u. a. Messung der Gerinnungsfähigkeit des Blutes z. T. auch mit molekularbiologischen Methoden und Techniken).
- Zytologie: U. a. feingewebliches Aufarbeiten von Gewebe oder Organen, die z. B. während einer Operation oder einer Sektion entnommen wurden; Vormusterung und Färbung von Zellabstrichen, die z. B. im Rahmen der Krebsvorsorgeuntersuchung entnommen wurden.
- Klinische Chemie: U. a. Untersuchung des Blutwassers (Serum/Plasma); Durchführung von Konzentrationsmessungen von mehreren hundert Analyten mit den verschiedensten Methoden, Techniken und Geräten; Prüfung der ermittelten Daten auf ihre Plausibilität, ob die ermittelten Einzelergebnisse zu einem Laborbefund zusammengefügt werden können, der als wichtiger Teilbefund in die ärztliche Diagnostik eingeht.
- Mikrobiologie: Bakteriologie (u. a. Anzüchtung von Infektionserregern aus Untersuchungsmaterial (z. B. Urin, Stuhl, Sputum, Wundabstriche usw.) auf verschiedenen Nährböden und in Nährlösungen; Untersuchungen, um die „nicht krankmachenden"

(apathogenen) Bakterien von den „k●ankmachenden" (pathogenen) Bakterien abzu-
grenzen; Austestung, gegen welche Medikamente (Antibiotika) ein Bakterium emp-
findlich oder resistent (unempfindlich) ist, d. h. welches Mittel zur Behandlung eingesetzt werden kann), Parasitologie (u. a. Labordiagnostik von z. B. Erreger der Malaria,
Protozoen (z. B. Amöben, Lamblien), Wurmeier), Mykologie (u. a. Krankheitserreger
(Hautpilze, Sprosspilze/Hefen, Schimmelpilze) aufgrund der Kolonieform, Kolonie-
farbe und nach mikroskopischer Betrachtung identifizieren und differenzieren), Viro-
logie (u. a. Sichtbarmachung von Krankheitserregern im Elektronenmikroskop) (vgl.
Dachverband für Technologen/-innen und Analytiker/-innen in der Medizin Deutschland 2019b, S. 1).

Wesentliche **Grundlagen** der Ausbildung sind das Gesetz über technische Assistenten in
der Medizin (MTA-Gesetz -MTAG) und die Ausbildungs- und Prüfungsverordnung für
technische Assistenten in der Medizin (MTA-APrV). Im Folgenden sind für die Ausbildung zum Medizinisch-technischen Laboratoriumsassistenten/zur Medizinisch-technischen Laboratoriumsassistentin Auszüge aus dem MTAG vom 2. August 1993 (BGBl. I
S. 1402), zuletzt durch Artikel 21 des Gesetzes vom 18. April 2016 (BGBl. I S. 886) geändert, und aus der MTA-APrV vom 25. April 1994 (BGBl. I S. 922), die zuletzt durch
Artikel 6 der Verordnung vom 29. November 2018 (BGBl. I S. 2034) geändert worden ist,
wiedergegeben.

Die **Ausbildungsdauer** beträgt drei Jahre, und die Ausbildung besteht aus theoretischem und praktischem Unterricht und einer praktischen Ausbildung, wird durch staatlich
anerkannte Schulen für Technische Assistenten in der Medizin vermittelt und schließt mit
einer staatlichen Prüfung ab (vgl. § 4 MTAG). **Ausbildungsvoraussetzungen** sind die
gesundheitliche Eignung zur Ausübung des Berufs und der Realschulabschluss oder eine
gleichwertige Ausbildung oder eine andere abgeschlossene zehnjährige Schulbildung, die
den Hauptschulabschluss erweitert, oder eine nach Hauptschulabschluss oder einem
gleichwertigen Abschluss abgeschlossene Berufsausbildung von mindestens zweijähriger
Dauer (vgl. § 5 MTAG). Die **Ausbildungsinhalte** umfassen einen theoretischen und praktischen Unterricht von 3170 Stunden (vgl. Tab. 5.12) sowie eine praktische Ausbildung
von 1230 Stunden (vgl. § 1 MTA-APrV). Ferner ist vorzusehen, dass die Schüler innerhalb
der praktischen Ausbildung für die Dauer von sechs Wochen in Krankenhäusern mit den
dort notwendigen Arbeitsabläufen vertraut gemacht und in solchen Verrichtungen und Fertigkeiten der Krankenpflege praktisch unterwiesen werden, die für die Berufstätigkeit von
Bedeutung sind (vgl. § 8 MTAG).

Die praktische Ausbildung umfasst jeweils 100 Stunden in Histologie/Zytologie, Hämatologie, Mikrobiologie und 300 Stunden in Klinischer Chemie. Weitere 400 Stunden
sind zur Verteilung und 230 Stunden für das Krankenhauspraktikum vorgesehen (vgl. Anlage 1 MTA-APrV).

Tab. 5.12 Inhalte des theoretischen und praktischen Unterrichts in der Ausbildung zum Medizinisch-technischen Laboratoriumsassistenten/zur Medizinisch-technischen Laboratoriumsassistentin (vgl. Anlage 1 MB-APrV)

Themen	Stunden
Berufs-, Gesetzes- und Staatskunde	40
Berufskunde und Ethik, Geschichte des Berufs	
Das Gesundheitswesen in der Bundesrepublik Deutschland und internationale Zusammenarbeit im Gesundheitswesen einschließlich der Gesundheitsprogramme internationaler Organisationen wie insbesondere Weltgesundheitsorganisation und Europarat	
Aktuelle berufs- und gesundheitspolitische Fragen	
MTA-Gesetz; gesetzliche Regelungen für die sonstigen Berufe des Gesundheitswesens	
Arbeits- und berufsrechtliche Regelungen, soweit sie für die Berufsausübung von Bedeutung sind	
Unfallverhütung, Mutterschutz, Arbeitsschutz	
Medizingeräteverordnung	
Strahlenschutzgesetz, Strahlenschutzverordnung	
Einführung in das Krankenhaus-, Seuchen- und Lebensmittelrecht sowie das Arznei- und Betäubungsmittelrecht	
Strafrechtliche, bürgerlich-rechtliche und öffentlich-rechtliche Vorschriften, die bei der Berufsausübung von Bedeutung sind, Rechtsstellung des Patienten oder seiner Sorgeberechtigten	
Einführung in die Systeme der sozialen Sicherung (Sozialversicherung, Sozialhilfe, Sozialstaatsangebote in der praktischen Realisierung)	
Die Grundlagen der staatlichen Ordnung in der Bundesrepublik Deutschland	
Wirtschaftsordnung	
Politische Meinungsbildung, politisches Handeln; aktuelle politische Fragen	
Mathematik	40
Mathematische Grundlagen	
Potenzen	
Logarithmen	
Umgang mit Gleichungen, Tabellen und grafischen Darstellungen	
Fachbezogene Anwendungen	
Biologie und Ökologie	40
Zelle und Zellstoffwechsel	
Zellvermehrung	
Vererbungslehre	
Humangenetik und Gentechnologie	
Mensch und Umwelt, Umweltschutz	
Naturschutz	

(Fortsetzung)

Tab. 5.12 (Fortsetzung)

Themen	Stunden
Hygiene	40
Geschichtlicher Überblick und Bedeutung	
Sterilisation und Desinfektion	
Gesundheitserziehung, Gesundheitsvorsorge, Öffentlicher Gesundheitsdienst und Sozialhygiene	
Epidemiologie	
Krankenhaushygiene und Hospitalismus	
Lebensmittelhygiene	
Umwelthygiene	
Physik	100
Physikalische Größen und Einheiten	
Mechanik	
Schwingungen und Wellen	
Wärmelehre	
Elektrizitätslehre	
Optik	
Strahlenschutz, Strahlenkontrolle	
Physikalische Grundlagen des Strahlenschutzes	
Prinzipien zur Messung ionisierender Strahlung	
Statistik	20
Einführung in die Statistik	
Beschreibende Statistik	
Regression und Korrelation	
Fachbezogene Anwendungen	
EDV und Dokumentation	80
Begriffe, Aufbau und Aufgabenstellung von Datenverarbeitungsanlagen	
Grundlagen der Datenverarbeitung	
Grundlagen der Hardware mit Einweisungen und Übungen	
Grundlagen der Software mit praktischen Anwendungen	
Grundlagen des Datenschutzes und der Datensicherung	
Anatomie	40
Einführung in die medizinische Fachsprache, Richtungs- und Lagebezeichnungen	
Nervensystem und Sinnesorgane	
Topografische Anatomie	
Herz- und Blutgefäßsystem	
Lymphatisches System	
Atmungssystem	
Verdauungssystem	
Urogenitalsystem	
Bewegungssystem	
Endokrines System	
Haut- und Hautanhangsorgane	

(Fortsetzung)

Tab. 5.12 (Fortsetzung)

Themen	Stunden
Chemie/Biochemie	180
Allgemeine und anorganische Chemie	
Aufbau und Zustandsformen der Materie	
Chemische Bindung und chemisches Gleichgewicht	
Gesetzmäßigkeiten chemischer Reaktionen	
Lösungen	
Reaktionstypen der anorganischen Chemie	
Eigenschaften und Reaktionen der wichtigsten Elemente	
Organische Chemie und Biochemie	
Einteilung und Reaktionen organischer Verbindungen	
Wasser und Elektrolyte im Organismus	
Kohlenhydrate	
Proteine	
Enzyme	
Nukleinstoffe	
Lipide	
Biologische Oxidation	
Zitratzyklus	
Stoffwechsel der Kohlenhydrate, der Fette, der Proteine und Aminosäuren	
Physiologie/Pathophysiologie	60
Grundlagen der Zellphysiologie	
Funktion des Herzkreislaufsystems	
Innere und äußere Atmung	
Verdauung und Resorption	
Elektrolythaushalt und Wasser	
Säure-Basen-Haushalt	
Stoffwechsel und Energieumsatz	
Regulationsmechanismen	
Nervensystem und Sinnesorgane	
Zusammenwirken der Organsysteme	
Krankheitslehre	30
Gesundheit, Krankheit und Krankheitsursachen	
Pathologie der Zelle	
Wachstum und seine Störungen, gutartige und bösartige Neubildungen	
Blutungen, Entzündungen und Ödeme	
Örtliche und allgemeine Kreislaufstörungen	
Wunden und Wundheilung	
Gesundheitliche Aspekte des Alterungsprozesses	

(Fortsetzung)

Tab. 5.12 (Fortsetzung)

Themen	Stunden
. Erste Hilfe	20
Allgemeines Verhalten bei Notfällen	
Erstversorgung von Verletzten	
Blutstillung und Wundversorgung	
Maßnahmen bei Schockzuständen und Wiederbelebung	
Versorgung von Knochenbrüchen	
Transport von Verletzten	
Verhalten bei Arbeitsunfällen und sonstigen Notfällen	
Fachenglisch	40
Auffrischung schulischer Kenntnisse	
Fachwortschatz	
Übersetzungsübungen zum Verständnis fachbezogener Texte	
Psychologie	30
Einführung in die Grundlagen der Persönlichkeits-, Entwicklungs- und Lernpsychologie	
Patient und Technik, Stellung der MTA	
Psychologie des kranken Menschen	
Einführung in die Sozialpsychologie, Gesprächsführung, Supervision	
Immunologie	50
Grundlagen der Immunologie	
Unspezifische Abwehrmechanismen	
Spezifische Abwehr, Immunologische Grundprozesse, Aufbau des Immunsystems, Regulation der Immunantwort, Immuntoleranz	
Immundefekt	
Immunreaktionen, pathogene Immunreaktionen, Allergien, Autoimmunologie, Tumorimmunologie	
Immunisierung	
Immundiagnostik	

(Fortsetzung)

Tab. 5.12 (Fortsetzung)

Themen		Stunden
Histologie/Zytologie		500
Allgemeine Histologie: Epithelgewebe und Drüsen, Binde- und Stützgewebe, Muskelgewebe, Nervengewebe		
Spezielle Histologie: Lymphatische Organe, Herz und Gefäße, Atmungsorgane, Verdauungsorgane, Harn- und Geschlechtsorgane, zentrales und peripheres Nervensystem, Sinnesorgane, Haut und endokrine Drüsen		
Überblick Histopathologie, Degeneration, Kreislaufstörungen, Entzündungen, Geschwulstlehre		
Histologische Technik		
	Gewinnung und technische Aufarbeitung von histologischem Material, Vor- und Nachbehandlung von Schnitten, Schnellschnitt-Technik	
	Färbungen und Imprägnationen	
	Histochemische und immunhistochemische Nachweismethoden	
	Artefakte	
Andere feingewebliche Untersuchungsmethoden		
Vorstellung von Organen im histologischen Schnitt		
Zytologie		
	Gynäkologische Zytologie	
	Nichtgynäkologische Zytologie	
Überblick Zytopathologie		
Zytologische Technik		
Gewinnung und Verarbeitung von Zellmaterial und Punktat		
Differenzierung zytologischer Präparate		
Einordnungs- und Eingruppierungsmerkmale		
Demonstration normaler und pathologischer Krankheitsbilder sowie Zuordnung nach Krankheitsbildern		
Technische Beurteilung der Qualität der Präparate		
Qualitätssicherung, Dokumentation und Archivierung		

(Fortsetzung)

Tab. 5.12 (Fortsetzung)

Themen	Stunden
Klinische Chemie	580
Grundlagen der Analyse	
Vorbereitung von Proben, Einflußgrößen, Störfaktoren	
Photometrie	
Physikalische und chemische Trennverfahren	
Mechanisierung und Automation	
Untersuchungen des Harns und Nierenfunktionsprüfungen	
Wasser- und Elektrolythaushalt	
Säure-Basen-Haushalt	
Freisetzung von Zellenzymen unter physiologischen und pathologischen Bedingungen, Syntheseleistungen der Leber	
Proteine und Elektrophorese	
Enzyme und Enzymaktivitätsmessungen	
Kohlenhydrate und Überprüfung des Glukosestoffwechsels	
Lipide und Überprüfung des Lipidstoffwechsels	
Untersuchungen von Körperflüssigkeiten, Stuhl und Punktaten	
Blutgasanalysen	
Entzündungsparameter	
Tumormarker	
Hormonbestimmungen	
Bestimmung von Pharmaka	
Immunologische Untersuchungsmethoden	
Analytische Plausibilitätskontrolle	
Qualitätssicherung	
Ergebniserstellung und deren Übermittlung, Dokumentation	

(Fortsetzung)

Tab. 5.12 (Fortsetzung)

Themen			Stunden
Hämatologie			500
Morphologische Hämatologie			
	Blut als Organ und Blutbildung		
	Stoffwechsel und Aufgaben der Blutzellen		
	Das normale Blutbild		
	Veränderungen des roten und weißen Blutbildes sowie der Thrombozyten, Feststellung durch Spezialuntersuchungen		
	Erkrankungen des blutbildenden Systems		
	Differenzierung von reaktiven und pathologischen Veränderungen in Blutbild und Knochenmark		
Hämostaseologie			
	Physiologie und Pathophysiologie der Hämostase		
	Tests zur Abklärung von pathologischen Erscheinungen		
Immunhämatologie			
	ABO-System und Bestimmung		
	Rh-System und Bestimmung		
	Andere Blutgruppensysteme und Bestimmung		
	Irreguläre Antikörper, Suche und Identifizierung		
	Bluttransfusion und Verträglichkeitsprobe		
	Nachweis von Antigenen		
	Komplementsystem		
	Transplantationsimmunologie		
Plausibilitätskontrolle			
Qualitätssicherung			
Ergebniserstellung und deren Übermittlung, Dokumentation			
Mikrobiologie			580
Grundlagen der Mikrobiologie			
Grundlagen der Epidemiologie			
Spezielle Mikrobiologie			
	Bakteriologie		
	Mykologie		
	Parasitologie		
	Virologie		
Mikroskopische und kulturelle Untersuchungen			
Serologische Untersuchungsverfahren			
Nachweissysteme für Viren			
Züchtungsmethoden, Herstellung, Umsetzen und Beimpfen von Zellkulturen			
Plausibilitätskontrolle			
Qualitätssicherung			
Ergebniserstellung und deren Übermittlung, Dokumentation			

(Fortsetzung)

Tab. 5.12 (Fortsetzung)

Themen	Stunden
Gerätekunde	50
Einführung in die Gerätekunde	
Mechanisierung der Analyse	
Bauelemente	
Aufbau und mechanische Funktion der Analysegeräte	
Messprinzipien	
Reaktionsabläufe und ihre Auswertung	
Kalibration	
Weitere, auf die o. a. Themen zu verteilende Stunden	150

Die staatliche **Abschlussprüfung** umfasst einen schriftlichen, einen mündlichen und einen praktischen Teil (vgl. § 2 MTA-APrV) und ist bei der Schule abzulegen, an der die Ausbildung abgeschlossen wird. Die Zulassung zur Prüfung erfolgt, wenn folgende Nachweise vorliegen:

- der Personalausweis oder Reisepass in amtlich beglaubigter Abschrift,
- die Bescheinigung über die Teilnahme an den Ausbildungsveranstaltungen (vgl. § 4 MTA-APrV).

Der schriftliche Prüfungsteil ist an zwei Tagen durchzuführen und umfasst die Fächergruppe Mathematik, Statistik, EDV und Dokumentation, Chemie/Biochemie, Anatomie, Physiologie/Pathophysiologie sowie die Fächergruppe Histologie/Zytologie, Klinische Chemie, Hämatologie, Mikrobiologie. In beiden Fächergruppen sind in jeweils einer Aufsichtsarbeit schriftlich gestellte Fragen zu beantworten, wobei die Aufsichtsarbeit in der ersten Fächergruppe 180 Minuten und in der zweiten Fächergruppe 240 Minuten dauert (vgl. § 12 MTA-APrV).

Der mündliche Prüfungsteil umfasst die Fächer Histologie/Zytologie, Klinische Chemie, Hämatologie, Mikrobiologie, wobei die Prüflinge einzeln oder in Gruppen bis zu fünf geprüft werden und in den einzelnen Fächern der Prüfling nicht länger als 10 Minuten geprüft werden soll (vgl. § 13 MTA-APrV).

Der praktische Prüfungsteil umfasst die Fächer:

- Histologie/Zytologie, wobei der Prüfling je eine Übersichts- und eine Spezialfärbung an selbst hergestellten Gefrier- und Paraffinschnitten durchzuführen, zu beschreiben und die technische Qualität zu beurteilen sowie zwei zytologische Präparate zu färben, zu beschreiben und die technische Qualität zu beurteilen hat;
- Klinische Chemie, wobei der Prüfling eine qualitative semiquantitative oder quantitative Analyse im Harn, Liquor, Punktat oder Stuhl sowie im Serum oder Plasma eine quantitative Substratbestimmung, eine Enzymaktivitätsbestimmung, eine schwierige

quantitative Analyse sowie eine Aufgabe an einem mechanisierten oder automatisierten Analysengerät durchzuführen hat;

- Hämatologie, wobei der Prüfling je eine Bestimmung aus dem Gebiet der Zellzählung, aus dem Gebiet der chemischen oder zytochemischen Reaktionen und der morphologischen Zelldifferenzierung, weiterhin eine vollständige Blutgruppenbestimmung und eine andere immunhämatologische Aufgabe sowie zwei Aufgaben aus dem Gebiet der Gerinnungsphysiologie durchzuführen hat;
- Mikrobiologie, wobei der Prüfling hat eine Aufgabe zur Anzüchtung, Isolierung, Identifizierung und Resistenzbestimmung von Krankheitserregern, zur Identifizierung von Myzeten, zur Isolierung und Typisierung einer Virusart auf Zellkulturen oder eine quantitative virologisch-serologische Untersuchung, weiterhin die Beurteilung von zwei parasitologischen Präparaten und die Durchführung einer quantitativen immunserologischen Methode zu erfüllen hat (vgl. § 14 MTA-APrV).

Die Abschlussprüfung gilt als insgesamt bestanden, wenn jeder der vorgeschriebenen Prüfungsteile bestanden ist (vgl. § 7 MTA-APrV).

5.3.11 Medizinisch-technischer Radiologieassistent/Medizinisch-technische Radiologieassistentin

Der Beruf des Medizinisch-technischen Radiologieassistenten/der Medizinisch-technischen Radiologieassistentin (MTRA) zählt zu den bundesrechtlich geregelten, nichtärztlichen Gesundheitsfachberufen. Sie sind der einzige Gesundheitsfachberuf mit Fachkunde im Strahlenschutz und dürfen daher Strahlung am Menschen selbstständig, also ohne Aufsicht und Verantwortung eines Arztes anwenden. Im Übrigen sind sie überwiegend in folgenden Fachgebieten tätig:

- Röntgendiagnostik: Selbstständige Anfertigung von Röntgenbildern auf Anforderung des Arztes; Unterstützung von Radiologen bei Röntgenkontrastmitteluntersuchungen von Organen und Blutgefäßen; Einsatz an Großgeräten wie Computertomografen und Magnetresonanztomographen.
- Strahlentherapie: Arbeit an Planungs- und Bestrahlungsgeräten (Simulatoren, Linearbeschleunigern) und mit computergesteuerten Kontrolleinstellsystemen, in der Behandlung bösartiger Tumore mit Hilfe von Röntgen-, Gamma- oder Teilchenstrahlen.
- Nuklearmedizin: Arbeit mit radioaktiven Substanzen, die dem Patienten in geringen Mengen verabreicht werden, mit Hilfe hochempfindlicher computerunterstützter Strahlenmeßgeräte (z. B. Gamma-Kamera).
- Strahlenphysik und Dosimetrie: Bestimmung vorhandener Strahlung in der Umgebung oder während Untersuchungen mit ionisierender Strahlung und Überwachung der Ein-

haltung der Grenzwerte mit speziellen Dosismessgeräten; regelmäßige Kontrolle der
Röntgen- und Therapieanlagen sowie der vorhandenen Strahlenschutzmaterialien
(z. B. Bleischürzen oder Bleihandschuhe). Berechnung der für den Patienten notwendige Strahlungsmenge bei der Anwendung von Strahlung am Menschen zu Therapie-
zwecken (vgl. Dachverband für Technologen/-innen und Analytiker/-innen in der Medizin Deutschland 2019c, S. 1).

Wesentliche **Grundlagen** der Ausbildung sind das Gesetz über technische Assistenten
in der Medizin (MTA-Gesetz -MTAG) und die Ausbildungs- und Prüfungsverordnung
für technische Assistenten in der Medizin (MTA-APrV). Im Folgenden sind für die Ausbildung zum Medizinisch-technischen Radiologieassistenten/zur Medizinisch-technischen Radiologieassistentin Auszüge aus dem MTAG vom 2. August 1993 (BGBl. I
S. 1402), zuletzt durch Artikel 21 des Gesetzes vom 18. April 2016 (BGBl. I S. 886)
geändert, und aus der MTA-APrV, vom 25. April 1994 (BGBl. I S. 922), die zuletzt
durch Artikel 6 der Verordnung vom 29. November 2018 (BGBl. I S. 2034) geändert
worden ist, wiedergegeben.

Die **Ausbildungsdauer** beträgt drei Jahre, und die Ausbildung besteht aus theoretischem und praktischem Unterricht und einer praktischen Ausbildung, wird durch staatlich
anerkannte Schulen für Technische Assistenten in der Medizin vermittelt und schließt mit
einer staatlichen Prüfung ab (vgl. § 4 MTAG). **Ausbildungsvoraussetzungen** sind die
gesundheitliche Eignung zur Ausübung des Berufs und der Realschulabschluss oder eine
gleichwertige Ausbildung oder eine andere abgeschlossene zehnjährige Schulbildung, die
den Hauptschulabschluss erweitert, oder eine nach Hauptschulabschluss oder einem
gleichwertigen Abschluss abgeschlossene Berufsausbildung von mindestens zweijähriger
Dauer (vgl. § 5 MTAG). Die **Ausbildungsinhalte** umfassen einen theoretischen und praktischen Unterricht von 2800 Stunden (vgl. Tab. 5.13) sowie eine praktische Ausbildung
von 1600 Stunden (vgl. § 1 MTA-APrV). Ferner ist vorzusehen, dass die Schüler innerhalb
der praktischen Ausbildung für die Dauer von sechs Wochen in Krankenhäusern mit den
dort notwendigen Arbeitsabläufen vertraut gemacht und in solchen Verrichtungen und Fertigkeiten der Krankenpflege praktisch unterwiesen werden, die für die Berufstätigkeit von
Bedeutung sind (vgl. § 8 MTAG).

Die praktische Ausbildung umfasst jeweils 300 Stunden in Strahlentherapie und Nuklearmedizin sowie 600 Stunden in Radiologischer Diagnostik und anderen bildgebenden
Verfahren. Weitere 170 Stunden sind zur Verteilung und 230 Stunden für das Krankenhauspraktikum vorgesehen (vgl. Anlage 2 MTA-APrV).

Der schriftliche Teil der **Abschlussprüfung** umfasst die Fächergruppe Mathematik,
Statistik, EDV und Dokumentation, Physik, Anatomie, Physiologie sowie die Fächer-
gruppe Radiologische Diagnostik und andere bildgebende Verfahren, Strahlentherapie,
Nuklearmedizin, Strahlenphysik, Dosimetrie und Strahlenschutz (vgl. § 15 MTA-APrV).

Der mündliche Prüfungsteil umfasst die Fächer Radiologische Diagnostik und andere
bildgebende Verfahren, Strahlentherapie, Nuklearmedizin sowie Strahlenphysik, Dosimetrie und Strahlenschutz (vgl. § 16 MTA-APrV).

Tab. 5.13 Inhalte des theoretischen und praktischen Unterrichts in der Ausbildung zum Medizinisch-technischen Radiologieassistenten/zur Medizinisch-technischen Radiologieassistentin (vgl. Anlage 2 MB-APrV)

Themen	Stunden
Berufs-, Gesetzes- und Staatskunde	40
Berufskunde und Ethik, Geschichte des Berufs	
Das Gesundheitswesen in der Bundesrepublik Deutschland und internationale Zusammenarbeit im Gesundheitswesen einschließlich der Gesundheitsprogramme internationaler Organisationen wie insbesondere Weltgesundheitsorganisation und Europarat	
Aktuelle berufs- und gesundheitspolitische Fragen	
MTA-Gesetz; gesetzliche Regelungen für die sonstigen Berufe des Gesundheitswesens	
Arbeits- und berufsrechtliche Regelungen, soweit sie für die Berufsausübung von Bedeutung sind	
Unfallverhütung, Mutterschutz, Arbeitsschutz	
Medizingeräteverordnung	
Strahlenschutzgesetz, Strahlenschutzverordnung	
Einführung in das Krankenhaus-, Seuchen- und Lebensmittelrecht sowie das Arznei- und Betäubungsmittelrecht	
Strafrechtliche, bürgerlich-rechtliche und öffentlich-rechtliche Vorschriften, die bei der Berufsausübung von Bedeutung sind, Rechtsstellung des Patienten oder seiner Sorgeberechtigten	
Einführung in die Systeme der sozialen Sicherung (Sozialversicherung, Sozialhilfe, Sozialstaatsangebote in der praktischen Realisierung)	
Die Grundlagen der staatlichen Ordnung in der Bundesrepublik Deutschland	
Wirtschaftsordnung	
Politische Meinungsbildung, politisches Handeln; aktuelle politische Fragen	
Mathematik	40
Mathematische Grundlagen	
Potenzen	
Logarithmen	
Umgang mit Gleichungen, Tabellen und grafischen Darstellungen	
Fachbezogene Anwendungen	
Biologie und Ökologie	40
Zelle und Zellstoffwechsel	
Zellvermehrung	
Vererbungslehre	
Humangenetik und Gentechnologie	
Mensch und Umwelt, Umweltschutz	
Naturschutz	

(Fortsetzung)

Tab. 5.13 (Fortsetzung)

Themen	Stunden
Hygiene	40
Geschichtlicher Überblick und Bedeutung	
Sterilisation und Desinfektion	
Gesundheitserziehung, Gesundheitsvorsorge, Öffentlicher Gesundheitsdienst und Sozialhygiene	
Epidemiologie	
Krankenhaushygiene und Hospitalismus	
Lebensmittelhygiene	
Umwelthygiene	
Physik	140
Physikalische Größen und Einheiten	
Mechanik	
Periodische Erscheinungen, Schwingungen, Wellen, Akustik	
Wärmelehre	
Optik	
Elektrizitätslehre	
Elektromagnetische Erscheinungen	
Halbleiter	
Statistik	20
Einführung in die Statistik	
Beschreibende Statistik	
Regression und Korrelation	
Fachbezogene Anwendungen	
EDV und Dokumentation	80
Begriffe, Aufbau und Aufgabenstellung von Datenverarbeitungsanlagen	
Grundlagen der Datenverarbeitung	
Grundlagen der Hardware mit Einweisungen und Übungen	
Grundlagen der Software mit praktischen Anwendungen	
Grundlagen des Datenschutzes und der Datensicherung	
Anatomie	80
Einführung in die medizinische Fachsprache, Richtungs- und Lagebezeichnungen	
Nervensystem und Sinnesorgane	
Zelle und Gewebe	
Topografische Anatomie	
Herz- und Blutgefäßsystem	
Lymphatisches System	
Atmungssystem	
Verdauungssystem	
Urogenitalsystem	
Bewegungssystem insbesondere Skelettsystem	
Endokrines System	
Haut- und Hautanhangsorgane	

(Fortsetzung)

Tab. 5.13 (Fortsetzung)

Themen	Stunden
Chemie/Biochemie	100
Aufbau und Zustandsformen der Materie	
Gesetzmäßigkeiten chemischer Reaktionen	
Lösungen	
Reaktionstypen der anorganischen Chemie	
Eigenschaften der wichtigsten Elemente	
Grundlagen der Organischen Chemie und Biochemie	
Kohlenwasserstoffe	
Kohlenhydrate	
Proteine	
Enzyme	
Nukleinsäuren	
Lipide	
Physiologie	50
Grundlagen der Zellphysiologie	
Funktion des Herzkreislaufsystems	
Innere und äußere Atmung	
Verdauung und Resorption und Störungen	
Elektrolythaushalt und Wasser	
Säure-Basen-Haushalt	
Stoffwechsel und Energieumsatz und Störungen	
Regulationsmechanismen	
Nervensystem und Sinnesorgane	
Zusammenwirken der Organsysteme	
Krankheitslehre	60
Gesundheit, Krankheit und Krankheitsursachen	
Pathologie der Zelle	
Wachstum und seine Störungen, gutartige und bösartige Neubildungen	
Blutungen, Entzündungen und Ödeme	
Störungen des Kreislaufs	
Wunden und Wundheilung	
Gesundheitliche Aspekte des Alterungsprozesses	
Immunologie und Immunpathologie	
Krankheitsbilder im Überblick	
Erste Hilfe	20
Allgemeines Verhalten bei Notfällen	
Erstversorgung von Verletzten	
Blutstillung und Wundversorgung	
Maßnahmen bei Schockzuständen einschließlich Kontrastmittelzwischenfällen und Wiederbelebung	
Versorgung von Knochenbrüchen	
Transport von Verletzten	
Verhalten bei Arbeitsunfällen und sonstigen Notfällen	

(Fortsetzung)

Tab. 5.13 (Fortsetzung)

Themen	Stunden
Fachenglisch	40
Auffrischung schulischer Kenntnisse	
Fachwortschatz	
Übersetzungsübungen zum Verständnis fachbezogener Texte	
Psychologie	40
Allgemeine Grundlagen der Persönlichkeits-, Entwicklungs- und Lernpsychologie	
Patient und Technik, Stellung der MTA	
Psychologie Probleme spezieller Patientengruppen, insbesondere akut Erkrankter, chronisch Kranker, Kranker mit infauster Prognose, psychische Besonderheiten Alterskranker, Behinderter und Kinder	
Einführung in die Sozialpsychologie, Gesprächsführung, Supervision	
Immunologie	30
Grundlagen der Immunologie	
Immunreaktionen	
Immunisierung	
Immundiagnostik	
Bildverarbeitung in der Radiologie	120
Filme	
Verstärkungsfolien	
Kassetten	
Film-Folien-Systeme	
Einfluss von Belichtung und Entwicklung	
Ausstattung eines Dunkelraumes	
Filmverarbeitung	
Tageslichtsysteme	
Qualitätssicherung nach DIN	
Film- und Verarbeitungsfehler	
Möglichkeiten der Röntgenbild-Reproduktion	
Fotografisch-medizinische Dokumentation	
Digitale Aufnahmeverfahren	
Aufzeichnungssysteme für digitale Aufnahmeverfahren	
Archivierung einschließlich der digitalen Bildarchivierung	

(Fortsetzung)

Tab. 5.13 (Fortsetzung)

Themen	Stunden
Radiologische Diagnostik und andere bildgebende Verfahren	600
Geschichtlicher Rückblick	
Überblick über den Aufbau eines radiologischen Instituts mit einer Einführung in die berufliche Praxis	
Physikalische Grundlagen, Eigenschaften und Auswirkungen auf die Röntgenaufnahmetechnik	
Röntgenstrahler, Röntgenröhre, Röntgengenerator	
Belichtung, Belichtungsautomatik, Organautomatik	
Geometrische Abbildungsgesetze und ihre Anwendung	
Qualität des Röntgenbildes und bildverbessernde Maßnahmen	
Grundsätzliches zur Röntgenaufnahme einschließlich Patientenlagerung und Patientenbetreuung	
Apparative Grundausstattung einer radiologisch-diagnostischen Abteilung mit Röntgenarbeitsplätzen	
Spezialaufnahmegeräte und spezielle diagnostische Techniken	
Standard- und Spezialaufnahmetechniken einschließlich Röntgenanatomie	
Digitale Radiografie wie Digitale Luminiszenzradiografie, Digitale Fluoreskopie, Digitale Subtraktionsangiografie	
Computertomografie	
Magnetresonanztomografie	
Sonografie	
Kontrastmittel in der bildgebenden Diagnostik	
Bildgebende Diagnostik in der Anwendung einschließlich der Kontrastmitteluntersuchungen, der Röntgenanatomie, der Physiologie, der Fehlbildungen und Erkrankungen	
Bildgebende Diagnostik in der Unfallradiologie, Pädiatrischen Radiologie und Neuroradiologie	
Interventionelle Radiologie	
Strahlenschutz für Patienten und Personal	
Aufzeichnungs- und Aufbewahrungspflicht nach dem Strahlenschutzgesetz und der Strahlenschutzverordnung	
Qualitätssicherung nach DIN	
Organisations- und Archivierungssysteme in der Radiologie	
Gesetze, Verordnungen und Richtlinien in der radiologischen Diagnostik	

(Fortsetzung)

Tab. 5.13 (Fortsetzung)

Themen	Stunden
Strahlentherapie	340
Geschichte der Strahlentherapie im Überblick	
Strahlenbiologische Grundlagen	
Physikalische Grundlagen	
Apparative Grundlagen	
Grundprinzipien der Strahlentherapie	
Bestrahlungsmethoden	
Bestrahlungsplanung mit praktischer Durchführung eines medizinischen und eines physikalisch-technischen Bestrahlungsplanes	
Dokumentation	
Aufbau und Organisation einer strahlentherapeutischen Abteilung mit Einführung in die berufliche Praxis	
Strahlenbehandlung maligner Tumoren	
Strahlenbehandlung anderer Erkrankungen	
Einstelltechniken und Lagerungshilfen	
Durchführung und Bestrahlung anhand unterschiedlicher strahlentherapeutischer Anordnungen	
Verifikationsmöglichkeiten	
Führung eines Bestrahlungsprotokolls nach DIN	
Patientenführung und Patientenbetreuung	
Qualitätssicherung nach DIN	
Gesetze, Verordnungen und Richtlinien in der Strahlentherapie	

(Fortsetzung)

Tab. 5.13 (Fortsetzung)

Themen		Stunden
Nuklearmedizin		340
	Geschichte der Nuklearmedizin im Überblick und Grundprinzipien der Nuklearmedizin	
	Physikalische Grundlagen	
	Messtechnische und apparative Grundlagen	
	Radiochemische und pharmakologische Grundlagen	
	Gewinnung radioaktiver Nuklide	
	Markierungstechniken	
	Qualitätskontrolle der Radiopharmaka	
	Arbeitssicherheit und Strahlenschutz	
	Gerätetechnik und Verarbeitung von Meßwerten	
	In-vitro-Untersuchungsmethoden	
	Einführung in in-vivo-Untersuchungsmethoden	
		Bewegungsapparat
		Zentralnervensystem
		Endokrine Drüsen
		Herz-Kreislauf-System
		Atmungssystem
		Verdauungssystem
		Urogenitalsystem
		Blut und Abwehrsystem
	Therapie mit offenen radioaktiven Stoffen	
	Datenverarbeitung und Rekonstruktionsverfahren	
	Qualitätssicherung nach DIN	
	Gesetze, Verordnungen und Richtlinien in der Nuklearmedizin	
Strahlenphysik, Dosimetrie und Strahlenschutz		240
	Ionisierende Strahlen	
	Röntgenstrahlen	
	Wechselwirkung der Röntgen- und Gammastrahlung	
	Wechselwirkung der Teilchenstrahlung	
	Dosisbegriffe	
	Dosimeter	
	Dosimetrische Methoden und Meßverfahren wie Ionisationsdosimetrie	
	Dosimetrie und Strahlenschutz in der Radiologischen Diagnostik, Qualitätssicherung	
	Dosimetrie und Strahlenschutz in der Strahlentherapie, Qualitätssicherung	
	Dosimetrie und Strahlenschutz in der Nuklearmedizin, Qualitätssicherung	
	Gesetze, Verordnungen und Richtlinien	
Elektrodiagnostik		20
	Herz-Kreislauf-Diagnostik	
	Elektrokardiografie	
	Blutdruckmessung	
Weitere, auf die o. a. Themen zu verteilende Stunden		320

Der praktische Prüfungsteil umfasst die Fächer:

- Radiologische Diagnostik und andere bildgebende Verfahren, wobei der Prüfling zwei Standardaufnahmen in zwei Ebenen und eine Spezialaufnahme am Patienten oder Phantom anzufertigen und zu verarbeiten, weiterhin eine Aufgabe bei Spezialuntersuchungsverfahren auszuführen und bei allen Aufgaben die Auswahl der Methode, die dargestellten anatomischen Einzelheiten sowie die Verarbeitungsbedingungen einschließlich der Fehler und der zu beachtenden Strahlenschutzmaßnahmen zu erklären hat;
- Strahlentherapie, wobei der Prüfling eine Aufgabe aus der Anwendung des Bestrahlungsplanes, je eine Einstellung aus dem Gebiet der Stehfeld- und Bewegungsbestrahlung oder Großfeldtechnik mit Satellit am Patienten oder Phantom unter Berücksichtigung der Apparatetechnik und Dosimetrie einschließlich der erforderlichen Aufzeichnung durchzuführen hat;
- Nuklearmedizin, wobei der Prüfling eine Lokalisations- oder Funktionsuntersuchung mit dynamischer Studie einschließlich der Verarbeitung des Radionuklids durchzuführen, die Messergebnisse auszuwerten und die Wahl des Radiopharmakons sowie die zu beachtenden Strahlenschutzmaßnahmen zu erklären, weiterhin die erforderlichen Messungen für eine Funktionsuntersuchung oder eine in-vitro-Untersuchung durchzuführen und die Messergebnisse auszuwerten hat;
- Strahlenphysik, Dosimetrie und Strahlenschutz, wobei der Prüfling je eine Messaufgabe aus dem Gebiet der Dosimetrie und des Strahlenschutzes mit Auswertung und Interpretation der Messergebnisse auszuführen und auszuwerten sowie eine Aufgabe aus der Qualitätssicherung in der Radiologischen Diagnostik oder der Strahlentherapie oder der Nuklearmedizin durchzuführen hat (vgl. § 17 MTA-APrV).

Die Abschlussprüfung gilt als insgesamt bestanden, wenn jeder der vorgeschriebenen Prüfungsteile bestanden ist (vgl. § 7 MTA-APrV).

5.3.12 Orthoptist/Orthoptistin

Orthoptisten und Orthoptistinnen zählen zu den bundesrechtlich geregelten, nichtärztlichen Gesundheitsfachberufen. Sie arbeiten überwiegend im Angestelltenverhältnis in orthoptischen Einrichtungen an Universitäts-Augenkliniken, allgemeinen Krankenhäusern, neurologischen Kliniken und bei niedergelassenen Augenärzten, in Frühförderstellen, Rehabilitationseinrichtungen, Sonderschulen sowie Einrichtungen für Sehbehinderte und Blinde. Zu ihren Aufgaben zählen die Prävention, Diagnose und Therapie von Schielerkrankungen, Sehschwächen, Augenzittern und Augenbewegungsstörungen, die Prüfung des Sehvermögens, die Untersuchung der Stellung der Augen und die beidäugige Zusammenarbeit. Sie sind ferner tätig unter anderem in der Diagnostik, Therapie und Rehabilitation von sehbehinderten Patienten aller Altersgruppen (Low Vision), Patienten mit Sehstörungen nach Hirnschädigung durch Unfall oder Schlaganfall, in der orthoptischen Versorgung von Kindern und Jugendlichen mit Entwicklungsauffälligkeiten und deren Folgen, in der Lehre, Forschung und Wissenschaft (vgl. Berufsverband Orthoptik Deutschland 2019, S. 1).

Wesentliche **Grundlagen** für die Ausbildung zum Orthoptisten/zur Orthoptistin sind das Gesetz über den Beruf der Orthoptistin und des Orthoptisten (Orthoptisten Gesetz – OrthoptG) und die Ausbildungs- und Prüfungsverordnung für Orthoptistinnen und Orthoptisten (OrthoptAPrV). Im Folgenden sind für die Ausbildung zum Orthoptisten/zur Orthoptistin Auszüge aus dem OrthoptG vom 28. November 1989 (BGBl. I S. 2061), das zuletzt durch Artikel 19 des Gesetzes vom 18. April 2016 (BGBl. I S. 886) geändert worden ist, und aus der OrthoptAPrV vom 21. März 1990 (BGBl. I S. 563), die zuletzt durch Artikel 20 des Gesetzes vom 18. April 2016 (BGBl. I S. 886) geändert worden ist, wiedergegeben.

Ausbildungsvoraussetzungen für den Zugang zur Ausbildung sind

- die gesundheitliche Eignung zur Ausübung des Berufs und
- der Realschulabschluss oder eine gleichwertige Ausbildung oder eine andere abgeschlossene zehnjährige Schulbildung, die den Hauptschulabschluss erweitert, oder eine nach Hauptschulabschluss oder einem gleichwertigen Abschluss abgeschlossene Berufsausbildung von mindestens zweijähriger Dauer (vgl. § 5 OrthoptG).

Die **Ausbildungsdauer** beträgt drei Jahre, und die Ausbildung besteht aus theoretischem und praktischem Unterricht und einer praktischen Ausbildung, wird durch staatlich anerkannte Schulen für Orthoptisten an Krankenhäusern vermittelt und schließt mit der staatlichen Prüfung ab (vgl. § 4 OrthoptG). Auf die Dauer der Ausbildung werden Ferien sowie Unterbrechungen durch Schwangerschaft, Krankheit oder aus anderen, vom Schüler nicht zu vertretenden Gründen bis zur Gesamtdauer von zwölf Wochen angerechnet, bei verkürzter Ausbildung bis zu höchstens vier Wochen je Ausbildungsjahr. Auch können auf Antrag darüber hinausgehende Fehlzeiten berücksichtigt werden, soweit eine besondere Härte vorliegt und das Ausbildungsziel durch die Anrechnung nicht gefährdet wird (vgl. § 6 OrthoptG). Auch kann auf Antrag eine andere Ausbildung im Umfang ihrer Gleichwertigkeit auf die Dauer der Ausbildung angerechnet werden, wenn die Durchführung der Ausbildung und die Erreichung des Ausbildungsziels dadurch nicht gefährdet werden (vgl. § 7 OrthoptG).

Die **Ausbildungsinhalte** umfassen einen theoretischen und praktischen Unterricht von mindestens 1700 Stunden (vgl. Tab. 5.14) und eine praktische Ausbildung von mindestens 2800 Stunden (vgl. § 1 OrthoptAPrV).

Die praktische Ausbildung umfasst mindestens 2800 Stunden in Anamnese- und Befunderhebung/Dokumentation, Therapieplanung und -durchführung, Neuroophthalmologie (einschließlich Perimetrie), Gesprächsführung und Beratung, Anwendung und Pflege orthoptischer und pleoptischer Geräte, Fotografie sowie Betreuung von Sehbehinderten und Kontaktlinsenträgern (vgl. Anlage 2 OrthoptAPrV).

Tab. 5.14 Inhalte des theoretischen und praktischen Unterrichts in der Ausbildung zum Orthoptisten/zur Orthoptistin (vgl. Anlage 1 OrthoptAPrV)

Themen	Stunden
Allgemeine Anatomie und Physiologie Aufbau und Funktion jeweils von	100
Zellen und Gewebe	
Skelettsystem und Bewegungsapparat	
Herz-Kreislaufsystem	
Atmungsorgane	
Verdauungsorgane	
Urogenitalorgane	
Zentrales und peripheres Nervensystem	
Sinnesorgane	
Blut	
Endokrines System und sonstige Regulationssysteme	
Spezielle Anatomie und Physiologie	180
Entwicklung, Aufbau und Funktion der Gehirnteile, die für das visuelle System wichtig sind	
Bau der Augenhöhle und Nachbarschaftsbeziehungen	
Bau und Funktion der Lider	
Aufhängeapparat des Auges und seine Anomalien	
Makro- und mikroskopischer Aufbau des Augapfels, Lage und Funktion der drei Augenhäute und ihre Beziehung zum Nervensystem	
Blutversorgung des Auges und der Orbita	
Bau und Funktion des Tränenapparates	
Bau, Lage, Funktion und Anomalien der äußeren Augenmuskeln und ihre Beziehung zum Nervensystem	
Innervation	
Steuerung von Augenbewegungen	
Akkommodations- und Konvergenzmechanismus	
Pupillenbahnen	
Bildentstehung und Erregungsleitung in der Netzhaut bzw. Sehbahn	
Auflösungsvermögen, Sehschärfe	
Monokulares und binokulares Gesichtsfeld, Gesichtsfeldausfälle	
Farbensehen, Hell-Dunkelsehen	
Entoptische Phänomene	
Allgemeine Krankheitslehre, Kinderheilkunde	60
Vererbung, Konstitution, Disposition	
Entzündungen, Degeneration, Regeneration, Geschwülste	
Krankheiten, die Motilitätsstörungen der Augen verursachen können, z. B. Diabetes mellitus, Hypertonus, Dysthyreose	
Schwangerschaft, Geburt und Entwicklung des Säuglings und Kleinkindes, Anomalien	
Embryopathien	
Kinderkrankheiten	
Psychologie des Kindes	
Umgang mit sehbehinderten und verhaltensgestörten Kindern	

(Fortsetzung)

Tab. 5.14 (Fortsetzung)

Themen	Stunden
Arzneimittel	40
Arzneiformen und ihre Verabreichung	
Gesetzliche Vorschriften über den Verkehr mit Arzneimitteln	
Wirkung, Abbau	
spezifische Arzneimittel	
Allgemeine Augenheilkunde	150
Missbildungen und Krankheiten der Augen und ihrer Hilfsorgane	
Verletzungen der Augen und ihrer Hilfsorgane	
Funktionsstörungen der Augen	
Neuroophthalmologie	100
Krankheiten des sensorischen Systems, vor allem der Sehnerven und der Sehbahn	
Krankheiten des motorischen Systems, insbesondere	
Augenmuskellähmungen	
Blicklähmungen	
Blickhalteschwäche	
Dysmetrie der Blickzielbewegung	
Pränukleare Lähmungen	
Störungen des optokinetischen Nystagmus und der Folgebewegung	
Vestibulärer Spontannystagmus und Störungen des vestibulookulären Reflexes	
Fixationsnystagmen	
Störungen der Vergenz	
Störungen der Lidmotorik	
Störungen der Pupillomotorik	
Orthoptik und Pleoptik	400
Anatomische und physiologische Voraussetzungen zur Entwicklung des beidäugigen Sehens	
Entwicklung des beidäugigen Sehens beim nichtschielenden und schielenden Kind	
physiologisches und pathologische Binokularsehen	
Heterophorien	
Heterotrophien	
Amblyopien	
Augenbewegungsstörungen	250
angeborenes und erworbenes Lähmungsschielen	
angeborener und erworbener Nystagmus	
Okulär bedingte Zwangshaltungen	

(Fortsetzung)

Tab. 5.14   (Fortsetzung)

Themen	Stunden
Physik, Optik, Brillenlehre	200
Grundlagen der Mechanik	
Grundlagen der Elektrizitätslehre	
Grundlagen der Optik	
Brechung, Spiegelung, Beugung	
Linsen	
Prismen	
Physiologische Optik	
Das Auge als zusammengesetztes optisches System	
Pupille und Akkommodation	
Refraktionsanomalien und deren Korrektion	
Brillenlehre	
Vergrößernde Sehhilfen	
Sonstige optische Geräte	
Hygiene	60
Allgemeine und persönliche Hygiene	
Krankheitserreger und übertragbare Krankheiten	
Sepsis, Asepsis, Desinfektion und Sterilisation	
Umweltschutz	
Berufs-, Gesetzes- und Staatsbürgerkunde	60
Berufskunde einschließlich Ethik	
das Gesundheitswesen in der Bundesrepublik Deutschland und internationale Zusammenarbeit im Gesundheitswesen einschließlich der Gesundheitsprogramme internationaler Organisationen wie insbesondere Weltgesundheitsorganisation und Europarat	
aktuelle Berufs- und gesundheitspolitische Fragen	
Orthoptistengesetz; gesetzliche Regelungen für die sonstigen Berufe des Gesundheitswesens	
arbeits- und berufsrechtliche Regelungen, soweit sie für die Berufsausübung wichtig sind	
Unfallverhütung, Mutterschutz, Arbeitsschutz	
Medizingeräteverordnung	
strafrechtliche, bürgerlich-rechtliche und öffentlich-rechtliche Vorschriften, die bei der Berufsausübung von Bedeutung sind; Rechtsstellung von Patienten und Sorgeberechtigten	
Einführung in die Systeme der sozialen Sicherung	
die Grundlagen der staatlichen Ordnung in der Bundesrepublik Deutschland	
Statistik im Gesundheitswesen	
Weitere, auf die o. a. Themen zu verteilende Stunden	100

Die staatliche **Abschlussprüfung** umfasst einen schriftlichen, einen mündlichen und einen praktischen Teil und wird bei der Schule abgelegt, an der die Ausbildung abgeschlossen wurde, wobei aus wichtigem Grund Ausnahmen zugelassen werden können (vgl. § 2 OrthoptAPrV). Für die Zulassung zur Prüfung müssen folgende Nachweise vorliegen:

- die Bescheinigung über die regelmäßige und erfolgreiche Teilnahme am theoretischen und praktischen Unterricht und an der praktischen Ausbildung,
- ein Nachweis über eine Ausbildung in Erster Hilfe (vgl. § 4 OrthoptAPrV).

Der schriftliche Prüfungsteil umfasst die Fächer Anatomie und Physiologie der Augen, Augenbewegungsstörungen, Orthoptik und Pleoptik, Neuroophthalmologie. In diesen Fächern sind in je einer Aufsichtsarbeit schriftlich gestellte Fragen zu beantworten, wobei die Aufsichtsarbeiten jeweils 180 Minuten dauern (vgl. § 5 OrthoptAPrV).

Der mündliche Prüfungsteil umfasst die Fächer Anatomie und Physiologie des Menschen, insbesondere des Sehsystems, Allgemeine Augenheilkunde einschließlich Arzneimittel, Augenbewegungsstörungen, Orthoptik und Pleoptik, Neuroophthalmologie, Optik und Brillenlehre, Allgemeine Hygiene und Gesundheitsvorsorge, Berufs-, Gesetzes- und Staatsbürgerkunde. Die Prüflinge werden einzeln oder in Gruppen bis zu fünf geprüft, wobei in den einzelnen Fächern der Prüfling nicht länger als 10 Minuten geprüft werden soll (vgl. § 6 OrthoptAPrV).

Im praktischen Prüfungsteil hat der Prüfling unter Aufsicht zwei ihm unbekannte Patienten zu untersuchen, dabei Kenntnisse in der Anwendung orthoptischer und pleoptischer Geräte nachzuweisen und für einen dieser Patienten den Untersuchungsablauf, das Untersuchungsergebnis und den Behandlungsvorschlag schriftlich niederzulegen. Der praktische Prüfungsteil soll für den Prüfling in höchstens drei Stunden abgeschlossen sein, und die Auswahl und die Zuweisung der Patienten erfolgen durch die Schulleitung im Einvernehmen mit dem Patienten und dem für die Patienten verantwortlichen Arzt sowie im Benehmen mit einem Fachprüfer (vgl. § 7 OrthoptAPrV).

Über die Abschlussprüfung ist eine Niederschrift zu fertigen, aus der Gegenstand, Ablauf und Ergebnis der Prüfung und etwa vorkommende Unregelmäßigkeiten hervorgehen (vgl. § 8 OrthoptAPrV), und sie ist bestanden, wenn der schriftliche, der mündliche und der praktische Teil der Prüfung mit mindestens „ausreichend" benotet werden (vgl. § 10 OrthoptAPrV).

5.3.13 Pflegefachmann/Pflegefachfrau

Die Berufsausbildung beispielsweise zum Gesundheits- und Krankenpfleger/zur Gesundheits- und Krankenpflegerin, zum Gesundheits- und Kinderkrankenpfleger/zur Gesundheits- und Kinderkrankenpflegerin oder zum Altenpfleger/zur Altenpflegerin fand bislang auf der Grundlage des Krankenpflegegesetzes (KrPflG) bzw. des Altenpflegegesetzes

(AltPflG) statt. Das Pflegeberufegesetz (PflBG) löst ab dem 1. Januar 2020 das Altenpflegegesetz und das Krankenpflegegesetz ab (vgl. Bundesministerium für Familien, Senioren, Frauen und Jugend 2018, S. 1). Es ist ebenso wie die Pflegeberufe-Ausbildungs- und
-Prüfungsverordnung (PflAPrV) eine wesentliche **Grundlage** für die Ausbildung zum
Pflegefachmann/zur Pflegefachfrau. Im Folgenden sind für die Ausbildung Auszüge aus
dem PflBG vom 17. Juli 2017 (BGBl. I S. 2581) und aus der PflAPrV vom 2. Oktober
2018 (BGBl. I S. 1572) wiedergegeben.

Als **Ausbildungsziel** (siehe auch Abschn. 1.2.1) soll die Ausbildung zur Pflegefachfrau
oder zum Pflegefachmann die für die selbstständige, umfassende und prozessorientierte
Pflege von Menschen aller Altersstufen in akut und dauerhaft stationären sowie ambulanten Pflegesituationen erforderlichen fachlichen und personalen Kompetenzen einschließlich der zugrunde liegenden methodischen, sozialen, interkulturellen und kommunikativen
Kompetenzen und der zugrunde liegenden Lernkompetenzen sowie der Fähigkeit zum
Wissenstransfer und zur Selbstreflexion vermitteln (vgl. § 5 PflBG).

Die Ausbildung zur Gesundheits- und Kinderkrankenpflegerin oder zum Gesundheits-
und Kinderkrankenpfleger nach § 58 PflBG befähigt die Auszubildenden zur Pflege von
Kindern und Jugendlichen (vgl. § 26 PflAPrV).

Die Ausbildung zur Altenpflegerin oder zum Altenpfleger nach § 58 PflBG befähigt die
Auszubildenden zur Pflege von alten Menschen (vgl. § 28 PflAPrV).

Die hochschulische Pflegeausbildung nach dem PflBG befähigt dazu, Menschen aller
Altersstufen in den allgemeinen und speziellen Versorgungsbereichen der Pflege pflegen
zu können. Der Kompetenzerwerb in der Pflege von Menschen aller Altersstufen berücksichtigt auch die besonderen Anforderungen an die Pflege von Kindern und Jugendlichen
sowie alten Menschen in den unterschiedlichen Versorgungssituationen (vgl. § 30
PflAPrV).

Ausbildungsvoraussetzung für den Zugang zu der Ausbildung zur Pflegefachfrau
oder zum Pflegefachmann ist

- der mittlere Schulabschluss oder ein anderer als gleichwertig anerkannter Abschluss oder
- der Hauptschulabschluss oder ein anderer als gleichwertig anerkannter Abschluss, zusammen mit dem Nachweis einer erfolgreich abgeschlossenen Berufsausbildung von
  mindestens zweijähriger Dauer, einer erfolgreich abgeschlossenen landesrechtlich geregelten Assistenz- oder Helferausbildung in der Pflege von mindestens einjähriger
  Dauer, die die von der Arbeits- und Sozialministerkonferenz und von der Gesundheitsministerkonferenz als Mindestanforderungen beschlossenen „Eckpunkte für die in
  Länderzuständigkeit liegenden Ausbildungen zu Assistenz- und Helferberufen in der
  Pflege" erfüllt, einer bis zum 31.12.2019 begonnenen, erfolgreich abgeschlossenen landesrechtlich geregelten Ausbildung in der Krankenpflegehilfe oder Altenpflegehilfe
  von mindestens einjähriger Dauer oder einer auf der Grundlage des KrPflG erteilten
  Erlaubnis als Krankenpflegehelferin oder Krankenpflegehelfer oder
- der erfolgreiche Abschluss einer sonstigen zehnjährigen allgemeinen Schulbildung
  (vgl. § 11 PflBG).

Tab. 5.15 Kompetenzbereiche und Stundenverteilung im theoretischen und praktischen Unterricht der beruflichen Pflegeausbildung (vgl. Anlage 6 PflAPrV)

Kompetenzbereich	Stunden
Pflegeprozesse und Pflegediagnostik in akuten und dauerhaften Pflegesituationen verantwortlich planen, organisieren, gestalten, durchführen, steuern und evaluieren	1000
Kommunikation und Beratung personen- und situationsbezogen gestalten.	280
Intra- und interprofessionelles Handeln in unterschiedlichen systemischen Kontexten verantwortlich gestalten und mitgestalten.	300
Das eigene Handeln auf der Grundlage von Gesetzen, Verordnungen und ethischen Leitlinien reflektieren und begründen.	160
Das eigene Handeln auf der Grundlage von wissenschaftlichen Erkenntnissen und berufsethischen Werthaltungen und Einstellungen reflektieren und begründen.	160
Stunden zur freien Verteilung	200

Die **Ausbildungsdauer** beträgt unabhängig vom Zeitpunkt der staatlichen Abschlussprüfung in Vollzeitform drei Jahre, in Teilzeitform höchstens fünf Jahre und besteht aus theoretischem und praktischem Unterricht sowie einer praktischen Ausbildung (vgl. § 6 PflBG).

Die **Ausbildungsinhalte** umfassen mindestens theoretischen und praktischen Unterricht (vgl. Tab. 5.15) von 2100 Stunden (vgl. § 1 PflAPrV).

In der Ausbildung zur Pflegefachfrau oder zum Pflegefachmann entfallen über die Gesamtdauer der Ausbildung im Rahmen des Unterrichts zur Vermittlung von Kompetenzen zur Pflege von Menschen aller Altersstufen jeweils mindestens 500 und höchstens 700 Stunden auf die Kompetenzvermittlung anhand der besonderen Pflegesituationen von Kindern und Jugendlichen sowie von alten Menschen (vgl. Anlage 6 PflAPrV).

Die praktische Ausbildung der beruflichen Pflegeausbildung umfasst 2500 Stunden (vgl. Tab. 5.16).

Bei der Ausbildung zur Gesundheits- und Kinderkrankenpflegerin oder zum Gesundheits- und Kinderkrankenpfleger sind die Praxiseinsätze im letzten Ausbildungsdrittel in Bereichen der Versorgung von Kindern und Jugendlichen durchzuführen. Der Pflichteinsatz in der psychiatrischen Versorgung erfolgt in der kinder- und jugendpsychiatrischen Versorgung (vgl. § 26 PflAPrV). Bei der Ausbildung zur Altenpflegerin oder zum Altenpfleger sind die Praxiseinsätze im letzten Ausbildungsdrittel in Bereichen der Versorgung von alten Menschen durchzuführen. Der Pflichteinsatz in der psychiatrischen Versorgung erfolgt in der gerontopsychiatrischen Versorgung (vgl. § 28 PflAPrV).

Die hochschulische Pflegeausbildung erfolgt im Wechsel von Lehrveranstaltungen und Praxiseinsätzen. Sie umfasst einen Arbeitsaufwand der Studierenden von jeweils insgesamt mindestens 4600 Stunden. Davon entfallen mindestens 2100 auf die Lehrveranstaltungen und mindestens 2300 Stunden auf die Praxiseinsätze in Einrichtungen nach dem PflBG. Mindestens jeweils 400 der auf die Praxiseinsätze entfallenden Stunden sind in der allgemeinen Akutpflege in stationären Einrichtungen, der allgemeinen Langzeitpflege in stationären Einrichtungen und der allgemeinen ambulanten Akut- und Langzeitpflege nach durchzuführen (vgl. § 30 PflAPrV).

Tab. 5.16 Stundenverteilung in der praktischen Ausbildung der beruflichen Pflegeausbildung (vgl. Anlage 7 PflAPrV)

Einsatzart	Erläuterung	Stunden
Orientierungseinsatz	Flexibel gestaltbarer Einsatz zu Beginn der Ausbildung beim Träger der praktischen Ausbildung	400
Pflichteinsätze in den drei allgemeinen Versorgungsbereichen	Stationäre Akutpflege	400
	Stationäre Langzeitpflege	400
	Ambulante Akut-/Langzeitpflege	400
Pflichteinsatz in der pädiatrischen Versorgung	Pädiatrische Versorgung (bis zum 31. Dezember 2024 entfallen auf den Pflichteinsatz in der pädiatrischen Versorgung mindestens 60 und höchstens 120 Stunden; die gegebenenfalls frei werdenden Stundenkontingente erhöhen entsprechend die Stunden des Orientierungseinsatzes.	120
Pflichteinsatz in der psychiatrischen Versorgung	Allgemein-, geronto-, kinder- oder jugendpsychiatrische Versorgung (bei Ausübung des Wahlrechts für den speziellen Bereich der pädiatrischen Versorgung: nur kinder- oder jugendpsychiatrische Versorgung; bei Ausübung des Wahlrechts für den Bereich der allgemeinen Langzeitpflege in stationären Einrichtungen oder der allgemeinen ambulanten Akut- und Langzeitpflege mit der Ausrichtung auf den Bereich der ambulanten Langzeitpflege: nur gerontopsychiatrische Versorgung)	120
Vertiefungseinsatz im Bereich eines Pflichteinsatzes	Im Bereich eines Pflichteinsatzes in den drei allgemeinen Versorgungsbereichen, der pädiatrischen Versorgung bzw. der psychiatrischen Versorgung; im Bereich der ambulanten Akut-/Langzeitpflege auch mit Ausrichtung auf die ambulante Langzeitpflege; bei Ausübung des Wahlrechts für den speziellen Bereich der pädiatrischen Versorgung: im Bereich eines Pflichteinsatzes in der pädiatrischen Versorgung; bei Ausübung des Wahlrechts für den Bereich der allgemeinen Langzeitpflege in stationären Einrichtungen oder der allgemeinen ambulanten Akut- und Langzeitpflege mit der Ausrichtung auf den Bereich der ambulanten Langzeitpflege: im Bereich eines Pflichteinsatzes in der stationären Langzeitpflege oder in der ambulanten Akut-/Langzeitpflege mit Ausrichtung auf die ambulante Langzeitpflege	500
Weitere Einsätze/ Stunden zur freien Verteilung	Weiterer Einsatz (z. B. Pflegeberatung, Rehabilitation, Palliation); bei Ausübung des Wahlrechts für den speziellen Bereich der pädiatrischen Versorgung: nur in Bereichen der Versorgung von Kindern und Jugendlichen; bei Ausübung des Wahlrechts für den Bereich der allgemeinen Langzeitpflege in stationären Einrichtungen oder der allgemeinen ambulanten Akut- und Langzeitpflege mit der Ausrichtung auf den Bereich der ambulanten Langzeitpflege: nur in Bereichen der Versorgung von alten Menschen	80
	Zur freien Verteilung im Versorgungsbereich des Vertiefungseinsatzes	80

Die staatliche **Abschlussprüfung** für die Pflegeausbildung umfasst jeweils einen schriftlichen, einen mündlichen und einen praktischen Teil, wobei im schriftlichen und mündlichen Teil der Prüfung die Fachkompetenz und die zur Ausübung des Berufs erforderliche personale Kompetenz einschließlich der Sozialkompetenz und der Selbstständigkeit nachzuweisen ist. Im praktischen Teil der Prüfung sind die zur Pflege von Menschen in komplexen Pflegesituationen erforderlichen Kompetenzen nachzuweisen und die Befähigung, die Aufgaben in der Pflege gemäß dem Ausbildungsziel des PflBG auszuführen. Der schriftliche und mündliche Teil der Prüfung ist bei der Pflegeschule abzulegen, an der die Ausbildung abgeschlossen wird (vgl. § 9 PflAPrV).

Für die Zulassung zur Prüfung sind folgende Nachweise erforderlich:

- ein Identitätsnachweis der zu prüfenden Person in amtlich beglaubigter Abschrift,
- der ordnungsgemäß schriftlich geführte Ausbildungsnachweis und
- die Jahreszeugnisse (vgl. § 11 PflAPrV).

Der schriftliche Prüfungsteil erstreckt sich unter anderem auf folgende Prüfungsbereiche:

- Pflegeprozessgestaltung einschließlich Interaktion und Beziehungsgestaltung in akuten und dauerhaften Pflegesituationen unter Einbeziehung von lebensweltlichen Aspekten und pflegerischen Aufgaben im Zusammenhang mit der Lebensgestaltung sowie unter Berücksichtigung von Autonomieerhalt und Entwicklungsförderung der zu pflegenden Menschen,
- Pflegeprozessgestaltung bei Menschen mit gesundheitlichen Problemlagen unter besonderer Berücksichtigung von Gesundheitsförderung und Prävention in Verbindung mit verschiedenen Schwerpunkten und Gesichtspunkten von Beratung, wobei im Rahmen der Fallbearbeitung erforderliche Handlungsentscheidungen anhand von pflegewissenschaftlichem Begründungswissen begründet werden sollen,
- Pflegeprozesssteuerung in kritischen und krisenhaften Pflegesituationen in Verbindung mit der eigenständigen Durchführung ärztlicher Anordnungen und ethischen Entscheidungsprozessen.

Zu jedem dieser drei Prüfungsbereiche sind in jeweils einer entsprechenden Aufsichtsarbeit schriftlich gestellte fallbezogene Aufgaben zu bearbeiten, wobei die Aufsichtsarbeiten jeweils 120 Minuten dauern und in der Regel an drei aufeinanderfolgenden Werktagen durchzuführen sind (vgl. § 14 PflAPrV).

Der mündliche Prüfungsteil umfasst unter anderem folgende Bereiche:

- intra- und interprofessionelles Handeln in unterschiedlichen systemischen Kontexten verantwortlich gestalten und mitgestalten,
- das eigene Handeln auf der Grundlage von Gesetzen, Verordnungen und ethischen Leitlinien reflektieren und begründen,

- das eigene Handeln auf der Grundlage von wissenschaftlichen Erkenntnissen und berufsethischen Werthaltungen und Einstellungen reflektieren und begründen.

Den Schwerpunkt des mündlichen Teils der Prüfung bilden die Auseinandersetzung mit der eigenen Berufsrolle und dem beruflichen Selbstverständnis und teambezogene, einrichtungsbezogene sowie gesellschaftliche Kontextbedingungen und ihr Einfluss auf das pflegerische Handeln. Die drei Bereiche der mündlichen Prüfung werden anhand einer komplexen Aufgabenstellung geprüft, wobei die Prüfungsaufgabe in der Bearbeitung einer Fallsituation aus einem anderen Versorgungskontext als dem der praktischen Prüfung besteht und sich auch auf eine andere Altersstufe, der die zu pflegenden Menschen angehören, bezieht. Die zu prüfenden Personen werden einzeln oder zu zweit geprüft, wobei die Prüfung für jede zu prüfende Person mindestens 30 und nicht länger als 45 Minuten dauern soll (vgl. § 15 PflAPrV).

Der praktische Prüfungsteil besteht unter anderem aus einer Aufgabe der selbstständigen, umfassenden und prozessorientierten Pflege, bei der die zu prüfende Person die erworbenen Kompetenzen im Bereich einer umfassenden personenbezogenen Erhebung des Pflegebedarfs, der Planung der Pflege, der Durchführung der erforderlichen Pflege und der Evaluation des Pflegeprozesses sowie im kommunikativen Handeln und in der Qualitätssicherung zeigt und in diesem Rahmen alle anfallenden Aufgaben einer prozessorientierten Pflege übernimmt. Die Prüfungsaufgabe soll insbesondere den Versorgungsbereich berücksichtigen, in dem im Rahmen der praktischen Ausbildung der Vertiefungseinsatz nach dem PflBG absolviert wurde. Die Prüfung findet in realen und komplexen Pflegesituationen statt und erstreckt sich auf die Pflege von mindestens zwei Menschen, von denen einer einen erhöhten Pflegebedarf aufweist. Sie besteht aus der vorab zu erstellenden schriftlichen oder elektronischen Ausarbeitung des Pflegeplans, einer Fallvorstellung mit einer Dauer von maximal 20 Minuten, der Durchführung der geplanten und situativ erforderlichen Pflegemaßnahmen und einem Reflexionsgespräch mit einer Dauer von maximal 20 Minuten. Sie soll die Dauer von 240 Minuten nicht überschreiten und kann durch eine organisatorische Pause von maximal einem Werktag unterbrochen werden (vgl. § 16 PflAPrV).

Bei der beruflichen Ausbildung zur Gesundheits- und Kinderkrankenpflegerin oder zum Gesundheits- und Kinderkrankenpfleger erstreckt sich beispielsweise der schriftliche Prüfungsteil auf folgende Bereiche:

- Pflegeprozessgestaltung einschließlich Interaktion und Beziehungsgestaltung in akuten und dauerhaften Pflegesituationen unter Einbeziehung von lebensweltlichen Aspekten und pflegerischen Aufgaben im Zusammenhang mit der Lebensgestaltung sowie unter Berücksichtigung von Autonomieerhalt und Entwicklungsförderung der zu pflegenden Kinder und Jugendlichen,
- Pflegeprozessgestaltung bei Kindern und Jugendlichen mit gesundheitlichen Problemlagen unter besonderer Berücksichtigung von Gesundheitsförderung und Prävention in Verbindung mit verschiedenen Schwerpunkten und Gesichtspunkten von Beratung,

wobei im Rahmen der Fallbearbeitung erforderliche Handlungsentscheidungen anhand von pflegewissenschaftlichem Begründungswissen begründet werden sollen,

- Pflegeprozesssteuerung in kritischen und krisenhaften Pflegesituationen in Verbindung mit der eigenständigen Durchführung ärztlicher Anordnungen und ethischen Entscheidungsprozessen.

Die Fallsituationen in den verschiedenen Teilen der Prüfung sind der Pflege von Kindern und Jugendlichen zu entnehmen (vgl. § 27 PflAPrV).

Bei der beruflichen Ausbildung zur Altenpflegerin oder zum Altenpfleger erstreckt sich beispielsweise der schriftliche Prüfungsteil auf folgende Bereiche:

- Pflegeprozessgestaltung einschließlich Interaktion und Beziehungsgestaltung in akuten und dauerhaften Pflegesituationen unter Einbeziehung von lebensweltlichen Aspekten und pflegerischen Aufgaben im Zusammenhang mit der Lebensgestaltung sowie unter Berücksichtigung von Autonomieerhalt und Entwicklungsförderung der zu pflegenden alten Menschen,
- Pflegeprozessgestaltung bei alten Menschen mit gesundheitlichen Problemlagen unter besonderer Berücksichtigung von Gesundheitsförderung und Prävention in Verbindung mit verschiedenen Schwerpunkten und Gesichtspunkten von Beratung, wobei im Rahmen der Fallbearbeitung erforderliche Handlungsentscheidungen anhand von pflegewissenschaftlichem Begründungswissen begründet werden sollen,
- Pflegeprozesssteuerung in kritischen und krisenhaften Pflegesituationen in Verbindung mit der eigenständigen Durchführung ärztlicher Anordnungen und ethischen Entscheidungsprozessen.

Die Fallsituationen in den verschiedenen Teilen der Prüfung sind der Pflege von alten Menschen zu entnehmen (vgl. § 29 PflAPrV).

Für den Bereich der hochschulischen Pflegeausbildung sind Modulprüfungen und die staatliche Prüfung zur Erlangung der Berufszulassung vorgesehen. Sie umfasst jeweils einen schriftlichen, einen mündlichen und einen praktischen Teil. Im schriftlichen und mündlichen Teil der Prüfung sind die Fachkompetenz und die zur Ausübung des Berufs erforderliche personale Kompetenz einschließlich der Sozialkompetenz und der Selbstständigkeit nachzuweisen. Im praktischen Teil sind die zur Pflege von Menschen auch in hochkomplexen Pflegesituationen erforderlichen Kompetenzen nachzuweisen und die Befähigung, die Aufgaben in der Pflege gemäß dem Ausbildungsziel des PflBG auszuführen. Der schriftliche und mündliche Teil der Prüfung ist bei der Hochschule abzulegen, an der die hochschulische Pflegeausbildung abgeschlossen wird. Der praktische Teil der Prüfung wird in der Regel in der Einrichtung abgelegt, in der der Vertiefungseinsatz nach dem PflBG durchgeführt wurde. Die jeweilige Hochschule legt mit Zustimmung der zuständigen Behörde die Module des Studiengangs fest, in denen die Überprüfung der Kompetenzen dem PflBG erfolgt, sowie die Art der jeweiligen Modulprüfung (vgl. § 32 PflAPrV).

5.3.14 Physiotherapeut/Physiotherapeutin

Physiotherapeuten und Physiotherapeutinnen zählen zu den bundesrechtlich geregelten, nichtärztlichen Gesundheitsfachberufen. Sie sind im Gesundheitsbereich überwiegend in Krankenhäusern, Spezialkliniken, Rehabilitationskliniken und -zentren, Kureinrichtungen, Wellnesseinrichtungen, sportmedizinischen und präventivmedizinischen Einrichtungen, Arztpraxen, angestellt bei selbstständigen Physiotherapeuten und Masseuren und medizinischen Bademeistern bzw. in interdisziplinären Praxen oder selbstständig in eigener Praxis tätig. Die Schwerpunkte ihrer Tätigkeit liegen in der präventiven, kurativen und rehabilitativen Medizin sowie im Bereich der Medical Wellness. Zur ihren Aufgaben zählen hauptsächlich die Anwendung von Krankengymnastik (auch an Geräten), Massagetherapien, Thermotherapien, Elektrotherapien, Licht- und Strahlentherapien, Hydrotherapien, Balneotherapien oder Inhalationstherapien (vgl. Verband Physikalische Therapie – Vereinigung für die physiotherapeutischen Berufe 2010b, S. 6 f.).

Wesentliche **Grundlagen** für die Ausbildung zum Physiotherapeuten/zur Physiotherapeutin sind das Gesetz über die Berufe in der Physiotherapie (Masseur- und Physiotherapeutengesetz – MPhG) und die Ausbildungs- und Prüfungsverordnung für Physiotherapeuten (PhysTh-APrV). Im Folgenden sind für die Ausbildung Auszüge aus dem MPhG vom 26. Mai 1994 (BGBl. I S. 1084), zuletzt durch Artikel 17d des Gesetzes vom 23. Dezember 2016 (BGBl. I S. 3191) geändert, und aus der PhysTh-APrV vom 6. Dezember 1994 (BGBl. I S. 3786), zuletzt durch Artikel 27 des Gesetzes vom 18. April 2016 (BGBl. I S. 886) geändert, wiedergegeben.

Das **Ausbildungsziel** (siehe auch Abschn. 1.2.1) lautet entsprechend der Aufgabenstellung des Berufs insbesondere dazu zu befähigen, durch Anwenden geeigneter Verfahren der Physiotherapie in Prävention, kurativer Medizin, Rehabilitation und im Kurwesen Hilfen zur Entwicklung, zum Erhalt oder zur Wiederherstellung aller Funktionen im somatischen und psychischen Bereich zu geben und bei nicht rückbildungsfähigen Körperbehinderungen Ersatzfunktionen zu schulen (vgl. § 8 MPhG).

Ausbildungsvoraussetzungen für den Zugang zur Ausbildung sind die gesundheitliche Eignung zur Ausübung des Berufs und der Realschulabschluss oder eine gleichwertige Ausbildung oder eine andere abgeschlossene zehnjährige Schulbildung, die den Hauptschulabschluss erweitert, oder eine nach Hauptschulabschluss oder einem gleichwertigen Abschluss abgeschlossene Berufsausbildung von mindestens zweijähriger Dauer (vgl. § 10 MPhG).

Die **Ausbildungsdauer** beträgt drei Jahre, und die Ausbildung besteht aus theoretischem und praktischem Unterricht und einer praktischen Ausbildung (vgl. § 9 MPhG). Auf die Ausbildungsdauer werden Ferien sowie Unterbrechungen durch Schwangerschaft, Krankheit oder aus anderen, von der Schülerin oder vom Schüler nicht zu vertretenden Gründen bis zur Gesamtdauer von zwölf Wochen, bei verkürzter Ausbildung bis zu höchstens vier Wochen je Ausbildungsjahr angerechnet (vgl. § 11 MPhG). Ausbildungen bspw. als Masseur und medizinischer Bademeister, Gymnastiklehrer oder Turn- und Sportlehrer werden angerechnet (vgl. § 12 MPhG).

Die **Ausbildungsinhalte** umfassen mindestens theoretischen und praktischen Unterricht von 2900 Stunden (vgl. Tab. 5.17) und eine praktische Ausbildung von 1600 Stunden (vgl. § 1 PhysTh-APrV).

Die praktische Ausbildung in Krankenhäusern oder anderen geeigneten medizinischen Einrichtungen jeweils 240 Stunden in den medizinischen Fachgebieten Chirurgie, Innere Medizin, Orthopädie und Neurologie, jeweils 80 Stunden in den Fachgebieten Psychiatrie und Gynäkologie, 160 Stunden im Fachgebiet Pädiatrie sowie 240 Stunden, die auf alle Fachgebiete aufzuteilen sind. Für die praktische Ausbildung in sonstigen Einrichtungen bzw. für Exkursionen sind 80 Stunden vorgesehen (vgl. Anlage 2 PhysTh-APrV).

Die staatliche **Abschlussprüfung** umfasst jeweils einen schriftlichen, einen mündlichen und einen praktischen Teil und ist bei der Schule für Physiotherapeuten abzulegen, an der die Ausbildung abgeschlossen wird, wobei aus wichtigem Grund Ausnahmen zugelassen werden können (vgl. § 2 PhysTh-APrV).

Tab. 5.17 Inhalte des theoretischen und praktischen Unterrichts in der Ausbildung zum Physiotherapeuten/zur Physiotherapeutin (vgl. Anlage 1 PhysTh-APrV)

Themen	Stunden
Berufs-, Gesetzes- und Staatskunde	40
Berufskunde und Ethik, Geschichte des Berufs	
Das Gesundheitswesen in der Bundesrepublik Deutschland und internationale Zusammenarbeit im Gesundheitswesen einschließlich der Gesundheitsprogramme internationaler Organisationen wie insbesondere Weltgesundheitsorganisation und Europarat	
Aktuelle berufs- und gesundheitspolitische Fragen	
Masseur- und Physiotherapeutengesetz; gesetzliche Regelungen für die sonstigen Berufe des Gesundheitswesens und ihre Abgrenzung zueinander	
Arbeits- und berufsrechtliche Regelungen, soweit sie für die Berufsausübung von Bedeutung sind	
Unfallverhütung, Mutterschutz, Arbeitsschutz, Jugendhilfe, Jugendschutz	
Einführung in das Krankenhaus-, Seuchen-, Strahlenschutz-, Arznei- und Betäubungsmittelrecht	
Strafrechtliche, bürgerlich-rechtliche und öffentlich-rechtliche Vorschriften, die bei der Berufsausübung von Bedeutung sind; Rechtsstellung des Patienten oder seiner Sorgeberechtigten	
Sozialpolitik einschließlich Einführung in die Systeme der sozialen Sicherung (Sozialversicherung, Sozialhilfe, Sozialstaatsangebote in der praktischen Realisierung)	
Die Grundlagen der staatlichen Ordnung in der Bundesrepublik Deutschland	

(Fortsetzung)

Tab. 5.17 (Fortsetzung)

Themen	Stunden
Anatomie	240
Allgemeine Anatomie	
Begriffsbestimmung und anatomische Nomenklatur	
Achsen, Ebenen, Orientierungssystem	
Allgemeine Zytologie	
Allgemeine Histologie	
Aufbau des Skelettsystems und allgemeine Gelenklehre	
Funktionelle Anatomie des Bewegungssystems	
Allgemeine funktionelle Aspekte der Bewegungsorgane	
Palpation der Bewegungsorgane	
Spezielle funktionelle Aspekte des Schultergürtels und der oberen Extremitäten	
Spezielle funktionelle Aspekte des Beckens und der unteren Extremitäten	
Spezielle funktionelle Aspekte der Wirbelsäule und des Kopfes	
Anatomie der inneren Organe	
Überblick über die inneren Organe	
Herz-Kreislaufsystem	
Respirationssystem	
Blut- und Abwehrsystem	
Verdauungssystem	
Urogenitalsystem	
Endokrines System	
Anatomie des Nervensystems und der Sinnesorgane	
Einführung in das Nervensystem	
Makroskopische Anatomie des Nervensystems	
Zentrales Nervensystem	
Peripheres Nervensystem	
Vegetatives Nervensystem	
Funktionelle Anatomie des Nervensystems	
Anatomie der Sinnesorgane und der Haut	

(Fortsetzung)

Tab. 5.17 (Fortsetzung)

Themen	Stunden
Physiologie	140
Grundlagen der Zellphysiologie	
Nerven- und Sinnesphysiologie	
Zentrales Nervensystem	
Vegetatives Nervensystem	
Motorische Systeme	
Allgemeine Sinnesphysiologie	
Somatoviszerales sensorisches System	
Gleichgewichtssystem	
Nozizeption und Schmerz	
Muskelphysiologie	
Skelettmuskulatur	
Molekularer Mechanismus der Kontraktion	
Regulation der Muskelkontraktion	
Muskelmechanik	
Muskelenergetik	
Glatte Muskulatur	
Herz-, Blut- und Gefäßphysiologie	
Herzerregung, -mechanik, Energetik der Herzaktion	
Funktionen, Volumen und Zusammensetzung des Blutes	
Physiologische Mechanismen der Infekt- und Immunabwehr	
Arterielles, venöses und lymphatisches System	
Regulation des Gesamtkreislaufs	
Lungenkreislauf und Pfortaderkreislauf	
Physiologie des Respirationssystems	
Ventilation und Atmungsmechanik	
Pulmonaler Gasaustausch	
Atemgastransport	
Gewebeatmung	
Physiologie des Verdauungs-, Urogenital-, Stoffwechsel- und endokrinen Systems	
Zusammenwirken der Systeme	
Allgemeine Krankheitslehre	30
Pathologie der Zelle	
Krankheit und Krankheitsursachen	
Krankheitsverlauf und -symptome	
Entzündungen und Ödeme	
Degenerative Veränderungen	
Wachstum und seine Störungen, gutartige und bösartige Neubildungen	
Störungen der immunologischen Reaktionen	
Örtliche und allgemeine Kreislaufstörungen, Blutungen	
Störungen des Gasaustausches und der Sauerstoffversorgung	

(Fortsetzung)

Tab. 5.17   (Fortsetzung)

Themen	Stunden
Spezielle Krankheitslehre	360
Innere Medizin	
Orthopädie/Traumatologie	
Chirurgie/Traumatologie	
Neurologie	
Psychiatrie	
Gynäkologie und Geburtshilfe	
Pädiatrie	
Dermatologie	
Geriatrie	
Rheumatologie	
Arbeitsmedizin	
Sportmedizin	
Hygiene	30
Allgemeine Hygiene und Umweltschutz	
Persönliche Hygiene	
Bakteriologie, Virologie und Parasitologie	
Verhütung und Bekämpfung von Infektionen	
Desinfektion, Sterilisation	
Wasserhygiene	
Erste Hilfe und Verbandtechnik	30
Allgemeines Verhalten bei Notfällen	
Erstversorgung von Verletzten	
Blutstillung und Wundversorgung	
Maßnahmen bei Schockzuständen und Wiederbelebung	
Versorgung von Knochenbrüchen	
Transport von Verletzten	
Verhalten bei Arbeitsunfällen	
Verbandtechniken	
Angewandte Physik und Biomechanik	40
Physikalische, mechanische und mathematische Grundlagen	
Gleichgewichtssatz der Mechanik und Prinzip der Gelenkkraftberechnung	
Kinematik der Gelenke des menschlichen Körpers	
Statische und dynamische Bestimmung der Gelenkkraft	
Biomechanik von Muskeln, Sehnen und Knochen	
Biomechanik und Ergonomie	
Sprache und Schrifttum	20
Vortrag und Diskussion, Einführung in wissenschaftliches Arbeiten, Dokumentation	
Mündliche und schriftliche Berichterstattung	
Benutzung und Auswertung deutscher und fremdsprachlicher Fachliteratur	
Einführung in fachbezogene Terminologie	

(Fortsetzung)

Tab. 5.17 (Fortsetzung)

Themen	Stunden
Psychologie/Pädagogik/Soziologie	60
Psychologie	
Der Mensch in seiner psychosomatischen Einheit	
Der Therapeut im Prozess der Patientenführung, Einführung in die Persönlichkeitspsychologie	
Psychologische Probleme spezieller Patientengruppen, insbesondere akut Erkrankter, chronisch Kranker, Kranker mit infauster Prognose, Kinder, Psychische Besonderheiten Alterskranker und Behinderter	
Einführung in die Gruppendynamik im Therapieprozess	
Gesprächsführung, Supervision	
Pädagogik	
Grundlagen der Pädagogik	
Einführung in die Sonderpädagogik	
Soziologie	
Grundlagen der Soziologie	
Soziales Umfeld – Krankheitserleben	
Soziale Stellung – Einfluss auf die Krankheitsentwicklung und -bewältigung	
Prävention und Rehabilitation	20
Grundlagen und Stellung der Prävention	
Gesundheitsgerechtes Verhalten und Gesundheitsförderung	
Grundlagen der Rehabilitation	
Einrichtungen der Rehabilitation und ihre Fachkräfte	
Medizinische, berufliche und soziale Rehabilitation	
Rehabilitationsplanung und -durchführung im interdisziplinären Team	
Trainingslehre	40
Grundlagen der Trainingslehre	
Beanspruchungsformen des Trainings	
Aufbau und Prinzipien des Trainings	
Transfer der allgemeinen Trainingslehre in die Prävention und medizinische Rehabilitation	
Psychologische Aspekte des Trainings	
Bewegungslehre	60
Grundlagen der Bewegungslehre	
Bewegungs- und Haltungsanalysen	
Prinzipien der Bewegung	
Sensomotorische Entwicklung	
Bewegungen als sensomotorischer Lernprozess	

(Fortsetzung)

Tab. 5.17 (Fortsetzung)

Themen	Stunden
Bewegungserziehung	120
Grundformen der Bewegung mit und ohne Gerät	
Bewegungserziehung im Rahmen der Krankengymnastik	
Bewegungserfahrung in Bezug auf Raum, Zeit und Dynamik	
Rhythmisch musikalische Aspekte in der Bewegungserziehung	
Psychomotorische Übungskonzepte	
Kombinationen von Grundformen der Bewegungserziehung aus Krankengymnastik, Gymnastik, Sport und Psychomotorik	
Methodik und Didaktik von Einzel- und Gruppenbehandlung	
Behindertensport	
Physiotherapeutische Befund- und Untersuchungstechniken	100
Grundlagen der Befunderhebung	
Inspektion	
Funktionsprüfung	
Palpation	
Messverfahren	
Reflexverhalten	
Wahrnehmung akustischer Auffälligkeiten	
Systematik der Befunderhebung	
Dokumentation	
Synthese der Befunderhebung	
Erstellung des Behandlungsplanes	
Krankengymnastische Behandlungstechniken	500
Grundlagen krankengymnastischer Techniken	
Atemtherapie	
Entspannungstechniken	
Krankengymnastische Behandlung im Schlingengerät	
Krankengymnastische Behandlung im Bewegungsbad	
Gangschulung	
Manuelle Therapie	
Funktionsanalyse	
Medizinische Trainingstherapie	
Neurophysiologische Behandlungsverfahren	
Propriozeptive neuromuskuläre Fazilitation	
Behandlung nach Bobath	
Behandlung nach Vojta	
Sonstige Verfahren	
Psychomotorik	
Sonstige Behandlungstechniken	

(Fortsetzung)

Tab. 5.17 (Fortsetzung)

Themen	Stunden
Massagetherapie	150
Grundlagen der Massage	
Techniken und Wirkungen der Massage	
Klassische Massage	
Bindegewebsmassage	
Sonderformen	
Indikationen nach Krankheitsbildern, Kontraindikationen	
Elektro-, Licht- und Strahlentherapie	60
Einführung in die Elektrotherapie, physikalische Grundlagen	
Einführung in die Elektrodiagnostik	
Elektrotherapie mit nieder-, mittel- und hochfrequenten Stromformen, Ultraschallbehandlung	
Grundlagen der Lichttherapie	
Grundlagen der Strahlentherapie	
Hydro-, Balneo-, Thermo- und Inhalationstherapie	60
Grundlagen und Anwendungen in der Hydro- und Balneotherapie	
Grundlagen und Anwendungen in der Thermotherapie	
Grundlagen und Anwendungen in der Inhalationstherapie	
Methodische Anwendung der Physiotherapie in den medizinischen Fachgebieten	700
Innere Medizin	
Chirurgie/Traumatologie	
Orthopädie/Traumatologie	
Gynäkologie und Geburtshilfe	
Neurologie/Neurochirurgie	
Psychiatrie	
Pädiatrie	
Geriatrie	
Rheumatologie	
Arbeitsmedizin	
Sportmedizin	
Sonstige	
Weitere, auf die o. a. Themen zu verteilende Stunden	100

Für die Zulassung zur Prüfung sind folgende Nachweise erforderlich:

- der Personalausweis oder Reisepass in amtlich beglaubigter Abschrift,
- die Bescheinigung über die Teilnahme an den Ausbildungsveranstaltungen (vgl. § 3 PhysTh-APrV).

Der schriftliche Prüfungsteil umfasst als erste Fächergruppe Berufs-, Gesetzes- und Staatskunde sowie Psychologie/Pädagogik/Soziologie, als zweite Fächergruppe Angewandte Physik und Biomechanik, Trainingslehre sowie Bewegungslehre, als dritte

Fächergruppe Prävention und Rehabilitation sowie Methodische Anwendung der Physiotherapie in den medizinischen Fachgebieten und als vierte Fächergruppe Spezielle Krankheitslehre.

In allen vier Fächergruppen sind in jeweils einer Aufsichtsarbeit schriftlich gestellte Fragen zu beantworten, wobei der schriftliche Prüfungsteil an zwei Tagen durchzuführen ist und die Aufsichtsarbeit in der ersten Fächergruppe 45 Minuten, in der zweiten und vierten Fächergruppe 90 Minuten und in der dritten Fächergruppe 180 Minuten dauert (vgl. § 12 PhysTh-APrV).

Der mündliche Prüfungsteil umfasst die Fächer Anatomie, Physiologie sowie Spezielle Krankheitslehre. Die Prüflinge werden einzeln oder in Gruppen bis zu fünf geprüft, wobei der einzelne Prüfling im Fach Physiologie nicht länger als fünfzehn Minuten und in den Fächern Anatomie und Spezielle Krankheitslehre nicht länger als dreißig Minuten geprüft werden soll (vgl. § 13 PhysTh-APrV).

Der praktische Prüfungsteil soll innerhalb von vier Wochen abgeschlossen sein und umfasst folgende Fächer:

- Krankengymnastische Behandlungstechniken, wobei der Prüfling mindestens drei spezifische krankengymnastische Behandlungstechniken am Probanden auszuführen und zu erklären hat;
- Bewegungserziehung, wobei der Prüfling eine krankengymnastische Gruppenbehandlung mit mindestens sechs Teilnehmern diagnosebezogen anzuleiten hat;
- Massagetherapie, wobei der Prüfling aufgrund der Vorgaben des Fachprüfers mindestens eine Behandlungstechnik am Probanden auszuführen und zu erklären hat;
- Elektro-, Licht- und Strahlentherapie, wobei der Prüfling aufgrund der Vorgaben des Fachprüfers mindestens eine Behandlungstechnik am Probanden auszuführen und zu erklären hat;
- Hydro-, Balneo-, Thermo- und Inhalationstherapie, wobei der Prüfling aufgrund der Vorgaben des Fachprüfers mindestens eine Behandlungstechnik am Probanden auszuführen und zu erklären hat;
- Methodische Anwendung der Physiotherapie in den medizinischen Fachgebieten, wobei der Prüfling an einem Patienten aus den medizinischen Fachgebieten Chirurgie oder Orthopädie sowie an einem Patienten aus den medizinischen Fachgebieten Innere Medizin, Neurologie, Gynäkologie oder Pädiatrie je eine Befunderhebung durchzuführen, zu bewerten, zu dokumentieren und den Therapieplan mit Behandlungsziel und Behandlungsschwerpunkt zu erstellen sowie auf dieser Grundlage geeignete Behandlungstechniken durchzuführen hat (vgl. § 14 PhysTh-APrV).

Über die Abschlussprüfung ist eine Niederschrift zu fertigen, aus der Gegenstand, Ablauf und Ergebnisse der Prüfung und etwa vorkommende Unregelmäßigkeiten hervorgehen (vgl. § 5 PhysTh-APrV) und die Prüfung ist insgesamt bestanden, wenn jeder der vorgeschriebenen Prüfungsteile bestanden ist (vgl. § 7 PhysTh-APrV).

5.3.15 Podologe/Podologin

Podologen und Podologinnen (Medizinischer Fußpfleger/Medizinische Fußpflegerin) zählen zu den bundesrechtlich geregelten Gesundheitsfachberufen. Sie sind beispielsweise selbstständig in eigener Praxis/Gemeinschaftspraxis, im Angestelltenverhältnis, als Freie Mitarbeiter in Versorgungszentren oder Fußambulanzen tätig. Zu ihren Aufgaben und Leistungen zählen unter anderem:

- Individuelle podologische Reibungs- und Druckentlastungsmaßnahmen, Platzhalter oder funktionelle Orthosen,
- Nagelkorrekturspangentherapie,
- Nagelprothetik,
- Mobisilierungstherapie,
- podologische Fußuntersuchungen,
- Spezialtechniken zur Therapie von Haut- und Nagelerkrankungen,
- Verbände, Druck- und Reibungsschutz (vgl. Verband Deutscher Podologen 2019, S. 1).

Wesentliche **Grundlagen** für die Ausbildung sind das Gesetz über den Beruf der Podologin und des Podologen (Podologengesetz – PodG) und die Ausbildungs- und Prüfungsverordnung für Podologinnen und Podologen (PodAPrV). Im Folgenden sind für die Ausbildung Auszüge aus dem PodG vom 4. Dezember 2001 (BGBl. I S. 3320), zuletzt durch Artikel 28 des Gesetzes vom 18. April 2016 (BGBl. I S. 886) geändert, und aus der PodAPrV vom 18. Dezember 2001 (BGBl. 2002 I S. 12), zuletzt durch Artikel 29 des Gesetzes vom 18. April 2016 (BGBl. I S. 886) geändert, wiedergegeben.

Das **Ausbildungsziel** lautet entsprechend der Aufgabenstellung des Berufs insbesondere dazu zu befähigen, durch Anwendung geeigneter Verfahren nach den anerkannten Regeln der Hygiene allgemeine und spezielle fußpflegerische Maßnahmen selbstständig auszuführen, pathologische Veränderungen oder Symptome von Erkrankungen am Fuß, die eine ärztliche Abklärung erfordern, zu erkennen, unter ärztlicher Anleitung oder auf ärztliche Veranlassung medizinisch indizierte podologische Behandlungen durchzuführen und damit bei der Prävention, Therapie und Rehabilitation von Fußerkrankungen mitzuwirken.

Ausbildungsvoraussetzungen für den Zugang zur Ausbildung sind die gesundheitliche Eignung zur Ausübung des Berufs und der Realschulabschluss oder eine gleichwertige Schulbildung oder eine andere abgeschlossene zehnjährige Schulbildung, die den Hauptschulabschluss erweitert, oder eine nach Hauptschulabschluss oder einer gleichwertigen Schulbildung erfolgreich abgeschlossene Berufsausbildung von mindestens zweijähriger Dauer (vgl. § 5 PodG).

Die **Ausbildungsdauer** beträgt in Vollzeitform zwei Jahre, in Teilzeitform höchstens vier Jahre, wird durch staatlich anerkannte Schulen vermittelt und schließt mit der staatlichen Prüfung ab (vgl. § 4 PodG). Auf die Ausbildungsdauer werden angerechnet

- Ferien,
- Unterbrechungen durch Krankheit oder aus anderen, von den Schülern nicht zu vertretenden Gründen bis zu höchstens vier Wochen je Ausbildungsjahr,
- Unterbrechungen wegen Schwangerschaft bei Schülerinnen.

Die Unterbrechung der Ausbildung darf einschließlich der Fehlzeiten eine Gesamtdauer von 14 Wochen nicht überschreiten und auf Antrag können auch darüber hinausgehende Fehlzeiten berücksichtigt werden, soweit eine besondere Härte vorliegt und die Erreichung des Ausbildungsziels durch die Anrechnung nicht gefährdet wird. Auch kann auf Antrag eine andere abgeschlossene Ausbildung im Umfang ihrer Gleichwertigkeit auf die Dauer der Ausbildung angerechnet werden, wenn die Durchführung der Ausbildung und die Erreichung des Ausbildungsziels dadurch nicht gefährdet werden (vgl. § 6 PodG).

Die **Ausbildungsinhalte** umfassen einen theoretischen und praktischen Unterricht von mindestens 2000 Stunden (vgl. Tab. 5.18) und eine praktische Ausbildung von 1000 Stunden (vgl. § 1 PodAPrV).

Die praktische Ausbildung für Podologinnen oder Podologen in Krankenhäusern oder anderen geeigneten Einrichtungen, in denen podologische Behandlungsmaßnahmen durchgeführt werden, umfasst insgesamt 1000 Stunden fußpflegerische Maßnahmen, podologische Behandlungsmaßnahmen, physikalische Therapie im Rahmen der podologischen Behandlung, podologische Materialien und Hilfsmittel, wobei davon mindestens 280 Stunden in einem unter ärztlicher Anleitung stehenden Praktikum in internistischen, in dermatologischen und in orthopädischen Kliniken oder entsprechenden Ambulanzen abzuleisten sind und mit den im Unterricht vermittelten Krankheitsbildern anschaulich bekannt gemacht und gleichzeitig die Verbindung zu den in der podologischen Behandlung zu berücksichtigenden Aspekten hergestellt werden soll (vgl. Anlage 1 PodAPrV).

Die staatliche **Abschlussprüfung** umfasst jeweils einen schriftlichen, einen mündlichen und einen praktischen Teil und ist bei der Schule für Podologinnen und Podologen abzulegen, an der die Ausbildung abgeschlossen wird, wobei aus wichtigem Grund Ausnahmen zugelassen werden können (vgl. § 2 PodAPrV).

Für die Zulassung zur Prüfung sind folgende Nachweise erforderlich:

- der Personalausweis oder Reisepass in amtlich beglaubigter Abschrift,
- die Bescheinigung über die Teilnahme an den Ausbildungsveranstaltungen (vgl. § 4 PodAPrV).

Der schriftliche Prüfungsteil ist an zwei Tagen durchzuführen und umfasst als erste Fächergruppe Berufs-, Gesetzes- und Staatskunde, Psychologie/Pädagogik/Soziologie als zweite Fächergruppe Anatomie, Physiologie und als dritte Fächergruppe Allgemeine Krankheitslehre, Spezielle Krankheitslehre, wobei in den drei Fächergruppen in jeweils einer Aufsichtsarbeit schriftlich gestellte Fragen zu beantworten sind. In der ersten Fächergruppe dauert die Aufsichtsarbeit 60 Minuten und in der zweiten und dritten Fächergruppe jeweils 90 Minuten (vgl. § 5 PodAPrV).

Tab. 5.18 Inhalte des theoretischen und praktischen Unterrichts in der Ausbildung zum Podologen/ zur Podologin (vgl. Anlage 1 PodAPrV)

Themen	Stunden
Berufs-, Gesetzes- und Staatskunde	40
Berufskunde und Ethik, Geschichte des Berufs	
Das Gesundheitswesen in der Bundesrepublik Deutschland und internationale Zusammenarbeit im Gesundheitswesen einschließlich der Gesundheitsprogramme internationaler Organisationen wie insbesondere Weltgesundheitsorganisation und Europarat	
Aktuelle berufs- und gesundheitspolitische Fragen	
Gesetz über den Beruf der Podologin und des Podologen; gesetzliche Regelungen für die sonstigen Berufe des Gesundheitswesens und ihre Abgrenzung zueinander	
Arbeits- und berufsrechtliche Regelungen, soweit sie für die Berufsausbildung von Bedeutung sind	
Einführung in das Arbeits- und Arbeitsschutzrecht	
Einführung in das Sozial- und Rehabilitationsrecht	
Einführung in das Krankenhaus-, Infektionsschutz- sowie Arznei- und Betäubungsmittelrecht	
Strafrechtliche, bürgerlich-rechtliche und öffentlich-rechtliche Vorschriften, die bei der Berufsausübung von Bedeutung sind; Rechtsstellung der Patientin oder des Patienten oder deren Sorgeberechtigten, Datenschutz	
Die Grundlagen der staatlichen Ordnung in der Bundesrepublik Deutschland	
Sprache und Schrifttum	20
Vortrag und Diskussion, Dokumentation	
Mündliche und schriftliche Berichterstattung	
Benutzung und Auswertung deutscher und fremdsprachlicher Fachliteratur	
Einführung in fachbezogene Terminologie	
Fachbezogene Physik und Chemie	60
Physikalische Größen und Einheiten	
Mechanik	
Wärmelehre	
Elektrizitätslehre	
Schwingungen und Wellen	
Optik	
Radiologie einschließlich Strahlenschutz	
Werkstoffkunde	
Allgemeine und anorganische Chemie	
Chemische Grundbegriffe	
Atomaufbau, Periodensystem, Bindungsarten	
Säuren, Basen, Salze, pH-Wert, Puffer	
Wasser	
Organische Chemie	
Alkane, Alkanole, organische Säuren	
Lipide, Eiweiße einschließlich Enzyme, Kohlenhydrate	

(Fortsetzung)

Tab. 5.18   (Fortsetzung)

Themen	Stunden
Anatomie	120
Allgemeine Anatomie	
Strukturelemente, Richtungs- und Lagebezeichnungen	
Zell- und Gewebelehre	
Bewegungssystem einschließlich Knochen- und Muskellehre	
Haut und Hautanhangsgebilde	
Herz- und Blutgefäßsystem, Lymphgefäßsystem	
Atmungsorgane, Verdauungsorgane, Harnwegsorgane	
Endokrines und exokrines System	
Nervensystem und Sinnesorgane	
Spezielle Anatomie der unteren Extremitäten	
Spezielle funktionelle Aspekte des Beckens und der unteren Extremitäten sowie Biomechanik	
Knochen und Muskeln des Beines und des Fußes	
Sehnenscheiden, Muskelbinden der unteren Extremitäten und Bänder des Fußes	
Gelenke der unteren Extremitäten	
Gewölbekonstruktion des Fußes einschließlich Entwicklung des Fußes	
Blutgefäße und Lymphabfluss der unteren Extremitäten	
Nervenversorgung	
Physiologie	60
Zellphysiologie, Muskelphysiologie	
Blut und Lymphe	
Blutkreislauf und Kreislaufregulation	
Physiologie der Atmung	
Verdauung und Ausscheidung	
Hormonelle Regulation	
Funktion des Nervensystems	
Zusammenwirken der Organsysteme	
Allgemeine Krankheitslehre	30
Krankheit und Krankheitsursachen, Krankheitsverlauf, Krankheitssymptome	
Pathologie der Zelle	
Wachstum und seine Störungen, gutartige und bösartige Neubildungen	
Örtliche und allgemeine Kreislaufstörungen, Blutungen	
Störungen des Gasaustausches und der Sauerstoffversorgung	
Entzündungen und Ödeme	
Störungen der immunologischen Reaktionen	

(Fortsetzung)

Tab. 5.18 (Fortsetzung)

Themen	Stunden
Spezielle Krankheitslehre	250
Innere Medizin und Geriatrie	
Allergische Erkrankungen	
Rheumatische Erkrankungen	
Diabetes mellitus	
Diabetische Folgeschäden am Fuß	
Diabetische Akutkomplikationen	
Gicht und andere Stoffwechselstörungen	
Bluterkrankungen und Gerinnungsstörungen	
Arterielle und venöse Durchblutungsstörungen, lymphatische Störungen	
Neurologisch periphere Erkrankungen	
Wesen des Alterns sowie morphologische und funktionelle Veränderungen des Alterns	
Erkrankungen im Alter einschließlich gerontopsychiatrische Erkrankungen, Multimorbidität im Alter	
Dermatologie	
Allgemeine Grundlagen der Hauterkrankungen einschließlich Immunologie und Allergologie	
Sichtbare Veränderungen der Haut	
Angeborene Hauterkrankungen	
Erworbene Hauterkrankungen	
Entzündliche Dermatosen	
Degenerativ bedingte Dermatosen	
Traumatisch bedingte Hauterkrankungen, Wunden und Wundheilung	
Hauterkrankungen mit Geschwulstbildung	
Verhornungsstörungen	
Erkrankungen der Hautanhangsgebilde	
Erkrankungen der Drüsen	
Veränderungen und Erkrankungen der Nägel	
Nagelveränderungen im Alter	
Therapiemöglichkeiten bei Erkrankungen der Haut und Nägel	

(Fortsetzung)

Tab. 5.18 (Fortsetzung)

Themen	Stunden
Orthopädie	
Auswirkungen von Statik und Krankheiten auf den Fuß	
Krankhafte Veränderungen der Körperhaltung, im Bereich des Beckens, des Oberschenkels und Unterschenkels	
Systemerkrankungen, Stoffwechselstörungen	
Missbildungen und Fehlbildungen, Fehlentwicklung des Kinderfußes	
Andere Ursachen	
Klassische Fußdeformitäten und Fußtypen	
Deformitäten an den Zehen, Vorfußdeformitäten	
Gelegenheitsursachen von Fußbeschwerden	
Formveränderungen, Auswüchse	
Haut- und Knochenveränderungen	
Zirkulationsstörungen	
Lokale Überlastungssyndrome	
Neurologische Erkrankungen, insbesondere Polyneuropathien und Lähmungen	
Verletzungen am Bewegungssystem, Wiederherstellung und Heilung	
Infektionen am Bewegungsapparat, Chirurgische Infektionen	
Fachbezogene Infektionskrankheiten	
Operationen am Fuß und Vorfuß	
Anforderungen an Schuhwerk, Schuhzurichtungen, Einlagen und orthopädische Schuhe	

(Fortsetzung)

Tab. 5.18 (Fortsetzung)

Themen	Stunden
Hygiene und Mikrobiologie	80
Geschichtlicher Überblick und Bedeutung einschließlich rechtlicher Vorschriften und Empfehlungen	
Allgemeine Hygiene und Umweltschutz	
Klima, Wasser, Boden, Luft	
Kleidung und Wohnung	
Persönliche Hygiene	
Hygiene, Ordnung und Abfallbeseitigung am Arbeitsplatz	
Grundlagen der Epidemiologie und Mikrobiologie	
Antisepsis, Desinfektion, Asepsis, Sterilisation, Autoclavierung, Entwesung, Methoden und praktische Durchführung	
Virologie, Bakteriologie, Mykologie und Parasitologie	
Verhütung und Bekämpfung von Infektionen	
Schutzimpfungen	
Erste Hilfe und Verbandtechnik	30
Allgemeines Verhalten bei Notfällen	
Erstversorgung von Verletzten	
Blutstillung und Wundversorgung	
Maßnahmen bei Stoffwechselentgleisungen, insbesondere bei Diabetikerinnen oder Diabetikern, Verhalten bei Schockzuständen und bei Wiederbelebung	
Versorgung von Knochenbrüchen, Verätzungen, Stromunfällen, Verbrennungen	
Transport von Verletzten	
Verhalten bei Arbeitsunfällen	
Verbandtechniken	
Prävention und Rehabilitation	30
Grundlagen und Bedeutung der Prävention	
Gesundheit und ihre Wechselbeziehungen	
Gesundheitsförderung, Gesundheitserziehung, Gesundheitsvorsorge, Früherkennung von Krankheiten	
Gesundheitsgerechtes Verhalten, Bedeutung der gesunden Ernährung, insbesondere bei Diabetes mellitus, Übergewicht und Gicht	
Grundlagen und Formen der Rehabilitation	
Rehabilitationsplanung und -durchführung im interdisziplinären Team	

(Fortsetzung)

Tab. 5.18 (Fortsetzung)

Themen	Stunden
Psychologie/Pädagogik/Soziologie	60
Psychologie	
Der Mensch in seiner psychosomatischen Einheit	
Die Podologin/der Podologe im Prozess der Patientenführung, Einführung in die Persönlichkeitspsychologie	
Psychologische Probleme spezieller Patientengruppen, insbesondere akut Erkrankter, chronisch Kranker und Kinder; psychische Besonderheiten kranker älterer Menschen und Behinderter	
Gesprächsführung, Supervision	
Grundlagen der Pädagogik	
Grundlagen der Soziologie und Gerontologie	
Arzneimittellehre, Material- und Warenkunde	120
Arzneimittellehre	
Allgemeine Grundlagen	
Grundlagen der Arzneimittelwirksamkeit von der Applikation bis zur Elimination	
Unerwünschte Arzneimittelwirkungen	
Arzneiformen und ihre Verabreichung	
Umgang mit Arzneimitteln und Hinweise bei der Anwendung	
Freiverkäufliche, apothekenpflichtige und verschreibungspflichtige Arzneimittel	
Arzneimittelgruppen einschließlich Phytotherapeutika	
Material- und Warenkunde	
Produkte und Hilfsstoffe sowie deren Einsatz bei der podologischen Behandlung	
Grund- und Inhaltsstoffe der Produkte einschließlich Herkunft und Gewinnung	
Industrielle Produkte	
Warengruppen	
Verkaufsberatung	

(Fortsetzung)

Tab. 5.18 (Fortsetzung)

Themen	Stunden
Theoretische Grundlagen der podologischen Behandlung	150
Historische Grundlagen	
Allgemeine Grundlagen	
Aufgaben der podologischen Behandlung	
Definitionen und Abgrenzungen von kosmetischer Fußpflege, häuslicher Fußpflege; Ausrüstung und Organisation von Hausbesuchen	
Anforderungen an die Podologin und den Podologen	
Anforderung an Räumlichkeiten, Ausstattung und Organisation	
Ärztliche Diagnose und Therapieplan	
Ausführung ärztlicher Anweisungen und Zusammenarbeit mit Ärztinnen oder Ärzten	
Podologischer Behandlungsplan	
Anamnese, podologische Befunderhebung, Behandlungsziel, Dokumentation	
Podologische Indikationen, Grenzfelder der podologischen Behandlung	
Pathologische Veränderungen oder Symptome von Krankheiten, die eine ärztliche Behandlung oder Mitbehandlung erfordern	
Risikokonstellationen für Fußschäden und Differenzierung	
Auswirkungen des Diabetischen Fußsyndroms	
Behandlungsplanung einschließlich Koordinierung der podologischen und ärztlichen Behandlung und Qualitätssicherung	
Präventive, therapeutische und rehabilitative podologische Behandlungsmaßnahmen sowie Patientenberatung	
Interdisziplinäre Zusammenarbeit mit anderen Berufsgruppen	
Arbeitsmethoden der podologischen Behandlung	
Manuelle Behandlungsmethoden, Instrumentenführung und Indikation	
Apparative Behandlungsmethoden	
Medikamentöse Behandlungsmaßnahmen	
Physikalische Behandlungsmaßnahmen	
Spezielle Verbandtechniken und Entlastungen	
Allgemeine Unfallverhütung, Arbeitsschutz	
Spezielle Gefahrenquellen und Verletzungen bei der Behandlung, Wundversorgung	
Verhalten beim Auftreten von Notfällen am Arbeitsplatz	

(Fortsetzung)

Tab. 5.18 (Fortsetzung)

Themen	Stunden
Fußpflegerische Maßnahmen	150
Vorbereitung der Behandlung einschließlich Hygienemaßnahmen	
Indikation und Kontraindikation verschiedener Behandlungsmaßnahmen	
Vorbereitung der Haut für die Behandlung	
Grundtechniken der pflegerischen Maßnahmen	
Arbeiten mit fußpflegerischen Instrumenten	
Apparative Maßnahmen	
Nagelschnitt	
Pflegerische Maßnahmen an Haut und Nägeln	
Beratung und Anleitung der Patientinnen oder Patienten zu vorbeugenden Maßnahmen zur Pflege und für die Erhaltung der Leistungsfähigkeit der Füße	
Maßnahmen am Ende der Behandlung	
Podologische Behandlungsmaßnahmen	400
Internistischer, orthopädischer und dermatologischer Befund; biomechanischer Befund	
Spezialtechniken unter Einbeziehung von manuellen, apparativen, medikamentösen und physikalischen Behandlungsmethoden	
Spezielle Behandlungsmaßnahmen bei	
Nagelveränderungen	
Hautveränderungen	
Fuß- und Zehenveränderungen	
traumatischen Veränderungen	
Zirkulationsstörungen	
neurologischen Störungen	
Entzündungen und Infektionen	
Störungen der Schweißdrüsenfunktion am Fuß	
Patienten mit Grunderkrankungen und Kontraindikationen	
Abgrenzung ärztlicher und podologischer Behandlungsmaßnahmen	
Behandlung von Risikopatientinnen oder Risikopatienten und Besonderheiten	
Behandlung von Veränderungen, die unmittelbar zu einer Erkrankung führen können	
Behandlung von Veränderungen, die bereits eine Erkrankung darstellen, nach ärztlicher Anordnung	
Behandlung von chronischen Wunden nach ärztlicher Anordnung	
Beratung der Patientinnen oder Patienten, auch über weitere ärztliche Kontrollen	
Besonderheiten im Krankenhaus, im Alten- und Pflegeheim sowie bei Hausbesuchen	

(Fortsetzung)

Tab. 5.18 (Fortsetzung)

Themen	Stunden
Physikalische Therapie im Rahmen der podologischen Behandlung	100
Allgemeine Grundlagen	
Massage an Fuß und Unterschenkel	
Indikationen und Kontraindikationen	
Grundlagen der Massage	
Behandlungsaufbau, Grundtechniken	
Indikationen und Kontraindikationen der Fußreflexzonenmassage	
Hydro- und Balneotherapie	
Indikationen und Kontraindikationen	
Arten und Anwendungsformen	
Elektrotherapie am Fuß	
Indikationen und Kontraindikationen	
Arten und Apparaturen	
Bewegungsübungen am Fuß	
Indikationen und Kontraindikationen	
Mobilisierungsübungen und Fußgymnastik bei Fehlstellungen und Deformitäten sowie Patientenanleitung	
Sonstige Verfahren	
Podologische Materialien und Hilfsmittel	200
Arten, Materialien, Eigenschaften, Indikationen und Kontraindikationen von	
Orthosen	
Nagelkorrekturspangen	
Nagelprothetik und Inlays	
Spezialverbänden	
Druckentlastungen und Reibungsschutz	
Herstellung und Bearbeitung von natürlichen und industriell gefertigten Materialien sowie praktische Übungen	
Zur freien Verfügung	100

Der mündliche Prüfungsteil umfasst die Fächer Theoretische Grundlagen der podologischen Behandlung, Spezielle Krankheitslehre, Arzneimittellehre/Material- und Warenkunde, Hygiene und Mikrobiologie. Die Prüflinge werden einzeln oder in Gruppen bis zu fünf geprüft, wobei die Prüfung für den einzelnen Prüfling in den Fächern Theoretische Grundlagen der podologischen Behandlung, Spezielle Krankheitslehre jeweils nicht länger als 15 Minuten und in den Fächern Arzneimittellehre/Material- und Warenkunde, Hygiene und Mikrobiologie jeweils nicht länger als 10 Minuten dauern soll (vgl. § 6 PodAPrV).

Der praktische Prüfungsteil umfasst die Fächer

- Podologische Behandlungsmaßnahmen, wobei der Prüfling unter Aufsicht an zwei Patientinnen oder Patienten nach vorheriger Befunderhebung eine podologische Behandlung durchzuführen, dabei sein Handeln zu erläutern und zu begründen sowie nachzuweisen hat, dass er seine Kenntnisse und Fertigkeiten am Patienten umsetzen kann;

- Podologische Materialien und Hilfsmittel, wobei der Prüfling hat im Rahmen einer podologischen Behandlung am Patienten jeweils mindestens eine Nagelkorrekturmaßnahme sowie mindestens eine orthotische Korrekturmaßnahme durchzuführen und dabei sein Handeln zu erläutern und zu begründen hat.

Die Prüfung soll für den einzelnen Prüfling im Fach Podologische Behandlungsmaßnahmen nicht länger als 120 Minuten sowie im Fach Podologische Materialien und Hilfsmittel nicht länger als 180 Minuten dauern und die Auswahl und die Zuweisung der Patientinnen oder Patienten erfolgt durch eine Fachprüferin oder einen Fachprüfer im Einvernehmen mit der Patientin oder dem Patienten und dem für die Patientin oder den Patienten verantwortlichen Fachpersonal (vgl. § 7 PodAPrV).

Über die Abschlussprüfung ist eine Niederschrift zu fertigen, aus der Gegenstand, Ablauf und Ergebnisse der Prüfung und etwa vorkommende Unregelmäßigkeiten hervorgehen (vgl. § 8 PodAPrV) und die Prüfung ist insgesamt bestanden, wenn jeder der vorgeschriebenen Prüfungsteile bestanden ist (vgl. § 10 PodAPrV).

5.3.16 Zahnmedizinischer Fachangestellter/Zahnmedizinische Fachangestellte

Zahnmedizinische Fachangestellte (ZFA) sind beispielsweise in Zahnarztpraxen, kieferorthopädischen, oral- und kieferchirurgischen Praxen sowie Zahnkliniken tätig. Sie sind im öffentlichen Gesundheitswesen, in der Dentalindustrie, bei Krankenkassen, Versicherungen und in Abrechnungszentren im Einsatz. Zu ihren Aufgaben gehören unter anderem Tätigkeiten in der Behandlungsassistenz, Prophylaxe, Praxisorganisation und -verwaltung sowie in der Abrechnung (vgl. Verband medizinischer Fachberufe 2013, S. 3).

Grundlage für den staatlich anerkannten Ausbildungsberuf zum/zur ZFA ist die Verordnung über die Berufsausbildung zum/zur Zahnmedizinischen Fachangestellten (ZahnmedAusbV) vom 4. Juli 2001 (BGBl. I S. 1492). Im Folgenden sind für die Ausbildung zum/zur Zahnmedizinischen Fachangestellten Auszüge aus der ZahnmedAusbV wiedergegeben.

Die **Ausbildungsdauer** beträgt drei Jahre (vgl. § 2 ZahnmedAusbV). Die **Ausbildungsinhalte** sind sachlich gegliedert in Tab. 5.19 wiedergegben.

Eine **Zwischenprüfung** ist zur Ermittlung des Ausbildungsstandes durchzuführen und soll vor dem Ende des zweiten Ausbildungsjahres stattfinden. Sie erstreckt sich auf die im Rahmenplan für die ersten 18 Monate aufgeführten Fertigkeiten und Kenntnisse sowie auf den im Berufsschulunterricht zu vermittelnden Lehrstoff, soweit er für die Berufsausbildung wesentlich ist und ist anhand praxisbezogener Aufgaben in höchstens 120 Minuten in den Prüfungsgebieten Durchführen von Hygienemaßnahmen, Hilfeleistungen bei Zwischenfällen und Unfällen, Assistenz bei konservierenden und chirurgischen Behandlungsmaßnahmen, Anwenden von Gebührenordnungen und Vertragsbestimmungen durchzuführen (vgl. § 7 ZahnmedAusbV).

Tab. 5.19 Inhalte des Ausbildungsrahmenplans für die Ausbildung zum/zur Zahnmedizinischen Fachangestellten (vgl. Anlage 1 ZahnmedAusbV)

Teil des Ausbildungsberufsbildes	Zu vermittelnde Fertigkeiten und Kenntnisse
Der Ausbildungsbetrieb	
	Stellung der Zahnarztpraxis im Gesundheitswesen
	Aufgaben und Grundlagen der Organisation des Gesundheitswesens erläutern
	die besonderen Aufgaben eines medizinischen Dienstleistungsberufes aufzeigen
	Position der Zahnarztpraxis und ihrer Beschäftigten im Gesellschafts- und Wirtschaftsgefüge aufzeigen
	Organisation, Aufgaben, Funktionsbereiche und Ausstattung des Ausbildungsbetriebes
	Struktur, Aufgaben und Funktionsbereiche des Ausbildungsbetriebes erläutern
	Geräte und Instrumente des ausbildenden Betriebes handhaben, pflegen und warten
	Fehler in der Funktionsweise von Geräten und Mängel an Instrumenten feststellen; Maßnahmen zu ihrer Beseitigung ergreifen
	Beziehungen des Ausbildungsbetriebes und seiner Beschäftigten zu Wirtschaftsorganisationen, Berufsvertretungen, Arbeitnehmervertretungen, Gewerkschaften und Verwaltungen nennen
	Gesetzliche und vertragliche Regelungen der zahnmedizinischen Versorgung
	rechtliche Grenzen für das selbständige Handeln beachten
	die ärztliche Schweigepflicht einhalten
	über grundlegende Elemente der Sozialgesetze informieren
	rechtliche und vertragliche Grundlagen von Behandlungsvereinbarungen bei gesetzlich Versicherten und Privatpatienten erläutern und beachten
	Berufsbildung, Arbeits- und Tarifrecht
	Bedeutung des Ausbildungsvertrages, insbesondere Abschluss, Rechte und Pflichten, Dauer und Beendigung, erklären
	Inhalte der Ausbildungsverordnung und den betrieblichen Ausbildungsplan erläutern
	die im Ausbildungsbetrieb geltenden Regelungen über Arbeitszeit, Vollmachten und Weisungsbefugnisse beachten
	wesentliche Bestimmungen der für den Ausbildungsbetrieb geltenden Tarifverträge nennen
	Fortbildung als Voraussetzung für berufliche und persönliche Entwicklung nutzen, berufsbezogene Fortbildungsmöglichkeiten ermitteln
	wesentliche Inhalte des Arbeitsvertrages nennen

(Fortsetzung)

Tab. 5.19 (Fortsetzung)

Teil des Ausbildungsberufsbildes	Zu vermittelnde Fertigkeiten und Kenntnisse
	Sicherheit und Gesundheitsschutz bei der Arbeit
	Gefährdung von Sicherheit und Gesundheit am Arbeitsplatz feststellen und Maßnahmen zu ihrer Vermeidung ergreifen
	berufsbezogene Arbeitsschutz- und Unfallverhütungsvorschriften anwenden
	Verhaltensweisen bei Unfällen beschreiben sowie erste Maßnahmen einleiten
	Vorschriften des vorbeugenden Brandschutzes anwenden; Verhaltensweisen bei Bränden beschreiben und Maßnahmen zur Brandbekämpfung ergreifen
	Umweltschutz: Zur Vermeidung betriebsbedingter Umweltbelastungen im beruflichen Einwirkungsbereich beitragen; insbesondere
	mögliche Umweltbelastungen durch den Ausbildungsbetrieb und seinen Beitrag zum Umweltschutz an Beispielen erklären
	für den Ausbildungsbetrieb geltende Regelungen des Umweltschutzes anwenden
	Möglichkeiten der wirtschaftlichen und umweltschonenden Energie- und Materialverwendung nutzen
	Abfälle vermeiden; Stoffe und Materialien einer umweltschonenden Entsorgung zuführen
Durchführen von Hygienemaßnahmen	
	Infektionskrankheiten
	übertragbare Krankheiten und deren Hauptsymptome beschreiben
	Infektionsquellen, Infektionswege und Infektionsgefahren in der Praxis erkennen
	Maßnahmen zur Vermeidung von Infektionen aufzeigen und entsprechende Schutzmaßnahmen, insbesondere Immunisierung, treffen

(Fortsetzung)

Tab. 5.19 (Fortsetzung)

Teil des Ausbildungsberufsbildes	Zu vermittelnde Fertigkeiten und Kenntnisse
Maßnahmen der Arbeits- und Praxishygiene	
	Bedeutung der Hygiene für Praxis, Arbeitsplatz und eigene Person erklären
	Arbeitsmittel für Hygienemaßnahmen unterscheiden und sachgerecht handhaben
	Maßnahmen der Hygienekette auf der Grundlage des Hygieneplanes der Praxis durchführen
	hygienische Vor- und Nachbereitung von Instrumenten und Geräten durchführen
	kontaminierte Materialien und Abfälle erfassen, sammeln, wiederaufbereiten und entsorgen
Arbeitsorganisation Qualitätsmanagement	
Arbeiten im Team	
	sich in das zahnärztliche Team integrieren, mit Mitarbeitern kooperieren und eigenverantwortlich handeln
	Arbeitsschritte systematisch planen, rationell gestalten und zielgerichtet organisieren
	Praxisabläufe effizient gestalten und mit organisieren
	zur Sicherung des praxisinternen Informationsflusses beitragen
Qualitäts- und Zeitmanagement	
	Bedeutung des Qualitätsmanagements für den Ausbildungsbetrieb an Beispielen erläutern
	Maßnahmen zur Qualitätssicherung im eigenen Verantwortungsbereich planen, durchführen und dokumentieren
	bei Maßnahmen zur Verbesserung der Qualität mitwirken
	behandlungskomplexorientierte und patientenspezifische Terminplanung durchführen
	Wiederbestellung organisieren
	bedarfsgerechte Terminplanung mit zahntechnischen Laboren koordinieren
	Terminplanung zur Praxisorganisation erstellen und überwachen, insbesondere zu vorgeschriebenen Prüf-, Überwachungs- und Informationsterminen

(Fortsetzung)

Tab. 5.19 (Fortsetzung)

Teil des Ausbildungsberufsbildes	Zu vermittelnde Fertigkeiten und Kenntnisse
Kommunikation, Information und Datenschutz	
Kommunikationsformen und -methoden	
	verbale und nonverbale Kommunikationsformen anwenden
	Gespräche personenorientiert und situationsgerecht führen
	Patienten und begleitende Personen über Praxisabläufe in Hinsicht auf Diagnostik, Behandlung, Wiederbestellung, Verwaltung und Abrechnung informieren und zur Kooperation motivieren
	zahnärztliche Beratungen und Anweisungen unterstützen
	fremdsprachige Fachbegriffe anwenden
Verhalten in Konfliktsituationen	
	Konflikte durch vorbeugendes Handeln vermeiden
	Konfliktsituationen erkennen und einschätzen
	durch situationsgerechtes Verhalten zur Lösung von Konfliktsituationen beitragen
Informations- und Kommunikationssysteme	
	Möglichkeiten der elektronischen Datenerfassung, -verarbeitung und des Datenaustausches nutzen
	Informations- und Kommunikationssysteme zur Bearbeitung unterschiedlicher Praxisvorgänge, insbesondere bei der Patientenaufnahme, der Patientenbetreuung, der Behandlungsassistenz, der Praxisorganisation und -verwaltung sowie der Abrechnung von Leistungen, anwenden
	Fehlerrisiken und Fehlerfolgen erkennen und einschätzen
	Informationen beschaffen und nutzen
	Fachliteratur und andere Informationsangebote nutzen
Datenschutz und Datensicherheit	
	Vorschriften und Regelungen zum Datenschutz im internen Praxisablauf und bei externen Kontakten anwenden
	Daten pflegen und sichern
	Datentransfer gesichert durchführen
	Dokumente und Behandlungsunterlagen sicher verwahren

(Fortsetzung)

Tab. 5.19 (Fortsetzung)

Teil des Ausbildungsberufsbildes	Zu vermittelnde Fertigkeiten und Kenntnisse
Patientenbetreuung	
	auf Situation und Verhaltensweise des Patienten eingehen
	Patienten unter Berücksichtigung ihrer Erwartungen und Wünsche vor, während und nach der Behandlung betreuen
	verantwortungsbewusst beim Aufbau einer Patientenbindung mitwirken
	Beschwerden von Patienten entgegennehmen und Lösungsmöglichkeiten anbieten
	Besonderheiten im Umgang mit speziellen Patientengruppen, insbesondere mit ängstlichen, behinderten, älteren und pflegebedürftigen Personen, Risikopatienten sowie Kindern beachten
Grundlagen der Prophylaxe	
	Ursachen und Entstehung von Karies und Parodontalerkrankungen erläutern
	Ziele der Individual- und Gruppenprophylaxe erläutern, bei der Gruppenprophylaxe mitwirken
	Patienten die Möglichkeiten der Karies- und Parodontalprophylaxe, insbesondere Mundhygiene, zahngesunde Ernährung und Fluoridierung, erklären und zur Mundhygiene motivieren
	Zahnbeläge sichtbar machen, dokumentieren und bei der Diagnostik von Zahnbelägen und Methoden der Kariesrisikobestimmung mitwirken
	Patienten über Zahnputztechniken instruieren, über geeignete Hilfsmittel zur Mundhygiene informieren und ihre Anwendung demonstrieren
	Mundhygiene von Patienten überwachen, insbesondere Zahnputzübungen durchführen, Plaquereduktion kontrollieren und Patienten remotivieren
	bei lokalen Fluoridierungsmaßnahmen mitwirken

(Fortsetzung)

Tab. 5.19 (Fortsetzung)

Teil des Ausbildungsberufsbildes	Zu vermittelnde Fertigkeiten und Kenntnisse	
Durchführen begleitender Maßnahmen bei der Diagnostik und Therapie unter Anleitung und Aufsicht des Zahnarztes		
	Assistenz bei der zahnärztlichen Behandlung	
		Gebräuchliche Fachbezeichnungen und Abkürzungen der zahnmedizinischen Terminologie sowie des Abrechnungswesens anwenden
		Untersuchung und Behandlung vorbereiten; bei Befundaufnahme und diagnostischen Maßnahmen mitwirken
		bei konservierenden und chirurgischen Behandlungsmaßnahmen assistieren, insbesondere Arzneimittel, Werkstoffe und Materialien vorbereiten und verarbeiten, Instrumente handhaben, instrumentieren und Behandlungsabläufe dokumentieren
		bei therapeutischen Maßnahmen von Mundschleimhauterkrankungen sowie Erkrankungen und Verletzungen des Gesichtsschädels assistieren, Behandlungsabläufe dokumentieren
		bei parodontologischen Behandlungsmaßnahmen assistieren, insbesondere Arzneimittel, Werkstoffe und Materialien vorbereiten und verarbeiten, Instrumente handhaben, instrumentieren und Behandlungsabläufe dokumentieren
		bei präventiven und therapeutischen Maßnahmen von Zahnstellungs- und Kieferanomalien assistieren
		bei prothetischen Behandlungsmaßnahmen assistieren, insbesondere Arzneimittel, Werkstoffe und Materialien vorbereiten und verarbeiten, Instrumente und Geräte handhaben, instrumentieren und Behandlungsabläufe dokumentieren
		bei Abformungen assistieren; Planungs- und Situationsmodelle, Hilfsmittel zur Abformung und Bissnahme herstellen
		erwünschte und unerwünschte Wirkungen von Arzneimitteln, Werkstoffen und Materialien beachten; Verordnung von Arzneimitteln vorbereiten und Arzneimittel auf Anweisung abgeben
	Röntgen und Strahlenschutz	
		Funktionsweise von Röntgengeräten in der ausbildenden Praxis erklären
		physikalisch-technische Grundlagen der Erzeugung von Röntgenstrahlen und die biologischen Wirkungen von ionisierenden Strahlen erklären
		Maßnahmen des Strahlenschutzes für Patienten und Personal durchführen
		intra- und extraorale Aufnahmetechniken nach Anweisung und unter Aufsicht des Zahnarztes anwenden
		Befragungs-, Aufzeichnung-, Belehrungs-, Kontroll- und Dokumentationspflichten beachten; entsprechende Maßnahmen durchführen
		Film- und Bildverarbeitung durchführen
		bei Maßnahmen zur Fehleranalyse und Qualitätssicherung mitwirken

(Fortsetzung)

Tab. 5.19 (Fortsetzung)

Teil des Ausbildungsberufsbildes	Zu vermittelnde Fertigkeiten und Kenntnisse
Hilfeleistungen bei Zwischenfällen und Unfällen	
	Maßnahmen zur Vermeidung von Not- und Zwischenfällen ergreifen
	Symptome bedrohlicher Zustände, insbesondere bei Schock, Atem- und Kreislaufstillstand, Bewusstlosigkeit, starken Blutungen und Allergien, erkennen und Maßnahmen einleiten
	bei Maßnahmen des Zahnarztes bei Zwischenfällen mitwirken
	Dokumentation auf Anweisung durchführen
	Erste Hilfsmaßnahmen bei Unfällen, insbesondere bei Unfällen mit Infektionspotential, einleiten und durchführen
	Rettungsdienst alarmieren
Praxisorganisation und -verwaltung	
Praxisabläufe	
	Ablagesysteme einrichten, Registratur- und Archivierungsarbeiten unter Berücksichtigung von Aufbewahrungsfristen durchführen
	bei der Organisation des zahnärztlichen Notfalldienstes in der Praxis mitwirken
	Ablauf der Abrechnung organisieren
Verwaltungsarbeiten	
	Patientendaten erfassen und verarbeiten
	Posteingang und -ausgang bearbeiten
	Schriftverkehr durchführen
	Vordrucke und Formulare bearbeiten
	Dokumentationspflichten zu Rechtsverordnungen umsetzen
Rechnungswesen	
	Zahlungsvorgänge abwickeln
	Zahlungseingänge und -ausgänge erfassen und kontrollieren, betriebliches Mahnwesen durchführen
	gerichtliches Mahnverfahren einleiten
Materialbeschaffung und -verwaltung	
	Bedarf für den Einkauf von Waren, Arzneimitteln, Werkstoffen und Materialien ermitteln, bei der Beschaffung mitwirken, Bestellungen aufgeben
	Wareneingang und -ausgang unter Berücksichtigung des Kaufvertragsrechts prüfen
	Materialien, Werkstoffe und Arzneimittel sachgerecht lagern und überwachen

(Fortsetzung)

Tab. 5.19 (Fortsetzung)

Teil des Ausbildungsberufsbildes	Zu vermittelnde Fertigkeiten und Kenntnisse
Abrechnung von Leistungen	
	Gebührenordnungen und Vertragsbestimmungen anwenden
	Heil- und Kostenpläne auf Grundlage vorgegebener Therapiepläne erstellen; über Kostenzusammensetzung informieren
	erbrachte Leistungen für die gesetzlichen Krankenversicherungen und sonstigen Kostenträger erfassen, die Abrechnung erstellen und weiterleiten
	Vorschriften der Sozialgesetzgebung anwenden
	Privatliquidationen erstellen
	zahntechnische Material- und Laborrechnungen überprüfen

Die **Abschlussprüfung** besteht zunächst aus einem schriftlichen Teil mit folgenden Anforderungsbereichen:

- Behandlungsassistenz (zeitlicher Höchstwert 150 Minuten): Hier soll der Prüfling praxisbezogene Aufgaben bearbeiten und zeigen, dass er bei der Diagnostik und Therapie Arbeitsabläufe planen und die Durchführung der Behandlungsassistenz beschreiben kann, gesetzliche und vertragliche Regelungen der zahnmedizinischen Versorgung, Sicherheit und Gesundheitsschutz bei der Arbeit, Umweltschutz sowie Maßnahmen der Praxishygiene berücksichtigen kann, nachweisen, dass er fachliche und wirtschaftliche Zusammenhänge verstehen, Sachverhalte analysieren sowie Lösungsmöglichkeiten entwickeln und darstellen kann, insbesondere in den Gebieten Arbeitsorganisation/qualitätssichernde Maßnahmen, Kommunikation/Information und Patientenbetreuung, Grundlagen der Prophylaxe, Arzneimittel/Werkstoffe/Materialien/Instrumente, Dokumentation, Diagnose- und Therapiegeräte, Röntgen und Strahlenschutz, Hilfeleistungen bei Zwischenfällen und Unfällen.
- Praxisorganisation und -verwaltung (zeitlicher Höchstwert 60 Minuten): Hier soll der Prüfling praxisbezogene Aufgaben bearbeiten und zeigen, dass er Praxisabläufe gestalten, den Arbeitsablauf systematisch planen und im Zusammenhang mit anderen Arbeitsbereichen darstellen kann, Sicherheit und Gesundheitsschutz bei der Arbeit, Umweltschutz, Maßnahmen der Qualitätssicherung sowie Informations- und Kommunikationsmöglichkeiten berücksichtigen kann, insbesondere in den Gebieten Gesetzliche und vertragliche Regelungen der zahnmedizinischen Versorgung, Arbeiten im Team, Kommunikation/Information und Datenschutz, Patientenbetreuung, Verwaltungsarbeiten, Zahlungsverkehr, Materialbeschaffung und -verwaltung, Dokumentation, Abrechnung von Leistungen.
- Abrechnungswesen (zeitlicher Höchstwert 90 Minuten): Hier soll der Prüfling praxisbezogene Aufgaben bearbeiten und zeigen, dass er Leistungen unter Berücksichtigung von abrechnungsbezogenen Vorschriften für privat und gesetzlich versicherte Patienten abrechnen kann und dabei fachliche Zusammenhänge zwischen Verwaltungsarbei-

ten, Arbeitsorganisation und Behandlungsassistenz versteht, insbesondere in den Gebieten Gebührenordnungen und Vertragsbestimmungen, Heil- und Kostenpläne, Vorschriften der Sozialgesetzgebung, Anwendung von Informations- und Kommunikationssystemen, Datenschutz und Datensicherheit, Patientenbetreuung, Behandlungsdokumentation.

- Wirtschafts- und Sozialkunde (zeitlicher Höchstwert 60 Minuten): Hier soll der Prüfling praxisbezogene Aufgaben aus der Berufs- und Arbeitswelt bearbeiten und zeigen, dass er allgemeine wirtschaftliche und gesellschaftliche Zusammenhänge darstellen kann.

Im praktischen Teil der Prüfung soll der Prüfling

- zeigen, dass er Patienten vor, während und auch nach der Behandlung betreuen, Patienten über Behandlungsabläufe und über Möglichkeiten der Prophylaxe informieren und zur Kooperation motivieren kann;
- nachweisen, dass er Behandlungsabläufe organisieren, Verwaltungsarbeiten durchführen sowie bei der Behandlung assistieren kann;
- zeigen, dass er dabei Sicherheit und Gesundheitsschutz bei der Arbeit, Belange des Umweltschutzes und Hygienevorschriften berücksichtigt;
- in höchstens 60 Minuten eine komplexe Prüfungsaufgabe insbesondere aus den Bereichen Patientengespräche personenorientiert und situationsgerecht führen, Prophylaxemaßnahmen demonstrieren oder bearbeiten, Materialien, Werkstoffe und Arzneimittel vorbereiten und verarbeiten, den Einsatz von Geräten und Instrumenten demonstrieren, und in einem höchstens 30 Minuten dauernden Prüfungsgespräch erläutern, dabei praxisbezogene Arbeitsabläufe simulieren, demonstrieren, dokumentieren und präsentieren.

Die Abschlussprüfung ist insgesamt bestanden, wenn jeweils im praktischen und im schriftlichen Teil der Prüfung sowie innerhalb des schriftlichen Teils der Prüfung in mindestens drei Bereichen mindestens ausreichende Prüfungsleistungen erbracht sind (vgl. § 8 ZahnmedAusbV).

Literatur

Ausbildungs- und Prüfungsverordnung für Diätassistentinnen und Diätassistenten (DiätAss-APrV). (1994). Vom 1. August 1994 (BGBl. I S. 2088), zuletzt durch Artikel 24 des Gesetzes vom 18. April 2016 (BGBl. I S. 886) geändert.
Ausbildungs- und Prüfungsordnung für Logopäden (LogAPrO). (1980). Vom 1. Oktober 1980 (BGBl. I S. 1892), zuletzt durch Artikel 17 des Gesetzes vom 18. April 2016 (BGBl. I S. 886) geändert.
Ausbildungs- und Prüfungsverordnung für Masseure und medizinische Bademeister. (1994). (MB-APrV) (Artikel 1 der Verordnung über die Ausbildung und Prüfung von Masseuren und medizinischen Bademeistern und zur Änderung verschiedener Ausbildungs- und Prüfungsverordnun-

gen betreffend andere Heilberufe) vom 6. Dezember 1994 (BGBl. I S. 3770), zuletzt durch Artikel 26 des Gesetzes vom 18. April 2016 (BGBl. I S. 886) geändert.

Ausbildungs- und Prüfungsverordnung für Orthoptistinnen und Orthoptisten (OrthoptAPrV). (1990). Vom 21. März 1990 (BGBl. I S. 563), zuletzt durch Artikel 20 des Gesetzes vom 18. April 2016 (BGBl. I S. 886) geändert.

Ausbildungs- und Prüfungsverordnung für Physiotherapeuten (PhysTh-APrV). (1994). Vom 6. Dezember 1994 (BGBl. I S. 3786), zuletzt durch Artikel 27 des Gesetzes vom 18. April 2016 (BGBl. I S. 886) geändert.

Ausbildungs- und Prüfungsverordnung für Podologinnen und Podologen (PodAPrV). (2001). Vom 18. Dezember 2001 (BGBl. 2002 I S. 12), zuletzt durch Artikel 29 des Gesetzes vom 18. April 2016 (BGBl. I S. 886) geändert.

Ausbildungs- und Prüfungsverordnung für technische Assistenten in der Medizin (MTA-APrV). (1994). Vom 25. April 1994 (BGBl. I S. 922), zuletzt durch Artikel 6 der Verordnung vom 29. November 2018 (BGBl. I S. 2034) geändert.

Bayerische Landeszahnärztekammer. (Hrsg.). (2019). Abschlussprüfung für Zahnmedizinische Fachangestellte Abrechnungswesen/Privatliquidation – Muster/Beispiele zur Aufgabenstellung ab der Sommerabschlussprüfung 2018. München. https://www.blzk.de/blzk/site.nsf/gfx/abrechnungswesen_privatliquidation_musteraufgabe.pdf/$file/abrechnungswesen_privatliquidation_musteraufgabe.pdf. Zugegriffen am 19.01.2019.

Berufsbildungsgesetz (BBiG). (2005). vom 23. März 2005 (BGBl. I S. 931), zuletzt durch Artikel 14 des Gesetzes vom 17. Juli 2017 (BGBl. I S. 2581) geändert.

Berufsverband Orthoptik Deutschland e. V. – BOD. (Hrsg.). (2019). Die Orthoptistin/der Orthoptist: Ein Fachberuf im Gesundheitswesen stellt sich vor! Reutlingen. https://www.orthoptik.de/10.html?&fsize=0%252527. Zugegriffen am 10.02.2019.

Bundesärztekammer. (Hrsg.). (2006). Musterprüfungsordnung der Bundesärztekammer für die Durchführung von Abschlussprüfungen im Ausbildungsberuf des/der Medizinischen Fachangestellten. Berlin.

Bundesinstitut für Berufsbildung – BIBB. (Hrsg.). (2018). Ausgestaltung der Berufsausbildung und Handeln des Bildungspersonals an den Lernorten des dualen Systems – Ergebnisse betrieblicher Fallstudien. Endbericht. Bonn.

Bundesministerium für Wirtschaft und Energie. (Hrsg.). (2019). Kaufmann/-frau im Gesundheitswesen. Berlin. http://www.bmwi.de/Redaktion/DE/Artikel/Berufsbilder/kaufmann-im-gesundheitswesen.html. Zugegriffen am 27.01.2019.

Bundesverband für Ergotherapeuten in Deutschland e. V. – BED. (Hrsg.). (2019). Tätigkeitbeschreibung. Mettlach. http://www.bed-ev.de/artikel/artikel.aspx?id=41. Zugegriffen am 26.01.2019.

Dachverband für Technologen/-innen und Analytiker/-innen in der Medizin Deutschland e. V. – DVTA. (Hrsg.). (2019a). MTAF – Medizinisch-technische Assistentinnen für Funktionsdiagnostik. Hamburg. http://dvta.de/mta-werden/mtaf-medizinisch-technische-assistentinnen-fuer-funktionsdiagnostik. Zugegriffen am 09.02.2019.

Dachverband für Technologen/-innen und Analytiker/-innen in der Medizin Deutschland e. V. – DVTA. (Hrsg.). (2019b). MTLA – Medizinisch-technische Laboratoriumsassistentinnen. Hamburg. http://dvta.de/mta-werden/mtla-medizinisch-technische-laboratoriumsassistentinnen. Zugegriffen am 10.02.2019.

Dachverband für Technologen/-innen und Analytiker/-innen in der Medizin Deutschland e. V. – DVTA. (Hrsg.). (2019c). MTRA – Medizinisch-technische Radiologieassistentinnen. Hamburg. http://dvta.de/mta-werden/mtra-medizinisch-technische-radiologieassistentinnen. Zugegriffen am 10.02.2019.

Deutsche Gesellschaft für das Badewesen e. V. (Hrsg.). (2019). Bademeister war gestern – Informationen zum/zur Fachangestellten für Bäderbetriebe. Informationsflyer. Essen.

Deutscher Bundesverband für Logopädie e. V. – dbl. (Hrsg.). (2019). Unsere Mitglieder. Frechen. https://www.dbl-ev.de/der-dbl/der-verband/unsere-mitglieder.html. Zugegriffen am 27.01.2019.

Deutscher Verband für Dokumentation und Informationsmanagement in der Medizin e. V. – DVMD. (Hrsg.). (2019). FAMI bieten kompetente Unterstützung bei Ihren klinischen Studien. Informationsflyer. Hirschberg.

Diätassistentengesetz (DiätAssG). (1994). Vom 8. März 1994 (BGBl. I S. 446), zuletzt durch Artikel 23 des Gesetzes vom 18. April 2016 (BGBl. I S. 886) geändert.

Ergotherapeuten-Ausbildungs- und Prüfungsverordnung (ErgThAPrV). (2016). Zuletzt durch Artikel 15 des Gesetzes vom 18. April 2016 (BGBl. I S. 886) geändert.

Ergotherapeutengesetz (ErgThG). (1976). Vom 25. Mai 1976 (BGBl. I S. 1246), zuletzt durch Artikel 17a des Gesetzes vom 23. Dezember 2016 (BGBl. I S. 3191) geändert.

Landesärztekammer Hessen. (Hrsg.). (2012). Muster-Ausbildungsplan für die Ausbildungsstätte im Ausbildungsberuf Medizinische/r Fachangestellte/r. Stand: September 2012. Frankfurt a.M.

Logopädengesetz (LogopG). (1980). Vom 7. Mai 1980 (BGBl. I S. 529), zuletzt durch Artikel 17c des Gesetzes vom 23. Dezember 2016 (BGBl. I S. 3191) geändert.

Masseur- und Physiotherapeutengesetz (MPhG). (1994). Vom 26. Mai 1994 (BGBl. I S. 1084), zuletzt durch Artikel 17d des Gesetzes vom 23. Dezember 2016 (BGBl. I S. 3191) geändert.

MTA-Gesetz. (1993). Vom 2. August 1993 (BGBl. I S. 1402), zuletzt durch Artikel 21 des Gesetzes vom 18. April 2016 (BGBl. I S. 886) geändert.

Orthoptistengesetz (OrthoptG). (1989). Vom 28. November 1989 (BGBl. I S. 2061), zuletzt durch Artikel 19 des Gesetzes vom 18. April 2016 (BGBl. I S. 886) geändert.

Pflegeberufegesetz (PflBG). (2017). Vom 17. Juli 2017 (BGBl. I S. 2581).

Pflegeberufe-Ausbildungs- und -Prüfungsverordnung (PflAPrV). (2018). Vom 2. Oktober 2018 (BGBl. I S. 1572).

Podologengesetz (PodG). (2001). Vom 4. Dezember 2001 (BGBl. I S. 3320), zuletzt durch Artikel 28 des Gesetzes vom 18. April 2016 (BGBl. I S. 886) geändert.

Ständige Konferenz der Kultusminister und -senatoren der Länder – KMK. (Hrsg.). (2005). Rahmenlehrplan für den Ausbildungsberuf Medizinischer Fachangestellter/Medizinische Fachangestellte. Beschluss der Kultusministerkonferenz vom 18.11.2005. Berlin.

Verband der Diätassistenten e. V. – VDD. (Hrsg.). (2019). Aufgaben und Kompetenzen von Diätassistenten. Essen. http://www.vdd.de/diaetassistenten/aufgabenundkompetenzen/. Zugegriffen am 21.01.2019.

Verband Deutscher Podologen e. V. – VDP. (Hrsg.). (2019). Der Beruf – Tätigkeit eines Podologen. Reutlingen. http://www.verband-deutscher-podologen.de/taetigkeit-podologen/. Zugegriffen am 16.02.2019.

Verband medizinischer Fachberufe e. V. – VMF. (Hrsg.). (2019). Berufsordnung für Medizinische Fachangestellte. Informationsflyer. Bochum.

Verband medizinischer Fachberufe e. V. – VMF. (Hrsg.). (2013). Berufswunsch Zahnmedizinische/r Fachangestellte/r. Informationsflyer. Stand Juli 2013. Bochum.

Verband Physikalische Therapie – Vereinigung für die physiotherapeutischen Berufe e. V. – VPT. (Hrsg.). (2010a). Masseur(in) und Medizinische(r) Bademeister(in) – Ein umfassender Überblick zu Berufsinhalten, Ausbildungsfragen, Einsatzbereichen und Perspektiven. Informationsbroschüre. Stand: April 2010. Hamburg.

Verband Physikalische Therapie – Vereinigung für die physiotherapeutischen Berufe e. V. – VPT. (Hrsg.). (2010b). Physiotherapeut/in – Ein umfassender Überblick zu Berufsinhalten, Ausbildungsfragen, Einsatzbereichen und Perspektiven. Informationsbroschüre. Stand: April 2010. Hamburg.

Verordnung über die Berufsausbildung für Kaufleute in den Dienstleistungsbereichen Gesundheitswesen sowie Veranstaltungswirtschaft (KflDiAusbV). (2001). Vom 25. Juni 2001 (BGBl. I
S. 1262, 1878), zuletzt durch Artikel 6 des Gesetzes vom 24. Mai 2016 (BGBl. I S. 1190) geändert.

Verordnung über die Berufsausbildung zum Fachangestellten für Medien- und Informationsdienste/
zur Fachangestellten für Medien- und Informationsdienste (MedInfoFAngAusbV). (1998). Vom
3. Juni 1998 (BGBl. I S. 1257, 2426), zuletzt durch Artikel 1 der Verordnung vom 15. März 2000
(BGBl. I S. 222) geändert.

Verordnung über die Berufsausbildung zum Medizinischen Fachangestellten/zur Medizinischen
Fachangestellten (MedFAngAusbV). (2006). Vom 26. April 2006 (BGBl. I S. 1097).

Verordnung über die Berufsausbildung zum/zur Fachangestellten für Bäderbetriebe. (1997). Vom
26. März 1997 (BGBl. I S. 740).

Verordnung über die Berufsausbildung zum Zahnmedizinischen Fachangestellten/zur Zahnmedizinischen Fachangestellten (ZahnmedAusbV). (2001). Vom 4. Juli 2001 (BGBl. I S. 1492).

Ausbildungsorganisation und -methoden 6

6.1 Organisatorische und methodische Grundlagen

Die Ausbildung in den Gesundheitsberufen ist mehr als lediglich eine rein fachliche Qualifizierung. In der Organisation und **Didaktik** der Ausbildung sind die Lehr- und Lernprozesse so zu gestalten und zu strukturieren, dass sich neben der fachlichen Qualifizierung auch eine berufliche Mündigkeit bei den Auszubildenden entwickeln kann, die sie in ihrem Berufsleben nicht nur in die Lage versetzt, den Leistungsansprüchen gerecht zu werden, sondern auch deren Zustandekommen im Sinne einer Patientenorientierung kritisch zu hinterfragen, sich an der Anwendung und Gestaltung medizinischer und pflegerischer Technik beteiligen, die eigene berufliche Situation reflektieren sowie rational denken und handeln zu können (vgl. Arnold und Münk 2006, S. 15).

Die jeweiligen Ausbildungsordnungen beschreiben die Ausbildungsinhalte in ihren Rahmenplänen sachlich und zeitlich gegliedert. Sie legen beispielsweise jedoch nicht fest, wie die Ausbildung in den einzelnen Gesundheitsbetrieben geplant, organisiert und umgesetzt wird, welche Ausbilder und Ausbilderinnen mit welchen Aufgaben befasst sind, welche Ausbildungsmethoden genutzt und in welchem Maße digitale Medien zur Unterstützung der Ausbildung eingesetzt werden.

Grundsätzlich lässt sich festhalten, dass eine hohe Wertschätzung des dualen Systems der Berufsausbildung und eine positive Grundhaltung, die sich auch in der ausdrücklichen Anerkennung der Leistungen der betrieblichen Ausbilder/-innen und auch der Auszubildenden in den Gesundheitsbetrieben niederschlägt, als wesentliche Voraussetzung für eine hohe Qualität der gesundheitsbetrieblichen Ausbildung erscheinen.

Hinsichtlich der **Ausbildungsorganisation** ist festzuhalten, dass in den meisten Fällen die Ausbildung voll in die betrieblichen Arbeitsprozesse und Abläufe integriert ist, durch begleitende externe Kurse oder internen Unterricht unterstützt wird und gelegentlich in eigenen Ausbildungszentren stattfindet, was in der Regel von der Größe des Gesundheitsbetriebs abhängig ist.

Die Ausbildungsleitung befasst sich mit der Planung, Organisation und Koordinierung der Ausbildung, sowie der Anleitung und Förderung der Ausbilder/-innen, die nur in größeren Gesundheitseinrichtungen hauptberuflich tätig sind. Üblicherweise nehmen sie zusätzliche Aufgaben wahr und gehen als ausbildende Fachkräfte vorrangig ihren beruflichen Behandlungs- und Pflegeaufgaben nach. Bei ihnen steht in der Regel die berufliche Qualifikation im Vordergrund und weniger die pädagogische Qualifizierung.

Die **Ausbildungskontrolle** mit der Überwachung des Ausbildungsverlaufs, des Lernfortschritts und der Kompetenzentwicklung der Auszubildenden ist ein wichtiger Aspekt der Sicherung der gesundheitsbetrieblichen Ausbildungsqualität. Wesentliche Instrumente zur Kontrolle, ob die Ausbildung planmäßig erfolgt und Lernfortschritte erfolgen, sind dabei die Ausbildungsnachweise, regelmäßige Reflektionsgespräche und Überprüfungen des Ausbildungsstandes.

Der Austausch zwischen den zentralen Ausbildungspartnern im dualen System, den Berufs- und Fachschulen und den ausbildenden Gesundheitsbetrieben, hängt in starkem Maße von der Initiative und dem Engagement der jeweils Beteiligten ab. Länderspezifische, per Schulgesetz geregelte **Lernortkooperationen**, die Kommunikation und Kooperation beispielsweise durch regelmäßig organisierte Zusammenkünfte unterstützen, tragen zu einer Verbesserung des Austausches bei.

Die Weiterbildung und der Erfahrungsaustausch der Ausbilder und Ausbilderinnen erfolgt in der Regel durch Seminarbesuche und einen organisierten Erfahrungsaustausch im Gesundheitsbetrieb. Im Vordergrund steht dabei vor allem die fachliche Expertise und langjährige **Ausbildungserfahrung** des Ausbildungspersonals, die zur Kompetenzentwicklung aller Ausbildungskräfte und zur Optimierung der Ausbildungsqualität genutzt wird (vgl. Bundesinstitut für Berufsbildung 2018, S. III ff.).

In den Gesundheitsbetrieben kommen in der Regel unterschiedliche **Ausbildungsmethoden** zum Einsatz (vgl. Tab. 6.1). Dabei ist seit vielen Jahren insbesondere das Konzept der Handlungsorientierung und darauf bezogene Ideen, Empfehlungen und Maßnahmen in der Kultusverwaltung, in der beruflichen Bildung und in der Fachliteratur weit verbreitet (vgl. Czycholl und Ebner 2006, S. 44). Sie lässt sich allgemein als konzeptionelle Grundausrichtung des Unterrichts beschreiben, bei der unter Berücksichtigung verschiedener Planungs-, Gestaltungs- und Zieldimensionen unterschiedlichste Methoden bzw. methodische Teilkomponenten einfließen können, für die Auszubildenden neben fachbezogenen Qualifikationen auch überfachliche, so genannte Schlüsselqualifikationen erwerbbar sind und bei dem im Zentrum eines berufskompetenten Handelns ein sich selbst bestimmendes Individuum steht, das reflektiert, eigenverantwortlich und gemeinschaftsorientiert handelt und bereit ist, sich weiterzuentwickeln (vgl. Riedl 2011, S. 185).

Tab. 6.1 Beispiele für Methoden der handlungsorientierten Ausbildung (vgl. Bundesinstitut für Berufsbildung 2019, S. 1)

Methode	Beschreibung	Erläuterung
Kurzvortrag	Erstellung von Vortragsmaterialien (Präsentationen, Bilder, Tabellen etc.); zielgruppenorientierte Aufbereitung der zu vermittelnden Informationen (Praxisbeispiele); klare Gliederung des Vortrags (Einleitung, Hauptteil, Schluss); Benennung des Vortragsthemas; Begründung bzw. gemeinsame Erarbeitung der Wichtigkeit des Vortragsthemas; Definition des Lernziels; Erfragung von Vorkenntnissen; Abgleich mit Berufsschulinhalten; Zulassen von Zwischenfragen; Überprüfung der Erfassung der Vortragsinhalte; aktive Beteiligung der Auszubildenden; klare Botschaften und Formulierungen; bei Kurzvortrag durch Auszubildende Vorgaben hinsichtlich Umfang machen, Recherchemöglichkeiten geben, Vorbereitungszeit einräumen etc.	Vortragsmethode, die sich vor allem für die Einführung in neue und noch unbekannte Themen bei mindestens zwei Auszubildenden eignet, wobei der Vortrag durch eine konkrete Aufgabenstellung auch von den Auszubildenden selbst erarbeitet werden kann.
Leittext	Ausbildendenaufgaben: Leittexterstellung (Arbeitsaufgabe planen und strukturieren, Wissen und Kompetenzen zuordnen, Informationsmaterial bereitstellen, Leitfragen formulieren); Lösungsbegleitung (Planung kontrollieren, Hilfestellungen geben, Leistung bewerten etc.); Auszubildendenaufgaben (selbstständig): Informieren über Aufgabenstellung und Begleitmaterialien; Planung (Leitfragen schriftlich beantworten, Vorgehensweise/Problemlösung planen, Arbeitsabläufe organisieren, benötigte Arbeitsmittel festlegen, messbare Erfolgsziele definieren, Arbeitsplan erstellen); Entscheidung (Planungsabstimmung mit Ausbilder/-in, Vorgehensweise festlegen); Durchführung (Problemlösung selbstständig bearbeiten); Kontrolle (Selbsteinschätzung vornehmen, Verbesserungsmöglichkeiten suchen); Auswertung.	An selbstständiger Lösung von Arbeitsaufgaben orientierte Methode, bei der die Ausbildenden vor allem begleitende Aufgaben übernehmen und, die sich besonders in kleinen Gesundheitsbetrieben für Arbeitsprozesse eignet, welche häufig bearbeitet werden müssen und daher bedeutsam sind.

(Fortsetzung)

Tab. 6.1 (Fortsetzung)

Methode	Beschreibung	Erläuterung
Lehrgespräch	Benennung des Themas; Begründung bzw. gemeinsame Erarbeitung der Wichtigkeit des Themas; Definition des Lernziels; Erfragung von Vorkenntnissen; Abgleich mit Berufsschulinhalten; Themabearbeitung im gemeinsamen Gespräch; Zusammenfassung; Anwendung durch Auszubildende.	Kurze und zielführende Dialog-Methode, die sich für kleinere, zeitlich begrenzte Aufgabenstellungen eignet und so gestaltet sein sollte, dass den Auszubildenden die Möglichkeit zur Anwendung des Besprochenen gegeben wird.
Lernbogen	Einsatz standardisierter Lernbögen festlegen; Mitarbeit der Auszubildenden an betrieblichen Aufträgen unter Beobachtung von Arbeitsabläufen und Befragung von Fachkräften; Notiz der Beobachtungen im Lernbogen; Auswertungen der Beobachtungen in einem Fachgespräch; Nutzung der Lernbögen als Nachschlagewerk für die Auszubildenden.	Anleitungsmethode zur Einbringung der fachlichen Inhalte durch die Arbeitspraxis, mit der Arbeitsabläufe und Begründungen selbst erarbeitet werden können, wobei die Lernbögen als standardisierte Form von Leittexten die sonst notwendigen Unterweisungen ersetzen.
Projekt	Benennung des Projektthemas; Benennung des Projektteams; Begründung bzw. gemeinsame Erarbeitung der Wichtigkeit des Projektthemas; Definition des Projektziels; Strukturierung des Projekts; Festlegung von Projektstart, Meilensteinen, und Projektende; Präsentation der Ergebnisse; Auswertung des Projekts; Wiederverwendung des Projektthemas in aktualisierter Form.	An selbstständiger Lösung von Aufgaben- und Problemstellungen orientierte Methode, die sich hinsichtlich Lernerfolg, Motivation und Kompetenzentwicklung vor allem für mehrere Auszubildende und komplexere Aufgabenstellungen eignet, welche sachlich und zeitlich begrenzt sind und in einem Team gelöst werden können.
Vier-Stufen (Vormachen/Nachmachen)	Stufe 1: Vorbereitung (Arbeitsmittelbereitstellung, Lernzielnennung, Klärung der Vorkenntnisse, Erklärung der Vorbereitungsmaßnahmen etc.); Stufe 2: Vormachen (Erklären, Wiederholung wesentlicher Teilschritte etc.); Stufe 3: Nachmachen (Erklärung einfordern, Verständniskontrolle, Fehlerkorrektur, Wiederholung, Bestätigung etc.); Stufe 4: Übung (Selbstständigkeit, Beobachtung, Hilfestellung, Fehlerfreiheit etc.).	Ausbilderzentrierte, durch den Ausbilder/die Ausbilderin gesteuerte Methode, bei der sie einzelne Arbeitsschritte vormachen, die die Auszubildenden dann genauso nachmachen sollen.

Am häufigsten wird sicherlich in der betrieblichen Praxis die an der Vier-Stufen-Methode orientierte Anleitung und Unterweisung der Auszubildenden durch die ausbildenden Fachkräfte durch Vormachen, Erklären und Übenlassen angewendet. Die Auszubildenden werden dabei an ohnehin anfallende Arbeitsaufgaben herangeführt, die sich unmittelbar aus der Tätigkeit der die Auszubildenden anleitenden Fachkräfte ergeben. Die Auszubildenden sehen zunächst den ausbildenden Fachkräften bei deren Arbeit zu und führen dann selbst die Aufgaben durch, deren Schwierigkeit und Komplexität im Laufe der Ausbildung zunehmen.

Während ferner bei den herkömmlichen Ausbildungsmethoden das Lehrgespräch im Vordergrund steht, werden Methoden wie Leittexte, Projektarbeit oder Präsentationen eher selten angewendet (vgl. Bundesinstitut für Berufsbildung 2018, S. III ff.). Von größerer Bedeutung sind hingegen speziellere methodische Ansätze beispielsweise im Rahmen der Praxisanleitung und Pflegeausbildung.

Beispiel

Der Pflegepädagoge Jörg Schmal stellt in seiner Auswahl für Gesundheitsfachberufe beispielsweise circa 60 Methoden vor und teilt die Lernansätze ein in:

- Entdeckendes bzw. exploratives Lernen, das in direkter Verwandtschaft mit dem Ansatz des handlungsorientierten Unterrichts sowie dem problembasierten Lernen steht, und bei dem die Lernenden anhand von Problemlösungen sich ein vertieftes Wissen selbst erarbeiten mit dem Ziel, einen nachhaltigeren Lernerfolg zu erlangen;
- Service-Lernen bzw. Lernen durch Engagement, das fachliches Lernen mit gesellschaftlichem Engagement (Tätigkeit im Gemeinwohl) verbindet, nah an der Lebensrealität verankert ist, für die Lernenden eine große Relevanz und Eindringtiefe besitzt und die Sozialkompetenzen verbessert, weil Fachinhalte mit Realitätsbezug erarbeitet oder wiederholt sowie mit der Öffnung der Bildungseinrichtung nach außen Kooperationen eingegangen und Öffentlichkeitsarbeit betrieben werden;
- Team-basiertes Lernen, das als gemeinschaftliche Lehr-Lernstrategie individualisiertes Lernen, Gruppenarbeit, Feedback und die Bearbeitung einer handlungsorientierten Aufgabe auf standardisierte Art und Weise kombiniert;
- Beobachtungslernen, das sowohl das Erlernen von Verhaltensweisen als auch das Verändern bestehender Handlungsweisen durch das Beobachten bedeutet, bei dem während der Handlung Fragen gestellt werden können, die zum tieferen Verständnis beitragen und Praxisanleiter eine Vision des Berufs vermitteln und Vorbilder für Veränderungsprozesse in der Praxis sein können (vgl. Schmal 2017, S. 41 ff.).

Die **Fallorientierung** ist insbesondere in der Pflegeausbildung nicht neu. Neben dem Einsatz von Fallbeispielen zur Illustration und Veranschaulichung in einem möglichst praxisnahen Unterricht werden zunehmend auch von professionstheoretischer Seite der Fallbezug als konstitutives Merkmal eines professionellen Pflegehandelns gefordert. Dies führt zu der Erwartungshaltung an die Lehrenden und Ausbildenden, sich gezielt auf die Anforderungen fallbezogenen Vorgehens in der Pflegepraxis vorzubereiten, indem sie in der Ausbildung systematisch und methodengeleitet mit Fällen arbeiten, diese entsprechend auswählen bzw. konstruieren und sie didaktisch aufbereiten. Während Fallbeispiele zur Veranschaulichung von abstrakten Regeln, Gesetzmäßigkeiten und Prinzipien beitragen und mit ihrer Hilfe von der Vorstellungs- zur Anschauungsebene gewechselt wird, erfordern Praxisfälle eine systematische Bearbeitung und möglichst zufriedenstellende Antworten auf konkrete Problemsituationen. Auszubildende schildern dabei z. B. Situationen, die sie besonders nachhaltig beeindruckt oder beschäftigt haben und erwarten gegebenenfalls Antworten auf Fragen, ob sie sich oder andere Beteiligte richtig verhalten haben und das Handeln korrekt war. Dies ist situativ oft schwierig und macht entsprechende Erfahrung, Konzepte und Kompetenzen erforderlich (vgl. Hundenborn 2007, S. 4).

6.2   Methoden der Praxisanleitung

Die **Praxisanleitung** kommt als besondere Ausbildungsmethodik insbesondere in der praktischen Pflegeausbildung zur Anwendung und hat zur Aufgabe die Auszubildenden schrittweise an die eigenständige Wahrnehmung der beruflichen Aufgaben heranzuführen (siehe auch Abschn. 3.2.3).

Die Pflegepädagogik ist dabei von besonderer Relevanz, denn aufgrund der gravierenden Veränderungen im Gesundheits- und Sozialsystem stehen die Pflegeberufe unter einem enormen Modernisierungsdruck, so dass die pädagogisch Tätigen in den Schulen und Ausbildungsstätten gefordert sind, zukunftsweisende curriculare Veränderungen vorzunehmen. Auf dem eine Schlüsselfunktion einnehmenden Fachgebiet Pflege zeigt sich das Gelingen, das zukünftige Profil der Pflegeberufe zu entwerfen, die innere Bindung der Pflegenden an ihren Beruf zu stärken und die Tragfähigkeit der Balance zwischen Ansprüchen, die sich aus der Wissenschaftsentwicklung ergeben, und der Befähigung zum Alltagshandeln zu erreichen (vgl. Sieger 2005, S. 2).

Nach dem Pflegeberufegesetz (PflBG) vermittelt die Ausbildung zur Pflegefachfrau oder zum Pflegefachmann die für die selbstständige, umfassende und prozessorientierte Pflege von Menschen aller Altersstufen in akut und dauerhaft stationären sowie ambulanten Pflegesituationen erforderlichen fachlichen und personalen Kompetenzen einschließlich der zugrunde liegenden methodischen, sozialen, interkulturellen und kommunikativen Kompetenzen und der zugrunde liegenden Lernkompetenzen sowie der Fähigkeit zum Wissenstransfer und zur Selbstreflexion. Unter Pflege wird dabei die präventive, kurative, rehabilitative, palliative und sozialpflegerische Maßnahmen zur Erhaltung, Förderung, Wiedererlangung oder Verbesserung der physischen und psychischen Situation der zu pflegenden Menschen verstanden, ihre Beratung sowie ihre Begleitung in allen Lebensphasen und die Begleitung Sterbender. Sie

- erfolgt entsprechend dem allgemein anerkannten Stand pflegewissenschaftlicher, medizinischer und weiterer bezugswissenschaftlicher Erkenntnisse auf Grundlage einer professionellen Ethik;
- berücksichtigt die konkrete Lebenssituation, den sozialen, kulturellen und religiösen Hintergrund, die sexuelle Orientierung sowie die Lebensphase der zu pflegenden Menschen;
- unterstützt die Selbstständigkeit der zu pflegenden Menschen und achtet deren Recht auf Selbstbestimmung.

Während der Pflegeausbildung werden ein professionelles, ethisch fundiertes Pflegeverständnis sowie ein berufliches Selbstverständnis entwickelt und gestärkt und sie soll unter anderem befähigen, die notwendigen Aufgaben selbstständig auszuführen (siehe auch Abschn. 1.2.1), ärztlich angeordnete Maßnahmen eigenständig durchzuführen, insbesondere Maßnahmen der medizinischen Diagnostik, Therapie oder Rehabilitation sowie interdisziplinär mit anderen Berufsgruppen fachlich zu kommunizieren und effektiv zusammenzuarbeiten und dabei individuelle, multidisziplinäre und berufsübergreifende Lösungen bei Krankheitsbefunden und Pflegebedürftigkeit zu entwickeln sowie teamorientiert umzusetzen (vgl. § 5 PflBG).

Nach der Pflegeberufe-Ausbildungs- und -Prüfungsverordnung (PflAPrV) haben die Einrichtungen der praktischen Ausbildung die Praxisanleitung sicherzustellen. Sie erfolgt im Umfang von mindestens 10 Prozent der während eines Einsatzes zu leistenden praktischen Ausbildungszeit, geplant und strukturiert auf der Grundlage des vereinbarten Ausbildungsplanes (vgl. § 4 PflAPrV). Die praktische Ausbildung im Rahmen der beruflichen Pflegeausbildung umfasst dabei im ersten und zweiten Ausbildungsdrittel insbesondere die Bereiche (siehe auch Abschn. 5.3.13):

- Orientierungseinsatz: Flexibel gestaltbarer Einsatz zu Beginn der Ausbildung beim Träger der praktischen Ausbildung;
- Pflichteinsätze in den drei allgemeinen Versorgungsbereichen Stationäre Akutpflege, Stationäre Langzeitpflege, Ambulante Akut-/Langzeitpflege;
- Pflichteinsatz in der pädiatrischen Versorgung.

Im letzten Ausbildungsdrittel umfasst die praktische Ausbildung einen Pflichteinsatz in der psychiatrischen Versorgung, einen Vertiefungseinsatz im Bereich eines Pflichteinsatzes sowie weitere Einsätze bzw. Stunden zur freien Verteilung (vgl. Anlage 7 PflAPrV).

Konzeptionell ist bei der Praxisanleitung unter anderem zu beachten, dass ausschließlich die berufspädagogisch weitergebildeten Fachkräfte für diese Aufgabe vorzusehen sind und examinierte Pflegefachkräfte, die die Praxisanleiterinnen und Praxisanleiter im Arbeitsalltag unterstützen, davon eindeutig begrifflich und hinsichtlich ihrer Aufgaben unterschieden werden (z. B. Mentorinnen/Mentoren oder Schülerpatinnen/Schülerpaten). Zwar ist die Ausbildung als Aufgabe des gesamten Gesundheitsbetriebes zu begreifen, jedoch ist zu beachten, dass qualifizierte und gezielte Anleitung auf jeden Fall durch die

Praxisanleiterinnen und Praxisanleiter erfolgen sollte. In diesem Zusammenhang ist es auch wichtig, dass die Schülerinnen und Schüler überwiegend in der gleichen Schicht oder Tour wie die Praxisanleiterinnen und Praxisanleiter eingeteilt sind.

Die Anzahl der Praxisanleiterinnen und Praxisanleiter in einer stationäre Einrichtung bzw. einem ambulanten Dienst ist abhängig von zahlreichen Faktoren, wie Trägerstruktur, Größe der jeweiligen stationären Einrichtung bzw. des ambulanten Dienstes, Anzahl der Auszubildenden, Größe des Verantwortungsbereiches etc. Insbesondere bei einer größeren Zahl von Auszubildenden in einer ausbildenden Einrichtung erscheint eine übergeordnete Praxisanleitung, die beispielsweise für die Entwicklung eines Ausbildungskonzeptes, die Mitwirkung an der Erstellung eines Ausbildungsplanes, die Planung und Organisation der gesamten praktischen Ausbildung, die Betreuung und Kontrolle der nachgeordneten Praxisanleiterinnen und Praxisanleiter und die Organisation von internen und möglicherweise auch externen Praxisanleitertreffen zuständig ist.

Auch ist davon abzuraten, dass eine Praxisanleiterin oder ein Praxisanleiter gleichzeitig die Funktion und Aufgaben einer Pflegedienstleitung wahrnimmt, da dies in mehrerlei Hinsicht problematisch ist:

- Gefahr der Überforderung,
- zeitliche Probleme, die erforderlichen Aufgaben in der zur Verfügung stehenden Arbeitszeit zu erfüllen,
- mögliche negative Beeinflussung der Anleiter-Schüler-Beziehung durch einerseits der Rolle der Beraterin oder des Beraters und der Beurteilenden in der Funktion als Praxisanleitung und andererseits der Rolle als Dienstvorgesetzte der Schülerinnen und Schüler in der Funktion als Pflegedienstleitung (vgl. Heinemann-Knoch et al. 2006, S. 26 ff.).

Von besonderer Bedeutung ist bei der Ausbildungsmethodik der Praxisanleitung das Verhältnis zwischen Auszubildenden und den Anleiterinnen und Anleitern. Soziologische und psychologische Faktoren können sich als hemmend für eine effektive Anleitung darstellen, weswegen es für die Ausbildenden wichtig ist, das Verhalten der Auszubildenden einordnen und damit erklären zu können und dabei auch den eigenen persönlichen Hintergrund und die eigenen Verhaltensweisen zu berücksichtigen. Wichtige, einzubeziehende Faktoren können hierbei beispielsweise sein:

- Gesellschaftliche Einflüsse, die auf die Entwicklung der Auszubildenden einwirken;
- Missverständnisse, die durch ein mangelndes Hintergrundwissen entstehen;
- Kenntnisse über das Erleben und Verhalten von Heranwachsenden (z. B. unverständliche Wahrnehmungen, Stimmungs- und Motivationsschwankungen);
- Verständnis von Sozialisationsprozessen und psychologischen Einflüssen;
- Sozialisation der Auszubildenden und psychologische Besonderheiten des Heranwachsenden (z. B. kritische Selbsteinschätzung bis hin zu Minderwertigkeitsgefühlen, zunehmendes Interesse an Ideologien und Weltanschauungen, Generations-, Sexual-, Partnerwahl- und Berufswahlkonflikte, erhöhtes Selbstständigkeitsbedürfnis);

- Vermittlung von beruflicher Identität, die von den Auszubildenden zur selbstständigen Positionsbestimmung benötigt wird;
- Diskrepanz zwischen Pflegetheorie und -praxis als häufig erlebte konkurrierende und konfliktgeladene Auffassungen von Pflege;
- Notwendigkeit zur individuellen Förderung und Kompensation von Defiziten (vgl. Mensdorf 2014, S. 13 ff.).

Die Praxisanleitung ist gekennzeichnet durch eine Methodenvielfalt. Neben der bereits vorgestellten Leittextmethode, der Vier-Stufen-Methode und der Projektmethode werden als weitere Methoden der Anleitung unter anderem eingesetzt (vgl. Baader et al. 2011, S. 5 ff.):

- Fallbesprechung: Fallschilderung, -bearbeitung und -auswertung, um an konkreten praktischen Fällen zu lernen und diese begleitet auflösen zu können.
- Lernaufgaben: Spezifisch zu entwickelnde Lernaufträge mit klarer Aufgabenformulierung, die auf den jeweiligen Bereich angepasst werden können.
- Wochenthema: Kombination aus Vier-Stufen-Methode und Lernaufgabe, bei der vor einem mehrere Tage langen Dienstblock ein Thema schriftlich gestellt wird, mit dem sich die Ausbildenden selbstständig bis zu einem festgelegt Zeitpunkt auseinandersetzen und das gemeinsam mit Erfolgskontrolle und Reflexion ausgewertet wird.
- Rollenspiel: Beispielsweise per Übergabeauftrag als Mittel zum Rollentausch, bei dem die Auszubildenden ihrem Ausbildungsstand entsprechend die Verantwortung für die ihnen zugeteilten Patienten übernehmen und die Ausbildenden eine beobachtende Position einnehmen und nur eingreifen, wenn drohende Gefahren oder Fehlverhalten dies nötig machen (vgl. Behrendt 2017, S. 3 ff.).

6.3 Ausbildungsbeurteilung und Lernfortschrittskontrolle

Um den Verlauf und den Erfolg einer Ausbildung sowie den zwischenzeitlichen Lernfortschritt kontrollieren zu können, ist das Festlegen von **Lernzielen** eine wichtige Voraussetzung. Sie lassen sich allgemein als erwünschte Zustände, Zustandsfolgen oder auch Leitwerte für die zu koordinierenden Lern- und Ausbildungsaktivitäten ansehen, von denen grundsätzlich ungewiss ist, ob und in welchem Ausmaß sie auch erreicht werden. Die konkrete Bildung von Lernzielen ist oft problematisch, da es eindimensionale Zielsetzungen (monovariable Zielbildung) nicht immer gibt. Werden hingegen mehrere Lernziele (multivariable Zielbildung) verfolgt, so sind ihre Zielverträglichkeiten zu berücksichtigen. Die Gesamtzielsetzung bei der Ausbildung besteht daher immer aus einer Kombination von quantitativen und qualitativen Lernzielen, die miteinander abgestimmt werden müssen. Die einzelnen Lernziele definieren sich in der Regel über Zielinhalt, Zielausmaß und Zeitpunkt.

Zum einen haben die Lernziele im Gesundheitsbetrieb unterschiedliche Ausprägungen und unterscheiden sich hinsichtlich der **Lernzielart** beispielsweise in Einzel- und Gesamtziele oder auch in langfristige und kurzfristige Ziele.

Die einzelnen Lernziele stehen zueinander in unterschiedlichen **Lernzielbeziehungen**. Sie können beispielsweise verschiedene Ränge (z. B. Grob- und Feinlernziele, Ober- und Unterlernziele) aufweisen oder unterschiedlich aufeinander einwirken (vgl. Abb. 6.1).

Beispiel

Beispielsweise lässt sich die Beherrschung einer Aufgabe (Lernoberziel) durch Auszubildende erreichen, wenn auch jede dazugehörige Teilaufgabe (einzelne Lernunterziele) richtig erledigt wird. Das Lernziel, hygienische Vor- und Nachbereitung von Instrumenten und Geräten richtig durchzuführen, wirkt komplementär in Bezug auf das Ziel, Maßnahmen der Hygienekette auf der Grundlage des Hygieneplanes der Praxis richtig anzuwenden, da es dieses ergänzt bzw. fördert. Die Lernzielsetzung „Arbeitsschritte systematisch planen, zielgerecht organisieren, rationell gestalten, Ergebnisse kontrollieren" kann mit der Zielsetzung „Methoden des Selbst- und Zeitmanagements nutzen, insbesondere bei der zeitlichen Planung und Durchführung von Arbeitsabläufen Prioritäten beachten" bisweilen in einem eher konkurrierenden Verhältnis stehen, da der erste Zielbereich häufig

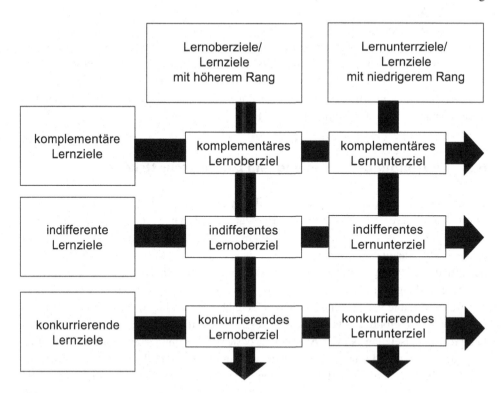

Abb. 6.1 Lernzielbeziehungen im Gesundheitsbetrieb

mit einem größeren Zeitbedarf verbunden ist. Eine indifferente Zielbeziehung liegt vor, wenn die Erreichung des einen Lernziels keinerlei Einfluss auf die Erfüllung eines anderen Lernziels hat.

Die **Lernzielinhalte** sind höchst unterschiedlich und verfolgen in der Regel das Prinzip, dass die einzelnen Lernziele aufeinander aufbauen: Erst nach einem Lernerfolg sollten weitere Lernschritte vorgenommen werden, um von einfachen zu schwierigeren Themen zu gelangen und sicherzustellen, dass vorangegangene Lernziele auch wirklich erreicht wurden. Zur Einordnung eignen sich klassische Lernzieltaxonomien, die beispielsweise einzelne Stufen im kognitiven Bereich vorsehen:

- Stufe 1: Kennen bzw. Wissen von das Ausbildungsgebiet betreffenden Fakten und Informationen.
- Stufe 2: Erklären und Verstehen von Sachverhalten und Zusammenhängen.
- Stufe 3: Übertragen der Erkenntnisse und Anwenden auf konkrete Problemlösungen.
- Stufe 4: Untersuchen, Analysieren und Schlussfolgern von Situationen und Beziehungsgeflechten.
- Stufe 5: Hypothesen entwerfen und Informationen neu synthetisieren.
- Stufe 6: Beurteilen und Evaluieren von Alternativen durch Abwägung und Auswahl (vgl. Bloom 2001, S. 14 ff.).

Damit die einzelnen Lernziele nicht isoliert nebeneinander stehen, sind sie in einem **Lernzielsystem** zusammenzuführen, aufeinander abzustimmen und aus ihnen resultierende Zielkonflikte zu lösen. Dabei hilft oft auch eine Bewertung in Haupt- und Nebenziele, die eine Rangfolge hinsichtlich ihrer Bedeutung darstellt. Grobziele sind zu operationalisieren und zu konkretisieren. Eine genaue Quantifizierung ist nicht immer möglich, jedoch von erheblicher Bedeutung für die spätere Messbarkeit des jeweiligen Zielerreichungsgrades.

Beispiel
In einem Beispiel für eine lernzielorientierte Anleitung an einer Klinik für Neurologie als Lernort sollen Auszubildende

- anhand der Vorstellung der besonderen pflegerischen Verantwortung der Station durch die Anleitung Unterstützung in der Legitimation der eigenen persönlichen pflegerischen Werthaltung erfahren;
- in Zusammenarbeit mit der Anleitung die pflegerischen Anforderungen in einer Übersicht markieren, die sie in ihrem Pflegeschwerpunkt „Zeit für die Interaktion mit Patienten" bestätigen und hierdurch die Sicherheit bezüglich ihres pflegerischen Handelns erhöhen;
- in einer fünfminütigen Aufzeichnung ihrer Tätigkeiten an einem Arbeitstag sowie deren Zuordnung in verschiedene Tätigkeitskategorien ein geeignetes Instrument zur quantitativen Erhebung ihrer anfallenden Arbeit kennen lernen;

- anhand der Arbeitsanalyse eine realistische Einschätzung der unterschiedlichen Tätigkeiten und deren zeitlicher Dimensionen gewinnen können;
- den Ist-Zustand der Tätigkeitsverteilung im Verhältnis zur ihrer eigenen Werthaltung quantitativ und qualitativ bewerten;
- mit Hilfe der Anleitung fixe Zeiten im Stationsablauf benennen, die durch den Anspruch der Funktionsfähigkeit eines Wirtschaftsbetriebes bestimmt werden;
- mit Hilfe der Anleitung versuchen, unter Berücksichtigung dieser institutionellen Rahmenbedingungen, Möglichkeiten einer Neuzuordnung von pflegerischen Tätigkeiten vor dem Hintergrund ihres pflegerischen Anspruchs zu finden;
- die Neuzuordnung der Tätigkeiten im Verhältnis zu ihrem pflegerischen Schwerpunkt quantitativ und qualitativ bewerten;
- erkennen, dass durch eine personenbezogene Arbeitsorganisation die Zeit der ununterbrochenen Zuwendung zu den Patienten erhöht werden kann und sie hierdurch bessere Voraussetzungen zur Interaktion mit den zu Pflegenden erhalten (vgl. Sieger und Brinker-Meyendriesch 2004, S. 85).

Um die Ausbildung zielgerichtet und effizient durchführen zu können, ist die Einschätzung der Fähigkeiten und des Leistungsvermögens der Auszubildenden erforderlich. Diese Einschätzung wird beispielsweise zusätzlich zu den schulischen Leistungen und Noten in der Berufsschule im Rahmen einer **Ausbildungsbeurteilung** ermöglicht. Sie dient somit als innerbetriebliches Mittel zur Qualitätssicherung und -verbesserung der Ausbildung und befasst sich dazu mit der Wahrnehmung und Bewertung der Auszubildenden. Für eine zielgerichtete Ausbildungsentwicklung ist die Beurteilung regelmäßig bspw. in Form von fest eingeplanten Reflektionsgesprächen durchzuführen.

Wesentliche **Beurteilungskriterien** zur Erfassung aller betrieblich relevanten Persönlichkeitselemente der Auszubildenden können dabei sein:

- Fachkönnen: Fachkenntnisse, Fertigkeiten.
- Geistige Fähigkeiten: Auffassungsgabe, Ausdrucksvermögen, Dispositionsvermögen, Improvisationsvermögen, Kreativität, Organisationsvermögen, Selbstständigkeit, Verhandlungsgeschick.
- Arbeitsstil: Arbeitsqualität, Arbeitsplanung, Arbeitstempo, Aufmerksamkeit, Verhalten gegenüber Patienten, Ausdauer, Belastbarkeit, Einsatzbereitschaft, Genauigkeit, Initiative, Kostenbewusstsein, Materialbehandlung, Ordentlichkeit, Pünktlichkeit.
- Zusammenarbeit: Verhalten gegenüber Kolleginnen, Auftreten, Gruppeneinordnung, Informationsintensität, Kontaktvermögen, Umgangsformen, Verhalten gegenüber Vorgesetzten (vgl. Stopp 2006, S. 201 ff.).

Das Festlegen von **Beurteilungsstufen** dient beispielsweise dazu, die Beurteilung graduell einzuordnen. Anhand der vorher ausgewählten Kriterien erfolgt an dieser Stelle somit eine Bewertung des Erreichungsgrades des jeweiligen Kriteriums:

- Stufe 1: Leistung und Befähigung übertreffen beträchtlich die Anforderungen; der Auszubildende ist über sein Lern- und Aufgabengebiet weit hinausgewachsen.
- Stufe 2: Leistung und Befähigung reichen über die Anforderungen hinaus; der Auszubildende überragt sein Lern- und Aufgabengebiet.
- Stufe 3: Leistung und Befähigung entsprechen den Anforderungen; der Auszubildende beherrscht sein Lern- und Aufgabengebiet.
- Stufe 4: Leistung und Befähigung müssen teilweise den Anforderungen noch angepasst werden; der Auszubildende beherrscht sein Lern- und Aufgabengebiet überwiegend.
- Stufe 5: Leistung und Befähigung entsprechen noch nicht/nicht den Anforderungen; der Auszubildende ist seinen Aufgaben nicht gewachsen.

Bei der Beurteilung besteht die Gefahr, dass bestimmte positive oder negative Ereignisse im Zusammenhang mit der Ausbildung sich zu Unrecht auf das Gesamtbild des zu beurteilenden Auszubildenden auswirken. Derartige, nicht selten vorkommende **Beurteilungsfehler** gilt es daher zu vermeiden (vgl. Tab. 6.2).

Die Beurteilung der Auszubildenden dient gleichermaßen als Standortbestimmung für ihre Qualifikationsentwicklung und die Qualität der Ausbildung im Gesundheitsbetrieb. Ein regelmäßiges **Beurteilungsgespräch** gewinnt daher eine besondere Bedeutung, da es einerseits zur Einschätzung und qualifiziertem Feedback der Leistungen beiträgt und andererseits mit dem Auszubildenden geführt wird, um eine konkrete Rückmeldung über seine Selbsteinschätzung und die Ausbildungsqualität insgesamt zu erhalten. Eine weitere Aufgabe des Feedback- bzw. Beurteilungsgesprächs ist die vorbereitende Entwicklung

Tab. 6.2 Fehler in der Beurteilung von Auszubildenden (vgl. Berthel und Becker 2017, S. 276 ff.)

Fehlerbereiche	Einzelne Effekte	Erläuterung
Wahrnehmungsverzerrungen	Halo-Effekt	Ein Beurteilungsmerkmal strahlt auf mehrere andere aus
	Hierarchie-Effekt	Je höher die Position im Ausbildungsgefüge (z. B. 1., 2., 3. Lehrjahr), desto besser fällt die Beurteilung aus
	Kleber-Effekt	Längere Zeit schlecht beurteilte Auszubildende werden unterschätzt
	Primacy-Effekt	Beurteiler stellt auf Ereignisse ab, die vor langer Zeit stattgefunden haben
	Recency-Effekt	Beurteiler stellt auf Ereignisse ab, die erst kürzlich stattgefunden haben
Maßstabsanwendung	Tendenz zur Mitte	Bevorzugung mittlerer Urteilswerte bei Einstufungsverfahren
	Tendenz zur Strenge/Milde	Zu hohes/zu niedriges Anspruchsniveau
	Sympathie/Antipathie	Sympathische/unsympathische Auszubildende werden besser/schlechter beurteilt

Bewusste Verfälschung

gemeinsamer Wege zur Erreichung des Ausbildungsziels. Es sollte daher durch folgende
Merkmale geprägt sein:

- Persönliches Gespräch unter vier Augen,
- Einblick in den derzeitigen Ausbildungs- und Leistungsstand vermitteln,
- Möglichkeit, Anerkennung auszusprechen,
- bereits erlangte Fähigkeiten und Ausbildungserfolge aufzeigen,
- eigene Leistungseinschätzung des Auszubildenden kennen lernen,
- Ausbildenden-Auszubildenden-Verhältnis verbessern,
- Ziele und Maßnahmen zur Verbesserung der weiteren Ausbildungsentwicklung festhalten,
- positive Grundhaltung zum Gesundheitsbetrieb fördern.

Die Basis für ein Beurteilungsgespräch sollte eine offene Gesprächskultur sein, die von
Vertrauen, Verantwortung und Fairness geprägt ist, da es in erster Linie um die Weiterentwicklung des Auszubildenden geht und um mögliche Verbesserungen von Ausbil-
dungsprozessen und -ergebnissen. Das Gespräch dient der aktiven Beteiligung und Übertragung von Verantwortung an die Auszubildenden. In ihm geht es um die gemeinsame
Festlegung von Zielen und Ergebnissen zwischen Ausbildenden und Auszubildenden.
Dazu müssen die Lern- und Ausbildungsziele eindeutig und konkret formuliert sein, dürfen keine Unter- oder Überforderung für die Auszubildenden darstellen, müssen dokumentiert und vereinbart und nach Ablauf einer festgelegten Zeit in einem nächsten Gespräch hinsichtlich ihrer Erreichung überprüft werden. Gegen Ende der Ausbildung, bei
einem sich abzeichnenden Ausbildungserfolg und einer geplanten Übernahme, sollten
sich die Gespräche auch an der zukünftigen Entwicklung des Gesundheitsbetriebs orientieren, an den derzeitigen und zukünftigen Aufgaben der Auszubildenden, ihren persönlichen Vorstellungen und Erwartungen über die berufliche Weiterentwicklung im Gesundheitsbetrieb, um letztendlich ein möglichst genaues Bildes von ihren genutzten bzw. noch
ungenutzten Qualifikationen und sozialen Kompetenzen zu erhalten und sie ihren Fähigkeiten entsprechend, mit dem Ziel einer möglichst hohen Arbeitszufriedenheit und erfolgreicher Arbeitsergebnisse einzusetzen.

Die Beurteilung der Auszubildenden und **Lernfortschrittskontrollen** dienen somit
nicht in erster Linie zur Zensurgebung, sondern sie haben auch wichtige pädagogische
Funktionen:

- Diagnose: Die Ausbildenden haben die Möglichkeit anhand der Ergebnisse den Ausbildungsplan zu überprüfen und gegebenenfalls Korrekturen vorzunehmen.
- Disziplinierung: Bei Gefährdung der Ausbildungszielerreichung ist neben der Sanktio-
  nierung durch die Ausbildenden auch eine Steigerung der Selbstdisziplin des Auszubildenden möglich.
- Information: Die Auszubildenden erhalten Informationen darüber, wie ihr persönlicher
  Lernfortschritt und ihr Ausbildungsstand einzuschätzen sind, wie sie sich im Vergleich

zu anderen Auszubildenden einordnen können und wie viel des Lernstoffs sie bereits bearbeitet haben.

- Motivation: Im Sinne einer extrinsischen Motivation kann die Rückkopplung zur Erhöhung der Leistungsmotivation führen (vgl. Lau 2003, S. 83).

6.4 Digitalisierung der Ausbildung im Gesundheitswesen

In der Ausbildung in Gesundheitsbetrieben ist zumindest in den meisten Fällen die Vermittlung von Grundlagen der Informations- und Kommunikationstechnik Bestandteil des Ausbildungsplans. Bei dem Einsatz digitaler Medien zur Unterstützung der Ausbildung gibt es unterschiedliche Anwendungsformen. Sie reichen von der Nutzung sozialer Medien und spezieller Anwendungen zur Außendarstellung des Gesundheitsbetriebs im Rahmen des Ausbildungsmarketings, über die Nutzung zum Austausch von Informationen und zur Planung bzw. Organisation der Ausbildung bis hin zur Einbindung der Auszubildenden in die technischen Informations- und Kommunikationsstrukturen im Gesundheitsbetrieb. Spezielle Lehr-/Lernprogramme für die Ausbildungsberufe im Gesundheitswesen werden in der Regel nicht so häufig eingesetzt, was aber auch am bislang eher geringen Angebot geeigneter digitaler Anwendungen liegen dürfte (vgl. Bundesinstitut für Berufsbildung 2018, S. III ff.).

In Gesundheitsbetrieben sind fachliche Grundkenntnisse nach wie vor erforderlich, jedoch wächst auch in diesem Bereich die Informationsmenge stark an, und viele Informationen sind dadurch auch schneller überholt und veraltet. Da heutzutage aktuelles Fachwissen online nahezu jederzeit und überall verfügbar ist, sind solide Grundkenntnisse vor allen Dingen wichtig, um die neuen Informationen verstehen und anwenden zu können. Aktuelles Wissen lässt sich über ein Notebook oder Tablet abrufen, wobei die Daten auf dem Gerät gespeichert oder über das Netz abrufbar sind. Diese Entwicklung hat auch Auswirkungen auf die Ausbildungsinhalte und die Einbeziehung digitaler Technologien (vgl. Tab. 6.3), denn Auszubildende müssen über die Fähigkeit verfügen, Antworten auf offene Fragen zu finden, und sie müssen lernen, wo die benötigten Informationen verfügbar sind und wie sie möglichst schnell gefunden werden können (vgl. Techniker Krankenkasse 2018, S. 9).

Allerdings ist die Nutzung digitaler Technologien zu Ausbildungszwecken in Gesundheitsbetrieben noch nicht sehr weit verbreitet. Das ist beispielsweise in der notwendigen und nicht digitalisierbaren Anleitung am Patienten begründet, liegt aber auch an noch fehlenden, ausgereiften Softwareangeboten für die Ausbildung im Gesundheitswesen.

Beispiel

Beispielzahlen: In einer durch das Bundesministerium für Bildung und Forschung (BMBF) beauftragten und durch das Bundesinstitut für Berufsbildung (BIBB) durchgeführten bundesweiten Bestandsanalyse zum Einsatz digitaler Medien in der beruflichen Aus- und Weiterbildung war ein wichtiges Ziel, mehr über die Verbreitung und den Einsatz digitaler

Tab. 6.3 Nutzung digitaler Technologien zu Ausbildungszwecken (vgl. Techniker Krankenkasse 2018, S. 9 ff.)

Technologie	Anwendung
Augmented-Reality	Computergestützte Erweiterung der Realitätswahrnehmung als Sonderform der Simulation, bei der über eine Brille computergesteuerte Inhalte in das Blickfeld des Auszubildenden eingeblendet werden, wodurch beim Blick auf bestimmte Bereiche Hinweise auf mögliche Fehler und deren Behebung direkt an der richtigen Stelle gegeben werden können und dadurch eine neue Form des Lernens am Objekt ermöglicht wird.
Blended Learning	Lernmethoden, die nicht ausschließlich face-to-face oder online stattfinden, bei denen der klassische Präsenzunterricht mit digitalen Komponenten kombiniert wird (z. B. Übungsaufgaben per E-Mail oder Videos bzw. Lernfilmen auf Lernplattformen).
Desktop-PC, Notebook, Tablet	Desktop-PC mit Internetzugang wird, vergleichbar mit den Arbeitsprozessen, am häufigsten in der Ausbildung eingesetzt. Tablets, Notebooks etc. gelangen seltener zur Anwendung
Online-Projekte	Neue Formen der Projektarbeit in der Ausbildung in der Kombination mit einer Online-Plattform, bei der mehrere Auszubildende Projektlernen auch über Entfernungen realisieren, gemeinsam an einem Projekt online arbeiten und über Videochats und Plattformen wie Onedrive oder Sharepoint das gleichzeitige Bearbeiten von Dokumenten und die direkte Kommunikation zwischen den Beteiligten durchführen können.
Simulationen für Schulungs- und Übungszwecke	Dadurch lassen sich ohne die Gefahr eines Unfalles oder eines Schadens für Patienten Abläufe trainiert werden, bis sie fehlerlos ausgeführt werden können.
Virtuelles Klassenzimmer	Ausbildende unterrichten live auf einer Internetplattform, sitzen mit den Azubis an einem virtuellen Tisch zusammen, weisen Aufgaben einzelnen Teilnehmern zu oder stellen sie für alle ein. Auszubildende benötigen einen Computer mit Zugang zum Internet, einen Kopfhörer, müssen für die Lehrveranstaltung freigeschaltet sein können sich in einem Chat untereinander austauschen und gegenseitig bei der Lösungssuche unterstützen.

Geräte und Medienformate in der beruflichen Ausbildung zu erfahren. Unter den 1779 Ausbildungsbetrieben, die hierzu Angaben machten, bildeten ca. 10 % in pflegerisch-sozialen Berufen aus, in den Branchen Gesundheits- und Sozialwesen sowie in den übrigen personennahen Dienstleistungen. Unter anderem wurde genannt, dass: 88 % der Ausbildungsbetriebe im Gesundheits- und Sozialwesen und 85 % der pflegerisch-sozialen Ausbildungsrichtungen Desktop-PC mit Internetzugang, Laptop mit Internetzugang, Smartphone oder Tablet nutzten. 1,8 % der Ausbildungsbetriebe im Gesundheits- und Sozialwesen und 3,8 % der pflegerisch-sozialen Ausbildungsrichtungen nutzten digitale Neuentwicklungen (Datenuhren, Head-Mounted Displays, Wearables oder Datenbrillen) in der betrieblichen Ausbildung. Die klassischen, nicht-digitalen Medienformate (z. B. Lehrbücher, Fachbücher, schriftliche Unterlagen, Handouts, Gruppenarbeit, Präsenzunterricht etc.) wurden von allen Ausbildungsbetrieben jedoch nach wie vor als wichtig angesehen. Erst danach folgen beispielsweise fachspezifische Software, Informationsangebote im Internet oder Lernprogramme (vgl. Gensicke et al. 2016, S. 43 ff.).

Doch beispielsweise auch in der professionellen Pflege schreitet die Digitalisierung im Gesundheitswesen voran. Dazu zählen intelligente Technologien und Assistenzsysteme, die die Pflege unterstützen, wie z. B. Sturzdetektoren, Sensorsysteme zur Analyse von Bewegungsmustern, automatische Beleuchtungssysteme, intelligente Matratzen, Softwarelösungen, die Dokumentation und Pflegeplanung kombinieren oder Serviceroboter, die auf einer Station Transportaufgaben übernehmen. Jedoch geht es dabei nicht nur um den verstärkten Einsatz von Computern und Software im Gesundheitswesen, sondern vor allem auch um die Vernetzung von Betriebsmitteln und Prozessen durch die Zusammenführung von Daten: Bei sogenannten cyber-physischen Systemen speisen reale, physische Objekte, wie z. B. Pflegebetten, Pflegewagen oder Trinkbecher ihre Daten in ein digitales Informationssystem ein, in dem sie verknüpft und für weitere Zwecke zur Verfügung gestellt werden. Beispiele hierzu sind das Zusammenführen von Daten aus Patientenzimmern auf einen Rechner im Dienstzimmer oder die Datenverwendung in telemedizinischen Anwendungen. Anwendungsfelder für moderne Technologien in der Pflege sind insbesondere:

- Elektronische Pflegedokumentation: Systeme zur elektronischen Erfassung der Daten von Patientinnen und Patienten und deren Verknüpfung mit der Aufgabenorganisation des Gesundheitsbetriebs.
- Robotik: Technische Systeme, die pflegerische Tätigkeiten und Dienstleistungen teil- oder vollautomatisch unterstützen.
- Technische Assistenzsysteme: Systeme, die Pflegende entlasten und Patienten den Alltag erleichtern.
- Telecare (eCare): Systeme, die dazu beitragen, die Behandlung und Diagnostik von Patientinnen und Patienten z. B. per Telekonsultation, -monitoring oder – konsil auch über räumliche Distanzen hinweg sicherzustellen (vgl. Rösler et al. 2018, S. 9 ff.).

Insgesamt ist auch für das Gesundheitswesen bei allen betrieblichen Tätigkeiten ein Bedeutungszuwachs digitaler Geräte zu verzeichnen, insbesondere bei der Informationsbeschaffung und der externen Kommunikation. Für die Ausbildung gewinnen unter den digitalen Formaten vor allem web- und computerbasierte Lernprogramme an Bedeutung, sowie Informationsangebote im Internet, fachspezifische Lernsoftware und Lernplattformen. Obwohl jungen Menschen häufig ein hohes Maß an meist nicht klar definierter Medienkompetenz zugeschrieben wird, bringen sie jedoch oft keine ausreichenden Kompetenzen in den Bereichen mit, die für den Umgang mit digitalen Geräten und Medien im betrieblichen Alltag erforderlich sind. Der informationstechnische Ausbildungsbedarf ergibt sich somit aus dem Umstand, dass die Auszubildenden trotz einer grundsätzlichen Kompetenz im Umgang mit digitalen Standardgeräten und -medienformaten gezielt für den Einsatz digitaler Medien im gesundheitsbetrieblichen Alltag geschult werden müssen, wie beispielsweise im umfangreichen Portfolio an inzwischen existierenden unterschiedlichen digitalen Medienformaten oder auch in fach- und branchenspezifischen IT-Anwendungen im Gesundheitswesen (vgl. Gensicke et al. 2016, S. 9).

Literatur

Arnold, R., & Münk, D. (2006). Berufspädagogische Kategorien didaktischen Handelns. In R. Arnold & A. Lipsmeier (Hrsg.), *Handbuch der Berufsbildung* (2. Aufl., S. 13–32). Wiesbaden: VS Verlag für Sozialwissenschaften/Springer Fachmedien.

Baader, K., Engel, S., Gindele, E., Jobst, R., Mayer, M., & Schirmer, U. (2011). *Pflege lernen – Handbuch Praxisanleitung – Schülerbuch*. Braunschweig: Westermann.

Behrendt, S. (2017). Praxisanleitung gestalten – Ein Methodenkatalog für die Gesundheits- und Krankenpflegeausbildung. Bamberger Akademien für Gesundheits- und Pflegeberufe (Hrsg.). Bamberg.

Berthel, J., & Becker, F. (2017). *Personal-Management – Grundzüge für Konzeptionen betrieblicher Personalarbeit* (11. Aufl.). Stuttgart: Schäffer-Poeschl.

Bloom, B. (2001). *Taxonomie von Lernzielen im kognitiven Bereich*. Weinheim: Beltz.

Bundesinstitut für Berufsbildung – BIBB. (Hrsg.). (2018). Ausgestaltung der Berufsausbildung und Handeln des Bildungspersonals an den Lernorten des dualen Systems – Ergebnisse betrieblicher Fallstudien. Endbericht. Bonn.

Bundesinstitut für Berufsbildung – BIBB. (Hrsg.). (2019). Ausbildung durchführen – Methoden der handlungsorientierten Ausbildung. Bonn. https://www.foraus.de/html/foraus_1305.php. Zugegriffen am 23.02.2019.

Czycholl, R., & Ebner, H. G. (2006). Handlungsorientierung in der Berufsbildung. In R. Arnold & A. Lipsmeier (Hrsg.), *Handbuch der Berufsbildung* (2. Aufl., S. 44–54). Wiesbaden: VS Verlag für Sozialwissenschaften/Springer Fachmedien.

Gensicke, M., Bechmann, S., Härtel, M., Schubert, T., Garcia-Wülfing, I., & Güntürk-Kuhl, B. (2016). Digitale Medien in Betrieben – heute und morgen: Eine repräsentative Bestandsanalyse. In: Bundesinstitut für Berufsbildung (Hrsg.), Wissenschaftliche Diskussionspapiere. Heft-Nr. 177. Bonn.

Heinemann-Knoch, M., Klünder, M., & Knoch, T. (2006). Erfolgreiche Praxisanleitung in der Altenpflegeausbildung. Empfehlungen für Ausbildungsstätten in der Altenpflege herausgegeben vom Bundesministerium für Familie, Senioren, Frauen und Jugend und dem Institut für Gerontologische Forschung e. V. Berlin.

Hundenborn, G. (2007). *Fallorientierte Didaktik in der Pflege – Grundlagen und Beispiele für Ausbildung und Prüfung*. München: Urban & Fischer/Elsevier.

Lau, C. (2003). *eLearning – Lernprozess und Lernfortschrittskontrolle*. Hamburg: Diplomica.

Mensdorf, B. (2014). *Schüleranleitung in der Pflegepraxis – Hintergründe, Konzepte, Probleme, Lösungen* (5. Aufl.). Stuttgart: Kohlhammer.

Pflegeberufe-Ausbildungs- und -Prüfungsverordnung (PflAPrV). (2018). Vom 2. Oktober 2018 (BGBl. I S. 1572).

Pflegeberufegesetz (PflBG). (2017). Vom 17. Juli 2017 (BGBl. I S. 2581).

Riedl, A. (2011). *Didaktik der beruflichen Bildung* (2. Aufl.). Stuttgart: Franz Steiner.

Rösler, U., Schmidt, K., Merda, M., & Melzer, M. (2018). *Digitalisierung in der Pflege – Wie intelligente Technologien die Arbeit professionell Pflegender verändern. Geschäftsstelle der Initiative neue Qualität der Arbeit*. Berlin: Bundesanstalt für Arbeitsschutz und Arbeitsmedizin.

Schmal, J. (2017). *Unterrichten und Präsentieren in Gesundheitsfachberufen – Methodik und Didaktik für Praktiker*. Berlin/Heidelberg: Springer.

Sieger, M. (2005). Pflege im Spannungsfeld von Wissenschaft und Beruflichkeit. In K. Schneider, E. Brinker-Meyendriesch & A. Schneider (Hrsg.), *Pflegepädagogik – Für Studium und Praxis* (2. Aufl., S. 1–18). Heidelberg: Springer Medizin.

Sieger, M., & Brinker-Meyendriesch, E. (2004). *Der rote Faden für die praktische Ausbildung in Pflegeberufen – Ein Arbeitsbuch für die Anleiterin, Lehrende, Schülerin, Stations- bzw. Bereichsleiterin*. Hannover: Brigitte Kunz.

Stopp, U. (2006). *Betriebliche Personalwirtschaft* (27. Aufl.). Renningen: Expert.

Techniker Krankenkasse (Hrsg.). (2018). *Ausbildung 4.0 – jetzt handeln. In: Personalwirtschaft. Sonderheft 09_2018*. Köln: Wolters Kluwer.

Führung von Auszubildenden

7.1 Grundlagentheorien und-psychologie in der Ausbildung

In der Ausbildungstheorie wird häufig zwischen der Leitungsfunktion und der Führungs-funktion unterschieden: Die **Leitungsfunktion** gegenüber Auszubildenden in einem Ge-sundheitsbetrieb ergibt sich aus der hierarchischen Position der Führungskraft in der Auf-bauorganisation und damit aus dem Vorgesetztenverhältnis, dessen Rechte und Pflichten mit dieser aufbauorganisatorischen Stelle verknüpft sind. Typische Leitungsfunktionen sind somit die Stelle eines Chefarztes in einem Krankenhaus oder einer übergeordneten MFA („Ersthelferin") in einer Arztpraxis. Die eigentliche **Führungsfunktion** ergibt sich erst, wenn die gezielte Beeinflussung auf die Auszubildenden mit dem Zweck einer Ziel-erreichung erfolgt und wenn diese auch durch beabsichtigte Verhaltensänderungen die Führungsrolle der Ausbildenden anerkennen und akzeptieren. Das bedeutet für die Aus-bilderinnen und Ausbilder im Gesundheitsbetrieb, dass sie echte Führungserfolge nur dann erzielen, wenn ihre Führungsrolle auch Anerkennung und Akzeptanz bei den ihr unterstellten Auszubildenden findet. Es reicht somit nicht aus, die Führungsrolle übertra-gen zu bekommen, sondern sie muss auch mit Führungskompetenz, der Anwendung ge-eigneter Führungsstile und Vorbildfunktionen ausgefüllt werden. Eine ausschließlich durch Sanktionsmittel und Disziplinarbefugnisse getragene Ausbildung ist unzureichend.

Hinzukommt, dass sich die Führungsfunktion mit zunehmender Führungsverantwor-tung im Gesundheitsbetrieb ändert: Je höher die Führungsebene in der Ausbildungshierar-chie ist, desto mehr wird die jeweilige Führungsrolle von Managementaufgaben, wie stra-tegischer Planung, Grundsatzentscheidungen, Rahmenkonzeptionen und der Schaffung von Systemstrukturen dominiert. So unterscheidet sich beispielsweise die Führungsrolle der Ausbildungsleitung eines Krankenhauses von der einer Ausbilderin zumindest im Hin-blick auf die Art der Führungsaufgaben, wobei sich hinsichtlich der Führungsfunktion in der direkten Auszubildendenführung allerdings keine Unterschiede ergeben. Ein Zahnarzt

A. Frodl, *Professionelle Ausbildung in Gesundheitsberufen*,
https://doi.org/10.1007/978-3-658-28765-8_7

als Praxisinhaber und Ausbilder hat hingegen eine umfassendere Führungsrolle, da er im Hinblick auf seinen Praxisbetrieb in der Regel alle betriebswichtigen Entscheidungen selbst treffen muss.

Zitat

> „Wer sich jedoch innerhalb einer Hierarchie als Freund seines Auszubildenden sieht, hat eine Wahrnehmung, die den Rahmenbedingungen eindeutig widerspricht. Denn Fakt ist, dass der Ausbilder nach wie vor disziplinarischer Vorgesetzter ist. Welche Freundschaft ist bitteschön dadurch gekennzeichnet, dass der eine anordnet, der andere folgt?". (Kluge und Buckert 2017, S. 5)

Schon früh wurde in maßgeblichen Theorieansätzen darauf hingewiesen, dass im übertragenen Sinne die Persönlichkeitsstruktur der Ausbilderinnen und Ausbilder mit ihren Begabungen Fähigkeiten und Erfahrungen, die Persönlichkeiten der von ihnen geführten Auszubildenden, ihre Einstellungen, Erwartungen und Bedürfnisse, die zu führenden Auszubildendengruppen mit ihrem Beziehungsgeflecht und ihren Gruppennormen, sowie die Situation, in der sich Ausbildende und Gruppe befinden, ihr Ziel und die sonstige Umwelt im Gesundheitswesen, als wesentliche Variablen führungsbezogener Interaktionen anzusehen sind (vgl. Lukasczyk 1960, S. 179 ff.).

Für die Ausbilderinnen und Ausbilder ist es somit wichtig zu wissen, dass für die zielgerichtete Einwirkung auf das Lern- und Arbeitsverhalten ihrer Auszubildenden nicht nur deren Lern- und Arbeitsproduktivität im Vordergrund steht, sondern dass einerseits die eigenen sozialen Einstellungen dabei eine bedeutende Rolle spielen und andererseits auch die menschlichen Beziehungen, in deren Rahmen sich das Lern- und Arbeitsverhalten vollzieht. Je überzeugender, glaubhafter, authentischer und vorbildlicher das Führungsverhalten der Ausbildenden auf die Auszubildenden wirkt, desto eher werden diese bereit sein, in die Führungsfähigkeit, Steuerungsmaßnahmen und Zielsetzungen ihrer Ausbildenden zu vertrauen.

Die Auszubildenden orientieren sich jedoch nicht nur an ihren Ausbildenden, sondern auch an den sie umgebenden Arbeits- oder Patientengruppen und nicht selten an deren Meinungsmehrheit, was den Führungsprozess für die Ausbildenden erschweren kann.

Insofern müssen die Ausbildenden die organisatorischen Rahmenbedingungen in einem Gesundheitsbetrieb berücksichtigen, insbesondere die Organisationskultur, die Strukturen, Kommunikationswege und Rituale. Zu ihren Aufgaben gehört es, diese zu kennen, zu berücksichtigen und für die eigenen Ausbildungs- und Führungszwecke zu nutzen, aber sie auch immer wieder kritisch zu hinterfragen, um auf diese Weise einen Beitrag für die Weiterentwicklung der gesundheitsbetrieblichen Ausbildung zu leisten.

Eine wesentliche Grundlage der Führung von Auszubildenden, sind Erklärungsmodelle und **Führungstheorien**.

So gehen beispielsweise die intrinsischen Führungstheorien davon aus, dass der Führungserfolg von Ausbildenden im Gesundheitswesen auf ihrer Persönlichkeit, ihrer Qualifikation, ihrem Engagement und ihren Eigenschaften beruhen. Im übertragenen Sinne werden Motivationsfähigkeit, Fachkompetenz und Auftreten als persönliche Eigenschaften häufig genannt, wenn es darum geht, erfolgreiche Ausbildende von weniger erfolgreichen zu unterscheiden oder überhaupt zu identifizieren, wer sich hierzu im besonderen Maße eignet (vgl. Schanz 2000, S. 661 ff.). Allerdings ist im Hinblick auf die Ausbildung zwischen einem Charisma und damit einem auf überzeugenden, motivationssteigernden Persönlichkeitseigenschaften basierenden Führungsverhalten in Bezug auf die Patientenführung einerseits und die Auszubildendenführung andererseits zu unterscheiden: Beispielsweise ist ein gegenüber den Patienten charismatisch wirkender Mediziner nicht zwangsläufig auch in Ausbildungsfunktionen erfolgreich, was gleichermaßen auch umgekehrt gilt. Das bedeutet für die Ausbildung, dass Ausbilderinnen und Ausbilder möglichst über Persönlichkeitseigenschaften verfügen müssen, die sowohl bei Patienten, Mitarbeitern und Pflegebedürftigen, als auch bei den Auszubildenden zu einem Führungserfolg führen. Wie stark die medizinische Fachkompetenz einerseits und die Ausbildereignung andererseits ausgeprägt sein müssen, hängt von der jeweiligen Funktion, der Ausbildungssituation und der aufbauorganisatorischen Position im jeweiligen Gesundheitsbetrieb ab. Letztendlich wird sich nicht eindeutig bestimmen lassen, in welchem prozentualen Verhältnis sie zueinander stehen oder wann sie etwa genau gleichgewichtig austariert sein müssen. Der intrinsische Ansatz kann jedoch nicht nur für die Ausbildenden als Grundlage ihres Verhaltens herangezogen werden, sondern auch für die Auszubildenden, wenn man annimmt, dass sie auch geführt werden wollen. Ihre Bereitschaft, sich führen zu lassen, ist gerade im Gesundheitswesen von grundlegender Bedeutung, denn medizinische Behandlungen am Patienten erfordern in der Regel gemeinsame, aufeinander abgestimmte Handlungen von mehreren Beteiligten, die es zu koordinieren gilt.

Das eigentliche Führungsverhalten von Ausbilderinnen und Ausbildern steht an der Grenze zu den extrinsischen Führungstheorien, die weniger die Persönlichkeit der Ausbildenden, als vielmehr die Art und Weise des Umgangs mit den Auszubildenden, die sich daraus ergebenden Interaktionen sowie die Einflussfaktoren der Führung in den Mittelpunkt stellen. Während sich das Führungsverhalten an den Aufgaben, den Auszubildenden und deren Einbeziehung ausrichten kann und bei ihnen in der Regel durch den sich daraus ergebenden Führungsstil manifestiert wird, bezieht sich der Austausch sowohl auf einzelne Auszubildende, als auch auf ganze Auszubildendengruppen. Die Interaktionen zwischen Ihnen und den Ausbildenden beeinflussen sich gegenseitig, wobei auch noch die jeweilige Führungssituation zu berücksichtigen ist, so dass im Rahmen des extrinsischen Ansatzes in erster Linie von den Wechselwirkungen zwischen zahlreichen Führungsfaktoren ausgegangen wird.

Zum extrinsischen Führungsansatz zählen auch die situativen Führungstheorien, die weniger die Persönlichkeit der Ausbilderinnen und Ausbilder, als vielmehr die Führungssituation und deren Einflussfaktoren auf die Ausbildung in den Mittelpunkt stellen. Man kann dabei zwischen grundlegenden Einflussfaktoren unterscheiden, die die Führungssituation dauerhaft und nachhaltig kennzeichnen, sowie Einflussfaktoren, die sich in der

jeweiligen, konkreten Ausbildungssituation speziell ergeben können. Situative Führungstheorien verstehen Führung von Auszubildenden somit mehrdimensional und versuchen
weniger die Ausbildenden als Führungskräfte, sondern vielmehr die Auszubildenden als
Geführte und das zu sehen, was alles auf sie einwirkt, um letztendlich daraus Rückschlüsse
für ein erfolgreiches Führungsverhalten ziehen zu können. Patienten, deren Angehörige,
Konflikte mit anderen Auszubildenden, persönliche Lebensumstände und vieles mehr wirken auf die Auszubildenden im Gesundheitswesen ein, und die sie führenden Ausbildenden sind aus dieser Sichtweise ebenfalls nur ein weiterer Einflussfaktor. Nach diesem
Ansatz stellt sich der Ausbildungserfolg insbesondere dann ein, wenn möglichst situativ
geführt, das heißt mit einem auf die jeweilige Ausbildungssituation angemessenen Führungsverhalten reagiert wird. Das erfordert von den Ausbildenden nicht nur eine große
Flexibilität, sondern auch die Beherrschung unterschiedlicher Führungsstile, die es je nach
Ausbildungssituation anzuwenden gilt.

Eine der bekanntesten Theorien ist in diesem Zusammenhang die Unterscheidung zwischen einem aufgabenorientierten und einem beziehungsorientierten Führungsstil, wobei
der aufgabenbezogene Führungsstil durch klare Anweisungen und Ergebniserwartungen
an die Auszubildenden gekennzeichnet ist und der beziehungsorientierte durch Lob, enge
Kontakte und bestmögliche Unterstützung. Der jeweils anzuwendende situative Führungsstil bewegt sich zwischen diesen beiden extremen Ausprägungen und orientiert sich zudem an der unterschiedlichen sachlichen und psychologischen Reife der Auszubildenden,
die bei einem hohe Reifegrad (z. B. Seiteneinsteiger) Verantwortung anstreben und darauf
bedacht sind ihr medizinisches und pflegerisches Fachwissen zu entwickeln, sowie Engagement und Motivation zu zeigen. Der Führungserfolg ist dann gegeben, wenn die Auszubildenden die Ausbildenden in ihrer Vorgesetztenrolle anerkennen, sich kooperations-
bereit zeigen und ihre Aufgaben erledigen, wobei sie bei unterschiedlichen Aufgaben auch
unterschiedliche Reifegrade an den Tag legen können (vgl. Hersey und Blanchard 1982,
S. 11 ff.).

Systemische Führungstheorien gehen davon aus, dass die Führungskraft nur ein Einflussfaktor neben vielen anderen ist, der auf die Geführten einwirkt, dass seine direkten
Einwirkungsmöglichkeiten daher eher begrenzt erscheinen und dass die Orientierung an
einer Vielzahl vernetzter Subsysteme vielmehr einen wesentlich größeren Einfluss auf
die Geführten hat. Führung in der Ausbildung ist somit ganzheitlich zu sehen, verursacht zahlreiche Wechselwirkungen und steht im Kontext mit der aus Gesundheitsbetrieb, Gesundheitsmarkt, Patienten, Kollegen, Gesellschaft und vielen weiteren Ele-
menten bestehenden Umwelt der Auszubildenden. Die Ausbildenden sind dabei eher
„Förderer" von Selbstorganisations-, Kommunikations- und Kooperationsprozessen und
der Gesundheitsbetrieb ist als soziales System anzusehen, in dem täglich eine Vielzahl
von Handlungen, Wirkungen und Folgewirkungen vielfältige Rückkopplungen und sich
selbst verstärkende Mechanismen erzeugen. Auf der Basis der Kybernetik lässt sich der
systemorientierten Führungsansatz konsequent weiterentwickeln, indem wichtigen Ele-
menten eines Führungssystems kybernetische Funktionen zugeordnet werden:

- Ausbildende als Führungskraft und Regler,
- Führungsstile und -modelle als Stellgrößen,
- Führungssituation als Einflussgröße,
- Auszubildender als Geführter und Regelstrecke,
- Führungserfolg als Regelgröße etc. (vgl. Rahn 2008, S. 23 ff.).

Im Gesundheitswesen ist der systemische Führungsansatz sicherlich als nicht unproblematisch anzusehen, da sich die Umsetzung im Alltag als schwierig gestalten dürfte und die Sichtweise und Denkinstrumente der Systemtheorie sich aufgrund des kausales Denkens und gelernter Wahrnehmungsmuster in der Schulmedizin und Pflege ohnehin erst seit jüngerer Zeit durchsetzen. Doch genauso wie beispielsweise vielfältige Wechselwirkungen beim Medikamenteneinsatz zu beachten sind, ist auch die Führung von Auszubildenden in vernetzten Zusammenhängen zu sehen, deren Berücksichtigung aufgrund ihrer Komplexität für die Ausbildenden in ihrer Vorgesetztenrolle sicherlich keine leichte Herausforderung darstellt.

Führung von Auszubildenden wird in der betrieblichen Praxis oft gleichgesetzt mit Motivation und somit wird das Motivieren der Auszubildenden in der Regel als wesentliche Führungsaufgabe angesehen.

Der große Teil der **Motivationstheorien** geht allerdings davon aus, dass das menschliche Verhalten zunächst von eigenen Antrieben geprägt ist. Motivation ist danach ganz allgemein der Oberbegriff für jene Vorgänge, die in der Umgangssprache mit Streben, Wollen, Begehren, Drang usw. umschrieben werden und somit auch als Ursache für das Verhalten der Auszubildenden im Gesundheitswesen angesehen werden können. Bekannte klassische Motivationstheorien sind:

- Bedürfnishierarchie von A. Maslow (1908–1979): Nach dieser Theorie sucht der Auszubildende zunächst seine Primärbedürfnisse (physiologische Bedürfnisse wie Essen, Trinken, Schlafen etc.) zu befriedigen und wendet sich danach den Sekundärbedürfnissen zu, wobei er in folgender Reihenfolge zunächst Sicherheitsbedürfnisse, auf der nächsten Stufe soziale Bedürfnisse, danach Wertschätzung und schließlich auf der höchsten Stufe seine Selbstverwirklichung zu erreichen versucht.
- Zweifaktorentheorie der Arbeitszufriedenheit von F. Herzberg (1923–2000): Sie geht davon aus, dass es einerseits so genannte Motivatoren gibt, wie beispielsweise Leistung, Anerkennung, Verantwortung etc., die sich auf den Arbeitsinhalt beziehen und die Arbeitszufriedenheit erzeugen und andererseits so genannte Hygienefaktoren (Rand- und Folgebedingungen der Arbeit, beispielsweise Entlohnung, Führungsstil, Arbeitsbedingungen etc.), die Unzufriedenheit vermeiden.
- X-Y-Theorie nach D. McGregor (1906–1964): Nach ihr gibt es zwei Arten von Auszubildenden, die entweder antriebslos, träge sind und Anweisungen, Belohnung, Bestrafung und einen eher autoritären Führungsstil erwarten (X-Theorie) oder sie sind fleißig, interessiert, übernehmen aktiv Verantwortung, haben Freude an ihrer Tätig-

keit im Gesundheitswesen und erwarten ein eher kooperatives Führungsverhalten (Y-Theorie).

* Anreiz-Beitrags-Theorie von J. March (geb. 1928) und H. Simon (1916–2001): Sie geht davon aus, dass die Auszubildenden vom Gesundheitsbetrieb Anreize empfangen, die nicht nur monetärer Natur sein müssen, und dass sie dafür ihre Leistung als Beitrag erbringen.

Auf der Grundlage dieser Theorien unterscheidet die neuere Motivationsforschung zwischen intrinsischer Motivation, die durch die Freude an einer Aufgabe, an der damit verbunden Herausforderung oder durch Selbstverwirklichung gekennzeichnet ist, und extrinsischer Motivation, bei der die Erwartung von Vorteilen und die Vermeidung von Nachteilen im Vordergrund steht (vgl. Barbuto und Scholl 1998, S. 1011 ff.).

Somit ist das Heilen und anderen Menschen damit zu helfen sicherlich als eine der wesentlichen intrinsischen Motivationsquellen für die Auszubildenden im Gesundheitswesen anzusehen, während die Ausbildenden nach dieser Theorie hauptsächlich die extrinsischen Motivationsquellen durch Belohnungen, Erwartungsgestaltungen und gesundheitsbetriebliche Zielsetzungen verstärken können. Aufbauend auf die motivationstheoretischen Erkenntnisse versucht man üblicherweise durch ein System von Anreizen das Leistungspotenzial der Auszubildenden zu aktivieren.

Das Scheitern von Auszubildenden wird oft fehlender Intelligenz oder mangelnder Motivation zugeschrieben, wobei es sich jedoch häufig auch um Lernblockaden handelt, die überwunden werden können. Das Erkennen und Auflösen von Lernblockaden, das Diagnostizieren destruktiver Lerneinstellungen und deren Umwandlung in motivierende Ziele sind Herausforderungen, denen sich insbesondere der Ansatz des **Coaching** stellt. Die Ausbildenden als Coach sind gerade in den Situationen gefordert, in denen die Entwicklung des Auszubildenden durch negative Konditionierungen behindert und ein adäquates pädagogisches Angebot zur Lockerung bis hin zur Lösung von Lernblockaden benötigt wird. Als guter Coach

* freuen sie sich über den Erfolg ihrer Auszubildenden und sehen darin ihren eigenen Erfolg;
* halten sie ihr Wissen zurück, wenn es darum geht, seine Auszubildenden zum Denken und Handeln anzustiften, ihre Eigenständigkeit zu verbessern;
* geben sie nur dort Anstöße, wo Erfahrung, Wissen und Können fehlen;
* definieren sie sich als Methodenspezialist, nicht als inhaltlicher Experte;
* fördern sie das selbstständige Setzen und Erreichen von (Ausbildungs-)Zielen;
* organisieren sie als Berater Lernsituationen, in denen ihre Auszubildenden geschützt und unterstützt Erfahrungen machen können und ermutigen sie, ihre Möglichkeiten auszureizen, mit neuem Verhalten zu experimentieren und sich dafür Feedback zu holen;
* wissen sie, dass Auszubildende die eigenen Probleme am besten lösen können, wenn sie bereit sind, Verantwortung dafür zu übernehmen und diese ihnen auch zugestanden

wird, denn in jedem Problem steckt die Chance, durch das aktive Auseinandersetzen mit einer Situation ein Stück zu wachsen (vgl. Kluge und Buckert 2017, S. 26 ff.).

7.2   Prinzipien und Instrumente zur Führung von Auszubildenden

Im Zentrum der Ausbildung steht die **Kommunikation** zwischen Ausbildenden und Auszubildenden. Ihre Bedeutung kann gar nicht hoch genug eingeschätzt werden, denn sie ist nicht nur den Auszubildenden gegenüber ein wichtiges Führungsinstrument und umfasst mehr als nur den Austausch von Informationen. Mangelhafte Kommunikation oder „Nichtkommunikation" kann ebenso als negatives Zeichen verstanden werden, wie eine vermeintlich rhetorische Begabung von Ausbildenden oder die fehlerhafte Selbsteinschätzung, sich für einen guten Redner zu halten. All dies ist nicht unbedingt mit guter Kommunikation gleichzusetzen.

Hinzu kommt, dass gerade im Gesundheitswesen unterschiedliche „Kommunikationsgruppierungen" aufeinander treffen, etwa der medizinische und der pflegerische Bereich, oder etwa ältere, berufserfahrene Mitarbeiter und die jungen Auszubildenden, was sich auf die Art und Weise der Kommunikation auswirkt. Ohne beispielsweise auf die Unterschiede in der Art und Weise unterschiedlicher Kommunikationsausprägungen und die damit verbundene Flut an Studien und Veröffentlichungen an dieser Stelle eingehen zu können, bleibt festzuhalten, dass es notwendigerweise zur Kompetenz von Ausbildenden zählt, sich auf derartige unterschiedliche „Kommunikationswelten" einzustellen.

Grundlage für die Kommunikation zwischen Ausbildenden und Auszubildenden ist das bekannte **Kommunikationsmodell**, bei dem beide als Sender bzw. Empfänger die jeweiligen Botschaften „ver- und entschlüsseln" (Kodieren/Dekodieren), wozu auch gerade bei der Face-to-Face-Kommunikation nonverbale Zeichen und Inhalte beitragen (vgl. Abb. 7.1).

Beispiel
Lümmelt beispielsweise ein Ausbilder während eines Gesprächs mit einem Auszubildenden gelangweilt im Sessel herum, so kann dies durchaus als Zeichen fehlender Wertschätzung und mangelndem Respekt missverstanden werden. Vor der Brust verschränkte Arme, abschweifender Blick und uninteressierte Mimik eines Auszubildenden deuten hingegen daraufhin, dass die beabsichtigte Botschaft diesen nicht in der gewünschten Form erreicht.

Zu den kommunikativen Fähigkeiten von Ausbildenden im Gesundheitsbetrieb gehören jedoch nicht nur die verbale und nonverbale Vermittlung und Entschlüsselung von Botschaften, sondern auch das **Zuhören** und das Stellen der jeweils richtigen Fragen. Dazu zählen:

- Zuwendung: Interesse zeigen durch zugewandte Körperhaltung und Blickkontakt.
- Fragen: Informationen erhalten durch offene Fragen und Redefluss des Auszubildenden.

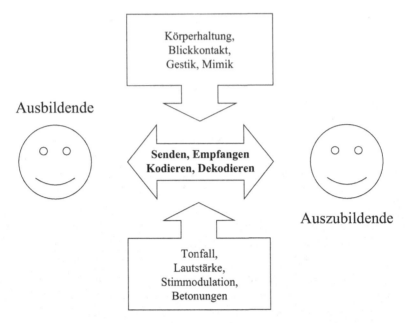

Abb. 7.1 Kommunikationsmodell zwischen Ausbildenden und Auszubildenden

- Rückmeldung: Unmittelbares verbales und nonverbales Feedback geben, sofern es die Stimmung und die Aufnahmefähigkeit des Auszubildenden zulassen.
- Bekräftigungen: Vertrauen und Mut zur Offenheit erzeugen durch Verständnis, Nicken und Bestätigung.
- Einsicht: Auswirkungen, Konsequenzen und Folgen des Verhaltens aufzeigen und Vorschläge zur Verbesserung entwickeln.
- Problembewusstsein: Zulassen von Emotionen und Akzeptanz von Gefühlen, um den Auszubildenden zu zeigen, dass er ernst genommen wird.
- Konkretisierung: Konkrete Situationen und Verhaltensweisen ansprechen, denn Generalisierungen sind meist nicht zutreffend und angreifbar.
- Zusammenfassungen: Durch richtiges Wiedergeben zeigen, dass die Botschaft verstanden wurde.

Insbesondere bei Unsicherheiten neigen Ausbildende in der Kommunikation dazu, ihre Machtposition zu demonstrieren. So werden beispielsweise nicht selten ungelegene Diskussionen etwa über Themen unterbunden, bei denen sie sich nicht besonders gut auskennen, oder sie nehmen das Thema nicht ernst, machen sich darüber lustig und geben vielleicht sogar den Auszubildenden der Lächerlichkeit preis. Ausbildende sollten sich – auch wenn es schwer fällt – mit denjenigen Auszubildenden und ihren in den meisten Fällen berechtigten Anliegen auseinandersetzen, die sich trauen, Dinge kritisch zu hinterfragen. Denn dies trägt letztendlich zur Weiterentwicklung der Ausbildung im Gesundheitsbetrieb bei.

Ebenfalls nicht zu unterschätzen ist die **Vorbildfunktion** der Ausbildenden. Sie stehen im Lern- und Arbeitsalltag der Auszubildenden unter „Beobachtung". Ob sie wollen oder nicht, wird ihr Verhalten und damit das, was sie tun oder lassen, von ihren Schützlingen registriert. Insofern müssen Ausbildende damit rechnen, dass ihr Verhalten bewusst oder unbewusst nachgeahmt wird und sich die Auszubildenden damit oder sogar mit ihrer Person identifizieren.

Beispiel

Grundlagen für dieses Phänomen sind zum Beispiel die allseits bekannten Theorien von Sigmund Freud (1856–1939), der darin einen psychodynamischen Prozess sah, mit dem Ziel, einer Angleichung des eigenen Ich zu dem zum Vorbild genommenen Ich, um letztendlich Idealen oder dem Erfolg des Vorbildes durch Nacheifern möglichst nahe zu kommen, oder die ebenso bekannten Rollenmodelle von Robert Merton (1968), die als Muster für spezifische Rollen beispielsweise im Gesundheitsbetrieb oder für die generelle Lebensweise nachgeahmt werden. Nicht minder bekannte Theorien, wie beispielsweise die von Albert Bandura (1963), gehen davon aus, dass die Orientierung an einem Vorbild oder Rollenmodell zum Auslösen, Hemmen oder auch Enthemmen bereits vorhandener Verhaltensmuster sowie zum Erwerb neuer Verhaltensweisen führen kann. Nach Anne-Marie Tausch (1998) gelten insbesondere die Vorbilder als attraktiv, die hohes Ansehen genießen, erfolgreich sind und zu denen eine gute Beziehung besteht.

Für die Ausbildenden im Gesundheitswesen bedeutet dies zum einen, sich der Verantwortung als Vorbild und dem möglichen Nacheiferns des eigenen Verhaltens durch Andere bewusst zu sein und andererseits, die Vorbildfunktion aber auch gezielt für positive Verhaltensbeeinflussungen bei den Auszubildenden nutzen zu können. Von großer Bedeutung ist die Vorbildfunktion insbesondere bei der Führung der Auszubildenden, da sich positives Verhalten verstärken kann, wenn die Ausbildenden als Vorbild voran gehen. Sie sind in der Regel auf ihre Unterstützung, Kooperation und das Mitwirken der Auszubildenden angewiesen, denn ein gewünschtes Verhalten lässt sich nicht immer erzwingen. Auch stellt sich die Frage, wie das konkrete Vorbild eines/einer Ausbildenden im Gesundheitswesen ausgestaltet sein muss, damit die gewünschten Ziele mit den Auszubildenden erreicht werden und sich durch ein funktionierendes Vorbildverhalten auch eine höhere Lernmotivation, bessere Arbeitsmoral sowie ein besseres Ausbildungsklima ergeben. Kann man den Erfolg der Vorbildfunktion gegebenenfalls sogar wirtschaftlich messen und zwar durch höhere Qualität und Produktivität in der Ausbildung? Insbesondere die letzte Frage ist in der Ausbildungspraxis sicherlich schwierig zu beantworten, da die Anteile einer Vorbildfunktion am gesamten Ausbildungserfolg nur schwer exakt quantifizierbar sein dürften.

Orientierung über Werte und Prinzipien im Gesundheitswesen geben auch Leitbilder, mit Hilfe derer sich der einzelne Auszubildende, aber auch die Ausbildenden in ihrer Vorbildfunktion zurechtfinden können. Das **Leitbild** gibt als dokumentierter Handlungsrahmen Selbstverständnis, Grundprinzipien und gemeinsame Ziele eines Gesundheitsbetriebs wieder. Insofern hat es nicht nur eine Außenwirkung, um zu zeigen, für was der betreffende

Gesundheitsbetrieb steht und wie er sich und seine Aufgaben in der Gesellschaft sieht, sondern es wirkt vor allen Dingen auch nach innen und bildet die Basis für die Organisationskultur, sowie den Handlungsrahmen auch für die Ausbildung in allen medizinischen und pflegenden Aufgaben. Auch die Ausbildenden tragen wesentlich dazu bei, dass Leitbilder ihre Funktion erfüllen. Wenn sie selbst Elemente des Leitbildes offen ablehnen, sich nicht daran halten oder das Leitbild als unrealistisches Idealbild kritisieren, besteht die Gefahr, dass ihr in dieser Hinsicht negatives Vorbild wünschenswerte Entwicklungen in einem Gesundheitsbetrieb behindert oder gar zunichte macht.

In einen Zusammenhang mit der Vorbildfunktion von Ausbildenden wird häufig auch die **Ethik** im Gesundheitswesen gestellt, die alle darin tätigen Einrichtungen und Menschen betrifft. Sie befasst sich mit den sittlichen Normen und Werte, die sich Ärzte, Patienten, Pflegekräfte, Institutionen und Organisationen, letztendlich die gesamte Gesellschaft in Gesundheitsfragen setzen. Im Zentrum der Vermittlung an die Auszubildenden stehen dabei die Unantastbarkeit der Menschenwürde und der Lebensschutz, die Patientenautonomie, das allgemeine Wohlergehen des Menschen, sowie das Verbot, ihm zu schaden. Die Ethik im Gesundheitswesen befasst sich somit nicht nur mit dem Schutz vor kriminellen Missbrauch ärztlichen Wissens und Ehrgeizes, sondern muss sich insbesondere den Herausforderungen durch die neuen Entwicklungen in der Medizin stellen und den Fragen nach dem Umgang mit knappen Ressourcen im Gesundheitswesen. Sie wird beeinflusst durch eine Pluralität von unterschiedlichen Weltanschauungen und Herangehensweisen, die auf individuellen Sozialisationen, verschiedenen Werten, Grundwerten und Motiven beruhen. Sie findet daher mitunter unterschiedliche Antworten auf Fragen wie beispielsweise, wann das menschliche Leben beginnt, auf die moralischen Probleme der Stammzellenforschung, der Schwangerschaftsunterbrechung, der Organtransplantation, der Menschen- und Tierversuche oder etwa auch, ob erst der Herz- oder bereits der Hirntod das Ende des Lebens bedeuten.

Die durch die Ausbildenden zu behandelnden ethischen Fragen beziehen sich zum einen auf die betriebliche Ethik im Sinne einer Unternehmens- und Wirtschaftsethik und zum anderen auf die konkreten Problemstellungen, die sich in Zusammenhang mit der Aufgabenwahrnehmung im Gesundheitswesen ergeben. Die Auswirkungen des Handelns auf Mensch und Umwelt wird hierbei nicht nur anhand des Beitrags für das Gesundheitswesen, sondern auch an Maßstäben sozialer Gerechtigkeit und Nachhaltigkeit gemessen. Sie werden zum einen durch das verantwortliche Handeln des gesamten Gesundheitsbetriebs beeinflusst und zum anderen letztendlich auch durch die Individualethik seiner Auszubildenden und deren Ausbildenden. Die Konzentration rationellen Handelns im Gesundheitswesen auf ökonomische Ausprägungen, mit vorhandenen Mitteln einen maximalen Nutzen oder ein bestimmtes Ziel mit minimalem Aufwand zu erreichen, birgt die Gefahr, bestimmte Wertebereiche wie Humanität, Solidarität, Gerechtigkeit etc. zu vernachlässigen. Auch die alleinige Ausrichtung auf den Markt als Vorgabe für das Handeln bietet nicht immer die Möglichkeit, einer ausreichenden Berücksichtigung gesellschaftlicher Werte und sozialer Normen.

Die konkreten ethischen Problemstellungen, die sich in Zusammenhang mit der Aufgabenwahrnehmung im Gesundheitswesen ergeben, sind häufig Gegenstand betrieblicher

Ethikkomitees, sofern sie in den jeweiligen Gesundheitsbetrieben eingerichtet sind. So werden beispielsweise in Krankenhaus-Ethikkomitees (KEK) ethische Probleme aus dem klinischen Alltag, bei der medizinischen Behandlung, Pflege und Versorgung von Patienten beraten. Für ethische Fragestellungen, die in der Praxis häufig auftreten, wie der ethische Umgang mit Schwerstkranken und Sterbenden, der Umgang mit Patientenverfügungen, die Regelung des Verzichts auf Herz-Kreislauf-Wiederbelebung, werden häufig durch das KEK spezielle Leitlinien entwickelt.

Gerade im Gesundheitswesen müssen oft schwierige Entscheidungen mit weit reichenden Konsequenzen getroffen werden. Ethisches Verhalten bedeutet in diesem Zusammenhang immer eine reflektierte Betrachtung, ausführliche Erörterung und Abwägung. Zu diesem Prozess gehören Vertrauen, Transparenz und Offenheit, sowie Partizipation durch Einbeziehung der Mitarbeiter, um ihre Meinung zu hinterfragen und sie zu einer Stellungnahme zu animieren. Letztendlich ist für die Auszubildenden allerdings auch die Erkenntnis wichtig, dass die ethische Reflektion die Übernahme von Verantwortung auch für schwerwiegende Entscheidungen darstellt und nicht das Erzielen verwässerter Konsensentscheidungen.

Ebenfalls in engem Zusammenhang mit der Vorbildfunktion steht die die Vermeidung von Korruption, Untreue, Geldwäsche und betrügerischer Handlungen im Gesundheitswesen. Häufig wird versucht, durch einen **Verhaltenskodex** als freiwillige Selbstverpflichtung, bestimmte Handlungen zu unterlassen oder gewünschten Verhaltensweisen zu folgen, um Veruntreuung, Betrug oder andere strafbare Handlungen zu verhindern. Es obliegt den Ausbildenden, welche Maßnahmen den Auszubildenden zu vermitteln sind, um bereits im Ansatz Korruption und Betrug zu verhindern. Mögliche Schulungsinhalte können sein:

- Ablehnung jeglicher Form von Betrug, Korruption und strafbarem Verhalten,
- Aufgabenwahrnehmung mit größtmöglicher Sorgfalt und Integrität,
- Einhaltung von Funktionstrennung und Vier-Augen-Prinzip,
- Einhaltung von Gesetzen und Vorschriften,
- Mithilfe bei Präventionsmaßnahmen zur Vermeidung strafbarer Handlungen,
- Nichtbeteiligung an rechtlich zweifelhaften Vorhaben,
- Offenlegung unvermeidbarer Interessenskonflikte,
- Respektierung der Rechte anderer,
- Transparente und für andere nachvollziehbare Arbeitsweise, die Verschleierung von strafbaren Handlungen verhindert,
- Unparteiische und gerechte Aufgabenerfüllung,
- Unterlassung von Handlungen, die Anderen Schaden zufügen könnten,
- Unterstützung bei der Aufklärung verdächtiger Vorgänge,
- Vermeidung von Interessenskonflikten.

Die Einhaltung gesetzlicher und freiwilliger Regulatorien, Richtlinien und Standards im Gesundheitswesen und deren Überwachung wird auch als **Compliance** bzw. Health-Care-

Compliance bezeichnet. Dabei geht es beispielsweise um eine korruptionsfreie Zusammenarbeit und die Fragen, was bei wichtigen Themen wie Medizinprodukte, Honorarvereinbarungen, Beraterverträge, Weiterbildungen oder Arbeitsessen erlaubt ist.

Im Sinne einer positiven Vorbildfunktion sollten die Ausbildenden die Kodexinhalte auch aktiv vorleben, wenn sie dieses Verhalten auch von ihren Auszubildenden erwarten.

In Zusammenhang mit Instrumentarien zur Führung von Auszubildenden wird häufig auch die Fähigkeit zur **Moderation** genannt, womit die steuernde, lenkende Gesprächsführung in Besprechungen gemeint ist, aber auch das Eingreifen und Mäßigen beispielsweise in Konfliktgesprächen. Die Ausbildenden müssen dazu in der Lage sein, die unterschiedlichen Wahrnehmungen und Vorstellungen zu strukturieren. Ihre Aufgabe ist es in erster Linie somit nicht immer, inhaltliche Empfehlungen auszusprechen, weil nur sie vermeintlich die beste Lösung wissen, sondern vielmehr dafür zu sorgen, dass der Weg zu einer Problemlösung und die dabei erforderliche Kommunikation zustande kommen. Wichtige Eigenschaften sind dabei:

- Äußerungen der Auszubildenden als Signale auffassen: Ihnen ihr eigenes Verhalten bewusst machen, so dass Störungen und Konflikte bearbeitet werden können; auf moralische Appelle verzichten.
- Eigene Meinungen, Ziel und Werte zurückstellen: Weder Meinungsäußerungen noch Verhaltensweisen bewerten; es gibt kein „richtig" oder „falsch" während einer Moderation.
- Fragende Haltung einnehmen: Keine behauptende Haltung; durch Fragen werden die Beteiligten füreinander und für das Thema geöffnet und aktiviert.
- Rechtfertigungen für Handlungen und Aussagen vermeiden: Vielmehr die Schwierigkeiten klären, die hinter Angriffen und Provokationen stecken.
- Sich seiner eigenen Stärken und Schwächen bewusst sein: Über die eigene Einstellung zu Menschen und Themen sich bewusst werden und die Verantwortung dafür übernehmen; dadurch den Auszubildenden helfen, möglichst selbstverantwortlich zu reagieren.

Die klassischen allgemeinen Führungsinstrumentarien lassen sich auch in die Ausbildung integrieren und auf die Führung von Auszubildenden im Gesundheitswesen übertragen. Zu den **Führungstechniken** werden verschiedene Verfahrensweisen, Maßnahmen und Instrumente gezählt, die häufig auch als Führungs- oder Managementprinzipien bezeichnet und zur Verwirklichung der vorgegebenen Ziele eingesetzt werden. Sie bauen in der Regel alle auf dem kooperativen Führungsstil auf, schließen sich gegenseitig nicht aus und beinhalten häufig unter der Bezeichnung „Management by …" bekannte Prinzipien.

Eine erste Alternative stellt die Veränderung der **Arbeitsstrukturierung** und damit der Arbeitsorganisation dar. Sie kann bezogen auf einen einzelnen Ausbildungsplatzplatz erfolgen oder auch nach dem Gruppenprinzip und damit mehrere Ausbildungsplätze betreffen (vgl. Tab. 7.1)

Bei dem **Arbeitswechsel** (job rotation) finden regelmäßige und organisierte Wechsel statt, um die Fachkenntnisse und Erfahrungen zu erweitern, auszutauschen und zu

Tab. 7.1 Veränderung der Arbeitsstrukturierung bei Ausbildungsplätzen

Maßnahme	Bezeichnung	Beschreibung
Aufgabenerweiterung	job enlargement	Übernahme zusätzlicher Tätigkeiten durch die Auszubildenden auf dem gleichen Anforderungsniveau
Arbeitsbereicherung	job enrichement	Erweiterung der Tätigkeiten der Auszubildenden um anspruchsvoller Aufgaben auf einem höheren Anforderungsniveau
Arbeitswechsel	job rotation	Systematischer Austausch von Aufgaben und Tätigkeiten durch regelmäßige und organisierte Wechsel der Auszubildenden in verschiedene Bereiche des Gesundheitsbetriebs

vertiefen. Gleichzeitig wird dadurch Eintönigkeit vermieden, die Arbeit wird abwechslungsreicher gestaltet und die Auszubildenden lernen beispielsweise auch einen anderen Patientenkreis und andere Abteilungen, Stationen etc. kennen. Auch kann ein regelmäßiger, kurzzeitiger Aufgabenwechsel dazu beitragen, körperliche und auch psychische Belastungen besser zu verteilen und auszugleichen, etwa bei der Pflege Schwerstkranker. Der Wechsel kann allerdings auch wesentlich länger, mehrere Wochen oder Monate andauern und auch über mehrere Abteilungen hinweg gehen, wobei man planmäßig auf den angestammten Ausbildungsplatz wieder zurückkehrt, dieser aber zunächst durch einen anderen Auszubildenden eingenommen wird. Insgesamt werden dadurch die Flexibilität, die fachlichen und sozialen Fähigkeiten sowie das Verständnis abteilungsübergreifender Zusammenhänge bei den Auszubildenden gefördert. Gleichzeitig besteht aber auch die Gefahr von Entfremdung bei den Patienten, sowie von Überforderung und Unruhe bei den Auszubildenden, zumal das Prinzip auch mit einem größeren Aufwand für die notwendige Einarbeitung und Integration und auch nur in größeren Gesundheitsbetrieben zu verwirklichen ist.

Die **Aufgabenerweiterung** (job enlargement) stellt eine Veränderung der Arbeitsorganisation auf dem gleichen Anforderungsniveau dergestalt dar, dass zusätzliche Tätigkeiten durch die Auszubildenden übernommen werden, die dem bisherigen Anforderungsniveau entsprechen. Dabei soll es nicht in erster Linie zu einer Mengenausweitung kommen, sondern zu einem Tätigkeitenwechsel, der dazu beiträgt, einseitige Belastungen und Monotonie zu vermeiden. Gleichzeitig wird durch die Übertragung zusätzlicher Aufgaben auch Anerkennung für die bisher geleisteten Tätigkeiten zum Ausdruck gebracht. Ferner werden dadurch die Flexibilität gefördert und Fachkenntnisse erweitert.

Im Unterschied zur Aufgabenerweiterung werden bei der **Arbeitsbereicherung** (job enrichement) die Tätigkeiten der Auszubildenden um anspruchsvoller Aufgaben auf einem höheren Anforderungsniveau erweitert. Ihnen werden in diesem Zusammenhang in der Regel mehr Verantwortung und größere Entscheidungsbefugnisse übertragen. Dies stellt zum einen eine Anerkennung für die bisher geleisteten Tätigkeiten dar, birgt aber auch die Gefahr einer Überforderung. Deshalb ist darauf zu achten, dass die Auszubildenden den anspruchsvolleren Aufgaben und dem höheren Anforderungsniveau auch gewachsen sind.

Beispiel

Wird eine Auszubildende neben Reinigungs- und Materialpflegearbeiten nach wenigen Wochen bereits mit kleineren Aufgaben im Rahmen der Abrechnungsorganisation betraut (job enlargement), so steigt mit dieser Aufgabenerweiterung ihr Verantwortungs- und Selbstwertgefühl, was wiederum eine Motivationsförderung darstellt.

Die **Aufgabendelegation** (Management by delegation) ist eine übliche Vorgehensweise im Rahmen der Ausbildung. Dabei werden für Routineaufgaben, aber auch anspruchsvolle Tätigkeiten im weiteren Verlauf der Ausbildung Entscheidungsfreiheit und Verantwortung auf die Auszubildenden übertragen, unter Berücksichtigung klarer Abgrenzung von Kompetenz und Verantwortung der übertragenen Aufgabenbereiche, um mögliche Konflikte zu vermeiden. Dabei werden durch die Ausbildenden später nicht mehr jeder einzelner Arbeitsvorgang kontrolliert, sondern nur noch stichprobenartige Kontrollen durchgeführt. Die Vorteile der Aufgabendelegation liegen im Beitrag der Auszubildenden zur Förderung und Entwicklung von Initiative, Selbstständigkeit und Kompetenz sowie in der positiven Auswirkung auf ihre Leistungsmotivation und Arbeitszufriedenheit.

Für eine erfolgreiche Aufgabendelegation ist beispielsweise zu definieren:

- Inhalt: Welche Aufgabe soll durchgeführt werden?
- Person: Welche bzw. welcher Auszubildende soll sie durchführen?
- Motivation, Ziel: Warum soll die Aufgabe durch Auszubildende durchgeführt werden?
- Umfang, Details: Wie soll sie durchgeführt werden?
- Termine: Bis wann soll die Aufgabe erledigt sein?

Das **Ausnahmeprinzip** (Management by exception) ist dadurch geprägt, dass die Ausbildenden nur bei unvorhergesehenen Ausnahmesituationen und in ungewöhnlichen Fällen eingreifen, so dass sich im Normalfall die Verantwortung alleine bei den mit der Aufgabe betrauten Auszubildenden befindet. Dies setzt zum einen das Vertrauen in die Aufgabenlösung durch die Auszubildenden voraus, bedeutet zugleich aber auch ein Kontrollieren der Aufgabenwahrnehmung durch die Ausbildenden. Ihr Eingreifen bedeutet dabei ein deutliches Signal für die Auszubildenden, Fehler begangen zu haben, denn im Idealfall ist kein Eingriff notwendig. Um ein allzu häufiges Eingreifen zu vermeiden, lassen sich Toleranzgrenzen vereinbaren, deren Überschreitung ein Eingreifen auslöst. Regelmäßige Berichterstattungen über Ergebnisse und Zielerreichungen an die Ausbildenden tragen ebenfalls zu einem sicheren Umgang mit diesem Instrument bei. Allerdings erfolgen Reaktionen der Ausbildenden in der Regel nur bei negativen Abweichungen, so dass ein positives Feedback häufig ausbleibt und die Auszubildenden daher versucht sind, negative Meldungen, die zu einem Eingreifen führen würden, möglichst zu vermeiden. Insofern ist es wichtig, die Toleranzbereiche für die Ermessensspielräume möglichst genau zu definieren und in die damit erteilten Entscheidungsbefugnisse auch nicht unnötig einzugreifen. Das Herausfiltern von Themen, die nach dem Ausnahmeprinzip zwar delegiert sind, bei denen die Auszubildenden aber im Einzelfall doch gerne entscheiden möchten, führt zu Unsicherheit und Frustration bei den Auszubildenden, da diese sich in einer derartigen Situation zurückgesetzt fühlen können. Umgekehrt gibt es Fälle, bei denen die Auszubildenden unsicher sind, eine Entscheidung der Ausbildenden erwarten und, nachdem diese ausbleibt, schließlich doch selbst die Verantwortung übernehmen. Dabei gehen sie nicht selten das persönliche Risiko ein, auch noch im Nachhinein dafür belangt zu werden. Deshalb ist es wichtig, dass es bei der Anwendung des Ausnahmeprinzips möglichst genaue Richtlinien für die Entscheidungsfindung gibt und sich nicht nur die Auszubildenden, sondern auch die Ausbildenden daran halten.

Ausbildende und Auszubildende legen bei der **Zielvereinbarung** (Management by objectives) gemeinsam bestimmte Ziele fest, die die Auszubildenden in ihrem Arbeitsbereich realisieren sollen. Auf welchem Weg die vorgegebenen Ziele erreicht werden, können sie dabei im Rahmen ihres Aufgabenbereichs selbst entscheiden. Die Ausbildenden beschränken sich auf die Kontrolle der Zielerreichung. Da hierbei der Weg der Zielerreichung durch die Auszubildenden bestimmt werden kann, ist es besonders wichtig die Ziele möglichst klar, exakt und realisierbar zu definieren (vgl. Tab. 7.2).

Das Prinzip der **Ergebnisorientierung** (Management by results) stellt die stärker autoritäre Ausrichtung der Zielvereinbarung dar, indem die Ausbildenden die Ziele vorgeben und die Ergebnisse der Aufgabenwahrnehmung durch die Auszubildenden kontrollieren. Dadurch, dass die Ziele nicht gemeinsam vereinbart werden, bringen ausschließlich die Ausbildenden ihre Ergebnisvorstellung ein und können entsprechend auf Ergebnisabweichungen reagieren.

Beispiel

Verlangt die Pflegeleitung von der Auszubildenden, dass das Patientenzimmer in Ordnung gebracht wird, gibt sie den gewünschten Zustand genau an und beschränkt sie sich hierbei auf die Ergebniskontrolle, so liegt Management by results vor.

Im Vordergrund der Ergebnisorientierung steht häufig die Zahlenkontrolle von quantifizierbaren Ergebnisgrößen. Diese Art der Anwendung ist im Gesundheitswesen sicherlich

Tab. 7.2 Zieldefinition im Management by objectives (vgl. Doran 1981, S. 35 f.)

Merkmale	Abkürzung	Beschreibung
Specific	S	Eindeutige Spezifizierung und Definition der Ziele
Measurable	M	Messbarkeit der Ziele anhand zuvor definierter Kriterien
Attainable	A	Angemessenheit und Akzeptanz der Ziele
Realistic	R	Erreichbarkeit und Realisierbarkeit der Ziele
Timed	T	Eindeutige Terminvorgaben für die Zielerreichung

gerade im medizinischen und pflegerischen Bereich nur bedingt einsetzbar. Es setzt voraus, dass zwar ähnlich wie bei der Zielvereinbarung im Rahmen von Gesprächen konkrete zu erzielende Ergebnisse vereinbart werden, die bei rein quantitativen Soll-Ist-Vergleichen zu qualitativen Problemen führen können, beispielsweise im Bereich der Pflegequalität. Das bedeutet, dass gerade im Gesundheitswesen nicht nur quantitative, sondern auch qualitative Ergebnisvereinbarungen getroffen werden müssen, um Management by results zum Erfolg zu führen.

7.3   Umgang mit Konflikten in der Ausbildung

Eine Herausforderung für Ausbildende im Gesundheitswesen ist der Umgang mit Meinungsverschiedenheiten und Differenzen, Auseinandersetzungen und Streitereien. Sie alle stellen als **Konflikte** gegensätzliches Verhalten dar, das auf mangelnder gegenseitiger Sympathie, unterschiedlichen Interessen, Widerstreit von Motiven oder Konkurrenzdenken beruht. Es gibt beispielsweise Konflikte zwischen Auszubildenden innerhalb eines Lehrjahres, Auszubildenden unterschiedlicher Lehrjahre, verschiedenen Ausbildungsgruppen, Auszubildenden und ihren Angehörigen oder Auszubildenden und der Ärzteschaft, dem Pflegepersonal, Patienten, Betriebsleitung oder der berufsschulischen Einrichtung.

Bezüglich der Ausbildung ist insbesondere festzuhalten, dass jede Generation ihre typischen Verhaltensweisen, Ansichten und Kommunikationspräferenzen auch in den Job einbringt, was zu Spannungen und Unstimmigkeiten zwischen den Vertretern unterschiedlichen Alters führen kann. Insofern ist auch für die Ausbildung wichtig: Das gute Miteinander aller Beteiligten ist ausschlagegebend für den langfristigen gesundheitsbetrieblichen Erfolg (vgl. Mangelsdorf 2015, S. 11).

Weit verbreitet ist die Meinung, dass Konflikte stets negative Auswirkungen auf die Zusammenarbeit und die Arbeitsergebnisse der Auszubildenden aufweisen. Dies ist nicht uneingeschränkt richtig. Sicherlich können sie zu Frustration, Verschlechterung der sozialen Beziehungen, physischen und/oder psychischen Belastungen mit Auswirkungen auf den Leistungsprozess oder zu einer Verschlechterung von Ausbildungs- und Arbeitsergebnissen führen. Daneben führen Konflikte aber auch nicht selten zu positiven Effekten, wie beispielsweise

- das Auffinden innovativer Lösungen für Probleme in der Ausbildungsorganisation,
- eine bessere Berücksichtigung von Bedürfnissen der Auszubildenden,
- durch Klärung von Positionen: Leistungssteigerung und erhöhte Loyalität,
- die Verbesserung des Lern- und Arbeitsklimas durch Beseitigung aufgestauter Spannungen, durch Aneignung von Diskussions- und Kooperationsfähigkeit sowie Toleranz, durch Klärung der Kompetenz-, Verantwortungs- und Aufgabenbereiche.

Aufgabe der Ausbildenden ist es daher, in ihrem Einflussbereich Konflikte in Verhandlungs- und Schlichtungsprozessen einer zumindest vorläufigen Lösung zuzuführen, damit

Tab. 7.3 Ursachenbeispiele für Konflikte in der Ausbildung

Ursache	Beispiele
Als unangemessen empfundene Kritik	Ungezielte, vorschnelle, unsachliche und zu allgemein gehaltene Kritik; kritisiert wird die Persönlichkeit der Auszubildenden und nicht ihr Fehlverhalten
Beziehungsprobleme zwischen den Auszubildenden	Vermeintliche „Vorgesetztenverhältnisse" zwischen Auszubildenden unterschiedlicher Jahrgänge, Bildung von informellen Gruppen, Klüngeleien, unzulässige Machtausübung
Koordinations- und Abstimmungsprobleme zwischen den Auszubildenden	Mangelhafte Absprachen, Verheimlichungen, unzureichende Weitergabe von Informationen
Probleme bei der Abgeltung erbrachter Leistungen	Differenzen bei Überstunden, fehlende Anerkennung von Arbeitseinsatz und Mehrarbeit
Probleme bei der Arbeitsstrukturierung	Aufgabenhäufung, schlechte Arbeitsbedingungen, häufige Stresssituationen, häufige Mehrarbeit
Probleme bei der Aufgabenwahrnehmung	Mangelnder Lernfortschritt, fehlende Leistungsbereitschaft, mangelnde Sorgfalt, Unzuverlässigkeit, mangelhafte berufschulische Leistungen

die Ausbildung nicht darunter leidet. Dabei ist es wichtig, positive Wirkungen durch eine richtige Konflikthandhabung zu nutzen, um letztendlich gestärkt aus einer derartigen Auseinandersetzung hervorzugehen.

Die **Konfliktursachen** sind häufig in der Tatsache begründet, dass die einzelnen Auszubildenden nicht gleichzeitig alle ihre Vorstellungen und Erwartungen verwirklichen können (vgl. Tab. 7.3).

Persönlichkeitsmerkmale, wie etwa Aggressionsneigung, Harmoniebedürfnis, Hemmungen, Angst, Stimmungen, Sympathie- und Antipathiegefühle sind meist nicht die alleinige Ursache von personellen Konflikten, sie können aber deren Auslöser bzw. Verstärker sein, oder aber auch, trotz objektiv vorhandenem Anlass, die Entstehung von Konflikten verhindern bzw. den Verlauf und die Auswirkungen von Konflikten glätten.

Je nachdem, wie viele Auszubildende an einem Konflikt im Gesundheitsbetrieb beteiligt sind, unterscheidet man folgende **Konflikttypen**:

- Interpersonelle Konflikte: Sie treten überwiegend zwischen zwei oder mehreren Auszubildenden auf.
- Gruppenkonflikte: Sie treten zwischen einer Gruppe und einzelnen Auszubildenden sowie zwischen Gruppen von Auszubildenden auf.
- Intrapersoneller Konflikt: Konflikte, die in der Persönlichkeit einzelner Auszubildender selbst begründet sind.

Beispiel

Interpersonelle Konflikte können beispielsweise bei der Urlaubsplanung zwischen zwei Auszubildenden oder einzelnen Auszubildenden und den Ausbildenden auftreten. Gruppenkonflikte liegen z. B. bei Auseinandersetzungen zwischen der Gruppe der Auszubildenden im ersten Lehrjahr und der Gruppe der Auszubildenden im dritten Lehrjahr vor. Ein intrapersoneller Konflikt kann auftreten, wenn in Auszubildenden im Zeitablauf erhebliche Zweifel an ihrer Berufsentscheidung wachsen.

Verborgene Konflikte lassen kein Konfliktgeschehen, wie etwa eine lautstarke Auseinandersetzung zwischen zwei Auszubildenden, erkennen, obwohl ein Konfliktpotenzial und auch ein Konfliktanlass häufig vorhanden sind. Diese Verborgenheit kann verschiedene Ursachen haben:

- Die beiden gegenüberstehenden Auszubildenden nehmen das Konfliktpotenzial bzw. den -anlass noch nicht wahr;
- sie sehen den Anlass als nicht so wichtig an, offen darüber zu streiten;
- die beeinträchtigte Seite fürchtet, ein offenes Austragen eines Streits würde ihre Situation verschlechtern;
- beide Auszubildenden sehen sich außerstande, einen offenen Konflikt auszutragen.

Auch derartige unterschwellige, nicht sichtbare Konflikte können zum offenen Ausbruch gelangen. Das aufgestaute Konfliktpotenzial kann dann zu besonders heftigen Konflikten führen. Anzeichen für solche Konflikte sind oft untypische Verhaltensweisen von Auszubildenden, kleine Sticheleien, Randbemerkungen oder aber auch psychosomatisch bedingte Krankheitssymptome, die nicht selten zum Fernbleiben von der Ausbildung führen.

Somit sind unterschiedliche **Konfliktverlaufsformen** festzustellen: Offene Konfliktaustragungen führen oft zu regelrechten „Machtkämpfen". Lassen sich keine Kompromisse erzielen, kann der erlangte Vorteil der einen Seite völlig zu Lasten der anderen Seite gehen. Folgen einer Konfliktvermeidung durch Vorwegnahme eines negativen Ergebnisses bzw. Einnahme der Verliererposition sind in der Regel ein Rückzugsverhalten, dass im Extremfall bis zur Kündigung führen kann. Bei der Konfliktumleitung kann die aufgestaute Frustration anderen Auszubildenden gegenüber oder auch im familiären Kreis ein aggressives Verhalten hervorrufen (vgl. Tab. 7.4).

Eine offene Konfliktaustragung ist daher eher anzustreben und einer Konfliktunterdrückung, -vermeidung oder -umleitung vorzuziehen. Sie kann als „reinigendes Gewitter"

Tab. 7.4 Beispiele für Konfliktverlaufsformen in der Ausbildung

Form	Beschreibung
Offene Austragung	Beide Konfliktseiten versuchen ihre gegensätzlichen Interessen ganz oder teilweise zu verwirklichen.
Unterdrückung	Die Ausbildenden lassen einen offenen Konflikt nicht zu oder setzen ihre (Macht-)Interessen unmittelbar durch und beenden damit den Konflikt (scheinbar).
Vermeidung	Trotz eines vorhandenen „Spannungspotentials" werden keine Konfliktaktivitäten ergriffen.
Umleitung	Ein Konflikt wird mit einer anderen als der Anlass gebenden Seite ausgetragen.

Tab. 7.5 Maßnahmenbeispiele zur Konflikthandhabung

Maßnahme	Beschreibung
Gemeinsame Problemlösung	Beide Seiten werden dazu bewegt, gemeinsam das Problem zu definieren und Lösungsmöglichkeiten zu entwickeln, wobei der Prozess erst endet, wenn für beide Seiten eine akzeptable Problemlösung gefunden wurde.
Schlichtung	Die Ausbildenden entwickeln aktiv einen Kompromissvorschlag, der bei Zustimmung von beiden Seiten eingehalten werden muss.
Steuerung des Verlaufs	Aufzeigen bisher in der Auseinandersetzung nicht berücksichtigter Lösungsalternativen.
Vorgabe von Verlaufsregeln	Steuerung durch die Ausbildenden dahingehend, dass durch Auseinandersetzungen nicht die Ausbildungsleistungen und die Aufgabenwahrnehmung im Gesundheitsbetrieb beeinträchtigt werden.
Vorgezogene Schlichtung	Die Ausbildenden versuchen Konfliktpotenziale möglichst frühzeitig zu erkennen und deren Ursachen zu beseitigen.

durchaus auch positive Folgen für die zukünftige Zusammenarbeit in der Ausbildung im Gesundheitsbetrieb und darüber hinaus haben.

Jedoch können Konflikte oft auch nicht endgültig gelöst werden, daher erscheint der Begriff **Konflikthandhabung** für den Umgang mit Konflikten in der gesundheitsbetrieblichen Ausbildung besser geeignet. Ziel ist es dabei, Konflikte durch Schlichtung zwischen den konträren Seiten zumindest zeitweise beizulegen, ihre Ursachen zu ermitteln und diese soweit möglich zum Zwecke einer langfristigen Beruhigung der Situation und einer möglichst konfliktfreien Ausbildungssituation zu beseitigen. Hierzu stehen verschiedene Maßnahmen zur Verfügung (vgl. Tab. 7.5).

Durch Strafandrohungen (Zurechtweisungen, Verweigerung von freien Tagen, Drohungen mit Kündigung etc.) werden vorhandene Konfliktursachen nicht beseitigt, sondern in ihrer Wirkung eher verstärkt. Auch Zufallsurteile (Münzwurf, Los etc.) stellen eine unzuverlässige Konfliktlösung dar, weil die unterlegen Auszubildenden oftmals weiterhin an den von ihnen vertretenen Positionen festhalten, so dass eine erneute Auseinandersetzung droht.

7.4   Besonderheiten im Verhältnis Patienten/Auszubildende

Patienten können nicht immer unterscheiden, ob ihnen Auszubildende oder ausgelernte Kräfte gegenüberstehen. Im Idealfall stellen sie auch keinen Unterschied fest, wenn die Auszubildenden nach dem Stand ihrer Ausbildung eingesetzt werden und ihr Aufgabengebiet bereits sehr gut beherrschen. Dies ist jedoch nicht immer der Fall, und Ausbildende im Gesundheitswesen müssen sich deshalb darüber bewusst sein, dass Patienten Vermutungen, Vorahnungen, Hoffnungen, Wünsche, aber auch Befürchtungen hinsichtlich von Qualität und Ergebnis der ihnen erbrachten Behandlungs- und Pflegeleistungen im Vorhinein entwickeln und diese dann anhand der tatsächlichen Erfahrungen und Erlebnisse bewerten. Die Differenz zwischen der von den Patienten erwarteten Qualität ihrer

Versorgung mit Behandlungs- und Pflegeleistungen und der von ihnen tatsächlich wahrgenommenen Qualität, bildet die Grundlage der **Patientenzufriedenheit**. Sind die Erwartungen niedriger als der Istwert aus den tatsächlichen Erfahrungen und Wahrnehmungs-
wert in Zusammenhang mit den Behandlungs- und Pflegeleistungen, so drückt sich dies in
der Regel durch Zufriedenheit aus und zwar unabhängig davon, ob ein Gesundheitsbetrieb
ausbildet oder nicht. Bei höheren Erwartungen und niedrigerem Istwert kann es umgekehrt zu Unzufriedenheit führen.

Zu den wesentlichen Einflussfaktoren auf die Erwartungshaltung der Patienten zählen:

- Erfahrungen: Bei schlechten Erfahrungen wird zukünftig eine Besserung der Leistungen erwartet; bei Erfahrungen mit anderen Einrichtungen wird erwartet, dass die Behandlung mindestens ebenso gut oder gar noch besser ist.
- Empfehlungen: Mit der Einholung von Informationen, welche Gesundheitseinrichtung
  besser sei, wird ein gewisses Vorstellungsspektrum erzeugt, welches erst einmal erfüllt
  werden muss.
- Wissen: Oft glauben medizinisch und heilkundlich orientierte Patienten zumindest beurteilen zu können, welche Ansprüche an Behandlungsmethoden oder Patientenservice
  zu stellen sind und fordern diese ein.
- Bedürfnisse: Wünschenswertes (bspw. dauerhafte Schmerzfreiheit), emotionale Erfahrungen (bspw. Zuwendung), die in Zusammenhang mit der Behandlungsleistung und
  dem Aufenthalt in einer Gesundheitseinrichtung aus Sicht des Patienten möglich sein
  sollten.

Die Erwartungen der Patienten werden mit den konkreten Erfahrungen und Wahrnehmungen in Zusammenhang mit ihrem Aufenthalt im Gesundheitsbetrieb abgeglichen. Da die
Wahrnehmungen und subjektiven Empfindungen häufig unabhängig vom objektiven Qua-
litätsniveau der Behandlungsleistung erfolgen, besteht die Gefahr negativer Erfahrungen
aufgrund Unwissenheit über den Einsatz von Auszubildenden. Häufig fehlt auch das dazu
notwendige Urteilsvermögen, oder die Leistung wird unter dem Eindruck der persönlichen gesundheitlichen Situation emotional bewertet. Für die Ausbildenden und die Auszubildenden ist es daher besonders wichtig, dass die Patienten über den Ausbildungsbetrieb
informiert sind („Unser Gesundheitsbetrieb bildet aus!“). Die meisten Patienten reagieren
dann in Situationen, in denen nicht alles wie gewohnt funktioniert, es länger als üblich
dauert oder sie Unsicherheit bei den jungen Auszubildenden spüren, mit Wohlwollen und
Verständnis.

Beispiel
Insbesondere am Anfang der Berufstätigkeit, also in der Ausbildungszeit lassen sich beispielsweise bei einem Praxisteam am erfolgreichsten die Weichen für eine professionelle,
Patienten bindende Betreuung stellen. Dies ist z. B. seit langem ein Übungsschwerpunkt
im Rahmen der Überbetrieblichen Ausbildung in Hessen, bei der zunächst in der Grund-

stufe von Psychologinnen und Psychologen anhand von Rollenspielen, die aufgezeichnet und gemeinsam besprochen werden, die Grundlagen von Kommunikation, Rollenverständnis und Rollenkonflikten, sowie die Haltung des Patienten als Beobachter erarbeitet werden. Dabei üben Auszubildende Gespräche mit Patienten und bearbeiten einfachere Konflikte. In einer weiteren Fachstufe werden die Auswirkungen von Krankheit auf die Erlebniswelt des Patienten betrachtet und die Inhalte von „Botschaften" durch Rollenspiele verständlich gemacht. Angemessene Verhaltensformen in schwierigeren Situationen werden geübt und die Übungen anhand von Merkmalen spezieller Patientengruppen bearbeitet. Ärzte und Ärztinnen führen in der Grundstufe in die am häufigsten in der Praxis vorkommenden Notfallsituationen ein, und in Kleingruppen üben Ausbildende das praktische Vorgehen. Schließlich üben die Auszubildenden anhand von Fallbeschreibungen das richtige Vorgehen. Rettungskette, Arbeitsschutz/Unfallverhütung und Überwachung des Notfallkoffers sind weitere Schwerpunkte, sowie auch die notfallbedingt typischen Reaktions-/Verhaltensweisen von Patienten. Dabei lösen die Besonderheiten der einzelnen Praxen in der Regel einen regen Informationsaustausch in der Auseinandersetzung der Auszubildenden mit den Übungen aus, wodurch sie auch vom Handlungsablauf in anderen Praxen profitieren (vgl. Beleites 2002, S. 598 f.).

Eine konsequente **Patientenorientierung** ist im Hinblick auf den betrieblichen Erfolg im Gesundheitswesen von besonderer Bedeutung. Sie hat das Ziel der langfristigen Patientenbindung, die eine Behandlung nicht als einmalige Dienstleistung versteht, sondern durch das Erreichen von Patientenzufriedenheit, als Gradmesser ihrer Bedürfnisbefriedigung in Zusammenhang mit den ihnen erbrachten Behandlungs- und Pflegeleistungen, in ihr den Anfang einer Vertrauensbeziehung zwischen dem Gesundheitsbetrieb und den Patienten sieht. Auch bei der Ausbildung ist das Vertrauen der Patienten von elementarer Bedeutung, und es ist daher wichtig, dass sie offen und transparent miteinbezogen werden. Es darf keinesfalls der Eindruck entstehen, es würde von Berufsanfängern unkontrolliert herumexperimentiert.

Die Patientenzufriedenheit lässt sich erzielen, in dem ihre Erwartungen und Vorstellungen dauerhaft erreicht und am besten sogar noch übertroffen werden, was aus betriebswirtschaftlicher und strategischer Sicht eine wichtige betriebliche Investition in die Zukunft bedeutet. Schließlich werden zufriedene Patienten vielmehr bereit sein, auch einen angemessenen Preis für eine gute Behandlung zu zahlen. Dazu muss die Qualität der Behandlungs- und Pflegeleistungen auch unter Ausbildungsbedingungen so dargestellt werden, dass die Patienten sie auch bewusst wahrnehmen. Denn: Zufriedene Patienten sind in der Regel auch loyale, treue Patienten, die ihren gewissermaßen indirekten Anteil in die Ausbildung des Gesundheitsbetriebs einbringen.

Die Auszubildenden erfahren in der Regel recht schnell, dass die Patienten nicht nur Empfänger von Behandlungs- und Pflegeleistungen sind, sondern vielmehr direkt oder indirekt, aktiv oder passiv, physisch und psychisch an der Leistungsentstehung und damit am Erfolg der Behandlungs- und Pflegeleistungen beteiligt sind. Auch sind neben dem

Eigenanteil und dem persönlichen Nutzen insbesondere die subjektive Einschätzung und der Vergleich der individuell wahrgenommenen Behandlungs- und Pflegeleistungen ein weiterer Maßstab, um die Frage zu beantworten, woran die Patienten ihren Grad der Unzufriedenheit oder Zufriedenheit bemessen. Für die Ausbildung im Gesundheitswesen bedeutet dies, dass Patientenzufriedenheit dauerhaftes Bemühen um die Patienten voraussetzt. Dazu gehört eine konsequente Patientenorientierung und ein wirksames Qualitätsmanagement, welches die Grundlage für ein langfristig gesichertes Leistungsniveau und damit einen hohen Patientenbindungsgrad bietet.

Für die Ausbildung im Gesundheitsbetrieb ist es wichtig, die Patienten und ihre Bedürfnisse in das Zentrum aller Überlegungen zu stellen. Nur dann, wenn die Auszubildenden die Patienten, Heimbewohner und sonstige Zielgruppen, deren Verhalten und Bedürfnisse möglichst gut kennen, sind sie in der Lage, diese durch die von ihr angebotenen Service- und Behandlungsleistungen erfolgreich zufrieden zu stellen und durch eine möglichst zielgruppenorientierte Gestaltung des Leistungsangebots eine gezielte Ausbildung und Ausrichtung der betriebsinternen Abläufe zu ermöglichen.

Die Auszubildenden müssen nicht zuletzt deshalb über ein möglichst gutes Bild der Patienten verfügen, um die Bedeutung der **Patientenadhärenz** und damit ihr Verhalten, sich unter Berücksichtigung ihrer individuellen Bedürfnisse an die im Rahmen einer Therapie vereinbarten Empfehlungen und Medikamentenverordnungen zu halten, einordnen, ein möglichst großes Adhärenzausmaß erreichen und mögliche Faktoren, die dies gefährden, hinreichend berücksichtigen zu können. Dazu zählen beispielsweise instabile Lebensbedingungen, psychosozialer Stress, die Angst vor Nebenwirkungen, ein niedriges Bildungsniveau, die Art und Schwere des Krankheitsverlaufes, die Dauer der Behandlung, erfolglose Therapien, Vergesslichkeit, nicht verstandene Therapieanweisungen und vieles anderes mehr. Grundlage der Adhärenz ist das den Auszubildenden zu vermittelnde Verständnis, dass die Verantwortung für den Erfolg einer Therapie nicht nur ausschließlich beim Patienten zu suchen ist. Somit ist nicht nur darauf zu achten, dass Rezepte in der Apotheke eingelöst, Medikamente überhaupt und auch nicht falsch angewendet und die medizinischen Empfehlungen eingehalten werden. Vielmehr muss den Patienten aber auch den Auszubildenden klar sein, welche Folgen ein Absetzen der Therapie und ein Abbruch der Behandlung hätte, denn die Patienten geben die Verantwortung für ihre Gesundung nicht an medizinisches Personal ab, sondern sind für den Erfolg der Therapie mit verantwortlich.

Auszubildende sind zunächst oft sehr erschrocken, wenn sich Patienten beschweren. Obwohl sich die **Patientenbeschwerden** mitunter gar nicht auf die Auszubildenden direkt beziehen, ist es für eine Optimierung der Ausbildung und insbesondere für eine erfolgreiche, nachhaltige Patientenbindung wichtig, Maßnahmen zu ergreifen, die die Zufriedenheit des Patienten wiederherstellen und Stabilität in gefährdete Patientenbeziehungen bringen. Nicht selten beinhalten Beschwerden Hinweise auf Stärken und Schwächen im Gesundheitsbetrieb, und so ist es sinnvoll, nicht nur die artikulierte Unzufriedenheit dabei zu berücksichtigen, sondern auch Folgebeschwerden, Anfragen oder Verbesserungsvorschläge. Die Ausbildenden sollten hierzu einen richtigen, professionellen Umgang mit den

Patientenbeschwerden vermitteln, bei dem die Auszubildenden nicht den Eindruck gewinnen, dass dabei die Suche nach den „Schuldigen" im Vordergrund steht. Zunächst gilt es die Emotionen der Patienten wahrzunehmen und ihnen das Gefühl zu vermitteln, ernst genommen und nicht übergangen oder gar ignoriert zu werden. Hierzu ist eine schnelle und ausreichende Reaktion auf die Patientenbeschwerde wichtig, um eine Eskalation bis hin zu einer möglichen gerichtlichen Auseinandersetzung auf jeden Fall zu vermeiden. Gleichzeitig ist gezielt nachfragend die Unzufriedenheit inhaltlich aufzuklären, was bei aufgebrachten Patienten oft eine kommunikative und emotionale Herausforderung darstellt und womit unerfahrene Auszubildende zweifelsohne überfordert wären. Als nächstes ist die schnelle, aktive Suche nach einer zeitnahen Problemlösung von Bedeutung, um das Vertrauen des Patienten in die Problemlösungskompetenz des Gesundheitsbetriebs zu rechtfertigen. Mit den Auszubildenden ist schließlich zu besprechen, warum diese Problemsituation überhaupt entstanden ist und wie sie zukünftig vermieden werden kann.

Beispiel

Eine besondere Partnerschaft im Hinblick auf das Verhältnis Patienten/Auszubildende, von der Patienten und Auszubildende gleichermaßen profitieren, bilden beispielsweise die Diakonie-Klinik Mosbach und Berufsbildungswerk (BBW) Mosbach-Heidelberg. Die Klinik fasst medizinische Angebote der Johannes-Diakonie Mosbach unter ihrem Dach zusammen, verbindet psychiatrische und psychotherapeutische Angebote für Kinder, Jugendliche und Erwachsene und bildet mit dem Berufsbildungswerk einen gemeinsamen Campus. Das BBW macht Ausbildungsangebote für Jugendliche und junge Erwachsene mit besonderem Förderbedarf.

Jugendliche und junge Erwachsene, die Ausbildungsangebote des BBW nutzen, können die psychiatrischen und psychotherapeutischen Leistungen der Diakonie-Klinik in Anspruch nehmen, zum Beispiel bei psychischen Krisen. Umgekehrt können Patienten der Diakonie-Klinik die Ausbildungsstätten des BBW besuchen, etwa wenn es darum geht, sich während einer therapeutischen Behandlung im Ausbildungs- und Arbeitsalltag zu erproben (vgl. Johannes-Diakonie Mosbach 2017, S. 1).

Literatur

Barbuto, J., & Scholl, R. (1998). Motivation sources inventory: Development and validation of new scales to measure an integrative taxonomy of motivation. *Psychological Reports, 82*, 1011–1022. Missoula: Ammons Scientific.

Beleites, J. (2002). Überbetriebliche Ausbildung – Weichen für die Patientenbindung stellen. In Landesärztekammer Hessen (Hrsg.), *Hessisches Ärzteblatt* (Bd. 10, S. 598–599). Köln: Deutscher Ärzteverlag.

Doran, G. (1981). There's a S.M.A.R.T way to write Management's goals and objectives. *Management Review, 70*, 35–36.

Hersey, P., & Blanchard, K. (1982). *Management of organizational behavior* (4. Aufl.). New York: Prentice-Hall.

Johannes-Diakonie Mosbach. (Hrsg.). (2017). Diese Partnerschaft hilft Patienten und Auszubilden-den – Berufsbildungswerk und Diakonie Klinik Mosbach besiegeln Kooperation. Mosbach/Baden. https://www.johannes-diakonie.de/ueber-uns/presse/archiv/detail/diese-partnerschaft-hilft-patien-ten-und-auszubildenden.html. Zugegriffen am 19.04.2019.

Kluge, M., & Buckert, A. (2017). *Der Ausbilder als Coach Auszubildende beurteilen, motivieren und gezielt fördern* (6. Aufl.). Köln: Luchterhand.

Lukasczyk, K. (1960). Zur Theorie der Führer-Rolle. Psychologische Rundschau, 2, 179–188. Göttingen: Hogrefe.

Mangelsdorf, M. (2015). *Von Babyboomer bis Generation Z – Der richtige Umgang mit unter-schiedlichen Generationen im Unternehmen*. Offenbach: Gabal.

Rahn, H. J. (2008). *Personalführung kompakt – Ein systemorientierter Ansatz*. München: Oldenbourg.

Schanz, G. (2000). *Personalwirtschaftslehre* (3. Aufl.). München: Vahlen.

Personaleinsatz von Auszubildenden

8

8.1 Quantitativer und qualitativer Auszubildendenbedarf

Der Auszubildendenbedarf gibt darüber Auskunft, wann wie viel Auszubildende mit welchen Qualifikationen für welche Ausbildungsplätze im Gesundheitsbetrieb benötigt werden (vgl. Frodl 2018, S. 7 ff.).

Zur Ermittlung des quantitativen Auszubildendenbedarfs für Gesundheitsbetriebe ist die Frage zu stellen: Wie viele Auszubildende werden zur Erfüllung der ihnen zugedachten Aufgaben benötigt? Zur Berechnung der Anzahl geht man von unterschiedlichen Personalbedarfsarten aus:

- Bruttopersonalbedarf: Benötigte Leistungsstunden sowie alle anderen Arbeitszeiten, wie vorgeschriebene Pausen, Rüstzeiten für das Vorbereiten von Eingriffen oder die Einrichtung von Behandlungsräumen, Übergabezeiten, Zeiten für Krankenstand und Urlaub.
- Nettopersonalbedarf: Benötigte Leistungsstunden.
- Ersatzbedarf: Durch ausscheidende Auszubildende verursachter Bedarf.
- Zusatzbedarf: Über den derzeitigen Bestand hinausgehender Bedarf.

Ein Ersatzbedarf entsteht durch das Ausscheiden von Auszubildenden infolge von Kündigung, Abbruch der Ausbildung usw. Ein Zusatzbedarf kann sich als Folge von Ausweitungen der Ausbildungsplätze ergeben. Der gesamte quantitative Auszubildendenbedarf lässt sich somit zunächst folgendermaßen ermitteln:

$$\text{Aktueller Auszubildendenbestand} - \text{Abgänge} + \text{Zugänge} + \text{Zusatzbedarf}$$
$$= \text{Auszubildendengesamtbedarf}$$

© Springer Fachmedien Wiesbaden GmbH, ein Teil von Springer Nature 2020
A. Frodl, *Professionelle Ausbildung in Gesundheitsberufen*,
https://doi.org/10.1007/978-3-658-28765-8_8

Mit der Ermittlung des Ersatz- bzw. Zusatzbedarfs ist aber nur ein Teil der Frage nach dem quantitativen Auszubildendenbedarf beantwortet, denn dabei wird von der Annahme ausgegangen, dass die gegenwärtige bzw. zukünftige Auszubildendenanzahl stimmt. Vor dem Hintergrund der demografischen Entwicklung könnte ein absehbarer zukünftiger Mangel an Auszubildenden jedoch Anlass sein, die Zahl der **Ausbildungsplätze** vorübergehend oder dauerhaft zu erhöhen, gegebenenfalls auch über den Bruttopersonalbedarf hinaus. Insofern ist nicht der Bruttopersonalbedarf zur Erfüllung der den Auszubildenden zugedachten Aufgaben der alleinige Mengentreiber für die Zahl der Ausbildungsplätze oder die klassische quantitative Bedarfsermittlung in Personentagen, Vollzeitkapazitäten bzw. Full Time Eqivalents auf der Grundlage des Arbeitsaufkommens, das sich aus dem gewünschten Serviceniveau des Gesundheitsbetriebs und seinem angestrebten Leistungsvolumen unter Berücksichtigung von Urlaub, Pausen, Krankheitsausfälle und der Entwicklung der Personalkosten im Verhältnis zu den betrieblichen Gesamtkosten ergibt, sondern das Ergebnis der strategischen Überlegungen zur zukünftigen Fachkräftesicherung im Gesundheitsbetrieb.

Gleichzeitig wird die Zahl der anbietbaren Ausbildungsplätze durch die Ausbildungskosten und die Ausbildungserfordernisse, wie beispielsweise ausreichende Zahl an Ausbildenden, Praxisanleitenden etc., räumliche Voraussetzungen, Berufsschulkapazitäten usw. (siehe Kap. 3), eingeschränkt.

Bei der Ermittlung des qualitativen Auszubildendenbedarfs im Gesundheitsbetrieb ist zu fragen: Welche Auszubildenden werden benötigt, bzw. über welche Qualifikationen sollten sie verfügen, damit die Ausbildung möglichst erfolgreich verläuft?

Zunächst gibt es formale Vorgaben (siehe Abschn. 5.3), wie beispielsweise die Ausbildungsvoraussetzungen für den Zugang zur Ausbildung zum Diätassistenten/zur Diätassistentin (nach § 5 DiätAssG die gesundheitliche Eignung zur Ausübung des Berufs und der Realschulabschluss oder eine gleichwertige Ausbildung oder eine andere abgeschlossene zehnjährige Schulbildung, die den Hauptschulabschluss erweitert, oder eine nach Hauptschulabschluss oder einem gleichwertigen Abschluss abgeschlossene Berufsausbildung von mindestens zweijähriger Dauer) oder die Ausbildungsvoraussetzungen für Pflegefachleute (nach § 11 PflBG der mittlere Schulabschluss oder ein anderer als gleichwertig anerkannter Abschluss oder der Hauptschulabschluss oder ein anderer als gleichwertig anerkannter Abschluss, zusammen mit dem Nachweis einer erfolgreich abgeschlossenen Berufsausbildung von mindestens zweijähriger Dauer, einer erfolgreich abgeschlossenen landesrechtlich geregelten Assistenz- oder Helferausbildung in der Pflege von mindestens einjähriger Dauer, die die von der Arbeits- und Sozialministerkonferenz und von der Gesundheitsministerkonferenz als Mindestanforderungen beschlossenen „Eckpunkte für die in Länderzuständigkeit liegenden Ausbildungen zu Assistenz- und Helferberufen in der Pflege" erfüllt, einer bis zum 31.12.2019 begonnenen, erfolgreich abgeschlossenen landesrechtlich geregelten Ausbildung in der Krankenpflegehilfe oder Altenpflegehilfe von mindestens einjähriger Dauer oder einer auf der Grundlage des KrPflG erteilten Erlaubnis als Krankenpflegehelferin oder Krankenpflegehelfer oder der erfolgreiche Abschluss einer sonstigen zehnjährigen allgemeinen Schulbildung).

Die qualitative Auszubildendenbedarfsermittlung hat ferner die Erfassung der Anforderungen an die einzelnen Ausbildungsplätze im Gesundheitsbetrieb zum Gegenstand, um dadurch das benötigte Qualifikationspotenzial zu ermitteln. Dabei sind fachliche und persönliche Qualifikationsmerkmale gleichermaßen zu berücksichtigen und somit jene persönlichen Eigenschaften, die die Auszubildenden zur Erfüllung der an sie gerichteten Erwartungen besitzen sollten.

Die einzelnen Anforderungsarten lassen je nach verwendetem Schema unterschiedlich klassifizieren, beispielsweise folgendermaßen:

- Geistige Fähigkeiten (Schulausbildung, Fachkenntnisse, Abstraktionsvermögen, Flexibilität),
- körperliche Fähigkeiten (Kraft, Geschicklichkeit, manuelle Fertigkeiten, Sportlichkeit),
- Verantwortung (Verantwortungsbewusstsein, Sorgfalt, eigenverantwortliches Handeln),
- geistige Arbeitsbelastung (Stressbewältigung, Arbeitsbewältigung, Schwerpunktsetzung),
- körperliche Arbeitsbelastung (Ausdauer, Anstrengungsbereitschaft, Einsatzwille),
- persönliche Eigenschaften (Überzeugungsvermögen, Durchsetzungsfähigkeit, Teamfähigkeit, soziale Kompetenz (kann zuhören, nimmt sich Zeit für Gespräche, zeigt Verständnis, geht auf andere zu, bringt anderen Vertrauen entgegen, nimmt Rücksicht auf die Gefühle anderer, überschätzt sich selber nicht), Umgangsformen) (vgl. Scholz 2014, S. 73 ff.).

Aus diesen Anforderungsarten lassen sich nun **Anforderungsprofile** für die Auszubildenden entwickeln, die auch die Besonderheiten und Unterschiede in den einzelnen Ausbildungsberufen im Gesundheitswesen berücksichtigen.

Beispiel
So lautet z. B. ein Anforderungsprofil für Kaufleute im Gesundheitswesen:

- Flexibilität und Teamfähigkeit,
- gute Mathematik- und Deutschkenntnisse mit sicherer Rechtschreibung, gutem Satzbau und Ausdruck,
- Höflichkeit, Zuverlässigkeit und Verschwiegenheit,
- Interesse an administrativen Abläufen eines Krankenhauses,
- Kunden- und Serviceorientierung,
- mittlerer Bildungsabschluss (z. B. Fachoberschulreife) und/oder Berufsfachschule (z. B. Handelsschule),
- allgemeine Kenntnisse im Bereich des Gesundheitswesens,
- Sicherheit im Umgang mit Computern,
- sorgfältiges, organisiertes und akkurates Arbeiten (vgl. LVR-Klinik Bonn 2016, S. 2).

Neben den quantitativen und qualitativen Aspekten hat der Auszubildendenbedarf auch eine zeitliche Komponente. Es ist dabei zu fragen, zu welchem Zeitpunkt die Auszubildenden benötigt werden. Dies richtet sich in erster Linie nach den einzelnen Ausbildungsordnungen und den in den einzelnen Bundesländern festgelegten Terminen.

Beispiel

In Berlin beginnt beispielsweise die Ausbildung zur Medizinischen Fachangestellten in der Regel am 01.08. und spätestens am 01.10. für die Abschlussprüfung Sommer in 3 Jahren vor den Sommerferien bzw. am 01.02. und spätestens am 01.04.für die Abschlussprüfung Winter in 3 Jahren im Dezember/Januar (vgl. Ärztekammer Berlin 2019, S. 1).

Bei dem zeitlichen Bedarf ist im Hinblick auf den Ausbildungsbeginn ein entsprechender Vorlauf einzuberechnen, unter anderem für den Abschluss des Berufsausbildungsvertrags und die

- Anforderung der Arbeitserlaubnis bei ausländischen Auszubildenden,
- Anmeldung bei der Krankenversicherung,
- Anmeldung in der Berufsschule,
- Beantragung des Rentenversicherungsnachweises bei der Deutschen Rentenversicherung,
- Beschaffung der Schutz- und Berufskleidung,
- Durchführung erforderlicher Schutzimpfungen (z. B. Hepatitis-Schutzimpfung),
- Einrichtung einer Bankverbindung,
- Erstellung des Ausbildungsplans,
- in Kopie bei der Ärztekammer einzureichende Bescheinigung über die Erstuntersuchung nach dem Jugendarbeitsschutzgesetz, wenn die/der Auszubildende zu Beginn der Ausbildung noch nicht 18 Jahre alt ist (vgl. Ärztekammer Berlin 2019, S. 1).

Darüber hinaus orientiert sich der zeitliche Auszubildendenbedarf aus den Veränderungen des Auszubildendenbestandes, insbesondere aus der Fluktuation, die einen Ersatzbedarf verursacht. Bei der dadurch erforderlichen Regeneration und der Nachbesetzung der frei gewordenen Ausbildungsplätze ist der Zeitraum zwischen der Auszubildendenwerbung, der Bewerberauswahl und dem tatsächlichen Ausbildungsbeginn zu berücksichtigen. Die Auszubildendenrekrutierung sollte daher unmittelbar nach bekannt werden des Ausscheidens von Auszubildenden eingeleitet werden, zumal der jeweilige, regionale Arbeitsmarkt für Heil- und Pflegeberufe nicht immer die sofortige Nachbesetzung eines frei werdenden Ausbildungsplatzes erwarten lässt.

8.2   Spezielle Einsatzanforderungen im Gesundheitswesen

Planen, Ziele setzen, Informieren etc. sind wichtige, allgemeine Aufgaben, deren selbstständige Erledigung junge Auszubildende in der Regel erst erlernen müssen. Ein großer Teil der beruflichen Tätigkeiten, Abläufe und Prozesse wird ihnen beigebracht. Aber auch die Übernahme von Verantwortung, eigener Aktivitäten und selbstständiges Engagement ist für die Ausbildung in den Gesundheitsberufen wichtig. In diesem Zusammenhang ist die Bedeutung von **Entscheidungen** im Vergleich zu beispielsweise produzierenden Betrieben weitaus größer, da sich ihre Konsequenzen oft unmittelbar auf die Patienten auswirken. Hinzu kommt, dass dem Entscheiden nicht immer ein ausführliches, zeitintensives Abwägen unter verschiedenen Alternativen vorausgehen kann, sondern dass sie mitunter in lebensbedrohenden Situationen und Stresssituationen schnellstmöglich getroffen werden müssen.

Zitat

„Oftmals gleichsam mit dem Rücken an der Wand stehend erscheinen den Ärzten die ins Auge gefassten Therapien fraglich, im Einzelfall gar außerordentlich riskant. Einfach nichts zu tun würde jedoch demgegenüber auch ein Risiko mit sich bringen. Für und Wider müssen abgewogen sowie die Verantwortlichkeiten festgelegt werden. Nicht selten erzeugen solche Fälle auch eine Kaskade von Folgeproblemen – und diesbezüglichen Entscheidungsbedarf – organisatorischer bzw. administrativer Art, denn in ihrer Komplexität kann das ökonomische Primat des Akutkrankenhauses, rationell und effizient zu arbeiten, oft nicht mehr eingehalten werden." (Vogd 2004, S. 26)

Nicht nur Ärzte unterliegen im Gesundheitswesen oftmals einem schwierigen Entscheidungsdruck, sondern auch das nichtärztliche Personal wird häufig kurzfristig und unerwartet mit komplexen Entscheidungssituationen konfrontiert. Somit müssen auch die Auszubildenden frühzeitig lernen, damit umzugehen.

Eine Entscheidung im Gesundheitsbetrieb stellt nicht zwangsläufig immer eine bewusste Wahl zwischen zwei oder mehreren Alternativen anhand bestimmter Entscheidungskriterien oder Präferenzen dar. Oftmals ist auch nicht die Wahl einer bestimmten Alternative, sondern die Unterlassung einer Handlung als Entscheidungsergebnis anzusehen.

Während im betrieblichen Alltag Entscheidungen mitunter auch emotional oder zufällig gefällt werden können, ohne dass sie mit gravierenden Folgen einhergehen, müssen Entscheidungen im Rahmen der medizinischen Leistungserstellung rational erfolgen, oft auch spontan getroffen werden.

Die Entscheidungsträger sind dabei nicht nur behandelnde Ärzte, Chirurgen, Kieferorthopäden oder Krankenhausmanager, sondern sie sind auf allen Ebenen angesiedelt und somit können sich Entscheidungen unabhängig von Hierarchie und organisatorischer Einordnung direkt auf die Patienten auswirken. Risiko und Tragweite von Entscheidungen nehmen daher im Gesundheitsbetrieb nicht erst mit aufsteigender Führungshierarchie zu, sondern sind in der medizinischen, behandelnden Tätigkeit auf allen hierarchischen Ebenen vorhanden. Während man im allgemeinen davon ausgeht, dass in den unteren Ebenen tragbare Entscheidungsrisiken mit hoher Eintrittswahrscheinlichkeit, aber begrenzter Schadenshöhe und auf der Führungsebene Risiken mit erheblicher Tragweite, geringer Eintrittswahrscheinlichkeit, aber existenzbedrohender Schadenshöhe existieren, können im Gesundheitsbetrieb bereits durch Fehlentscheidungen von Pflegekräften, Labormitarbeitern oder Medizinischen Fachangestellten in Arztpraxen menschengefährdende Situationen eintreten.

Auch die möglichen Entscheidungsfolgen sind damit von einer anderen Qualität, so dass die Möglichkeit, die Güte einer Entscheidung zu einem späteren Zeitpunkt zu messen oder aus einer Fehleinschätzung zu lernen, oftmals gar nicht gegeben ist, sondern die absolute Verlässlichkeit und Richtigkeit der Entscheidung angestrebt werden muss. Hinzu kommt die Schwierigkeit der Einschätzung, ob eine bestimmte Entscheidungssituation mit einer vergangenen Situation ohne Abstriche vergleichbar ist. Oftmals verfügen die Entscheidungsträger im Gesundheitsbetrieb in Bezug auf die Patientenbehandlung nicht über die vollständige Information und über alle potenziell entscheidungsrelevanten Faktoren.

Gerade vor diesem Hintergrund ist immer zu vergegenwärtigen, dass eine Entscheidung auch immer durch die subjektiven Grundlagen ihrer Entscheidungsträger beeinflusst wird, ihren Emotionen, Wertvorstellungen, Erfahrungen und Befindlichkeiten. Somit können Entscheidungen im Gesundheitsbetrieb auch immer nur einer begrenzten Rationalität unterliegen, womit sich die Frage stellt, inwieweit die Verantwortung von unerwarteten Konsequenzen dem einzelnen Entscheidungsträger zuzuordnen ist. Folgen und Auswirkungen von fehlerhaften Entscheidungen im medizinischen Bereich können häufig nicht mehr rückgängig gemacht oder abgeändert werden, sondern sind unwiderruflich und führen bestenfalls zu notwendigen Folgeentscheidungen.

Für die Auszubildenden im Gesundheitsbetrieb ist es wichtig zu begreifen, dass Entscheidungen umso leichter getroffen werden, je größer die Sicherheit ist. Mit dem Ausmaß der Unsicherheit, nimmt auch die Schwierigkeit der Entscheidung zu, da die Entscheidungsfolgen oft nicht absehbar sind. Die Sicherheit nimmt in der Regel zu, je mehr Informationen zur Entscheidungsfindung vorliegen.

Ferner zählen zu den speziellen Einsatzanforderungen auch weitere Besonderheiten von Ausbildungsverhältnissen im Gesundheitswesen.

So war ein ausbildender Arzt beispielsweise nie selbst Lehrling, was das Verhältnis zwischen Ausbildenden und Auszubildenden z. B. von dem Meister eines Handwerkbetriebs unterscheidet. Seine Ausbildungszeit als Medizinstudent oder Arzt im Praktikum ist hierbei nur bedingt vergleichbar, zumal sie sich alleine schon durch das höhere Lebensalter von einer Ausbildung z. B. nach einem Realschulabschluss unterscheidet. Ärzte und Ärztinnen haben somit die Rolle der nichtärztlichen Auszubildenden nie selbst erlebt und können nur versuchen, sich in sie hineinzuversetzen.

Auch die hierarchische Beziehung zwischen ihnen ist mit der gewerblichen Wirtschaft nicht vergleichbar, da die Auszubildenden ohne ein Medizinstudium auch nicht die theoretische Möglichkeit haben, später selbst die Rolle des Chefs oder der Chefin im Gesundheitsbetrieb einzunehmen. In einem Handwerksbetrieb hingegen steht ihnen der Weg zum Meister und einer handwerklichen Betriebsgründung grundsätzlich offen. In einer Arzt- oder Zahnarztpraxis ist die Beziehung der Ausbildenden zu den Auszubildenden auch anders als in Krankenhäusern, denn dort unterstehen die angehenden Pflegekräfte in der Regel der Pflegedienstleitung und nicht den Ärztinnen und Ärzten. Dadurch sind sie wesentlich unabhängiger, als es die Auszubildenden gegenüber niedergelassenen Ärztinnen und Ärzten sein können.

Nicht zuletzt aufgrund des hohen Ansehens, dass Ärztinnen und Ärzte in der Gesellschaft genießen, trauen sich Auszubildende nur selten, ihre Rechte gegenüber ihnen einzufordern. Aufgrund ihres jugendlichen Alters und des Bildungsunterschieds sind die Auszubildenden häufig auch nur bedingt in der Lage, ihre Rechte zu erkennen und wahrzunehmen. Auch ist ihnen der verpflichtende Charakter der Regelungen in ihren Ausbildungsverträgen aufgrund ihrer mangelnden Lebenserfahrung oft nicht bewusst. Und auch den Ausbildenden scheint mitunter das Verständnis für die besondere Art des Ausbildungsverhältnisses zu fehlen, denn die Auszubildenden sind keine günstigen Arbeitskräfte, sondern von ihnen auszubildende junge Menschen.

Nicht selten wird an den Berufsschulen festgestellt, dass es beispielsweise mit Arztpraxen deutlich mehr Schwierigkeiten als mit anderen Ausbildungsbetrieben gibt. Und die Ausbildungsberater der Ärztekammern sind immer wieder mit meist als Anfragen formulierten Beschwerden befasst, oft verbunden mit der Bitte, ja nichts zu unternehmen, damit der Ausbilder oder die Ausbilderin nicht noch zusätzlich verärgert werden. Das Resultat derartiger innerbetrieblicher Auseinandersetzungen sind häufig Krankschreibungen. Sie bieten wieder neuen Konfliktstoff, denn Ärztinnen und Ärzte als Arbeitgeber wissen am besten, wie man an eine Arbeitsunfähigkeitsbescheinigung (AU) gelangt, und dass dies ein mögliches Ausweichverhalten darstellt (vgl. Aden 2008, S. A2264).

8.3   Gestaltung des Arbeitsumfelds für Auszubildende

Mit der Schaffung geeigneter Arbeitsbedingungen für Auszubildende und entsprechender Gestaltung der Arbeitsplätze befasst sich die **Arbeitsergonomie**. Damit sollen möglichst eine effiziente und fehlerfreie Arbeitsausführung sichergestellt und die Auszubildenden im Gesundheitsbetrieb vor gesundheitlichen Schäden auch bei längerer Ausübung ihrer Tätigkeit geschützt werden. Dabei ist zu beobachten, dass sich auch für die Auszubildenden die Arbeitsbedingungen in Gesundheitsbetrieben im Vergleich zu früher verbessert haben und die ergonomische Gestaltung von Arbeits- und Behandlungseinrichtungen, d. h. die bestmögliche Anpassung der Arbeitsbedingungen an den Menschen als Auszubildenden, Arzt oder Patienten, einen wesentlichen Teil dazu beigetragen hat. Moderne medizintechnische Geräte, Behandlungsplätze, Praxiseinrichtungen oder Laborausstattungen berücksichtigen die Forderung, die fachliche Methodik und ihre medizinischen, medizintechnischen und hygienischen Gesichtspunkte mit optimalen physiologischen Arbeitsbedingungen weitestgehend in Einklang zu bringen. Allgemeine Anforderungen an Arbeitsplätze und -mittel sind hierzu beispielsweise:

* Angleichung von Krafteinsatz und Bewegungsmaß,
* Anpassung der Bewegungsanforderungen an die natürlichen Bewegungen,
* Anpassung von Sitzgelegenheiten an die anatomischen und physikalischen Gegebenheiten des Menschen,
* ausreichender Bewegungsraum für Arme, Beine und Füße,

- Berücksichtigung individueller und genereller Abmessungen,
- Ermöglichen eines häufigen Wechsels zwischen Sitzen und Stehen,
- Höhenverstellbarkeit der Arbeitsflächen-, Sitz- oder Standhöhe,
- Vermeidung statischer Muskelarbeit,
- Vermeidung unnötig hoher Belastungen von Muskeln, Gelenken, Bändern, Herz- und Kreislaufsystemen,
- Vermeidung von Zwangshaltungen durch Wechsel mit entlastenden Körperhaltungen und -bewegungen.

Beispiel

Beispielsweise stellt die Deutsche Gesetzliche Unfallversicherung (DGUV) Unterrichtsmaterialien (vgl. Tab. 8.1) zur Verfügung, die für alle Arbeitsbereiche geeignet sind, in denen pflegebedürftige Personen bewegt und versorgt werden, und die dazu dienen sollen, junge Auszubildende für Fehlbelastungen des Muskel-Skelett-Apparates im Pflegeberuf zu sensibilisieren und ihnen Grundlagenwissen über eine ergonomische Arbeitsweise zu vermitteln. Mithilfe verschiedener Arbeitsblätter, der Think-Pair-Share-Methode sowie über Internetrecherchen eignen sich die Auszubildenden, selbstständig ein entsprechendes Knowhow an und erhalten Gelegenheit, Aktivpausen mit Rückengymnastik in den Unterricht zu integrieren und anhand eines Rückentests ihre Rückenfitness zu überprüfen. Inhaltlich vermittelt werden insbesondere Gefährdung der Rückengesundheit durch übermäßige und falsche Belastung, Regeln für eine rückengerechte Arbeitsweise, fachgerechter Einsatz von Hilfsmitteln sowie weitere ergonomische Aspekte (vgl. Mosbach 2018, S. 1).

Bei der Gestaltung des Arbeitsumfeldes für Auszubildende in Gesundheitsbetrieben ist neben ergonomischer Überlegungen insbesondere auch die **Arbeitssicherheit** zu berücksichtigen. Hierzu gibt es zahlreiche rechtliche Vorgaben, die durch entsprechende Regelungen umzusetzen sind. Zu den staatlichen Arbeitsschutzvorschriften (siehe auch Abschn. 3.1), in denen zur Vermeidung von arbeitsbedingten Gesundheitsgefahren, Arbeitsunfällen und Berufskrankheiten Maßnahmen auch für Auszubildende je nach deren Aufgaben enthalten sind, zählen beispielsweise

Tab. 8.1 Beispiele für Lehrmaterialien der DGUV zum rückengerechten Arbeiten in der Pflege (vgl. Deutsche Gesetzliche Unfallversicherung 2019, S. 1)

Arbeitsblatt-Nr.	Thema
1	Gut für den Rücken! (Erarbeiten von wichtigen Kriterien für rückengerechtes Arbeiten)
2	Rücken entlasten: Technische Hilfsmittel (Zuordnen von technischen Hilfsmitteln wie Lifter, Aufrichthilfe etc. in der Pflege)
3	Rücken entlasten: Kleine Hilfsmittel (Zuordnen von kleinen Hilfsmitteln, wie Gleitmatte, Rollbrett etc. in der Pflege)
4	Entspannt arbeiten in der Pflege (Erarbeiten geeigneter Arbeitskleidung, Arbeitsorganisation etc.)

- Arbeitsschutzgesetz (ArbSchG): Maßnahmen des Arbeitsschutzes, um Sicherheit und Gesundheitsschutz der Auszubildenden und aller anderen Beschäftigten bei der Arbeit zu sichern und zu verbessern;
- Arbeitsstättenverordnung (ArbStättV): Dient der Sicherheit und dem Schutz der Gesundheit der Auszubildenden und aller anderen Beschäftigten beim Einrichten und Betreiben von Arbeitsstätten;
- Biostoffverordnung (BioStoffV): Gilt für Tätigkeiten mit Biologischen Arbeitsstoffen und regelt Maßnahmen zum Schutz von Sicherheit und Gesundheit der Auszubildenden und aller anderen Beschäftigten vor Gefährdungen durch diese Tätigkeiten;
- Gefahrstoffverordnung (GefStoffV): Schutz vor stoffbedingten Schädigungen durch Maßnahmen zum Schutz der Auszubildenden und aller anderen Beschäftigten bei Tätigkeiten mit Gefahrstoffen;
- Lastenhandhabungsverordnung (LasthandhabV): Zu treffende Maßnahmen, damit eine Gefährdung von Sicherheit und Gesundheit der Auszubildenden und aller anderen Beschäftigten durch die manuelle Handhabung von Lasten (z. B. Bewegung von Patienten in der Pflege), die aufgrund ihrer Merkmale oder ungünstiger ergonomischer Bedingungen eine Gefährdung für Sicherheit und Gesundheit, insbesondere der Lendenwirbelsäule, mit sich bringt, möglichst gering gehalten wird;
- PSA-Benutzungsverordnung (PSA-BV): Regelungen für die Bereitstellung persönlicher Schutzausrüstungen durch Arbeitgeber sowie für die Benutzung persönlicher Schutzausrüstungen durch Auszubildende und aller anderen Beschäftigte bei der Arbeit, um sich gegen eine Gefährdung für ihre Sicherheit und Gesundheit zu schützen;
- Strahlenschutzgesetz (StrlSchG): Regelungen zum Schutz der Auszubildenden und aller anderen Beschäftigten vor der schädlichen Wirkung ionisierender Strahlung insbesondere bei beruflicher Exposition (Einwirkung ionisierender Strahlung auf den menschlichen Körper durch Strahlungsquellen wie z. B. Röntgengeräten);
- Strahlenschutzverordnung (StrlSchV): Verordnung zur Umsetzung des Strahlenschutzgesetzes;
- Verordnung zum Schutz der Beschäftigten vor Gefährdungen durch künstliche optische Strahlung (OStrV): Schutz der Auszubildenden und aller anderen Beschäftigten bei der Arbeit vor tatsächlichen oder möglichen Gefährdungen ihrer Gesundheit und Sicherheit (insbesondere die Gefährdungen der Augen und der Haut) durch optische Strahlung aus künstlichen Strahlungsquellen (ultraviolette Strahlung, sichtbare Strahlung und Infrarotstrahlung);
- Verordnung zur arbeitsmedizinischen Vorsorge (ArbMedVV): Maßnahmen der arbeitsmedizinischen Vorsorge, um arbeitsbedingte Erkrankungen einschließlich Berufskrankheiten frühzeitig zu erkennen und zu verhüten.

Eine häufige Ursache für Streitfälle im Arbeitsumfeld der Auszubildenden ist die Einhaltung der Arbeitszeit, etwa dann, wenn im Gesundheitsbetrieb häufig Überstunden anfallen oder es einzelne Auszubildende mit der Pünktlichkeit nicht so genau nehmen. Die genaue **Arbeitszeiterfassung** stellt daher ein wirksames Mittel dar, um derartige Auseinandersetzungen

oder Ungerechtigkeiten bezüglich der tatsächlichen Arbeitszeit zu vermeiden. Im Gesundheitsbetrieb sind am häufigsten folgende Systeme anzutreffen:

- Selbstaufschreibung mit anschließender manueller Auswertung: Setzt gegenüber den
  Auszubildenden ein großes Maß an Vertrauen voraus.
- Elektronische Zeiterfassung mit Hilfe von Ident-Karten: Hinterlegung der jeweiligen Be-
  rufsschul- und Arbeitszeitmodelle der Auszubildenden in einer Zeiterfassungssoftware.
- Zeiterfassung durch das Krankenhaus- oder Praxisinformationssystem: Arbeitszeiten
  werden dabei durch tägliches persönliches An- und Abmelden am System erfasst und
  zu direkt abrufbaren Arbeitszeitprotokollen ausgewertet.

Durch alle Systeme lassen sich Arbeitsbeginn und -ende sowie die Pausen exakt erfassen
und die tatsächlich geleisteten Arbeitszeiten genau berechnen.

8.4   Umgang mit Ausbildungsfluktuation und –kündigung

Die **Ausbildungsfluktuation** und damit die Eintritts- bzw. Austrittsrate von Auszubildenden, die den über einen bestimmten Zeitraum gemessenen Bestand an Auszubildenden
verändert, beruht auf der nach dem Grundgesetz (GG) geschützten Möglichkeit, Beruf,
Arbeitsplatz und Ausbildungsstätte frei wählen und damit auch, sich den Ausbildungsplatz
frei suchen zu können.

Zitat

„Alle Deutschen haben das Recht, Beruf, Arbeitsplatz und Ausbildungsstätte frei zu wählen."
„Niemand darf zu einer bestimmten Arbeit gezwungen werden, außer im Rahmen einer herkömmlichen allgemeinen, für alle gleichen öffentlichen Dienstleistungspflicht." (vgl. Art. 12 GG)

Grundsätzlich ist die Arbeitsmobilität einzel- und gesamtwirtschaftlich gesehen ein durchaus förderungswürdiges Verhalten. Auf diese Weise können sich Gesundheitsbetriebe an
sich wandelnde Anforderungen und Veränderungen anpassen, und die Auszubildenden
sind ihrerseits in der Lage, einen Ausbildungs- und Arbeitsplatz zu suchen, der ihren Vorstellungen und Fähigkeiten entspricht. Der abgebende Gesundheitsbetrieb kann dem Ver-
lust von Auszubildenden dann keine positiven Aspekte abgewinnen, wenn sie ersetzt werden müssen, was häufig der Fall und mit einem erheblichen Aufwand verbunden ist. Unter
diesem Gesichtspunkt wünscht sich der Gesundheitsbetrieb daher in der Regel eine möglichst geringe Fluktuation bei den Auszubildenden.

Die Ausbildungsfluktuation beschreibt jedoch auch nicht immer die Beendigung einer
Ausbildung. Vielmehr sind unterschiedliche Fluktuationsarten feststellbar, wie beispielsweise

- aus dem Ausbildungsbereich in einen anderen Beruf,
- durch anderweitige Qualifikation (bspw. Aufnahme eines Studiums),

- durch Unterbrechung der Ausbildungszeit (bspw. aufgrund von Familienzeit),
- innerhalb eines Gesundheitsbetriebs horizontal von einer Abteilung zu einer anderen,
- Rückkehr/Wiedereinstieg aus einem anderen Beruf,
- vorzeitige Beendigung der Ausbildung,
- zwischen ambulanten und stationären Einrichtungen,
- zwischen verschiedenen Einrichtungen eines Trägers (vgl. Joost 2007, S. 12 ff.).

Gezielte Maßnahmen zur Verringerung der Abbruchshäufigkeit von Ausbildungsverhältnissen durch Auszubildende in einem Gesundheitsbetrieb setzen voraus, dass die Ursachen und Motive hierfür bekannt sind (vgl. Tab. 8.2).

Tab. 8.2 Beispiele für allgemeine Ursachen eines Ausbildungsabbruchs durch Auszubildende

Ursachen		Beispiele
Ursachen außerhalb des Gesundheitsbetriebs	Fehlende Anziehungskraft des Betriebsstandorts	Region, Freizeitwert, Lebenshaltungskosten
	Bessere Infrastruktur eines anderen Standorts	Verkehrsanbindung, Wohnverhältnisse, Freizeitangebot
	Anziehungskraft verwandter Berufe	Verkaufsberatung für Lieferanten von Praxisbedarf; Sachbearbeitung für Abrechnung bei Krankenkassen/Abrechnungsgesellschaften, Training bei der Einführung von Krankenhausinformationssystemen oder Heim-Software
Ursachen innerhalb des Gesundheitsbetriebs	Unbefriedigende Arbeit	Über-/Unterforderung, schlechte Ausbildungs- und Arbeitsbedingungen
	Arbeitszeit	häufige Überstunden, Schichtarbeit
	Urlaub	zu geringe Dauer, fehlende zeitl. Flexibilität
	Gehalt	zu gering, unpünktliche Zahlung, falsche Berechnung, keine Entwicklungsmöglichkeiten, fehlende Leistungsanreize
	Unbefriedigende Zusammenarbeit	mit Ausbildenden, anderen Vorgesetzten, Ärztinnen und Ärzten, anderen Auszubildenden
	Berufliche Entwicklung	keine Aufstiegsmöglichkeiten nach der Ausbildung, mangelnde Weiterbildungsmöglichkeiten
	Führung	unklare Kompetenzverteilung, ungerechte Aufgabenverteilung, mangelhafte Information
Persönliche Ursachen		Wechsel des Ausbildungsberufs
		Rückkehr in einen ehemaligen Beruf
		Chronische Erkrankung
		ungünstige Verkehrsanbindung
		Wohnungswechsel
		Veränderung der Familienverhältnisse

Bei der Bekämpfung der Ursachen für eine hohe Abbruchsquote von Auszubildenden in einem Gesundheitsbetrieb sind Maßnahmen aus nahezu der gesamten Palette des Personalmanagements erforderlich. So sollten nicht immer die Bewerber und Bewerberinnen mit den besten Zeugnissen eingestellt werden, sondern die mit der besten Ausbildungsprognose, um Unter- bzw. Überqualifizierung und damit einhergehende Unzufriedenheit möglichst zu vermeiden. Auf die Einführung der Auszubildenden sollte besondere Sorgfalt gelegt werden, da ansonsten bereits schon in der Probezeit Gründe für einen frühen Wiederaustritt geschaffen werden können. Außerdem ist das Vergütungsgefüge des Gesundheitsbetriebs zu überwachen, die Ausbildungs- und Arbeitsanforderungen sowie die Aufstiegs- und Weiterbildungsmöglichkeiten. Die Optimierung von Arbeitsbedingungen und -zeiten ist in diesem Zusammenhang ebenso wichtig, wie das Vertrauen in eigenverantwortliches und selbstständiges Handeln der Auszubildenden.

Auch ist es wichtig, die Ausbildungsbedingungen immer wieder zu reflektieren und sie positiv zu beeinflussen, denn eine Attraktivitätssteigerung der Gesundheitsberufe kann nur durch bessere Ausbildungs- und Arbeitsbedingungen gelingen. Dazu muss möglichst genau in Erfahrung gebracht werden, wo Verbesserungsbedarf besteht. Nur dann können daraus die Konsequenzen gezogen werden, die zu einer besseren Ausbildung führen (vgl. Tab. 8.3).

Die häufigste Form der Beendigung eines Ausbildungsverhältnisses, die zum Austritt bzw. zur Freistellung führt, ist die **Kündigung.** Sie stellt eine einseitige, empfangsbedürftige Willenserklärung dar, durch die das Ausbildungsverhältnis im Gesundheitsbetrieb von einem bestimmten Zeitpunkt an aufgehoben wird und sowohl vom Gesundheitsbetrieb als Arbeitgeber als auch von den Auszubildenden ausgesprochen werden kann. Sie muss dem jeweils anderen zugegangen sein, damit sie rechtswirksam ist.

Einzelnen Auszubildenden kann nicht aus einem geringfügigen Grund gekündigt werden. Das verbietet der Grundsatz der Verhältnismäßigkeit des Arbeitsrechts (siehe auch Abschn. 4.4). Da eine Kündigung immer das letzte Mittel darstellen soll, mit der der Gesundheitsbetrieb auf eine Verletzung von Pflichten reagiert, muss den Auszubildenden vorher unmissverständlich klargemacht werden, welche Versäumnisse oder welches Fehlverhalten begangen worden ist und was zukünftig erwartet wird. Dies geschieht üblicherweise mit einer **Abmahnung**, die eine Rüge des Gesundheitsbetriebs darstellt, mit der er in einer für die Auszubildenden deutlich erkennbaren Weise deren Fehlverhalten beanstandet und gleichzeitig angedroht wird, im Wiederholungsfall die Fortsetzung des Ausbildungsverhältnisses aufzuheben. Sie gilt als unverzichtbare Voraussetzung bei verhaltensbedingten Kündigungen, beispielsweise aufgrund von unentschuldigtem Fernbleiben, häufiger Unpünktlichkeit trotz Ermahnung oder der Beleidigung von Patienten. Bei schwerem Vertrauensbruch beispielsweise durch Betrug, Diebstahl oder vorsätzlichem Missbrauch von Patientendaten kann in der Regel auf eine Abmahnung als Vorbereitung einer Kündigung verzichtet werden.

Tab. 8.3 Beispiele aus dem gewerkschaftlichen Ausbildungsreport Pflegeberufe (vgl. Bühler et al. 2015, S. 10 ff.)

Thema	Befragungsergebnisse
Allgemeine Ausbildungszufriedenheit	Insgesamt sind nur 58,5 % der befragten Auszubildenden in den Pflegeberufen mit ihrer Ausbildung zufrieden oder sehr zufrieden. Damit schneiden die Pflegeberufe im Vergleich zum Durchschnitt der BBiG-Berufe deutlich schlechter ab (71,5 %).
Ausbildungsplanung	Für 32,7 % der Auszubildenden gibt es für die praktische Ausbildung keinen Ausbildungsplan oder dieser ist den Auszubildenden zumindest nicht bekannt.
Praktische Anleitung	42,6 % der befragten Auszubildenden fühlen sich überwiegend nicht oder nicht gut angeleitet. 82,4 % der Auszubildenden sind der Meinung, dass mehr Praxisanleiter/innen erforderlich sind.
Überstunden	32,1 % aller Befragten machen ihrer Angabe nach regelmäßig Überstunden, in der Altenpflege sind es sogar 41,2 %.
Unplanmäßige Versetzungen	Kurzfristige, vorübergehende Aushilfe auf anderen Stationen: 74,8 % der Befragten geben an, dass sie bis zu fünf Mal pro Halbjahr kurzfristig auf eine andere Station gehen mussten. Bei den Auszubildenden in der Gesundheits- und (Kinder)Krankenpflege sind es 79,1 %.
Belastungen	30,5 % der Befragten fühlen sich durch die Ausbildungsbedingungen immer oder häufig belastet. Häufigste Gründe sind Arbeiten unter Zeitdruck (63,7 %), Probleme im Team (37,7 %), fehlende Pausen (37,3 %), fehlende Vereinbarkeit von Freizeit und Beruf (33,7 %), schweres Heben und Tragen (33,6 %), Schichtdienst (28,6 %), fehlende oder unzureichende Vereinbarkeit von Familie und Beruf (27,9 %), häufige Wechseln der Stationen (25,5 %).
Ausbildungsmittel	Insgesamt erhalten lediglich 29,4 % aller Auszubildenden die notwendigen Fachbücher kostenlos.
Theorie-Praxis-Koordination	35,4 % der befragten Auszubildenden antworten mit nein oder überwiegend nein auf die Frage, ob sich die Praxisanleiter/innen und die Lehrkräfte ihrer jeweiligen Schule in Bezug auf die jeweils zu erreichenden Lernziele abstimmen.

Die Abmahnung sollte schriftlich und präzise formuliert erfolgen, als Kopie zusammen mit einem Empfangsvermerk in die Personalakte Eingang finden und mindestens aus folgenden Inhalten besteht:

- Hinweis: Nennung des konkreten Fehlverhaltens unter Angabe von Ort, Datum und Uhrzeit.
- Beanstandung: Erläuterung der Vertragswidrigkeit des Verhaltens und die Aufforderung, dieses nicht zu wiederholen.
- Warnung: Ankündigung, dass im Wiederholungsfalle mit einer Kündigung zu rechnen ist.

Vor einer Kündigung muss abgemahnten Auszubildenden ausreichend Zeit zur Bewährung gegeben werden. Auch sollten im Rahmen einer Anhörung vor einer Abmahnung die Gelegenheit zur Stellungnahme gegeben werden.

Literatur

Aden, P. (2008). Medizinische Fachangestellte – Stolpersteine auf dem Weg zum Berufsbild. *Deutsches Ärzteblatt, 43*, A2263–A2265. Köln: Deutscher Ärzteverlag.

Ärztekammer Berlin. (Hrsg.). (2019). Informationen zur Einstellung von Auszubildenden. Berlin. https://www.aerztekammer-berlin.de/20mfa/40_Infos-zur-Einstellung/index.html. Zugegriffen am 01.05.2019.

Bühler. S., Dielmann, G., Gembus, M., Pommier, D., & Wehrheim, M. (2015). Studie – Ausbildungsreport 2015 Pflegeberufe. Vereinte Dienstleistungsgewerkschaft – Fachbereich Gesundheit, Soziale Dienste. Wohlfahrt und Kirchen – Bereich Berufspolitik/Jugend (Hsrg.). Berlin.

Deutsche Gesetzliche Unfallversicherung – DGUV. (Hrsg.). (2019). Rückengerechtes Arbeiten in der Pflege – Lehrmaterialien. Berlin. https://www.dguv-lug.de/berufsbildende-schulen/gesundheitsschutz/rueckengerechtes-arbeiten-in-der-pflege/. Zugegriffen am 12.05.2019.

Diätassistentengesetz (DiätAssG). (1994). Vom 8. März 1994 (BGBl. I S. 446), zuletzt durch Artikel 23 des Gesetzes vom 18. April 2016 (BGBl. I S. 886) geändert.

Frodl, A. (2018). *Gesundheitsberufe im Einsatz.* Wiesbaden: Springer Gabler.

Grundgesetz (GG). (2019). für die Bundesrepublik Deutschland in der im Bundesgesetzblatt Teil III, Gliederungsnummer 100-1, veröffentlichten bereinigten Fassung, zuletzt durch Artikel 1 des Gesetzes vom 28. März 2019 (BGBl. I S. 404) geändert.

Joost, A. (2007). Literaturauswertung im Rahmen einer Machbarkeitsstudie zum Berufsverbleib von Altenpflegerinnen und Altenpflegern. Institut für Wirtschaft, Arbeit und Kultur (IWAK) an der Goethe-Universität (Hrsg.). Frankfurt a. M.

LVR-Klinik Bonn. (Hrsg.). (2016). Ausbildung zur Kauffrau und zum Kaufmann im Gesundheitswesen. Informationsflyer. Bonn.

Mosbach, G. (2018). Rückengerechtes Arbeiten in der Pflege – Didaktisch-methodischer Kommentar. In Deutsche Gesetzliche Unfallversicherung (Hrsg.), *Lernen und Gesundheit.* Wiesbaden: Universum.

Pflegeberufegesetz (PflBG). (2017). Vom 17. Juli 2017 (BGBl. I S. 2581).

Scholz, C. (2014). *Personalmanagement – Informationsorientierte und verhaltenstheoretische Grundlagen* (6. Aufl.). München: Vahlen.

Vogd, W. (2004). Ärztliche Entscheidungsfindung im Krankenhaus – Komplexe Fallproblematiken im Spannungsfeld von Patienteninteressen und administrativ-organisatorischen Bedingungen. *Zeitschrift für Soziologie, 1*, 26–47. Stuttgart: Lucius & Lucius.

Glossar

Abmahnung Rüge des Gesundheitsbetriebs, mit der er in einer für die Auszubildenden deutlich erkennbaren Weise deren Fehlverhalten beanstandet und gleichzeitig angedroht wird, im Wiederholungsfall die Fortsetzung des Ausbildungsverhältnisses aufzuheben.

Abschlussprüfung Hat festzustellen, ob der Prüfling die berufliche Handlungsfähigkeit erworben hat. Er soll in ihr nachweisen, dass er die erforderlichen beruflichen Fertigkeiten beherrscht, die notwendigen beruflichen Kenntnisse und Fähigkeiten besitzt und mit dem im Berufsschulunterricht zu vermittelnden, für die Berufsausbildung wesentlichen Lehrstoff vertraut ist. Dabei ist die jeweilige Ausbildungsordnung zugrunde zu legen.

Active Sourcing Teilbereich des Online-Recruitings, bei dem unter aktiver Nutzung auch von XING, LinkedIn etc. versucht wird, geeignete Auszubildende im Web zu finden, die richtigen auszuwählen und zu gewinnen.

AdA-Prüfung Nachweis der berufs- und arbeitspädagogische Eignung (Ausbildung der Ausbilder – AdA) mit der Kompetenz zum selbstständigen Planen, Durchführen und Kontrollieren der Berufsausbildung durch Bestehen einer schriftlichen und praktischen Prüfung.

Aufgabendelegation Übliche Vorgehensweise im Rahmen der Ausbildung, bei der für Routineaufgaben, aber auch anspruchsvolle Tätigkeiten im weiteren Verlauf der Ausbildung Entscheidungsfreiheit und Verantwortung auf die Auszubildenden übertragen werden, unter Berücksichtigung klarer Abgrenzung von Kompetenz und Verantwortung der übertragenen Aufgabenbereiche, um mögliche Konflikte zu vermeiden.

Ausbildungsbenchmarking Systematischer Ansatz der bedeutet, dass sich der Gesundheitsbetrieb im Hinblick auf die Ausbildung und insbesondere die Werbung um Auszubildende nur an den besten Konkurrenten orientiert und versucht deren Niveau zu erreichen.

Ausbildungsberufsbild Berufliche Fertigkeiten, Kenntnisse und Fähigkeiten, die mindestens Gegenstand der Berufsausbildung sind.

© Springer Fachmedien Wiesbaden GmbH, ein Teil von Springer Nature 2020
A. Frodl, *Professionelle Ausbildung in Gesundheitsberufen*,
https://doi.org/10.1007/978-3-658-28765-8

Ausbildungsbeurteilung Dient in Form einer Einschätzung der Fähigkeiten und des Leistungsvermögens der Auszubildenden und zusätzlich zu den schulischen Leistungen und Noten in der Berufsschule als innerbetriebliches Mittel zur Qualitätssicherung und -verbesserung der Ausbildung und befasst sich dazu mit der Wahrnehmung und Bewertung der Auszubildenden.

Ausbildungseinrichtung Jeder Betrieb, in dem ein Abschnitt der Ausbildung absolviert wird.

Ausbildungsfluktuation Eintritts- bzw. Austrittsrate von Auszubildenden, die den über einen bestimmten Zeitraum gemessenen Bestand an Auszubildenden verändert.

Ausbildungsleitung Befasst sich mit der Planung, Organisation und Koordinierung der Ausbildung, sowie der Anleitung und Förderung der Ausbilder/-innen.

Ausbildungsmarketing Umfasst als Teil des Personalmarketings alle Aktivitäten eines Gesundheitsbetriebs, die dazu dienen, für seine Ausbildungsstellen geeignete Bewerberinnen und Bewerber zu gewinnen. Es setzt sich aus einer Kombination verschiedener Instrumente und Maßnahmen zusammen, mit dem Ziel, Auszubildende einzuwerben und an den Gesundheitsbetrieb zu binden.

Ausbildungsnachweise Ihre ordnungsgemäße und regelmäßige Führung bzw. die von Berichtsheften ist für die Berufsausbildung im Gesundheitswesen vorgeschrieben. Sie sind den Ausbildenden vorzulegen, von diesen zu überwachen und gelten als Zulassungsvoraussetzung für die Abschlussprüfung.

Ausbildungsordnung Legt in der Regel in Form einer Rechtsverordnung unter anderem die Bezeichnung des anerkannten Ausbildungsberufes, die Ausbildungsdauer, das Ausbildungsberufsbild, den Ausbildungsrahmenplan und die Prüfungsanforderungen fest.

Ausbildungsplan Ist von den Ausbildenden unter Zugrundelegung des Ausbildungsrahmenplans für die Auszubildenden zu erstellen.

Ausbildungsrahmenplan Anleitung zur sachlichen und zeitlichen Gliederung der Vermittlung der beruflichen Fertigkeiten, Kenntnisse und Fähigkeiten.

Ausbildungsvertrag Ist von denjenigen, die andere Personen zur Berufsausbildung einstellen (Ausbildende) mit den Auszubildenden zu schließen und unverzüglich nach Abschluss, spätestens vor Beginn der Berufsausbildung, mit seinen wesentlichen Inhalten schriftlich niederzulegen.

Ausbildungsverzeichnis Verzeichnis aller Berufsausbildungsverhältnisse bei der jeweils zuständigen Stelle (beispielsweise Ärztekammer), in das Ausbildende unverzüglich nach Abschluss des Berufsausbildungsvertrages dessen Aufnahme zu beantragen haben.

Ausbildungszeitanrechnung Anrechnung beruflicher Vorbildung aufgrund gemeinsamen Antrags der Auszubildenden und Ausbildenden, wobei sich der Antrag auf Teile des höchstzulässigen Anrechnungszeitraums beschränken kann.

Ausbildungszeugnis Ist den Auszubildenden bei Beendigung des Berufsausbildungsverhältnisses in schriftlicher Form auszustellen und muss zumindest Angaben enthalten über Art, Dauer und Ziel der Berufsausbildung sowie über die erworbenen beruflichen Fertigkeiten, Kenntnisse und Fähigkeiten der Auszubildenden.

Ausbildungszielgruppe Jene Bevölkerungsteile im Umfeld eines Gesundheitsbetriebs, die durch die Aktivitäten des Ausbildungsmarketings bevorzugt angesprochen werden sollen.

Ausnahmeprinzip Ist dadurch geprägt, dass die Ausbildenden nur bei unvorhergesehenen Ausnahmesituationen und in ungewöhnlichen Fällen eingreifen, so dass sich im Normalfall die Verantwortung alleine bei den mit der Aufgabe betrauten Auszubildenden befindet, was das Vertrauen in die Aufgabenlösung durch die Auszubildenden voraussetzt, zugleich aber auch ein Kontrollieren der Aufgabenwahrnehmung durch die Ausbildenden bedeutet.

Auszubildendenmarkt Gebilde, das aus einzelnen Gruppierungen besteht, die sich hinsichtlich bestimmter ausbildungsrelevanter Merkmale unterscheiden und auf die die Aktivitäten des gesundheitsbetrieblichen Ausbildungsmarketings auszurichten sind.

Berufs- und Arbeitspädagogische Eignung Umfasst nach der AusbEignV die Kompetenz zum selbstständigen Planen, Durchführen und Kontrollieren der Berufsausbildung in den Handlungsfeldern Ausbildungsvoraussetzungen prüfen und Ausbildung planen, Ausbildung vorbereiten und bei der Einstellung von Auszubildenden mitwirken, Ausbildung durchführen und Ausbildung abschließen.

Beurteilungsgespräch Trägt einerseits zur Einschätzung und qualifiziertem Feedback der Leistungen bei und wird andererseits mit dem Auszubildenden geführt, um eine konkrete Rückmeldung über seine Selbsteinschätzung und die Ausbildungsqualität insgesamt zu erhalten.

Coaching Pädagogischer Ansatz zum Erkennen und Auflösen von Lernblockaden, das Diagnostizieren destruktiver Lerneinstellungen und deren Umwandlung in motivierende Ziele, wobei die Ausbildenden als Coach gerade in den Situationen gefordert sind, in denen die Entwicklung der Auszubildenden durch negative Konditionierungen behindert und ein adäquates pädagogisches Angebot zur Lockerung bis hin zur Lösung von Lernblockaden benötigt wird.

Compliance Dient zur Einhaltung gesetzlicher und freiwilliger Regulatorien, Richtlinien und Standards im Gesundheitswesen und deren Überwachung, wird auch als Health-Care-Compliance bezeichnet und behandelt die Fragen was bei wichtigen Themen wie Medizinprodukte, Honorarvereinbarungen, Beraterverträge, Weiterbildungen oder Arbeitsessen erlaubt ist.

Duales Ausbildungssystem Die praktische Ausbildung im Gesundheitsbetrieb wird durch einen ausbildungsbegleitenden Schulbesuch ergänzt. Die Ausbildungsinhalte richten sich nach den jeweiligen Verordnungen über die Berufsausbildung (Ausbildungsordnungen), die allerdings nur den betrieblichen Teil der Ausbildung regeln. Der schulische Teil fällt in die Zuständigkeit der einzelnen Bundesländer und richtet sich nach dem jeweiligen Lehrplan für die einzelnen Schularten.

Employer Branding Profilierung und Positionierung des Gesundheitsbetriebs als Arbeitgeber auf den relevanten Zielmärkten mit einem unverwechselbaren Vorstellungsbild als attraktiver Arbeitgeber in der Wahrnehmung seiner internen und externen Zielgruppen (den künftigen, potenziellen, aktuellen und ehemaligen Mitarbeitern).

Ergebnisorientierung Stellt die stärker autoritäre Ausrichtung der Zielvereinbarung dar, indem die Ausbildenden die Ziele vorgeben und die Ergebnisse der Aufgabenwahrnehmung durch die Auszubildenden kontrollieren.

Ethik Befasst sich mit den sittlichen Normen und Werte, die sich Ärzte, Patienten, Pflegekräfte, Institutionen und Organisationen, letztendlich die gesamte Gesellschaft in Gesundheitsfragen setzen, wobei im Zentrum der Vermittlung an die Auszubildenden dabei die Unantastbarkeit der Menschenwürde und der Lebensschutz, die Patientenautonomie, das allgemeine Wohlergehen des Menschen, sowie das Verbot, ihm zu schaden, stehen.

Fallbeispiel Dient zur Veranschaulichung von abstrakten Regeln, Gesetzmäßigkeiten und Prinzipien durch den Wechsel von der Vorstellungs- zur Anschauungsebene.

Famulatur Hat den Zweck, Medizinstudenten mit der ärztlichen Patientenversorgung in Einrichtungen der ambulanten sowie der stationären Krankenversorgung vertraut zu machen und wird abgeleistet für die Dauer eines Monats in einer Einrichtung der ambulanten Krankenversorgung, die ärztlich geleitet wird, oder einer geeigneten ärztlichen Praxis, für die Dauer von zwei Monaten in einem Krankenhaus oder in einer stationären Rehabilitationseinrichtung und für die Dauer eines Monats in einer Einrichtung der hausärztlichen Versorgung.

Führungsfunktion Ergibt sich gegenüber Auszubildenden in einem Gesundheitsbetrieb, wenn die gezielte Beeinflussung auf die Auszubildenden mit dem Zweck einer Zielerreichung erfolgt und wenn diese auch durch beabsichtigte Verhaltensänderungen die Führungsrolle der Ausbildenden anerkennen und akzeptieren.

Gefährdungsbeurteilung Bei ihr sind nach dem ArbSchG die physischen und psychischen Belastungen sowie bei Bildschirmarbeitsplätzen insbesondere die Belastungen der Augen oder die Gefährdung des Sehvermögens der Beschäftigten zu berücksichtigen.

Generation Z Heutige potenzielle Auszubildende als Hauptzielgruppe des gesundheitsbetrieblichen Ausbildungsmarketings, die die ab etwa der Jahrtausendwende Geborenen umschreibt und denen unter anderem nachgesagt wird, dass sie sich beharrlich weigern, tradierte Wertemuster wie Pflichterfüllung oder Leistungsstreben fortzuführen und, dass sie sich in der Rolle als umworbene Zielgruppe gefallen, die Bedingungen diktieren kann.

Handlungsorientierung Lässt sich allgemein als konzeptionelle Grundausrichtung des Unterrichts beschreiben, bei der unter Berücksichtigung verschiedener Planungs-, Gestaltungs- und Zieldimensionen unterschiedlichste Methoden bzw. methodische Teilkomponenten einfließen können, für die Auszubildenden neben fachbezogenen Qualifikationen auch überfachliche, so genannte Schlüsselqualifikationen erwerbbar sind und bei dem im Zentrum eines berufskompetenten Handelns ein sich selbst bestimmendes Individuum steht, das reflektiert, eigenverantwortlich und gemeinschaftsorientiert handelt und bereit ist, sich weiterzuentwickeln.

Job enlargement Veränderung der Arbeitsorganisation auf dem gleichen Anforderungsniveau dergestalt, dass zusätzliche Tätigkeiten durch die Auszubildenden übernommen werden, die dem bisherigen Anforderungsniveau entsprechen, wobei es nicht in erster Linie zu einer Mengenausweitung, sondern zu einem Tätigkeitenwechsel kommen soll, der dazu beiträgt, einseitige Belastungen und Monotonie zu vermeiden.

Job enrichment Erweiterung der Tätigkeiten der Auszubildenden um anspruchsvoller Aufgaben auf einem höheren Anforderungsniveau, wobei ihnen in der Regel mehr Verantwortung und größere Entscheidungsbefugnisse übertragen werden, was zum einen eine Anerkennung für die bisher geleisteten Tätigkeiten darstellt, aber auch die Gefahr einer Überforderung birgt.

Job rotation Regelmäßige und organisierte Wechsel, um die Fachkenntnisse und Erfahrungen zu erweitern, auszutauschen und zu vertiefen, wobei dadurch gleichzeitig Eintönigkeit vermieden wird, die Arbeit abwechslungsreicher gestaltet wird und die Auszubildenden beispielsweise auch einen anderen Patientenkreis und andere Abteilungen, Stationen etc. kennenlernen.

Kommunikationsmodell Grundlage für die Kommunikation zwischen Ausbildenden und Auszubildenden, bei der beide als Sender bzw. Empfänger die jeweiligen Botschaften „ver- und entschlüsseln" (Kodieren/Dekodieren), wozu auch gerade bei der Face-to-Face-Kommunikation nonverbale Zeichen und Inhalte beitragen.

Konflikt Gegensätzliches Verhalten beispielsweise zwischen Auszubildenden innerhalb eines Lehrjahres, Auszubildenden unterschiedlicher Lehrjahre, verschiedenen Ausbildungsgruppen, Auszubildenden und ihren Angehörigen oder Auszubildenden und der Ärzteschaft, dem Pflegepersonal, den Patienten, der Betriebsleitung oder der berufsschulischen Einrichtung, das auf mangelnder gegenseitiger Sympathie, unterschiedlichen Interessen, Widerstreit von Motiven oder Konkurrenzdenken beruht.

Konkurrenzanalyse Umfasst die legale, systematische Sammlung und Auswertung von Informationen über im Ausbildungsbereich konkurrierende Gesundheitsbetriebe.

Krankenpflegedienst Ist vor Beginn des Medizinstudiums oder während der unterrichtsfreien Zeiten des Studiums vor der Meldung zum Ersten Abschnitt der Ärztlichen Prüfung in einem Krankenhaus oder einer Rehabilitationseinrichtung mit einem vergleichbaren Pflegeaufwand abzuleisten und hat den Zweck, in Betrieb und Organisation eines Krankenhauses einzuführen und mit den üblichen Verrichtungen der Krankenpflege vertraut zu machen.

Kündigung Einseitige, empfangsbedürftige Willenserklärung, durch die das Ausbildungsverhältnis im Gesundheitsbetrieb von einem bestimmten Zeitpunkt an aufgehoben wird und sowohl vom Gesundheitsbetrieb als Arbeitgeber als auch von den Auszubildenden ausgesprochen werden kann.

Kurzvortrag Ausbildungsmethode, die sich vor allem für die Einführung in neue und noch unbekannte Themen bei mindestens zwei Auszubildenden eignet, wobei der Vortrag durch eine konkrete Aufgabenstellung auch von den Auszubildenden selbst erarbeitet werden kann.

Lehrgespräch Kurze und zielführende Ausbildungsmethode, die sich für kleinere, zeitlich begrenzte Aufgabenstellungen eignet und so gestaltet sein sollte, dass den Auszubildenden die Möglichkeit zur Anwendung des Besprochenen gegeben wird.

Lehrkrankenhäuser Universitätskrankenhäuser oder andere Krankenhäuser in denen das Praktische Jahr im Rahmen der ärztlichen Ausbildung durchgeführt wird und mit denen die Universität eine Vereinbarung hierüber getroffen hat.

Lehrpraxen Geeignete ärztliche Praxen, die im Einvernehmen mit der zuständigen Gesundheitsbehörde in die ärztliche Ausbildung einbezogen werden können und die gewährleisten müssen, das Logbuch der jeweiligen Universität einzuhalten.

Leitbild Gibt als dokumentierter Handlungsrahmen Selbstverständnis, Grundprinzipien und gemeinsame Ziele eines Gesundheitsbetriebs wieder.

Leittext An selbstständiger Lösung von Arbeitsaufgaben orientierte Ausbildungsmethode, bei der die Ausbildenden vor allem begleitende Aufgaben übernehmen und, die sich besonders in kleinen Gesundheitsbetrieben für Arbeitsprozesse eignet, welche häufig bearbeitet werden müssen und daher bedeutsam sind.

Leitungsfunktion Ergibt sich gegenüber Auszubildenden in einem Gesundheitsbetrieb aus der hierarchischen Position der Führungskraft in der Aufbauorganisation und damit aus dem Vorgesetztenverhältnis, dessen Rechte und Pflichten mit dieser aufbauorganisatorischen Stelle verknüpft sind.

Lernbogen Anleitende Ausbildungsmethode zur Einbringung der fachlichen Inhalte durch die Arbeitspraxis, mit der Arbeitsabläufe und Begründungen selbst erarbeitet werden können, wobei die Lernbögen als standardisierte Form von Leittexten die sonst notwendigen Unterweisungen ersetzen.

Lernorte Gesundheitsbetriebe der Angehörigen freier Berufe (Ärzte, Zahnärzte etc.) bzw. öffentliche Gesundheitseinrichtungen (Öffentlicher Dienst), die berufsbildenden Schulen (schulische Berufsbildung), aber auch sonstige Berufsbildungseinrichtungen außerhalb der schulischen und betrieblichen Berufsbildung, wobei vollständig außerbetriebliche und außerschulische Ausbildungsgänge aufgrund ihrer geringen Häufigkeit im Gesundheitswesen eine untergeordnete Rolle spielen.

Lernortkooperationen Unterstützen die Kommunikation und Kooperation zwischen Berufs- und Fachschulen und ausbildenden Gesundheitsbetrieben beispielsweise durch regelmäßig organisierte Zusammenkünfte und tragen dadurch zu einer Verbesserung des Austausches bei.

Lernziele Erwünschte Zustände, Zustandsfolgen oder auch Leitwerte für die zu koordinierenden Lern- und Ausbildungsaktivitäten, wobei grundsätzlich ungewiss ist, ob und in welchem Ausmaß sie auch erreicht werden.

Motivation Oberbegriff für jene Vorgänge, die in der Umgangssprache mit Streben, Wollen, Begehren, Drang usw. umschrieben und somit auch als Ursache für das Verhalten der Auszubildenden im Gesundheitswesen angesehen werden können.

Online-Recruiting Gezielte Ansprache und Social-Media-Werbung im Web, beispielsweise durch Nutzung von XING, LinkedIn etc., zielgruppengenau einschränkbare Facebook-Ads über das Facebook-Werbecenter, Video-Ads auf YouTube oder Instagram-Channel von Auszubildenden.

Patientenadhärenz Verhalten der Patientinnen und Patienten, sich unter Berücksichtigung ihrer individuellen Bedürfnisse an die im Rahmen einer Therapie vereinbarten Empfehlungen und Medikamentenverordnungen zu halten.

Praktisches Jahr Findet nach Bestehen des Zweiten Abschnitts der Ärztlichen Prüfung statt, wird in den Universitätskrankenhäusern oder in anderen Krankenhäusern durchgeführt, mit denen die Universität eine Vereinbarung hierüber getroffen hat (Lehrkrankenhäuser) und gliedert sich in Ausbildungsabschnitte von je 16 Wochen in Innerer Medizin, in Chirurgie und in der Allgemeinmedizin oder in einem der übrigen klinisch-praktischen Fachgebiete.

Praxisanleitung Hat in der praktischen Pflege-Ausbildung die Aufgabe, die Schülerinnen und Schüler schrittweise an die eigenständige Wahrnehmung der beruflichen Aufgaben heranzuführen und die Verbindung mit der Schule zu gewährleisten.

Projekt An selbstständiger Lösung von Aufgaben- und Problemstellungen orientierte Ausbildungsmethode, die sich hinsichtlich Lernerfolg, Motivation und Kompetenzentwicklung vor allem für mehrere Auszubildende und komplexere Aufgabenstellungen eignet, welche sachlich und zeitlich begrenzt sind und in einem Team gelöst werden können.

Prüfungsausschuss Wird für die Abnahme der Abschlussprüfung beispielsweise bei den Ärzte- und Zahnärztekammern eingerichtet und fasst Beschlüsse über die Noten zur Bewertung einzelner Prüfungsleistungen, der Prüfung insgesamt sowie über das Bestehen und Nichtbestehen der Abschlussprüfung.

Prüfungsordnung Ist für die Abschlussprüfung beispielsweise von den Ärzte- und Zahnärztekammern als zuständige Stellen zu erlassen und regelt die Zulassung, die Gliederung der Prüfung, die Bewertungsmaßstäbe, die Erteilung der Prüfungszeugnisse, die Folgen von Verstößen gegen die Prüfungsordnung und die Wiederholungsprüfung.

Rahmenlehrplan Ist mit der jeweiligen Ausbildungsordnung abgestimmt, wird durch die Ständige Konferenz der Kultusminister und -senatoren der Länder (KMK) für den berufsbezogenen Unterricht der Berufsschule beschlossen, beschreibt Mindestanforderungen und ist für die einem Berufsfeld im Gesundheitswesen zugeordneten Ausbildungsberufe in eine berufsfeldbreite Grundbildung und eine darauf aufbauende Fachbildung gegliedert.

Stufenausbildung Berufsausbildung erfolgt in sachlich und zeitlich besonders gegliederten, aufeinander aufbauenden Stufen; nach den einzelnen Stufen soll ein Ausbildungsabschluss vorgesehen werden, der sowohl zu einer qualifizierten beruflichen Tätigkeit befähigt als auch die Fortsetzung der Berufsausbildung in weiteren Stufen ermöglicht.

Teilzeitberufsausbildung Verkürzung der täglichen oder wöchentlichen Ausbildungszeit bei berechtigtem Interesse und auf Antrag bei der zuständigen Stelle.

Überbetriebliche Ausbildung Teile der Ausbildung werden in geeigneten Einrichtungen außerhalb der Ausbildungsstätte durchgeführt, wenn und soweit es die Berufsausbildung erfordert.

Verhaltenskodex Freiwillige Selbstverpflichtung zur Vermeidung von Korruption, Untreue, Geldwäsche und betrügerischer Handlungen im Gesundheitswesen mit der versucht wird, bestimmte Handlungen zu unterlassen oder gewünschten Verhaltensweisen zu folgen, um Veruntreuung, Betrug oder andere strafbare Handlungen zu verhindern.

Vier-Stufen-Methode Ausbilderzentrierte, durch den Ausbilder/die Ausbilderin gesteuerte Ausbildungsmethode, bei der sie einzelne Arbeitsschritte vormachen, die die Auszubildenden dann genauso nachmachen sollen.

Zielvereinbarung Gemeinsames festlegen bestimmter Ziele durch Ausbildende und Auszubildende, die die Auszubildenden in ihrem Arbeitsbereich realisieren sollen, wobei sie
dabei im Rahmen ihres Aufgabenbereichs selbst entscheiden können, auf welchem Weg
die vorgegebenen Ziele erreicht werden und die Ausbildenden sich auf die Kontrolle der
Zielerreichung beschränken.

Zwischenprüfung Ist zur Ermittlung des Ausbildungsstandes während der Berufsausbildung entsprechend der jeweiligen Ausbildungsordnung durchzuführen.

Stichwortverzeichnis